法律的人文主义解释与
新人文主义兴起

杜宴林◎著

上海三联书店

序

当代中国的法理学(法哲学)正在经历研究范式的转换。这一转换的标志就是法理学正在从以阶级斗争为纲的研究范式中解放出来,换言之,以维辛斯基法学为代表的阶级斗争范式即将终结。但是,出路何在?法学界正在探索各种不同的出路,因此出现了不同的研究范式或尝试,并取得了相应的成绩。

很明显,这无疑是一个代表时代进步的正确方向,也配得上说是一件可喜可贺的幸事。然而,正确的并不等于科学的(科学只提供知识,而不是别的什么东西)。正如孟德斯鸠所言:做好事不如(远比)把事做好容易几千倍。尽管这些有益的尝试已屡见笔端,但我们稍加考究就会发现,这些尝试都或多或少是一种立足于法律工具意义上的改造和解读模式,遵循的是一种把法律看作是定纷止争、冲突解决的外在的社会控制的手段与工具的理解理路,从而使得它们都带有着浓重的物质工具主义或匠气色彩。而人类文明的事实却一直告诉人们,——正如作者在本书中所力图阐释的那样,法律不仅仅是现世主义的工具,它还是人的需求的产物,是以人为中心旨归并具有浓厚的人文色彩的。所以根本说来,这些解读和改造的尝试还是现有体制内的循环,还是没有去旧式化,它们仍然深陷于旧式法学的研究窠臼和话语系统中而不能自拔。当然也就同样充满着自证其反的契机和危险,也就依然不能消解人们心中关于法律的某种不快和焦虑的感觉。道理很简单——诚如爱默生所言:人借以安身立命的不是物质,而是精神。因而,毫不夸张地说,对他们而言,只有当代眼光在场,而特定的理念却依然缺席。它们所做的充其量仍然不过是一个尾随者的国度的人们的所作所为:缺乏对人类悲剧性生存景观的痛惜和同情,缺乏对人类整体经验的敬畏和遵从,简言之,在法律与人文之间集体无意识,相应地,法学当然包括所有的部门法学研究都显得缺乏问题意识,也缺乏真正的学术争鸣和证明。

显然,对我们所处的这个时代来说,这明显是远远不够的,至少是不能法正当化的。因为我们的时代期待于法学乃至法制的不仅是要在理论和实践上建立秩序,而且是想通过新的研究模式以及新的法律手段从根本上改变社会,为人类寻找意义,传播意义,营造幸福的生活,简言之,法律对幸福生活的世俗指导应当取代任何别的承诺而占据首要地位。因而现代社会中对法学或法律的任何解读和改造都必须立基于如下最起码的命题:那就是,现代法律或者说法学的正统性理据或合法性的法源在于,膜拜人文幸福生活的高洁,崇尚人文价值的庄严。这也即是说,应当对法律进行人文主义解读和人文主义改造。

杜宴林博士的这本博士著作无疑就是这样一个全新的尝试和全方位的研究和实践。全书从对法律人文主义精神的深切关怀(焦虑)出发,详细阐述了人文主义的价值意蕴、法律本体的人文主义基础、法律的人文主义演变及形成、法律价值的人文主义证成、法律职业的人文主义立场,最后旗帜鲜明地提出要认真对待人文主义。

全书核心学术思想鲜明,围绕核心思想而展开的各种论述有理有据、环环相扣,并提出了一系列富有启发和拓新意义的见解。诸如:对人文主义的梳理作者定位为作为主题的人文主义;对法律本体的阐释作者则从文明史的角度详细分析了法律产生的人文主义基础和前提;在法律的演进与变迁中,人文主义是核心旋律;两大法系的立法无一例外都证成着并将继续证成着法律的人文主义旨趣和价值荷载;法律教育应当重塑人文主义教育模式以及法制现代化的根本逻辑在于人文精神的现代化,等等。这些见解和观点对于整个新世纪的法学研究,无疑都具有开拓性意义,也充分表明新一代学人自觉的学术责任感和历史使命感。

本书作者杜宴林博士是我在吉林大学(以前在中国人民大学)公开招的第一届博士研究生。自大学本科以来一直接受吉林大学理论法学的熏陶和教育,谦虚谨慎、刻苦好学,有着厚实的学术术养和潜力。在攻读博士期间,进一步施展了自己的勤奋好学的学术品格和实力。作为他的指导教师和今天的同事,在他的首部专著即将公开出版之际,谨以上述杂感对这位学术新人表示热诚祝贺,并寄以美好的期望。

张文显

2004年10月于长春

前　言

我一直坚信,当代中国的法学有必要进行研究范式上的变革,这既是中国法学既往研究经验的总结,也是中国法学走向新世纪的必然选择:它需要脱幼。由此我更进一步地认定,新世纪的中国法学再也不能是仅停留在法律技术层面上的法学了,这样的法学只能是一种末路法学,因为"本世纪的法学和法学者的历史表明:纯粹的法律技术对法律和社会是危险的"①;另一方面,新世纪的中国法学也必将纯思辨性法学视为误区,因为阳光下本无罕事,真理应当是具体的、常识性的。也正因如此,伯特兰·罗素讲过一句极有见地的话:哲学大师们的中心思想本质上都是非常简单的;而以石里克和卡尔纳普为领袖的逻辑实证主义哲学的一个基本结论是:科学之所以是科学,是因为它(们)能被还原成常识。② 法学自然也概不例外,否则面向新世纪的法学仍然难以挣脱幼稚的陷阱和牢笼。

与此同时,"在过去和当今的极权主义制度中发生的重大事件,特别是在法的严重犯罪的教训表明:一种法律秩序、一种法学和一种司法倘若不意识到不可放弃的基本权利和人权的实质性的价值秩序,就可能成为当时统治者为所欲为的工具。而所谓的无价值或价值中立的法、司法和法理学就仿佛一只风向标,只能随着各自所处的时代的统治者摇摆不定。任何法理学如果不研究法的价值基础就等于失去了自身的对象"。③

由此问题也就更加具有了挑战性。这至少表明,真正意义上的法学必然是也应当是价值论法学,而至为关键的莫过于其终极评判标准无一例外是与对现世人的幸福生活的关注,对人的价值的崇尚以及对人的人格尊严的弘扬

---

① [德]魏德士:《法理学》,丁晓春、吴越译,法律出版社2003年版,德文版前言。
② 参见张宇燕:《说服自我》,生活·读书·新知三联书店1997年版,第33—34页。
③ [德]魏德士:《法理学》,丁晓春、吴越译,法律出版社2003年版,第25章第3节。

紧密相连的。一句话，它必然是以人为中心、命定人文主义的。此即所谓的"法律与制度必同人的思想携手共进"（杰斐逊总统语）。所以在这里，伯恩·魏德士无疑是正确的，他意味深长地断言："法理在实践与理论中有着重要的、虽然也经历过波折的历史。无论是在中世纪的等级社会的世界与科学秩序中，还是在发达的工业社会的复杂制度中，法理学在过去和现在都肩负着社会、政治与文化有目共睹的重要使命。"①

这无疑更加有力而明确地昭示，法律必然是人文主义的——是"人的法律"而非"物的法则"，所有的法律背后最终都是人文主义的图景，就像所有的法则背后都是人文主义的图景一样。它充溢着宽泛的人文气质，非人文的法律即非法律，也正因为法律具有这样永恒的人文秉性，法律也才有了稳固的理念背景和顽强的实践生命力，否则法律将形同虚设。这迫使我们通过人文主义的视角来理解法律概念的内涵，并在此基础上重新审视和思考各种构成法律概念的惯常性研究途径的发生条件和相应麻烦，以寻求法律的正解。

无疑，本书正是基于这样的人文主义理路对法律进行系统解释的一个全新的尝试。因此在篇章结构的型构和设计上，本书导言部分从当代社会中存在的焦虑与法律的可能生活的研究出发，详细探讨了时代精神的聚焦点、现代法律精神与人文主义的信念的关系以及学者的使命、社会人的使命与现代人文情结等相关论题；阐述了在法律理论研究中的人文主义研究的基本意义和学术价值；最后明确了我们对本书研究的切入角度和思维进路。第1章我们比较详细地考察、分析了什么是人文主义及其历史沿革、人文主义视域图景等系列问题。第2章则从文明史的角度详细分析了法律产生的本体性人文主义基础和前提。第3章重点考察了法律的人文主义演变及形成过程，进一步论证了法律形成的人文主义渊源。第4章从立法史的角度确证或证成了法律的人文主义奥秘。第5章又以法律的徒法的困惑与模式变项的危险为关注的焦点，强调了法律职业的人文主义立场。第6章，我们从人文主义的视角详细考察了当下中国的法治现代化问题，并旗帜鲜明地提出要认真对待人文主义，否则法治现代化有虚化的危险。第7章也是最后一章提出，随着传统人文主义全盘反思时代的到来及新人文主义的兴起，如期而至的是，法律本体论理解和诠释也迎来了新人文主义转向。这之中，实验法学的兴起无疑具有标志性和启发性意义。为此，本书进行了详细阐释，以期让人们真正体会和感知到面向

---

① ［德］魏德士：《法理学》，丁晓春、吴越译，法律出版社2003年版，第七章第一节。

中国的法学之所是及所在。相应地,中国法学,总有些人文情怀应当坚守,看来就既非酸腐,亦非矫情了。显然,确定这样的研究理路也就意味着本书必然以辩证唯物论和历史唯物论为指导,综合运用语义分析、价值分析、历史考察、阶级分析、比较分析等方法以完成本书所承载的基本使命。

总之,通过上述翔实而细致的研究,我们试图使人们确信,法律的的确确是可以也应该从人文主义视域来观照和诠释的。法律不仅仅是现世主义的工具,它还是以人为中心旨归的——是人的生活的终极目的和意义的一部分,是人性的基本诉求。这也就是说,人文关怀是其永恒的主题。人文主义对法律来说,既有描述的意义,也有规范的意义。法律与人文主义从来都是相伴而生的,不曾分离,也不应分离。即使在这样一个人文主义全盘反思,且人工智能、大数据等信息化技术飞速发展的时代,也只是意味着时代需要的是更新的而不是背弃人文主义,走一条超越人文主义/后人文主义论争的法律的新人文主义道路。

当然,正如我们一再言明的,尽管在本书的写作过程中,我未敢有丝毫懈怠,努力完成一个学人人文情怀的涅槃和坚守的过程,但结果可能并没完全遂愿,敬请各位专家和学人指正。真的,没有任何保留和限制。

目 录

序 ………………………………………………………………………… 1
前言 ……………………………………………………………………… 1

导 言 时代精神的聚焦点 ……………………………………………… 1
 一、存在的焦虑与法律的可能生活——现代法律生活的反思 ……… 1
 二、现代法律精神与人文主义的信念 ………………………………… 5
 三、学者的使命、社会人的使命与现代人文情结 …………………… 7

第一章 人文主义的价值意蕴 ………………………………………… 10
 一、人文主义词义探究：广泛应用的人文主义与作为主题的人文
  主义 …………………………………………………………………… 10
 二、人文主义的视域图景 ……………………………………………… 15

第二章 法律本体的人文主义基础 …………………………………… 54
 一、人类天生的信念——文明 ………………………………………… 54
 二、文明的品性与法律的产生 ………………………………………… 77

第三章 法律的人文主义演变及形成 ………………………………… 102
 一、人类文明的苦乐年华——中世纪法律的评述及反思 …………… 102
 二、法律与革命——法律的人文主义演变及形成 …………………… 110
 三、古典自然法：一个人文主义的初步分析 ………………………… 141

第四章 法律价值的人文主义证成 …… 164
一、法律的人文主义应用与人文践行——两大法系之人文奥秘 …… 164
二、犯罪人的权利宪章——罪刑法定的人文透视与人文辩考 …… 172
三、自由人的自由礼赞——意思自治的人文透视与人文辩考 …… 189

第五章 法律职业的人文主义立场 …… 206
一、徒法的困惑与模式变项 …… 206
二、法律共同体及现代职业技术时代的危险 …… 218
三、思之赐——职业人性化与法律教育 …… 224

第六章 认真对待人文主义——法治现代化的相关序曲及当前难题 …… 232
一、法治现代化——一个初步的分析 …… 232
二、当前的难题——缺乏信誉担保的中国法治：以人文的名义 …… 244
三、改造与拯救——中国法治现代化的现实关切与终极关怀 …… 255

第七章 法律人文主义的反思与迈向法律的新人文主义——以实验法（理）学的兴起为中心的考察 …… 264
一、法律人文主义的全盘反思与新人文主义的价值意蕴 …… 264
二、现代法学的理性反思与实验研究的兴起——以法理学为重心的考察 …… 268
三、法理学实验研究兴起的理论旨趣和演进脉络 …… 272
四、法理学实验研究兴起的问题域及其主要方法 …… 275
五、迈向新人文主义的中国法学 …… 282

结语 …… 289
参考文献 …… 293
中国法学，总有些人文情怀应当坚守（代后记） …… 307

导言　　时代精神的聚焦点

一、存在的焦虑与法律的可能生活——现代法律生活的反思

正如人们已经看到的,时至今天,法律已成为维护人类社会秩序的常规性手段和决定力量,法律已渗入到社会行为的各个领域。自然,社会各阶层的每一个人每时每刻也都能真切地感受到法律的普遍性和它的社会生活意义,"法律与每个人息息相关,它与我们同在,从摇篮到坟墓,它是指引着我们通往目的地的途径,即使在我们已与绝大多数灵魂汇合之后,也是由法律决定着,对所留遗产可以作怎样的处置"①,美国律师赞恩对此这样出色地描绘道。

这充分反映了人类文明的现代形态对社会公共生活规范和秩序理念的特殊理解,也极大地朗现了现代文明的基本内涵:通过法律的文明。它表明:人类社会发展到今天的一个最基本的经验性成果在于:文明必须依赖于法律。一方面,人类文明的创生、维系都必须依靠法律的普遍而有效的作用,因为只有这样,才能定纷止争、冲突解决,以确保社会控制和良好的社会生活秩序。因而,毫不奇怪的是,"自十六世纪以来,法律已成为社会控制的最高手段了。……(这)不仅是为了一般的安全,也是为了几乎所有社会控制的任务";另一方面,人类文明的延续及发展也同样离不开法律的普遍而有效的作用,尤其是在人类跨入21世纪后,随着全球化浪潮的到来、经济社会的飞速发展,"使得整个世界近得似乎在每个人的后门口一样,……从而也(前所未有地)增加了他们之间的利害冲突点和重迭点"的情况下,更是如此。因而,"现代社会不仅需要法律,而且需要大量的法律"。②

---

① [美]赞恩:《法律的故事》,刘昕、胡凝译,姜渭渔校,江苏人民出版社1998年版,序言第2页。
② [美]庞德:《通过法律的社会控制　法律的任务》,沈宗灵、董世忠译,商务印书馆1984年版,第78页。详尽的分析见 P. S. Atiyah: *Law and Modern Society*, Oxford University Press, 1983.

总之,在现代社会里,应当说这业已成为了普遍的观念:法律是有其重要的一席之地的,人们寄望于也习惯于法律下的生活,因为它是"达到美好生活的唯一可行的手段"(亚里士多德语)——浸渍了人的个性、人格尊严以及人的价值等人文精神的关怀和崇尚。它对所有人的教谕是:法律,因人而生,并以人为本。所以庞德指出:现代社会中,一切正常而又理性的人们无不热望一种法律下的生活,并表现出了这样的生活能力:"他们反对服从别人的专横意志,但愿意过一种以理性为准绳的(法律)生活"。①

这本来是一桩幸事。然而,不无遗憾的是,人们却并没有因此而正确地理解法律,恰恰相反,他们却仅仅把法律看作是"神化"的造物,一切依靠法律,一味信奉法律,表现出一种严重过分法规化的倾向,一种马克思谓之为"法律拜物教"的做法②,从而也最终沦为了完全工具主义法律(治)观的俘虏,大肆立法,试图以法律涵盖、控制整个社会生活。所以有学者惊呼,在今天,法的统治已变成了法的倾盆大雨了。③但历史和现实却一再表明:这绝不是什么好的福音,它必将使人难以适从,并将带来严重的消极后果。这一点,美国法学家埃里克森给出了出色的实证证成:"法律制定者如果对那些促进非正式合作的社会条件缺乏眼力,他们就可能造就一个法律更多但秩序更少的世界"④。道理很简单,法律若仅仅被看作是现世主义的工具性的产物,随之而来的必然是法律万能论、法律饥渴症等会让人窒息的法律景观。于是,我们总是不无惊心地看到,怀着善良的法治愿望的人们总承受着"法治"(制)的煎熬和肆虐,预期中的法治社会并没如愿地呈现,取而代之的却常常是法治工具观支配下的暴政与独裁,"一个彻头彻尾的十足的专制社会,只不过盗用法治的名义而已!"⑤

不必说,这样的法律生活与其说是文明与进步的幸事,毋宁说是落后和倒退的代名词;也不必说,这样的法律生活是不见容甚至不符合人们期望中的法

---

① [美]庞德:《通过法律的社会控制 法律的任务》,沈宗灵、董世忠译,商务印书馆1984年版,第17页。
② 法律拜物教就是把法律神圣化、神秘化,相信法律万能。对此,马克思及其后继者针对性提出,法律是受社会物质生活条件反应的统治阶级意志的体现,法律并不是万能的。其为学界援引的经典原文是:"你们的观念本身是资产阶级的生产关系和所有制关系的产物,正像你们的法不过是奉为法律的你们这个阶级意志的一样,而这种意志的内容是由你们这个阶级的物质生活条件来决定的"。参见《马克思恩格斯文集》(第2卷),人民出版社2009年版,第48页。
③ [美]庞德:《通过法律的社会控制 法律的任务》,沈宗灵、董世忠译,商务印书馆1984年版,第113页。
④ [美]埃里克森:《无需法律的秩序》,苏力译,中国政法大学出版社2003年版,第354页。
⑤ 姚建宗:《法律与发展研究导论》,吉林大学出版社1998年版,第402页。

律生活的,因而再正常不过的是,现代社会的人们在普遍接受和认同法律的功能的同时,同样也普遍地泛起了过分法规化以及相应的法律可能生活的焦虑[①]———一种对法律存在的困惑与法律的可能生活的担忧。这种焦虑显然主要来自于法律(治)的这样的可能性,即成为文明载体的法治社会的可能与必然之综合的可能性,或者说成为能给人的生存带来幸福的可能与必然之综合的可能性。详言之,作为一个别有意义的永久事实,人总体上都是希望幸福地生活下去的,都是希望过一种符合本性的生活的,并在此基础上,现实地展现和丰富着其对这种幸福生活的追求的各种努力:选择自己的生活,规划和自主安排自己的生活方式,当然也包括通过法律这种规范设计和制度安排的努力,然而也正如我们在后文将要看到的:由于人在本性上是"不可避免的无知的"或者说人都是"有限的理解力和意志力"的,这就使得人们基于幸福生活的向往和渴望而产生的各种相应的追求幸福努力可能与事物本来的逻辑发生严重的背离甚或彻底自反,至少无把握、无信心。这也就是说,在这种情况下,成功与失败的可能都一样让人叫不准,而人们获取个人的信念的门始终是敞开的——很明显,这个个人信念的门的判别标准通常都是根据幸福期望的实现程度来确定的,这样,一个很自然的事实就在于,人们的焦虑就将合乎逻辑地生长。这也充分表明,这种焦虑说到底更多地体现为一种良知的焦虑,生存意义的或人文价值的焦虑,这种焦虑是文化现实和思想危机理论内涵及导向的共同产物。它有力地动摇了人们既有的信念,从而使得人们的法律信仰大幅失落,怀疑与批判都大面积地延伸,因而它表征的更多的是一种情绪内涵而非理论内涵,并带来了强烈的思想震撼,迫使人重新质询和关注人生和世界存在的基本意义及内心的真实的价值需求。这也等于说,现代人至少已在内心深处真切地发现,人的生命和精神的一切价值一向所依赖着的法律下的生活并在其中得到幸福的理念和旨趣,已变为可疑的、表面的、相对的,并且从终极的理念来看,它至多不过是一种可能生活。

很显然,我们这里的可能生活首先意味着,这种生活本身是有价值指向或价值负载的,即生活本身是功能性的、目的性的生活,但因为欠缺实现的条件或者说条件的不成就,因而直接导致了这种生活以可能的形式而非期望的形

[①] 所谓"焦虑",美国学者P·蒂利希作了这样的界定,它是一种状态,在这种状态中,一个存在者能意识到他自己可能有的非存在。这句话可以简要地表述为:焦虑是从存在的角度对非存在的认识。见[美]P·蒂利希:《存在的勇气》,成穷、王作虹译,陈维政校,贵州人民出版社1998年版,第29页。

式出现。具体来说,那就是,人们对法律生活是有价值寄望和理性幸福向往的,但因为这样一种理想向现实转换的过程中的若干环节与条件不确定甚或欠缺,从而导致法律的可能生活。尽管如此,但这也丝毫不影响这种人们心目中的法律本真生活总是具有功能性的或目的性的:一种愿望的诉求,一种对幸福、成功的生活方式的向往。

其次,与之相联系,这样一种可能生活也意味着这种生活是相对的不确定的,至少它不意味着现成生活,它有一个未来的向度,因而要想真正拥有并沐浴于这种生活,人们无一例外需要尽可能提供良好的条件,以便于这种生活为民所拥有。具体来说就是,现代法律生活本质上是相对不确定的,即它并非就是人们理想法律生活的现成版,现成版的法律生活向理想版法律生活的过渡还应有一个实现的途径与条件成就——后文将详述,这个条件就是法律走向生活,穿越大众的内心感受和体验,从而达致民众信奉、大众认同的现代法治生活——这样的法律生活才能得以临在和降生。

最后,这样一种可能生活还意味着这种生活还是一种行为追求的状态而非结局,它是一种可能世界的理想尤物而非现实世界的终局性产物,这种尤物绝对是人们理性的认同和选择,或者说它是一个选择世界中最后的选择结果,因而它具有永恒性、唯一性、决定性特征,很难再有其他东西可以替代它在人们理想的生活世界的位置和角色定向,它是人们对于自己未来的生存空间的确定,而且这种生存空间或者生活世界有足够的理由和征兆给人们幸福和有意义的生活承诺——只有这种生活才应当是幸福的,也是可诉求的,可诉求意味着这样一种可能生活不是飘渺世界或彼岸世界的永不可求的东西,恰恰相反,经过一个可待发现与发掘的路径,它是可以成就真实的生活世界的。简言之,它必定有幸福生活的一种显示方式。这也构成了人们对这种生活寄予厚望的存在论前提,这是一个无法怀疑的真理,它可以通过反证的方式来加以证成和澄明:假设不存在这样一种可能生活,而是其他可能生活,人们可预期的确定的结论是:生活的境况和生存样式、生活方式将更糟。这也是一个确定无疑的真理性结论,因而幸福的向往、理性的寻求使得人们在一个可选择世界中终于选择了法律的可能生活。

总之,这样一种可能生活是一种没有确定性的、合理预期的生活方式上的徘徊于成功和失败之间的法律生活,是一种不能给人确切归依感或者说可以据为慰藉进而安身立命的生活,这自然和现代人们本真追求法律下的生活是大异其趣的。自然也使人类"丧失了对人类生活价值观的所有的真正感觉"。

因而这样一种焦虑或困惑与其说是关于法律的焦虑或困惑,不如更确切地说是一种功效上——"法律本身是一回事,法律的真正功效又是一回事"——以及随之而来的法律精神家园的焦虑与迷失,一种无根意识的反思与自我意识:什么是人的幸福生活?人的可能幸福生活与成功生活有怎样的秘密?法律能给人的合理承诺应当是什么?现代意义上承载着人的乡愁般依恋的法律景观究竟何在?……借用哲学界的一句话,就是"没有标准的选择的生命中不能承受之轻的存在主义的焦虑"①。它表明:对法律工具理性的过度诉求,将不可避免地导致对社会秩序系统和人们生活世界、生活样式的最大程度地侵蚀或殖民。

二、现代法律精神与人文主义的信念

无疑,现当代的人们无一不痛切地感受到了这种存在主义意义上的现代法律工具理性对生活世界、生活样式的侵蚀或殖民,也分外清晰地感受到了由此而来的法律可能生活在精神家园意义上的无助与困惑,于是开化了的人们开始从不同角度反思和自省法律,寻求法律的真谛,从而实现了法律观念性转向。其中一个显明趋势,可以说也是众望所归的现象就是法律的人文精神的重新发掘和植入。于是,人类历史在20世纪下半叶又重新刮起一缕人文主义旋风——对人的崇尚和尊奉,并点燃了人类法律史解释上的又一盏明灯——人文主义的理解和诠释。

这无疑也是时代进步的结果。众所周知,人类文明的历史发展到21世纪的今天,一个突出的文明成就就在于:对人和人类真实处境的思考和关切已成为了当今时代的主题,这也就是说,人,仅仅是人,就能完全厘定人们的思考和追求。这就必然导致所有的理论科学都必须也应当回到人的生活世界,都必须从"人"出发的人文主体性思维范式的诞生,或者说以"人的方式"去解读世界的人文学范式的转向——很显然,这也即是一种以人的历史性和诗性存在为根源的研究范式,这样一来,一个以人的历史性和诗性存在为本源和根据的研究范式就顺理成章地活跃于理论科学的舞台:理论永远都不是外在于人、超越于人的理论,恰恰相反,它永远都是以人为永恒在场者的理论,理论由此也进入到以人的诗意栖居为澄明境界的理论,从而也宣告了一切漠视甚或忽视人文精神而构造出来的理论的终结。

---

① 孙正聿、冷东:《社会主义市场经济与中国当代社会思潮》,《汕头大学学报》1996年第1期。

法学也概不例外。新世纪的法学理论也必须回归人的生活世界或者说生存方式、生存样式，以人的幸福生活为旨归而展开研究。这也等于说，它必须超拔于经验世界或现世主义的有限性和暂时性，力求在人的生命存在与某种永恒存在的精神性世界之间建立联系，承载人文的意蕴，追问生命的意义，由此而求觉悟与永恒。与此同时，正如我们将在整部书中将要看到的，就法律本身而言，从它产生的那一天起，它就意蕴着人文的价值取向和价值诉求，它就是意义之源泉，只是总为人们漠然视之而已，但其荷载的人文意蕴可从来未曾绝灭过，也未曾间断过。这也就是说，新的时代的法学研究发掘和彰显人文精神和理念，无疑就既是时代之驱使，也是理论的当然回归了。在此意义上，每一种这样的研究当然都应当看作是承载着生命内涵和意蕴的人文之学：沐浴着人文的光辉，灿烂了人文的天空，因而也都应当获得实至名归的喝彩的理由。

这很明显也是一个开始。然而，值得欣喜的是，至少在我国，自党的十一届三中全会以来，在伟大的法治实践和时代精神的召唤下，我国法律研究工作者解放思想，推陈出新，围绕着人文主义这一时代主题进行了广泛而有益的研究，极大推动了我国法治实践和理论建设的前进步伐，也颇有成效地丰富和拓展了法学研究的领域和研究视域，因而我们可以说这显然是一个了不起的成就。其中颇有代表性文章当数张文显教授在《中国法学》1994年第6期发表的《市场经济与现代法的精神论略》——一篇旨在从市场经济角度建构现代法精神的文章了。在文章中，先生将现代法精神概括为权利本位、契约自由、宏观调控、效率居先和人文主义等几个方面，并热情赞誉了现代法的精神之哲学基础——人文主义。在先生看来，现代法的精神如果没有现代人文主义观念的融入，现代法的精神如权利本位、契约自由、宏观调控和效率居先等就必将会暗淡无光或超越其临界和边际而全然扭曲——权利本位将不可避免地蜕变为斤斤计较，契约自由也将被用以肮脏交易，宏观调控将导致计划经济的复活，效率居先也不过是少数人发财致富的代名词。因此，应当重视现代法精神中的人文主义，它既是理论纠偏的需要（对立法政策主义、工具主义、实用主义、技术主义的人文纠正和评判），也是社会全面进步的必然要求。应当说，先生的文章将现代法精神的最基本论题或者说问题业已展现在了人们的面前，当然也绝非最终的答案，但毋庸置疑，先生的文章至少起到了直接引领和启发学术研究的作用。果不其然，香港大学法学院院长陈弘毅先生也在《中国法学》1996年第6期发表了《西方人文思想和法的精神》这一相类似的文章，他从当代西文人文和社会科学思想的角度明确把现代法的精神和价值取向勾画为自主性原则、法治原则、产权原则、人权原则、开放社会性、沟通理性、传统性、世界和平原则等八个向度,并别无二致地仍然高扬了维护人的尊严、尊重人的价值等人文主义信念,这表明,法律的人文主义理念业已得到了它应有的一席之地甚或普遍接受的地位。自此以后,人文主义信念携带着它暴风雨般的基因和批判性的破坏力逐渐深入于整个法学研究,各个研究工作者包括部门法研究者都开始自觉不自觉地注重从人文主义的角度找寻法律及法学研究的真谛[1],并呈现出绵延之势,这不能不说是一种进步,如果再联系到中国法学的较低的学术底蕴来思考,也许这一点更为明显。总之,新世纪的法学研究一个显明的特征就是人文意蕴的回归和弘扬,人文精神的阐发与高举,同时这亦构成了现代法精神的革命性变革。

三、学者的使命、社会人的使命与现代人文情结

这也即是说,自上个世纪末以来,人文精神的理念以及相关的人文学研究范式已逐渐被纳入法律及法学研究中,并逐渐呈现一幅欣欣向荣的迹象,因而这同样也应当有其大书特书的喝彩的理由。然而详加辩考,我们也应当清醒地看到,在这种表面繁荣的背后仍潜伏着深层的危机,那就是,由于学者普遍的自主意识和主体意识的匮乏和理性自觉意识的迷失或失落,使得我国法律的人文主义研究总体来说始终停留于浅层次中,这突出地表现在:只有观点的泛滥而缺乏生活的积淀,只有轰烈热闹的讨论而缺乏理性逻辑的思辨和把握,用通常的话语来说就是,只有正确的问题,鲜有获得正确答案的途径。这就直接宣告了人文主义、人文精神不管在理论上还是在实践中都刺目地呈现出浓烈的政策性招引色彩:在学术上表现为仅有生硬的政策性命题而非学术理论精神上应有的人文渗透与浸染,在实践中表现为仅有僵死的教条思维而并非应有的活生生的主义,这显然是和人文主义的本真理念相去甚远的。所以我们总是遗憾地发现,尽管人文主义已逐渐方兴未艾地成为许多学人神往

---

[1] 代表性的有,陈兴良先生就认为应当把法律的人文意蕴赋予了新世纪的刑法学研究,见陈兴良:《科学性与人文性——刑法学研究的价值目标》,《政治与法律》1995年第1期。王利明先生以一贯的人文精神引领了民法学的人文关怀研究,并影响了人格权独立成编的民法典编撰,见王利明:《民法的人文关怀》,《中国社会科学》2011年第4期;王利明:《人文关怀与人格权独立成编》,《重庆大学学报》(社会科学版)2016年第1期。徐国栋先生以新人文主义与中国民法理论的倡导也给民法学界留下了深刻印象,见徐国栋:《新人文主义与中国民法理论》,《学习与探索》2006年第6期;叶必丰先生则以《行政法的人文精神》一书享誉行政法学界,见叶必丰:《行政法的人文精神》,北京大学出版社2005年版,等等。

和关注的对象,但真正深入地剖析其理论沿革和精神旨趣,从而展现法律人文主义精神的全貌和景观的著述却甚为罕见,实践操作上的人文式微和无力也更是不言而喻了。这样看来,我国法学学者的使命定位和角色责任似乎应当重新评估和修正。至少在我们看来,法律人文精神这一领域的研究的缺位和遗憾当首先归咎于法学学者的使命意识和现代意识不够所致。道理很简单,实践是丰富的,而理论之树常青,伟大的实践如果没有代表时代精神的理论作指导,这种实践也将是注定缺乏血肉的、因而也注定是扭曲短命的。这一点绝对是确定无疑的,所以毫不奇怪的是,我们总时有耳闻于"中国法学幼稚"的论调甚或嘲讽,我们也总时有耳闻于"中国法学缺乏问题意识""中国法学缺乏学术素养"的批评甚或指责……这也绝不能简单化地构成当代法学工作者:这是一个非理性的评价、无稽之谈和不理不睬的理由。尤其对于一个古老如我国的第三世界发展中国家来说,要践行伟大的法治国实践,缺乏甚至没有理性的代表时代精神的理论作指导又何尝不是一个美妙的设想?!所以,当罗素先生一句预言式断言——"调节先进国政策的一些原则传扬到比较落后的国家,主要是通过理论家。在先进国家,实践启发理论;在落后国家,理论鼓起实践。"①——在耳畔响起时,我不能不承认该断言之彩、之妙。

新一代法学研究者注定要在上一辈为我们提供和造就的可供演绎、发展的理论基础上踽踽前行,但这种前行决非简单地批判、打倒前人基础上的理性狂妄,亦非在前人铺就的轨道上的简单承续和发展,而是应当立足于深刻变迁了的时代发展和实践要求的基础上,凭着理论的敏感和社会良知与责任意识,借助于古今中外前人的研究成果和结晶,从而真正践行自己的应有的使命和贡献②,哪怕它仅是学术黎明前为他人鸣晓的雄鸡!哪怕它仅是学术轨道上的引玉之砖石!所以,当我读到费希特先生在关于学者的使命和社会人的使命的如下精彩论述时竟能激动不已,竟能热诚如斯。他说,学者阶层的真正使命是:"高度注视人类的一般的实际发展进程,并经常促进这种发展进程""学者就是人类的教师",而作为社会人的学者的使命,就是共同的完善过程,这个过

---

① [英]罗素:《西方哲学史》(下),马元德译,商务印书馆1997年版,第129—130页。
② 也正因如此,所以在这里,作这样的援引无疑也是很有意义的,这就是中世纪沙特尔的伯纳德的那段有名的话的要义,这句名言在中世纪曾引起了巨大的回响:"我们是站在巨人们肩膀上的侏儒。我们的视野(可能)比他们更宽广和更远大,并非因为我们目光更尖锐和身材更高大,而是因为他们把我们举了起来,并抬到同他们一样的巨大高度"。见[法]勒戈夫:《中世纪的知识分子》,张弘译,卫茂平校,商务印书馆1996年版,第10页。

程一方面是别人自由地作用于我们,造成自我完善的过程,另一方面是我们把他们作为自由生物,反作用于他们,造成别人完善的过程。①

我毫不怀疑自己的这一腔热诚,——尽管这样的热诚并不一定都能带来所期望的结果——所以我才敢不揣陋薄,在导师张文显先生的指导和鼓励下,确定这样一个题目作为自己的博士论文,而且我凭直觉就深知这个题目的挑战性。然而,甫一入手,其感觉仍恍如刘姥姥初进大观园,阿里巴巴惶入深山宝藏,满目珠玑,惟恐力所不逮,导致终生遗憾。但是我丝毫不怀疑该专题研究的价值及意义,因为人文主义自从文艺复兴以来一直构成西方世界的主流话语和理念支撑,而传统的中国思想也并非与之绝缘②。尤其是二十世纪西方思潮——其中当然包括人文主义思潮——强势登陆中国,学者表现出或简单的话语平移西方思潮或莫名拒斥本国文化的尊西崇新、盲目爱恋的倾向时,我们便更没有简单视之的理由:这需要在中国语境下深入探究,以服务于社会实践和理论提升的需求。所以,我一直信奉这样的观念,当代中国法学研究者如果还仅仅停留于注释学、话语平移等工匠性思维而不具备人文情怀的话,那么中国法学研究者仍然将徘徊于法学疯子和法学工匠之间,仍然将难脱幼稚的窠臼,而如果真需要用法学家来示之的话,那也只能是法学作家的恰切注脚,相应地,中国法学研究也将仍然走不出幼稚的樊篱。如果真是那样,那何尝不是法学的悲哀,又何尝不是民族的悲哀?!所以很明显,我们应当有一种面对世界的人文胸怀,也应当有海纳百川的人文勇气和信心,而且我们这个伟大的民族从来就未曾绝灭过这种海纳百川的人文勇气和信心!而同样明显的是,也只有具备了这样的人文情怀,并在已经变化了的社会环境中不断重新阐释和发展洞见,给予现世的关注,我们这个伟大民族的特质也才能够继续被拥有并证明其活力。相应地,我们的法学研究也才能在理论自觉与主体性自觉的双向互动下,在以"多元现代性"为标志和标准的文明互鉴中发生深刻的变革,并突出地表现在以解释中国人的经验为理论内核和出发点,对现代法学概念框架、范畴体系、话语方式和理论形态进行人文坚守或转向作业,以彰显中国法学理论研究的真实内涵和研究水平的不断跃迁。简言之,唯人文不可辜负,这才是中国法学发展的沧桑正道。

---

① [德]费希特:《论学者的使命 人的使命》,梁志学、沈真译,商务印书馆1984年版,第40、43、23页。
② 代表性著述主要有张晋藩:《论中国古代司法文化中的人文精神》,《法商研究》2013年第2期。张中秋:《传统中国法的精神及其哲学》,《中国法学》2014年第2期;张中秋:《传统中国司法文明及其借鉴》,《法制与社会发展》2016年第4期。

第一章　人文主义的价值意蕴

一、人文主义词义探究：广泛应用的人文主义与作为主题的人文主义

无论诉诸于理论证成还是事实考察，谁都承认，在最基本的普适意义上，人文主义这个名词来源于英文 humanism 的汉译名，包含了这样两层含义，一方面是作为词源学上的意义，它最早来源于拉丁文 humanitas 一词——这个词本身又是一个更古老的希腊观念的罗马翻版——paideia（人文教育）或 enkyklia paedeia（全面教育），西塞罗在拉丁文中找到了一个对等的词 humanitas 来表达。这一希腊和罗马传统一直到十九世纪末都对西方教育发挥着异乎寻常的影响——其所表征的是一些以希腊文、罗马拉丁文为基础的学科设置，如修辞学、逻辑学、天算学以及其他许多涉及自然、文学、语言、宗教、历史、政治等以作为自然存在、文化存在的人为研究对象的人文科学。另一方面却专指十四世纪下半叶在意大利兴起，十五、十六世纪发展到欧洲各国的文艺复兴运动以来的西方社会的指导思想：人文主义或人文思潮，这股思潮在欧洲流行了数百年之久，并最终成为了反对宗教、封建统治的资产阶级人性论和人道主义的思想体系和思想武器：主张摆脱经院哲学和教会神学世界观的束缚，提倡关怀人、尊重人的以人为中心的世界观。

然而，进一步地考察将使我们不难发现，人文主义绝对是一个很难精确定义的词，它是没有确切的答案的，不同的人有不同的理解。正如英国学者阿伦·布洛克所言：

> 我发现对人文主义、人文主义者、人文主义的，以及人文学这些名词，没有人能够成功地作出别人也满意的定义。这些名词意义多变，不同的

人有不同的理解,使得词典和百科全书的编撰者伤透脑筋。①

这首先可能是因为,作为舶来文化,人文主义、人道主义、人本主义在英文词形上都是用humanism来表征的,它们共有的价值意蕴都是尊重人,以人为中心的。因而长期以来,学者关于人文主义、人本主义、人道主义的价值意蕴总存在着大而化之的认识,把三者混同甚至等同起来,认为人文主义就是人本主义,也就是人道主义。但事实却在于:它们之间是有严格区别的,这一点已为我国学者的研究证实②。——自然笔者也持这种观点。

这也就是说,作为一种近现代的思潮或学说,人文主义发展到今天,已被人为地泛用甚或滥用、乱用的程度——至少发展成为了一种在我们看来可以称作粗放与简单的人文主义的程度。英国学者丹尼斯·哈伊对此进行了如下诗化而彻底的表达:

> 他说,长期以来,在关于文艺复兴的一般讨论中,我们已习惯于把它视为一成不变的东西,如像处理杂货店里的货物一样来标明它的特征:从贴有"人文主义"标签的罐子里拿出一些包裹寄往那不勒斯、法国或波兰。还有贴着"现实主义""古典主义""柏拉图主义""新柏拉图主义""佩脱拉克主义"等标签的罐子。在所有这些死的主义中最有害的是"人文主义"这个词。一方面,它是被从历史中抽出来的,变成一个既适用于中世纪学者阿贝拉尔多,也适用于现代存在主义者的常带刺激性的字眼;另一方面,它被不加区别地使用于十五和十六世纪间任何写过一两行拉丁文或希腊文的人,基于这种正确认识,哈伊在其《意大利文艺复兴的历史背景》一书中很少使用"人文主义"这个词,并认为这是幸事和正确的。③

而意大利人文主义研究者欧金尼奥·加林则向我们警示了这样做的危险:人文主义这个词发展到今天,"由于滥用、乱用和误用,只要听见它,就已使人感到难以忍受"。④

---

① [英]布洛克:《西方人文主义传统》,董乐山译,生活·读书·新知三联书店1997年版,绪论第2页。
② 张椿年:《从信仰到理性——意大利人文主义研究》,浙江人民出版社1993年版,第142—143页。
③ [英]哈伊:《意大利文艺复兴的历史背景》,李玉成译,生活·读书·新知三联书店1988年版,第27页。
④ [意]加林:《意大利人文主义》,李玉成译,生活·读书·新知三联书店1998年版,序第2页。

很明显,对此我们也绝不可以付之一笑,因为这一背景中确实潜伏着许多严重的问题,比如,究竟什么是人文主义的问题,人文主义的基本理念或视域图景又是什么?它们对我们的研究来说构成了基本的前提预设的问题,因而这些问题不解决,我们的研究显然就将失去对话与研究的基础或基石,其结果自然也就不言而喻了。

与此同时,人文主义在其已走过的发展嬗变的历程中——按照布洛克的见解——曾经经历了文艺复兴时期、启蒙运动时期、十九世纪的众说纷纭、各持己见时期、二十世纪:走向新的人文主义等人文促进以及人文衰落的时期,不同时期其内涵有很大不同——

> 正如西方学者所指出的那样,文艺复兴时代也就是人的发现的时代。这可从文艺复兴时期人文主义时代的第一个口号中窥见一斑:"人是万物的尺度"。它是古希腊智者普罗戈拉提出的命题。他说:"人是万物的尺度,是存在者存在的尺度,也是不存在者不存在的尺度"。强调把人看作认知活动和评价活动的主体,只有与人发生关系的东西才是存在的,即成为认识的客体。如果与人没有构成认知关系,这样的东西可以说是不存在的,即使存在了,也没有意义和价值。这个命题在当时具有积极意义,它提高了人的地位,把人作为衡量事物的存在与不存在、善与恶的标准和尺度,贬低了神的作用,可以视为西方哲学史上人文主义启蒙思想的萌芽。文艺复兴的人文主义无疑表达了相同的理念,它也把人作为万物的尺度,作为了衡量一切事物的标准。当然,由于这个命题过分强调了个人感觉对判断活动的决定作用,由此可以推出任何正反命题都是真的,这就否定了客观真理,使得人文主义从相对主义走向了主观唯心主义。
>
> 文艺复兴时期人文主义的另一个口号是"认识你自己",这是古希腊哲学家苏格拉底提出的命题。"认识你自己"原本是镌刻在德尔斐神庙的墙壁上的一句警言,据说出自"七贤"中的泰利斯或梭伦之口。苏格拉底把这个命题引入哲学,赋予它以哲学意义:"认识自我"首先是认识自我的认识能力,划定认识范围和界限。如果我们企图认识那些现在无法认识的东西,这就是没有认识自我,没有事先考察认识能力。他认为,自然界的规律是我们无法认识的,这是属于神明管辖的范围,如果我们去研究这些东西,那就干涉了神明,是渎神。在这些问题上人们是全然无知的,只有认识了这种无知,才具有大智慧。因此哲学的对象应当从自然转向人

本身,认识自己的心灵,认识德性的本质。这个命题使希腊哲学发生了根本性的转向,开创了西文人文主义哲学的先河。同样,文艺复兴借助于它,无疑也表达了把人作为认识对象的命题要义。

启蒙时期的人文主义核心要义在于:倡扬人的理性。理性借着文艺复兴"人的发现"及随之而来的科学精神、工业文明得到了极度的发展。所以启蒙运动时期的格言是:"敢于运用你自己的理智"。并对过去遗留下来的一切进行批判或审判。布洛克对此进行了这样的诠释:启蒙运动的了不起的发现,是把批判理性应用于权威、传统和习俗时的有效性,不管这权威、传统、习俗是宗教方面的,法律方面的,政府方面的,还是社会习惯方面的。[1] 总之,"宗教、自然观、社会、国家制度,一切都受到了最无情的批判;一切都必须在理性的法庭面前为自己的存在作辩护或者放弃存在的权利。思维者的悟性成了衡量一切的唯一尺度。"[2] 这个世纪因而也被称为理性主义的世纪,理性得到了极度的甚或霸权性的膨胀并被高高举起和念诵。

19世纪的人文主义核心在于理性功利实证主义。就在启蒙运动使得理性主义得以高扬与大行其道之后,19世纪的人们继承了这样的理性信仰,并把这种信仰赋以现世主义关注与应用,即改造或重铸社会。它由此也为西方社会创造了巨大的工业财富,并在发展政治和社会制度方面取得了相当的规模。布洛克对此进行了这样的描述:在这个时代,各方面都有迹象表明:在理性计算照耀下的世界里,财富、福利和文明方面,都产生了空前的增长,进步被认为是自然的事。[3] 然而,正如我们后文将要看到的,这种对理性主义的极度崇奉也直接导致了人类理性的僭妄——教条的理性主义,进而导致了人类生存环境和个人生活世界的严重危机:人的异化及奴役,人失去了自己的精神家园。简言之,文明也见证了工业社会人的异化的悲剧。人文理性传统在此受到了严峻的考验和挑战。

20世纪的人文主义也即是后现代主义对19世纪人文考验和挑战的因应及回答。一方面,人们继续发现了许多否定生活的方式,对此,弗洛姆深刻地指出:"19世纪的问题是上帝死了,20世纪的问题是人死了。在

---

[1] [英]布洛克:《西方人文主义传统》,董乐山译,生活·读书·新知三联书店1997年版,第84页。
[2] 《马克思恩格斯选集》(第3卷),人民出版社1972年版,第368页。
[3] [英]布洛克:《西方人文主义传统》,董乐山译,生活·读书·新知三联书店1997年,第136页。

19世纪,无人性意味着残忍;在20世纪则意味着精神分裂般的自我异化"。① 另一方面,人们开始重估一切价值体系——反对一切理性主义的僭妄,恢复人的非理性地位,将人从理性至上的迷误中解救出来,用新的人文理性方式去看待人及社会,为现代人形成新的、更加合理的人文价值观即新版人文主义奠定了基础。

这也充分表明,人文主义是一种具有复杂历史变迁的学说,它并非静止、稳定不变的非历史存在,因而按照尼采的看法——只有非历史的存在才可能被赋予恰当的定义②——它就是一个很难确切加以定义的名词,也就是说它没有也不应有一个确切的规定和具体的指称。然而,社会科学本身的研究却表明:相对明确的概念是对话与研究的起点和基石,没有相对确切的指称或表征,人们就无法进行学术对话和学术交流,更谈不上学术研究。因而,不管社会科学领域的概念多么混杂不清,它都应具有也实际具有最起码的、大众共识的基本内涵和相对确定的指称,人文主义自然概不例外。它也必须有一个大致确定的指称,而且很明显,正如我们已经看到的那样,人文主义在其发展演变的历程中的的确确有这样的相对确定的指称,那就是,人之为人的尊崇和尊重。

这也等于说,上述两方面的考虑把我们带到了本文命题之症结所在,这就是,为了论题上的连续性和核心指称性,本书若无特殊的说明,我们将在主题意义上使用人文主义的价值指称和意蕴——简称:作为主题的人文主义,诚如 Michell Foucault 在《什么是启蒙》(What is Englightenment?)一文中所说的那样:

"人文主义……是一个主题,或者更是一组超越时间,在欧洲社会的一些场合重复出现的主题;这主题总是与价值判断连接在一起的"③。

即凡是提倡尊重人的尊严、价值、人格,一切以响应人的召唤和存在、促进人类的进步和文明为主旨或中心并对之进行倡扬和信奉的理论和主张,我们都概之为"人文主义"。如果说真有什么简洁的定义式的公式可大致表达的话,那

---

① [美]弗洛姆:《健全的社会》,欧阳谦译,中国文联出版公司1988版,第370页。
② J·G·Merquior, *Ciberalism: Old and New*, Boston: Twayne publishers, 1991, p. 1.
③ Michel Foucault, 1984 "What is Enlightenment?" *The Foucault Reader*. Ed.: Paul Rabinow. Ny: Pantheon Books. p. 44.

就是：人是万物唯一的尺度（普塔拉哥语）。这自然也涵盖了阿伦·布洛克的核心见解：在他看来，不应把人文主义当作一种思想派别或者哲学学说，而应当当作是一种宽泛的倾向，一个思想和信仰的维度，一场持续不断的辩论，这场辩论不是由一个统一的结构维系在一起的，而是由某些共同的假设和对于某些具有代表性的、因时而异的问题的共同关心所维系在一起的①，那就是：以人为中心，相信人的潜力和创造力，相信人的价值并尊重这种价值。

这就是说，在这里，我们所理解的人文主义，绝不是由单纯的词语诠释和解说构成的，而是由一系列论题或主题要素而非事件或历史进程所构造的价值观念上的人文主义，它荷载的是人之为人的终极存在价值的至崇至尊地位的确立与确认，强调的是给予人以一种生存意义的终极关怀和眷注的人文情怀：对人性的信任，对人文主义的永恒价值观如自由、平等、人权等的崇奉，等等，但绝不意味着面面俱到。这同时也表明：我们在接下来将要探讨的人文主义视域图景以及所有相关主题的研究，同样也只是我们自己的看法，它从不被人为地赋予权威主义色彩，成为一个不容他见的、偏狭的人文主义定型化的看法和信条版本。恰恰相反，我们总惴惴于挂一漏万之嫌。因而，我们提出的人文主义版本的视域图景以及所有其他命题都绝没有精英自居的傲慢与偏见意识，也绝无普适主义的人文版本的守护与话语强权。阿伦·布洛克先生指出："以权威自居的论断，不论是宗教的还是神学的，人类的经验都不会予以支持的"。② 这就是说，我们这里的人文主义，它以扩张为特质，具有开放性，并以宽容为禀性，欢迎各种反思和批判，但其大同远景乃是以"人"及其自我理解和认识为中心。简言之，以人为中心旨归而形塑世界。

二、人文主义的视域图景

按循着这样的前提预设，很明显，我们这里的人文主义的视域图景就将呈现如下景观：

（一）世界观——以人及其自我理解为中心

1. 对世界观的简要说明

为了对此有一清晰的认识，我们先从世界观谈起。所谓世界观，按照学者的普遍理解，包括"我们对决定存在的最终力量的全部假定，包括我们对自己

---

① ［英］布洛克：《西方人文主义传统》，董乐山译，生活·读书·新知三联书店1997年版，绪论第3页。
② 同上书，第14页。

生存于其中这个世界的基本理解,还包括我们关于人类本性的信念"。① 因此,此处所讲的世界观具有以下几点特别眷注与肯认:

第一,世界观理论与其说是关于我们看待世界是什么的问题,不如说是关于我们是什么的问题,它给予我们生活指向上的一种整体上的一致性。也就是说,在任何一个世界观中,总存在着一个关于终极原则或终极力量的总的判断或假设,它不仅对人们的生活指向有确定的导引作用,而且直接参与甚或决定人们的生活决策。而且,这种假设或判断还都是我们个人经验和理性认知的产物。因而与其说它是我们对世界的理解和认识,不如退一步说是反映出我们人在宇宙中地位——人的本性如何,我们是什么的问题,这也即蒙田呓语般的呢喃"我是谁"的问题,或者如《旧约》《诗篇》中的作者的发问:"那个你们惦念在心……你们使他略低于天使,而且给他戴上光荣和荣耀桂冠的人,是什么?"②的问题。相应地,我们的世界观既反映了也影响着我们是什么人的问题,因而它也是一种经验性的定义,奠基于人性的预设中,即它总涉及到人的本性,我们生命的目的和意义以及我们走向哪里去等问题,并带有预言式的虚设——但却是必要的虚设,因为生活就意味着行动,若没有事先的经验性确定的行为框架,人们就将无所适从。

第二,这种世界观有体验的和经验的因素,直接关涉人们对外部世界的理解和诠释。也就是说,这样一种世界观不但给人们展示出经验世界的图景,而且还展示理念世界所涉的思维方式,看问题的途径、角度和态度,进而在客观上自觉不自觉地具有着规范思维方向或维度的价值。从这种意义上讲,世界观具有生活方式和生活样式的意义。

第三,世界观还意味着确信与信仰,甚或盲目信仰。接受一种世界观就意味着信仰某种行为是有意义的,规范和决定要成为什么样的人的主观维度,并决定自我的行为反应,哪怕这种世界观在最终意义上的真或假是无法言明的。同时这种信仰还赋予生活一种整体上的一致性,尽管,"一个世界观中的某些方面会有较少的理性认知,而有更多的可感觉性,更多的感情成分。所有的世界观都是这两类材料的不同的混合物"。③ 对世界观的这种信奉,使我们得把自己的生活义无反顾地托付给这种世界观,这不仅使我们自己的生活承担了

---

① [美]坎默:《基督教伦理学》,王苏平译,中国社会科学出版社1994年版,第68页。
② [英]斯蒂文森:《人和人的世界》,杨帆、李小兵译,工人出版社1988年版,第1页。
③ [美]坎默:《基督教伦理学》,王苏平译,中国社会科学出版社1994年版,第22页。

风险,也使他人的生活不经意间受到波及甚至承受风险。当然这种世界观的信奉并不意味着它一定是永恒的,确定不移的;世界观也是可变的,但其前提预设或先决性条件是:我们现行的世界观引起了质疑,并经过经验世界的不断证成这种怀疑,进而证伪了这种世界观的荒谬性:非恰当性和非一致性。值得注意的是,这里包含两重要素,即:一方面,现行经验世界给人新的体验和经验,而这种新的体验和经验不断被证实和证成。也就是,新的世界观是伴随着发展变化的新的经验世界的经验和体验的产物,新的经验世界的出现是其产生的直接原因;另一方面,旧有的世界观却呈现出非恰当性和非一致性,也就是说,旧有的世界观被现有的新的经验丰满后却不能恰当地维持其妥当性、一致性。比如说,中世纪人们都信奉以上帝为中心的世界观,然而,随着文艺复兴对人的发现和自然的发现,人的尊严和人的价值得以挖掘和确立,那么怎样才能解释这一事实呢?很显然,这种经验世界的出现对以上帝为中心的世界观的恰当性提出了根本性的挑战。这种挑战经常性发生就会产生对旧有世界观的腐蚀性影响,进而导致世界观的改变或转向。

总而言之,世界观涉及到以怎样的模式看待人和宇宙的问题,人在宇宙中的地位如何,人对宇宙的作用以及由此而来的人自身是什么的问题。那么人文主义世界观究竟是什么呢?

2. 人文主义世界观——以人及自我理解为中心

阿伦·布洛克先生在其《西方人文主义传统》一书中指出:迄今为止,一般来说,西方世界观可分为三种不同模式看待人和宇宙。第一种模式是超越自然的,即超越宇宙的模式,集焦点于上帝,把人看成是神的创造的一部分。这样一种模式存在于中世纪,并居于支配性地位。其核心是人是上帝的创造物,人在上帝面前无能为力,故又称为神学模式;第二种模式是自然的,即科学的模式,把人看成是自然秩序的一部分,像其他有机体一样,这种模式形成于十七世纪。其核心要旨是:人遵从自然的规律,整个人类生活是自然的一部分,可以用科学来解释,并最后受到科学的控制和纠正。第三种模式则是人文主义的模式,形成于文艺复兴时期,其核心要旨是集焦点于人,以人的经验作为人对自己、对上帝、对自然了解的出发点。换言之,以人为中心,而不是以上帝为中心、或以科学为中心,就是人文主义世界观。[①]

---

① [英]布洛克:《西方人文主义传统》,董乐山译,生活·读书·新知三联书店1997年版,第12—13页。

这无疑也是我们的观点,而且我们认为,14、15世纪发生于意大利的文艺复兴对此最功不可没。诚如布克哈特所言,意大利文艺复兴的时代就是"发现世界和发现人"的时代,前者探索外部世界,是客观的,后者探索人的个性,是主观的。这意味着文艺复兴使人们采取了新的姿态即人文主义新态度,这种姿态必然会改变整个世界——人们按照这种的观点来解释自然界、道德、宗教、公共生活以及文学和艺术的创作原则,从而使整个世界发生了翻天覆地的变化。这种观点首先在意大利产生,然后传播到其他地方,揭开了"现代"世界的序幕。① 它使意大利人成为了"现代欧洲的长子":个人主义、对名誉的崇拜、古物的复苏,充分和完全的人性在此均得到了彻底的发现和阐述,一个新社会也由此得以建立。在这种社会中任何人都可以凭借知识或政治才能上升到最上层的阶级中去。总之,"一个关于世界和关于人的知识的最宝贵的果实在这里已经成熟,只是由于这一点,意大利的文艺复兴就必须被称为近代史的前驱"。② 因而,"人们常把文艺复兴作为近代的开端,它标志着一个新时代的开始,一个有若干大发现的新时代的开始……他们做了环球航行;他们扩大了自己的宇宙……但是对人来说,有什么比人对自身的发现更伟大的发现呢?他隐约看见了自己的界限。他研究并注视着自己的肉体,心中怀着热爱怀着崇敬。……人更充分地了解自己。……中世纪的科学是神学,研究的是上帝。文艺复兴的科学是人文主义,研究的是人。"在这个时代,人文主义者求助于所有朝代的人——如人们在古人、希腊人、拉丁人、希伯来人那里发现的一样:他们求助于人来反对字面上的理论,求助于精神来反对文字。这是人类从未尝试过的最伟大的自觉的努力……人就此也成长起来了,在多样性,在"多变多样的事物中,成长起来了。人类被召唤正是要去享受新的更高的生活。我们保留着对普遍的人类本身的崇拜,但也保留着对一切个人信仰和创造的尊敬。文艺复兴使我们完全新生了"③。法国学者保罗·富尔这样感慨道。

很明显,之所以这么说是因为它显著地区别于中世纪的价值观。对中世纪的人们来说,由于神学蒙昧主义的影响,"中世纪的人从来没想到自己生来就是自由公民,可以随自己的意愿来来往往,根据自己的能力或精力或运气塑造自己的命运。恰恰相反,他们全都认为自己是一切事物整个体制的一部分,

---

① [英]哈伊:《意大利文艺复兴的历史背景》,李玉成译,生活·读书·新知三联书店1988年版,第254页。
② [瑞士]布克哈特:《意大利文艺复兴时期的文化》,何新译,商务印书馆1992年版,第543页。
③ [法]富尔:《文艺复兴》,冯棠译,商务印书馆1995年版,第131—134页。

不管是帝王、农奴、教皇和异教徒、英雄和地痞流氓、富人和穷人、乞丐和窃贼，全都包括在内。他们完全接受这一神明的法令而绝不问个为什么"。对那时的人们来说，"美妙欢乐的天堂或恶魔苦难的地狱绝不止是一句话或模糊的神学词句。它是实际的情况"，"今世的生命只不过是为了来世真正的生存做准备"，因而人们应当蔑视自己，进行静灵修养，相应地，人也没有价值可言。这一点无疑在中世纪神学家安瑟伦那里得到了最鲜明而完整的表达，他说人应当轻视自己，"轻视自己的人，在上帝那里就受到尊重。不顺从自己的人，便顺从上帝。可见，你应当把自己看得很微小，这样，在上帝眼中，你就是大的；因为你愈是为人间所蔑视，你就愈是得到上帝的珍视"。① 因为人只是上帝的附庸，上帝的工具，上帝存在的证明物。上帝才是至高、至美、至能、无所不能，至仁、至义、至隐、无往而不在，至美、至坚、至定，但又无从执持，不变而变化一切，无新无故而更新一切；使骄傲者不自知地走向衰亡；行而不息，晏然常寂，总持万机，而一无所需；负荷一切，充裕一切，维护一切，创造一切，养育一切，改进一切；虽万物皆备而仍不弃置。所以，现世生活的确也没有什么意义，现世生活只是死后生活的准备。因而"谁慕求属天的东西，谁就对属地的东西不感兴趣。谁企望永恒的东西，谁就厌恶暂时的东西。"②总之，中世纪神学强调以神为中心，贬低人的价值，否定现世生活的意义，提倡禁欲主义。这一点恰好与人文主义倡扬的现世幸福与尘世生活相区别。自然在这一点上，他们也与现代人有根本的区别——现代人并不是听天由命，而总是想方设法改善他们的经济政治条件。

在这种观点的支配下，于是人文主义者，即把宝贵的时间和精力致力于"人属"探究上，亦即人类研究的学者（而不是把宝贵时光虚度在无结果的神学探索）认为"人"应当比征服了所有食人者岛的英雄得到更大的荣誉、更高的尊敬。③ 所以人文主义者特别强调以人为中心，以对人的肯定来反对对神的屈从，并确立人的统治以取代神的统治。在他们看来，"人是万物的尺度，是存在的事物存在的尺度，也是不存在的事物不存在的尺度。"（普罗泰戈拉）"人的高贵，就其许许多多的成果而言，超过了天使的高贵，"（但丁）"人是宇宙的精华，万物的灵长"（莎士比亚）；强调尘世生活的意义——"我不想变成上帝，或者居

---

① 转引自《费尔巴哈哲学著作选集》（下卷），荣震华等译，生活·读书·新知三联书店1962年版，第53页。
② 同上书，第197页。
③ ［美］房龙：《人类的故事》，刘缘子等译，生活·读书·新知三联书店1988年版，第227—229页。

住在永恒中,或者把天地抱在怀里。属于人的那种光荣对我就够了。这是我所祈求的一切,我自己是凡人,我只要求凡人的幸福。"(彼得拉克)——反对禁欲主义……总之,强调人作为万物存在中的一个独特存在,以人性反对神性,主张人是世界的主人,命运的主人,人是现实世界上的"中心和衡量标准"。人不论出身贵贱,只要靠自己的聪明才智,就能变不利为有利,把握好人生。

这就意味着,静心灵修的时代已将一去不复返了,中世纪亦宣告结束,一个崭新的世界、一个美好的世界也就此开始了。道理很简单,当人文主义倡扬的以人为中心的价值观和世界观逐渐为人们所认同后,人们就必然随之而来地开始感到有必要把他们新发现的生活乐趣表达出来,于是伟大的"表现时代"也已经开始,这也即是说,"人们将不再满足于一动不动地坐在那里只是当听众,而由皇帝和教皇告诉他们该做什么,该想什么"。恰恰相反,"他们要在生活的舞台上当演员。他们坚持要表达他们的个人思想"。人一改旧俗而成了现世生活的创造者和享受者。他们将他们的欢乐表现于诗歌、建筑、绘画和印刷出版的书籍中。于是,我们不难发现,除了人文主义早期阶段出现复兴古典文化的热潮及研究、传播和仿效古典文化的时尚外,人们大都逐渐从神转向现实中的人,并大多倾向于用文学形式表现出来。所以自此以后,逐渐出现了词句优美、以反映市民生活和爱情为主题的抒情诗歌和小说,以及具有现实美感的绘画、雕塑等艺术作品。

另外,由于重视世俗生活,引起了人们对自然的浓厚兴趣,促进了自然科学的发展。因而在14、15世纪,对人体、地理、天文以及自然界的其他领域的研究普遍得到了加强,观察和实验日益成为科学研究手段,数学与数学方法受到普遍重视,并逐渐与自然科学研究结合起来……恩格斯就此精辟而全面地指出:在这个伟大的时代里,社会、经济、政治、文化、科学发生了全面的转折,打垮了封建贵族的力量,形成了民族国家,奠定了从手工业过渡到工场手工业的基础,无产阶级的先驱走上了舞台,艺术空前繁荣、新文学诞生、巨人出现。总之,"这是一次人类从来没有过的最伟大的、进步的变革,是一个需要巨人而且产生了巨人——在思维能力、热情和性格方面,在多才多艺和学识渊博方面的巨人的时代"。[①]

这些都清楚地表明,在人文主义所描述的视域图景内,人的至高无上的优越和中心地位是无可置疑的,因而其世界观总是强烈地彰显出以人为中心的

---

① 《马克思恩格斯选集》(第3卷),人民出版社1972年版,第444—445页。

世界观,否定中世纪以神为中心的世界观,从而把人真正从神的统治中解放了出来。人成了精神的个体,并且也这样来认识自己。从此以后,"人是尘世的上帝,因为如同上帝一样,只有人才能使万物以他为中心交织起来",意大利学者加林这样说道。①

(二) 人文主义的价值规定性

如前所述,人文主义确立了以人及其自我认识、自我理解为中心的世界观:它强调以人为本位而非以神为本位,"人是这个世界的原型"(达·芬奇语)而非上帝所造。接下来的话题很显然就是要肯定人的人性,确证人的人格和价值尊严与力量,厌弃禁欲主义,追求个性自由和现世享受,歌颂全面发展的人,充分展示人之为人的本质,从而真正实现以人性对抗神性、以人权对抗神权、以人为中心对抗以神为中心的人文景观的彻底转变。自然,它们也就不言而喻地构成了人文主义的价值规定性。

这是因为,既然确立了以人及其自我理解为中心的世界观,自然,人文主义就打破了禁欲主义的樊篱和牢笼,提倡现世享受与幸福生活。当然,这种生活绝非盲目乐观、超凡脱世的生活,它是奠基于现实生活条件之上的幸福生活。正如蒙田在其最后的随笔《论经验》中写道的:

"在我来说,我爱生活,并且珍视上帝赐给我们的生活方式,……我们寻求别的条件,因为我们不知道怎样正确利用我们自己的条件,我们到自己的身外去,因为我们不知道自己身内有什么东西。我们不用踩高跷,因为即使踩在高跷上,我们还是要用自己的腿走路;在世界最宝贵的宝座上,我们坐的仍是自己的屁股。最好的生活是普通的和符合人性的模范的生活……既没有惊人出奇的事,也没有过分的奢华"。②

彼得拉克也说:

"上帝的世界是七层铅封的世界,非凡人智力所能理解""我不想变成上帝……我是凡人,只要凡人的幸福"。

---

① [意]加林:《意大利人文主义》,李玉成译,生活·读书·新知三联书店1998年版,第104页。
② [英]布洛克:《西方人文主义传统》,董乐山译,生活·读书·新知三联书店1997年版,第65页。

总之,"要想超乎人的状态是一种危险的诱惑:人若能学会接受自己的实际面目,就会快活一些,好一些。这种自我接受不一定是自我改善的障碍;相反它是自我改善的条件"。①

这就意味着,在人文主义的视域图景里,人的确再也不是中世纪所宣扬的那样:人是堕落的生物,没有上帝的协助就无法有所作为,人不能掌握自己的命运,命运是无常的,人们只有进行自我修养,放弃各种欲恋,一切都是天意的实现,人是天生要悔罪的可怜虫,需要禁欲、苦行,并完全侍奉上帝,是上帝的工具,等等。恰恰相反,人文主义对人的看法却是,人靠自己的力量能够达到最高的优越境界,塑造自己的生活,以自己的成就赢得名声。人不应成为上帝的奴仆,而应当以自己的快乐生活来证实上帝的垂爱,人应该按照人类的自然本性享受人间的快乐,按照自己的本性进行思索和创造。——诚如爱拉斯谟所热情宣扬的:人生的目的在于寻欢作乐,"如果你把生活中的欢乐去掉,那么生活成了什么?它还配得上称作生活么?"②由此就不难理解的是,人性、人格、人的尊严和价值等就得到了最大程度的发现和尊重,人也得以真正地新生了。

1. 发现和尊重人性

人性是人文主义价值规定的核心内容。因而它是自文艺复兴以来人文主义运动或传统的主旋律。如果考诸于人文主义运动的历史,可以说,任何在人文主义传统上占有一席之地或有重要影响的人文运动莫不是与承认和尊重人性紧密相关的,而且归根结底看来,莫不是以人性为主旋律的,所以布克哈特认为文艺复兴之所以在人文主义人类历史上占据重要地位,"主要原因就在于它首先认识和揭示了丰满的完整的人性而取得了一项尤为伟大的成就,这就是人的发现"③;启蒙运动,其实质也在于人性的启蒙,所以启蒙运动的格言是:"要有勇气运用你自己的理智。"总之,我们总是发现,几乎所有的人文运动都是沿着这一相同的路线发展的,人文传统的变迁史处处都向我们显示出同样的景观:对人性的承认和尊重。由此罗素这样呼求世人道:"我以人类的一员向所有的人类存在物呼吁:记住你们的人性而忘记其他吧!如果你们能够做

---

① [意]加林:《意大利人文主义》,李玉成译,生活·读书·新知三联书店1998年版,译序第2、63—65页。
② 见周辅成:《从文艺复兴到19世纪资产阶级文学家艺术家有关人道主义人性论言论选集》,商务印书馆1971年版,第29页。
③ [瑞士]布克哈特:《意大利文艺复兴时期的文化》,何新译,商务印书馆1992年版,第302页。

到这一点,那么你们就会打开通向新的天堂之路;如果你们不能做到这一点,那么留给你们只会是共同的毁灭",①可见人性具有的重要地位。

所谓人性又称人的本性、人的本质、人的概念等,是指人区别于其他动物而成就人之为人的内在特性或本质的规定性——诚如海德格尔所言:人之人性就在人之本质中②,"是人人具有的与生俱来的本质属性,是不学而能。"③在人文主义看来,人性就是理性,理性是人特有和突出的天资。它包括两种对立的属性或倾向:自然本性和社会本性。所谓自然本性,是指人作为生物品种都有自己的需要,以维持自己的生存。因而自然本性一定意义上等同于动物本性(能):趋利避害、追求幸福和欢乐、享乐。所谓社会本性是指作为社会生活中的人所具有和呈现出来的社会合作的本性。而人性就在于连接这两者,使其在现实生活中彼此契合与冲突协调的中介,以达到人包括作为个体存在的人与作为类存在的人能够持续生存下去的目的,也正是在此过程中,人性才具有了完全的形态及可表征的特质,即理性。换言之,人性的东西就是对自然本性与社会本性的完美统一而致的理性升华的能力。人性的最高表现就是理性。

(1)自然本性

人的自然本性是人文主义理论中人性观的基本内容,这尤其可在文艺复兴时期人文主义先驱者那里得到证明。它也是一种人人具有的与生俱来的本质属性,是不学而自来的天赋人性或生来我属性。用我国古代哲学家荀子的话说:"生之所以然者谓之性""是天之就也""是本始材朴也"。④ 而印度学者罗宾德拉纳特·泰戈尔则在同一意义上称之为"法"。在他看来,法是万物最内在的本性,即本质,绝对的真理。"法"是我们行动的最终目的。⑤

自然本性,顾名思义,是人作为自然人或自然生物的角度所显现出来的人的生理本能和特性。它是由自然决定的物种规定,具有本能的属性。在人文主义看来,人来自于自然,是自然的创造物,当然人也永远是自然的一部分,或者说,人是一种具有某种感性直观的"自然物体",其生理机能和本能,便使人

---

① 转引自[美]弗罗姆:《人的呼唤》,王泽应等译,上海三联书店1991年版,第55页。
② [德]海德格尔:《路标》,孙周兴译,商务印书馆2000年版,第374页。
③ 杨敬年:《人性谈》,南开大学出版社1998年版,第48页。
④ 《荀子·正名》《荀子·性恶》《荀子·礼论》。
⑤ [印度]泰戈尔:《人生的亲证》,宫静译,商务印书馆1996年版,第42页。

具有了遵从自然规律、趋利避害、趋乐避苦、自爱自保、追求幸福的本性。这是一种生命(存)本性,在这点上它与其他一切动植物相同,遵从自然生命的法则。其本质(性)自然也是一个自然本质(性)。"所以,作为自然本质,人就不应当有一个特殊的、超乎地的、超乎人的规定,正像动物不应当有超乎动物的规定,植物不应当有超乎植物的规定一样。"①人的自然本质"就是人的一切本能需要和本质之总和"②。也只有满足了这种本能需要,人才能维持自己的生命存在。而这种生命存在又反过来构成了人性临在或朗现的基础和前提。换言之,只有在生命存在甚或持存的情况下,人才能展示其丰富的人性。生命存在构成了其背景和前景。正是在此意义上,哈特指出,人的目的是生存。"人类活动的固有目的是生存""我们可以把它当作一个别有意义的永久事实"③:文明进步的永恒事实;卢梭则这样写道:"人最初的感情是对于自己的存在的感情,人最初的关怀是对于自己的生存的关怀"④,人性的首要法则就是要维护自身的生存,人性的首要关怀就是对于自身的关怀;⑤而在费尔巴哈的人性哲学里则成了幸福的代名词:"生命本身就是幸福"。相应地,"所有一切属于生活的东西都属于幸福,因为生活和幸福原来就是一个东西。一切追求,至少一切健全的追求都是对于幸福的追求"⑥,都是与人的生存发展完善休戚相关,它是人的行动的出发点和追求的目标。

不必说,这样一种人的自然本性就与人性自私、人性利己主义、功利主义发生了高度关联,并呈现出个人自由主义特质。费尔巴哈就是从这里演绎出了他的利己主义人性观。他不遗余力地表明,人必然也必须是利己的,"没有这种利己主义,人简直不能够生活,因为我要生活,我就必须不断吸取利于我的东西,而把有害于我的东西排除出身体之外,这种利己主义,可见还托根在机体上面,即体内生活资料的新陈代谢上面";而且,在他看来,这应是一种绝对必要的利己主义,这种"绝对必要的利己主义,完全不依赖于我的知识和意志的利己主义,这种利己主义和我的头一样是这样紧密地附着于我,以至于

---

① 《费尔巴哈哲学著作选集》(上卷),荣震华等译,生活·读书·新知三联书店 1959 年版,第 312 页。
② 《费尔巴哈哲学著作选集》(下卷),荣震华等译,生活·读书·新知三联书店 1962 年版,第 553 页。
③ [英]哈特:《法律的概念》,张文显、宋金娜、黄文艺、杜景义译,中国大百科全书出版社 1996 年版,第 187、188 页。
④ 《十八世纪法国哲学》,北京大学哲学系外国哲学史教研室编译,商务印书馆 1963 年版,第 154 页。
⑤ [法]卢梭:《社会契约论》,何兆武译,商务印书馆 1980 年版,第 7 页。
⑥ 《费尔巴哈哲学著作选集》(上卷),荣震华等译,生活·读书·新知三联书店 1959 年版,第 545、543 页。

不杀害我,是不可能使他脱离的"①;当然,正如后文将要看到的,这种利己主义本身却是贪婪与暴虐的根源——自然也是恶的根源。在极端的情况下,它将是霍布斯意义上人的翻版:人不像是人而更像是动物,"人对人就像狼一样"。而以霍尔巴赫为代表的18世纪的法国唯物主义者,则从此处推演出了功利主义的自爱人性观。在他们看来,人人生来都有自爱自保的本性和目的,"这种以肉体的感受性为基础的爱,是人人共有的。不管人们的教育多么不同,这种情感在他们身上永远一样:在任何时代,任何国家,人们过去、现在和未来都是爱自己甚于爱别人"。为了实现这个目的,人人都爱己利己,求得物质利益与幸福快乐。因此,即使有爱别人的表现,那也是因为"人为了自己的利益"的缘故,因为他们是他的存在、他的保存、他的快乐所必需的。②

除此以外,这种人的自然本质也成为(就)了资产阶级自由、平等、博爱及民主学说的理论基础及前提。其理论逻辑很简单,既然人是自然造就的,具有自然的人性,每个人就不会也不应有所差别,"人人生而平等""人人生而自由"。与此同时,既然每个人都有做人的资格及权利,人们就应当互相尊重、保障这样的资格及权利,博爱与民主便由此也有了存在和倡扬的理由。正是在此意义上,伏尔泰说,"一切享有各种天然能力的人,显然都是平等的;当他们发挥各种动物机能的时候,以及运用他们的理智的时候,他们是平等的。……一切种类的一切动物之间都是平等的。"③也正是在此意义上,卢梭指出,人性的自爱是天所赋予的权利,放弃了天赋之权的人,就放弃了做人的资格,这是不合乎人性的。"放弃自己的自由,就是放弃做人的资格,就是放弃人类的权利,甚至就是放弃自己的责任。对于一个放弃一切的人,是不可能有任何补偿的。这样的一种弃权是不合乎人性的;而且取消自己意志的一切自由,也就取消了自己行为的一切道德性。"④所以在他看来,人性的自爱自利是做人的第一要义和根本前提,进而也是人的道德基础。

总之,作为人文主义(者)的一个核心范畴,人的自然本性是指人作为一个生物体存在而与生俱来的动物属性,人必须师法自然,按照自然的规律去生

---

① 《费尔巴哈哲学著作选集》(下卷),荣震华等译,生活·读书·新知三联书店1962年版,第551、565页。
② 《十八世纪法国哲学》,北京大学哲学系外国哲学史教研室编译,商务印书馆1963年版,第501、650页。
③ 《十八世纪法国哲学》,北京大学哲学系外国哲学史教研室编译,商务印书馆1963年版,第88页。
④ [法]卢梭:《社会契约论》,何兆武译,商务印书馆1980年版,第13页。

活——趋利避害,追求幸福和欢乐。值得一提的是,这一思想同样可在马克思主义哲学那里找到答案。也就是说,马克思主义哲学并不是如流俗的见解一样,因为自然人性是所谓资产阶级唯心主义人性观便加以简单的拒斥。恰恰相反,在马克思主义看来,人作为从自然界发展而来的存在物,自然界是其基础和源泉,他也必然属于自然界,永远是自然界的一部分。他也有自己的生存需要,也即"为了生活,首先就需要吃喝住穿以及其他一些东西"。① 因而一个显明的事实就在于:"人是肉体的、有自然力的、有生命的、现实的、感性的、对象性的存在物"②,有其自然的属性。所以,正如恩格斯在《反杜林论》中所指出的:"人来源于动物界这一事实已经决定人永远不能摆脱兽性,所以问题永远只能在于摆脱得多些或少些,在于兽性或人性的程度上的差异。"③人终究不能摆脱自然的属性。由此可见,马克思主义也是承认和接受人的自然属性或动物倾向的——因为一切含灵之物,本性都有追求幸福的趋向。在这点上,它与人文主义观点是一致的,两者之间并不矛盾。

(2) 社会本性

与此相伴随,就在人文主义发现、理解和尊重人的自然本性的同时,人文主义也承认和接受了人的社会属性。也即人性既是自然造就的,也是社会造就的,因而人性的另一最基本特点就是社会性、合作性。也许正因如此,才有了萨特的著名人性论命题:"存在先于本质"。

所谓人性的社会本性,又指人的道德性或道德人性,相互合作的利他本性。也即自然人在寻求现实社会生存的竞争中,经过漫长而复杂经验积累、行动纠偏、冲突协调的艰难过程并最终在自然人性或生命人性基础上造就的超生命特质,即社会合作的人性。沿着这样的思路,哈特对此进行了卓有成效的分析和论证。在他看来——正如前文所述——人性的最大最重要的目标是人的生存,这绝对是一个不言自喻的公理性的命题。然而,由于人自身及外部生存世界存在着如下五个自然事实(准确地说是限制):人的脆弱性、大体上的平等、有限的利他主义、有限的资源、有限的理解和认识能力④,因而只有在人性的共同参与的行动和合作中,作为个体存在的自然人与作为人的集合的社

---

① 《马克思恩格斯选集》(第1卷),人民出版社1972年版,第79页。
② 《马克思恩格斯全集》(第42卷),人民出版社1979年版,第168页。
③ 《马克思恩格斯全集》(第20卷),人民出版社1979年版,第110页。
④ [英]哈特:《法律的概念》,张文显、宋金娜、黄文艺、杜景义译,中国大百科全书出版社1996年版,第190—192页。

会才能得以保存和维续,相应地,作为个体存在的自然人的幸福也才可能现实地展现进而得以丰富。也就是说,在这种人性的共同参与的行动和合作中,每一个参与和合作者都可将其他参与和合作者看作是自己幸福的手段和前提,并最终使自己的幸福得以赋值与临在。它是公正、和平和幸福的根源。所以,以费尔巴哈为典型代表的人文主义者们这样说道:人和动物的根本区别就在于人与人的交往与合作中。在他们看来,"孤立的、个别的人,不管是作为道德实体或作为思维实体,都未具备人的本质。人的本质只是包含在团体之中,包含在人与人的统一之中,但是这个统一只是建立在'自我'和'你'的区别的实在性上面的。"总之,他们得出结论说,"只有社会的人才是人"。① 这样看来,人的社会属性在实质上其实就是一种人在寻求生存发展及完善过程中所展示出来的人对自然、人对人以及人对社会的实践本性和行为习惯,它来源于人的社会交互生活中的生存发展及完善的实践并又反过来渗透于这种社会交互生活实践,具有经验的特质。所以德谟克里特称之为人的第二本性。反映的是"以单个的个体的人的本性为基础的人的类本性与类属性,所以,人性的存在具有统一性(作为人的类)",它永远是"人的自然本性与以自然本性为基础的社会属性的统一",②体现了人的共同保护的倾向和特质。正是在此意义上,亚里士多德发现:"人类在本性上,也正是一个政治动物""凡隔离而自外于城邦的人——或是为世俗所鄙弃而无法获得人类社会组合的便利或因高傲自满而鄙弃世俗的组合的人——他如果不是一只野兽,那就是一位神祇。人类生来就有合群的性情,所以能不期而共趋于这样高级(政治)的组合。"同时,他还进一步强调说,"就本性来说全体必然优于部分"。③ 而马克思也由此得出结论说:"人是最名副其实的政治动物,不仅是一种合群的动物,而且只有在社会才能独立的动物"④"……人即使不像亚里士多德所说的那样,天生是政治动物,无论如何也天生是社会动物。"⑤人总是具有社会的属性。

把人性陈诸于社会性,不必说,体现了人的道德形象的人性或可教化人性。因为从生物学上看,人有人体形貌、眼耳鼻舌身等区别于动物的明显的生

---

① 《费尔巴哈哲学著作选集》(上卷),荣震华等译,生活·读书·新知三联书店1959年版,第185、571页。
② 姚建宗:《法治的生态环境》,山东人民出版社2003年版,第101页。
③ [古希腊]亚里士多德:《政治学》,吴寿彭译,商务印书馆1965年版,第7—9页。
④ 《马克思恩格斯全集》(第46卷,上册),人民出版社1979年版,第21—22页。
⑤ 《马克思恩格斯全集》(第23卷),人民出版社1979年版,第363页。

理特征,所以我们可以说,人生来就是人——一种形体意义上的人,然而生来就是人并不意味着生来就成为人,成为人的显明特征就必须具备道德意义上的人的本性,这即我们此处所讲的人的社会本性或第二本性,等等。换言之,人并非生而为人,倒可能生而非人,而事关宏旨的可靠的试金石就在于人的社会属性,成为人就意味着成为社会和历史的人:过社会生活,有社会人性。这意味着只要对人生存于其中的社会历史环境包括文化传统、生活习俗、社会制度、生产方式等施加影响,人性便是可以教育塑造的,从而朝向人性的道德理想及目的或完善的人性形态不断迈进。简言之,学以成人,追求善,并实践德行。社会人性代表了人性的健康方向。

  康德是首先在这一意义上明确区分人性为自然人性和道德人性的思想家之一,在康德看来,人具有双重本性即自然人性和道德人性。自然人性又被康德称为"动物性倾向"或人的动物性。它是指人作为宇宙中一个生物品种有自己需要和幸福倾向,它驱动人类去满足自己的需要并保全自己的生存,因而它更多表现出自私自利的特征。而道德人性则是指后天的人在人类文明社会中成长和成熟的道德完善,所以道德人性只能实现于人类社会或公民的合法状态之中。为此,康德还特别提出了道德人性应具有的三个先天原则:

  第一,作为人的每一个社会成员的自由。

  第二,作为臣民的每一个成员与其他成员的平等。

  第三,作为公民的每一个共同体成员的独立。

  简言之,人的自由、独立、平等是道德人性成就的三个先天的不言自明的条件。在康德看来,自由意味着每个人都可以按照自己所认为是美好的途径去追求自己的幸福,只要他不伤害别人类似的权利。平等意味着权利的平等而且如果每个人都有天然的和公民的权利,那么这种权利实质上是对他人的限制,那么这种人人具有的权利就是"彻底平等"的。而所谓的独立,则意味着作为共同体(通常指国家)同胞的立法者的独立性。在决定一项事情时应有独立的投票权。稍后的弗洛伊德则用本我、自我、超我的术语进行类似的划分。在弗洛伊德看来,人是一个由本我、自我、超我组成的统一的整体,而本我其实就是一种生物学上的存在,它遵循快乐法则(Pleasure principle)行事,它在一定意义上等同于本能,是一种动物属性但非人的本性,而超我是人性的道德警察,它由自我理想和良心组成,它是群体成员长期社会化的道德文化的产物,即道德人性的体现,自我和本我的区别在于,自我利用外部客观条件来约束本能,按现实原则行事,而"超我"则利用道德性和道德律来约束本能,按社会理想和道德规范原则办事。①

而进行社会人性或教化人性的论证的思想家就可以说是多如牛毛了。我们仅举其中较典型的几个思想家来进行说明。在我国，孟子和荀子是较早分析社会人性的两个思想家之一，如前所述，尽管孟子认为先天人性善，但也认为人的道德观念的形成与后天的培养有一定关系，要使人心不断向善，就必须养心，培养善端，就必须寡欲。这就是"养心莫善于寡欲。其为人也寡欲，虽有不存焉者，寡矣；其为人也多欲，虽有存焉者，寡矣。"②而荀子则提出了著名的"化性起伪"学说，在他看来——一样也如前述，人性生来是恶的，即所谓性恶论，但他又认为，由于后天的礼仪教化，就可以使人由恶变善，这就是"化性起伪"。他反复阐明了这个人性学说，"凡人之性者，尧、舜之与桀、跖，其性一也，君子之与小人，其性一也。今将以礼义积伪为人之性邪？然则有曷贵尧、禹，曷贵君子矣哉？凡所贵尧、禹、君子者，能化性，能起伪，伪起而生礼义"。所以，"今人之性恶，必将待师法然后正，得礼义然后治。……古者圣王以人之性恶，以为偏险而不正，悖乱而不治，是以为之起礼义，制法度，以矫饰人之情性而正义，以扰化人之情性而导之也。使皆出于治，合于道者也。"③自此之后，一些思想家对此也进行了较为详细的阐发，其中尤其要数东汉时的王充最具有代表性，在他看来，人性虽有善恶之不同，但不是一成不变的，通过后天的教育学习，善恶是可以转化的，此即所谓"夫中人之性，在所习焉。习善而为善，习恶而为恶也""夫人之性，犹蓬纱也，在所渐染而善恶，变矣"④。

在西方，古希腊哲学家德谟克里特是较早注重社会人性的分析和研究的。在他看来，教育可改变一个人，教育还能创造出人的第二本性。他说："本性和教育有某些方面相似：教育很可以改变一个人，但这样做了它就创造了一种第二本性。"因而，"大部分的天性不能干的人由于练习而变成能干"⑤。总之，在他看来，人性受后天的环境教育影响很大，人性不仅仅是抽象不变的人性，恰恰相反，后天的教育可以起到改变乃至创造人的第二本性的作用，即造就人的社会本性。

继德谟克里特的社会人性观之后，苏格拉底、伊壁鸠鲁等许多人都接受了

---

① 见姚大志：《人的形象》，吉林教育出版社1999年版，第12页以下。
② 《孟子·尽心下》。
③ 《荀子·性恶》。
④ 《论衡·率性篇》。
⑤ 《古希腊罗马哲学》，北京大学哲学系外国哲学史教研室编译，商务印书馆1961年版，第107、119页。

人的本性受环境、教育的影响的观点,比如苏格拉底就认为人性是善的,没有有意作恶的本性,只要人具有美德、德性的知识就会成为一个善人,但美德具有这样一种本性,它是教育而来;伊壁鸠鲁也认为,人类的本性也只是接受环境的教育。人只有接受环境的教育才能获得知识,改变本性。但其中值得重点强调的是近代英国哲学家弗兰西斯·培根和法国哲学家克劳德·阿德里安·爱尔维修的观点,在培根看来,人的(自然)天性虽然对人的影响很大,可是教育、习惯却能改变人的气质,约束人的天性,主宰人的生命,所以,"习惯是人生的主宰,人们就应当努力求得好的习惯。习惯如果是在幼年就起始的,那就是完美的习惯,这是一定的,这个我们叫作教育。教育其实是一种从早年就起始的习惯""天性常常是隐而不露的,有时可以压伏,而很少能完全熄灭的,压力之于天性,使它在压力减退之时更烈于前;但是习惯却真能变化气质、约束天性。"①而爱尔维修则提出了教育万能的主张,当然人性善恶也在其内。因而,人的善恶之别并非先天或天赋的,相反,"善恶之别都是后天环境教育形成的"。

总之,人性存在着社会本性,并进而存在着可教化性。这样,一个隐藏的结论便呼之欲出了,那就是,人既可以堕落为野兽,也可以再生如神明,或者说人既凡俗而又神圣。这是后话,暂且掠过。

(3)人性善恶的译解与人文主义的理性人性观

综合起来看,在人文主义人性哲学里,人天生就有人的自然人性:趋利避害、自爱自存、追求幸福,体现一种理性自利、保护的倾向;同时,它还承认,人的本性里,还有一种交往合作、爱社交的本性,体现一种理性共同保护的倾向。然而,从基因属性上讲,两者却有着本质的区别和价值分野,并进而滋生了人性善恶的命题差度。详言之,作为人的本性中的自然属性,正如前文所述,它与个人主义、利己主义等一系列表征相关价值向度的术语联系在一起并带有本能的特质。由此不难理解并认同,这样的人性属性支配下的人的世界将是怎样的图景:自私自利,利欲熏心,人陷入本能的旋涡而不能自拔,放纵欲望,或者成为自然欲求与生命冲动大棒下的奴隶,追求感性生活,即满足于肉体和感官的需要……这无疑使人和动物停留在一个水平上。萨拜因就此评论说,人性的这种自我保护的倾向,"这是贪婪和暴虐的根源",②其结果自然也是混

---

① 《培根论说文集》,水天同译,商务印书馆1983年版,第131—133、129页。
② [美]萨拜因:《政治学说史》(下),刘山译,南木校,商务印书馆1986年版,第553页。

乱的根源,人的社会最终成了动物的世界:充满暴力冲突,社会无序,每个人无往而不生活在恐惧与危险之中。罗素指出,对于人类来说,这种听任于危险的生活绝不能算是一种幸福的生活。① 人的生存面临着严峻的挑战,社会也面临着毁灭的危险。正如我们后文所要看到的,霍布斯的政治哲学无疑最充分地揭示了这一点。而在人文主义者看来,这一切莫不很好地证明,人的自然属性携带着恶的基因——根据人文主义者培根的理解,所谓恶就是不关心他人的福利、靠别人灾难而繁荣的心理趋向,它是人性的溃疡②。

康德无疑是这种人文主义自然人性恶观的典型代表,他认为人性有时可称之为恶的或人性邪恶,无疑就是因为人的这种自然人性。与之适成相反,由人的社会性支配下的世界却是这样一种社会情景:它通过每一个人的交往合作、共同保护的本性属性,使得每个人都呈现出利他主义的倾向,并在自己的社会实践生活中,以这样的方式独立负责地与他人发生联系……其结果自然是人人彼此尊重,和平共处。萨拜因也就此评论说,人性的这种共同保护的倾向,"这是家庭和一切和平与公正的根源"。③ 在人文主义看来,这就是爱人、利人的表现,即善。所以培根这样指出,善的意义就是旨在利人者,这就是希腊人所谓的爱人……这在一切德及精神品格中是最伟大的……并且如没有这种德性,人就成为一种忙碌的、为害的、卑贱不堪的东西,比一种虫豸好不了许多。④

而比较有典型意义的则是罗素对善的理解与阐释,在罗素看来,善有三种不同但却有内在联系的含义:第一,善是欲望的满足。第二,善是一种内在价值。第三,善是人们所赞成的行为效果。所谓欲望的满足指人人欲望的满足,而不只是一个人自己欲望的满足。个人欲望的满足,不应与他人或集体欲望(需要)的满足相矛盾,因而正当的行为就是追求人人的善而不只是追求一己之善的行为;而所谓作为内在价值的善是指不问其效果,某物本身就有其存在的特有的自身价值。内在价值有三种泉源,第一种是能够私人拥有,并且(至少在理论上)可以向每一个人充分供应的东西,如食物。第二种是可以私人拥

---

① [英]罗素:《伦理学和政治学中的人类社会》,肖巍译,中国社会科学出版社1992年版,第177页。
② 《培根论说文集》,水天同译,商务印书馆1983年版,第45页。我国学者张灏先生则命之为"幽暗意识",即"发自人性中或宇宙中与始俱来的种种黑暗的势力的正视和省悟,因为这些黑暗势力根深蒂固,这个世界才有缺陷,才不能圆满,而人的生命才有种种的丑恶、种种的遗憾。"张灏:《幽暗意识与民主传统》,台湾经联出版事业公司1989年版,第4页。
③ [美]萨拜因:《政治学说史》(下),刘山校,南木校,商务印书馆1986年版,第553页。
④ 《培根论说文集》,水天同译,商务印书馆1983年版,第43页。

有,但至少按其逻辑性来说却不能人人拥有的东西,如名利。第三种则是能够拥有但丝毫不减少其他人同等拥有的可能性,如健康,但这三种内在价值泉源却应当进行公平分配,这样才能产生较大的内在价值,即善。比如在第一类泉源中,物质财富的公平分配最典型,第二种泉源中权力的公平分配理由更大,第三种本应没有分配问题,但事实却相反。因而,在这里,善就是应该保证其不应成为问题。总之,善就是作为人们所赞成的行为效果意义的善,就是日常生活中应当肯定的行为,也就是正当行为,应该行为。[①] 这至少意味着,从纯自然人的自身幸福角度讲,人的幸福必然受到了损害,至少部分受到了损害,他再也不能完全按照人的自然本性及快乐原则行事,随心所欲,放纵自我。如果用通常术语示之,我以为舍己为人最贴近也最贴切。

然而,这还不是人文主义者人性善恶观的全部。在他们很多人看来,由于现实的人总存在着先于人性——正如后文将看到的人性即理性——的道德情感和生存欲念,从而使得人性的基础在于人的生存及其维持,因而一个很自然的结论就是:总体看来,人必然在经常情形下表现出对自身的关爱——趋利避害,追求个人的物质利益和幸福快乐。此即费尔巴哈如下经典命题的意谓:"存在,就意味着爱自己",当然它也涵盖了卢梭哲学的价值意蕴,他倡言:"人最初的感情是对于自己的存在的感情;人最初的关怀是对于自己的生存关怀"。[②] 因而无论从哪方面来说,"人性的首要法则就是要维护自身的生存,人性的首要关怀,就是对自身的关怀"。[③] 这也就是说,在人的两种对立属性中,自然属性与社会属性是不均等分布的,自然人性是其基础和根本,进而使得社会人性难以昭彰。或者换句话说,在人的本性中,利己的要素即人性恶的趋向及活跃程度总体来说是远较于人性善的要素,并进而使得人性在常态现象下更多地打上了恶的立场和印记。简言之,人性常常是显现恶的因素而少显善的因素。

这也等于说,人文主义者通常都是主张人性本恶的,他们是人性本恶论者的子嗣。这一点我们不难在马基雅弗利那里找到证明,在他看来,人都是忘恩负义的、易变的、奸诈懦弱的、趋吉避凶的、贪得无厌的,但同时马氏也承认人类合作的可能性,即在人类面临逆境、生命受到威胁之时,可以表现出德性勇

[①] 转引自杨敬年:《人性谈》,南开大学出版社1998年版,第66—71页。
[②] 《十八世纪法国哲学》,北京大学哲学系外国哲学史教研室编译,商务印书馆1963年版,第154页。
[③] [法]卢梭:《社会契约论》,何兆武译,商务印书馆1980年版,第7页。

敢、自制和社会性,但是必须依靠法律,所以,任何人要建立国家并制定法律,必先假定所有的人天生都是恶的,一有机会就会表现出他们邪恶的本性。① 简言之,人从根本上说是利己的、恶的,或者至少说恶的因素优先于善的因素是人性的基本逻辑。所以,休谟的政治哲学主张:"在设计任何政府体制和确定该体制中的若干制约、监控机构时,必须把每个公民都设想为无赖之徒,并设想他的一切作为都是为了谋求私利,别无其他目标。"②当然这并不意味着人就一点也没有善的、公的或利他的表现及体现。恰恰相反,在休谟看来,人有时也表现出公的利他的德行,这是由于人性中存在着同情感的倾向,"同情是人性中一个强有力的原则",他说。③ 而霍布斯无疑是其中的典型代表,正如我们将在后文详细阐释的,霍布斯的政治哲学就是建立在这种人性恶的基础之上的,正是因为人性是恶的,所以直接导致了人的自然的战争状态,并最终才使得理性人为了自身的幸福和安宁型构世界,这就是国家和法的由来。

至此,我们对人文主义人性观中的两大部分有了一个较为明晰的见解,并对其善恶论也有了已然的澄明和把握,那就是,人性是由两种对立的倾向构成的,第一种倾向即自利保护的倾向,又称个人性、利己性,它是贪婪和暴虐即恶的根源,具有本能的属性。第二种倾向即共同保护的倾向,又称社会性、利他性,这是和平和公正即善的根源,具有经验的属性。然而,诚如古希腊哲学家亚里士多德所言:人之为人或人类所不同于其他动物的特性就在他对善恶和是否符合正义以及其他类似观念的辨认④。这等于说,人之为人的特有和突出的天资就在于人有理性——人性即理性,这是人类独特的生命活动的属性和表征。

所谓理性,就是指人之为人的特有的超越一切动物水平之上的认识和适应环境的能力或资质的总和。换言之,理性就在于人的这样一种能力或特质,凭借它,人们能有效鉴别协调平衡人的个人性和社会性而选择最可靠的方法达到人的生存发展和完善的目的,因为这是人之为人的根本出发点和终极追求。所以亚里士多德得出结论说:对于人来说,"符合于理性的生活就是最好的和最愉快的,因为理性比任何其他的东西更加是人。因此这种生活也是最

---

① 转引自袁华音:《西方社会思想史》,南开大学出版社1988年版,第117页。
② [英]休谟:《休谟政治论文选》,张若衡译,商务印书馆1993年版,第27页。
③ [英]休谟:《人性论》(下册),关文运译,郑之骧校,商务印书馆1980年版,第661页。
④ [古希腊]亚里士多德:《政治学》,吴寿彭译,商务印书馆1965年版,第8页。

幸福的。"①无独有偶，古罗马唯物主义哲学家伊壁鸠鲁仍然强调人性的理性观。在他看来，幸福快乐是"天生的最高的善"，这是人的一切行动的出发点和最终目的。但是为了达到这个目的，就必须以理性控制自己的行为，按理性行事，这样才能使人顺利获得真正的快乐和幸福。因为："使生活愉快的乃是清醒的理性，理性找出了一切我们的取舍的理由，清除了那些在灵魂中造成最大的纷扰的空洞意见"。所以在他看来，"遵从理性而不走运，比不遵从理性而走运还要好，因为凡是被判定为最好的行为，都是遵从理性正当地作成的"。②自然，以复古和效仿古希腊古罗马精神为旨归而发展起来的西方人文主义传统，一个不言自喻的话题就在于它也沿袭和秉承了这样的人性即理性的观念。所以，我们将不难发现，在人文主义的传统中，一个鲜明的发展特征在于：它一直传承和强调人性即理性观，文艺复兴、启蒙运动、19世纪的理性功利实证主义以及20世纪以来的新版人文主义，等等，尽管其中有不同方向和维度的发展，尽管其中也有因过度崇奉理性——将它发展为一种教条式的不容偏狭的意识形态的暴政体系的理性主义——而出现挑战理性的一系列非理性主义的回潮，但是人文主义传统对人性理性观的信念却从来没有虚置过。人性理性观一直贯穿于人文主义传统认识之中。所以阿伦·布洛克这样指出："自从希腊人认识到批判理性的力量、系统思想的力量以来，理性在人文主义传统中的地位就既具有中心重要性又引起众多争议。的确，人文主义的历史可以看成是一场常年辩论，辩论的不是关于该词的含义，而是关于理性的范围和它的成就"。③

而这自然也构成了黑格尔历史哲学观的公设——人类历史总被其内在理性所指引，与外在于历史的神性无关。当然，与之相伴随，人文主义传统也一直强调人性理性观的幸福生活、文明进步意义及价值向度——信赖人的主体理智、认知能力和道德良知，并且相信人类的幸福是一种通过理性的幸福。这意味着一方面，理性有一种极为清楚和准确的含义，它代表着选择正确的手段以实现你意欲达到的目的④：慎重行事、深思熟虑、拒绝冲动、利益衡量。另一方面，理性能够也应当把人的生活提升到更有意义的状态，过一种更有意义的

---

① 《古希腊罗马哲学》，北京大学哲学系外国哲学史教研室编译，商务印书馆1961年版，第328页。
② 姜国柱、朱葵菊：《论人·人性》，海洋出版社1988年版，第419、422页。
③ [英]布洛克：《西方人文主义传统》，董乐山译，生活·读书·新知三联书店1997年，第239页。
④ [英]罗素：《伦理学和政治学中的人类社会》，肖巍译，中国社会科学出版社1992年，第25页。

幸福生活。理性总带来真理性结果,真正幸福的结果。这一点早已为康德的理性四步论所证实。① 基于此,康德还创设了一个著名的康德式命题,理性为自己立法,人是目的。这在后文我们将很快会看到。

2. 重视人的价值

人文主义还重视人的价值。这一点在文艺复兴时期体现得最明显。在那时的人文主义看来,世界上任何事物都有自身独特的存在价值,不存在所谓羞愧难容的事物。"自然界中没有令人唾弃的东西,就连最渺小的生物也有自己神圣的价值"。人作为自然界的产物,概不例外。人文主义的出发点就在于以人为中心、尊重人的价值、弘扬人的尊严、确认人是世界的最高价值,是社会发展的最终目的。因而,他们以人性取代神性,以人权取代神权,以人的价值取代了神的价值。不仅如此,他们还认为,要确证人的价值,就必须投入世俗的积极活动之中,人的价值也只能在发展自我、证实自我、完善自我的过程中得到体现。简言之,"我们生下来不是为了自己,而是为了家庭和祖国的幸福。"或者这样说,"人是为对别人有益而生的""为了祖国,为了共同事业和全体公民的利益而竭尽全力的人才是对人们最有益的人",也是最有价值的人。所以人的真正价值"除了为使家乡更幸福,共和国更昌盛的行为之外,再没有任何别的行为是伟大和崇高的了……人类最值得称颂的事情不外乎为了国家的富强,城市的优美和公众的利益而进行的活动。"②由此他们主张:在人的价值世界里,人的价值不能靠出生、家庭、财富、地位等任何东西来获得及确证,而是要靠个人的品行、优良的素质、个人自己的努力来获得。"崇高来自于创造而不是贵族的血统"。相应地,人也不再是在上帝这个价值主宰面前忏悔虔敬的工具、附庸和仆从;相反,人才是世界万物的佼佼者,人应当大胆作为,展现出自己的价值,把自己从作为上帝价值的工具、仆人的地位中解脱出来,成为自己和世界的主人,过一种积极生活,为社会服务。正因为如此,所以当时著名的人文主义者科鲁齐·萨留塔蒂在写信劝阻一位朋友不要去做修道士说:"不要以为逃离人群,规避对美好事物的观察,把自己关在修道院,或者做个隐士,……这就是走向理想的境地。不容置疑,当你离开社会时,可能从天堂落到地上,而我呢,留存尘世,但人的心能飞向天堂。如果你还关心自己的家庭、孩子、故乡、朋友和包括这一切的国家,那就为他们服务,把自己奉献给他们。

---

① [德]康德:《历史理性批判文集》,何兆武译,商务印书馆1990年版,第62—66页。
② [意]加林:《意大利人文主义》,李玉成译,生活·读书·新知三联书店1998年版,第78、60、65页。

这样,你的心必将上升到天堂,必将获得上帝的欢悦。"①——此即当时流行的市民人文主义主张——追求幸福,发展人的主动性,给人和社会带来利益,体现人的价值。也正因如此,莎士比亚才所以热情地赞叹道:"人是一件多么了不得的杰作!多么高贵的理性!多么伟大的力量!多么优美的仪表、多么文雅的举动!在行为上多么像一个天使!宇宙的精华!万物的灵长!"

为此,他们主张通过复兴古典文化,研讨古典文学来教育人们学会认识人的价值,尊重人的价值,比如当时的维托里诺·达费尔特雷的学派就主张完整地尊重人——既尊重人的肉体,也尊重人的思想——这种尊重几乎达到宗教礼仪的程度,并应对人进行教育培养,其目的就是使人们普遍认识人的价值,并通过自由文艺等人文主义学科去唤醒和增强这种价值。而且,如果考诸于人文主义的演绎史,也将不难发现,人文主义的后来的发展演变也没有脱离这一航线:重视人的价值。布洛克就此进行了很好考察和证成,其结论是:没有人有权利说他对人文主义传统的看法是最终的定论,但人文主义传统中有这样一个最重要和始终不变的特点:即它一直信奉,每个人在他或她自己的身上都是有价值的,其他一切价值的根源和人权的根源就是对此的尊重。②

所谓人的价值,就是指人在对自然和社会的关系中所具有的意义。它包括两个方面,即作为主体的人对自然的天赋价值与作为客体的人对他人的价值(在萨特哲学里,他称之为人的自在价值及人的自为价值),前者就是指个体存在对于人自身的意义,也即满足自身需求的自我价值。自我价值受人的本性所指导。如前所述,人与动物不同就在于人是有理性、具有自我意识的存在物,因而能够自觉地能动地进行创造性活动,改造自身外部的客观世界,以满足人自身的需要——包括维持生命、劳动创造、自尊自爱和人的自我实现及全面发展。所以俄罗斯哲学家别尔嘉耶夫说:"人是对自己不满,并且有能力超越自己的存在物","他是现实的永恒的反抗者",他"不仅是被拯救的存在物,而且还是创造着的存在物。"或者说他是使自然界人化的存在物,总之,"人是价值世界和现实世界的自由中介"。他的身上包含着世界完整的谜和谜底。③也许正因为如此,所以18世纪法国唯物主义哲学家霍尔巴赫才天才般地指

---

① 见张椿年:《从信仰到理性》,浙江人民出版社1993年版,第33页。
② [英]布洛克:《西方人文主义传统》,董乐山译,生活·读书·新知三联书店1997年,第234页。
③ [俄]别尔嘉耶夫:《论人的使命》,张百春译,学林出版社2000年版第22、65、69、63页。

出:"在所有的东西中间,人最需要的乃是人"①。这样看来,人的自我价值其实就存在于作为主体的人自身之中,存在于作为实践主体的人本身之中。因而自我价值的显著特征在于,人为了满足自身的需要,创造了客体价值。同时通过这种创造性的生产劳动所产生的客体价值又反过来荷载并证成着人的价值。也就是说,人的价值最终取决于人创造的价值。因为道理很简单,"人们为了能够'创造历史',必须能够生活。但是为了生活,首先就需要衣、食、住以及其他东西。因此第一个历史活动就是生产满足这些需要的资料,即生产物质生活本身。同时这也是人们仅仅为了能够生活就必须每日每时都要进行的(现在也和几千年前一样)一种历史活动,即一切历史的一种基本条件"②。简言之,正如我们在前文所看到的,人的目的是生存,这决定了人就必须体现一种人生存所需的做人的价值,人也必须被定义为满足这种需要并实现这种需要的目的的实体或手段。所以,毫不奇怪的是,在人文主义传统中,总呈现出"人文主义的中心主题(总)是人的潜力能力和创造能力"的问题。而英国政治哲学家诺尔曼·P·巴利才勇敢地断言:"人的独一无二的重要性在于他是价值的创造者"。③ 它决定指导着人的生活行为,关涉着人的自我满足与自我实现。

与之相对应,人的社会价值则是指人对于社会(他人)的意义,即人的角色价值。当然,这种角色价值是与人的自身价值紧密相关的,一定意义上,可以说是自身价值的外化形态。这是因为,人是一种社会动物,社会化的人和个体的人总是相辅相成的,两者都不可能是对立而又界限分明的,因而自我价值的确证和实现过程,也与社会价值相关,离开社会关系的自我价值是不存在的。所以西方学者加德纳认为,人虽然"为自身的需要所控制,但又发现只有使自己与自身需要以外更广泛的东西联系起来,他的生活才会有意义"。④

换言之,自我价值与社会价值紧密相关,人的自我价值的实现过程绝不是内省式的心理修养过程而是一个社会实践过程,它必然是社会价值与自我价值的和谐统一体。正因如此,德国古典主义思想家洪堡特也这样教导说,一个

---

① 《十八世纪法国哲学》,北京大学哲学系外国哲学史教研室编译,商务印书馆1963年版,第649页。
② 《马克思恩格斯全集》(第3卷),人民出版社1979年版,第31—32页。
③ [英]巴利:《古典自由主义与自由至上主义》,芑乾威译,上海人民出版社1999年版,第7页。
④ [美]马斯洛等:《人的潜能和价值》,林方主编,华夏出版社1987年版,第413页。

人价值若不与群体(社会)相维系,个人价值是不大的。① 我国学者李连科先生也同样认为,人的价值是这两方面的统一:一方面,人的价值当然应当与其享用的价值和他的自由全面地发展这一目标联系起来;与此同时,人的价值也取决于对别人乃至整个人类社会需要的实际贡献,即取决于他所创造的价值(物质的质和量)。② 这等于说,人的价值总应呈现出双重特征,既有作为自身生命存在的人的需要的价值,又有创造物质财富和精神财富来满足他人和社会的需要的价值。但无论如何,它们都立基于这样的事实:有生命的个体存在。这才是最大的价值。道理很简单,"任何人类历史的第一个前提无疑是有生命的个人的存在"。③ 所以德国人文主义者费希特才断言,"人之所以应该是他所是的东西,完全是因为他存在",因而社会的每一个体"在自己的每一个行动中都应当把自己当作目标,也应当被社会的每个成员看作这样的目标"。④ 这也等于说,价值的根据不在对象而在人之中,人是一切事情的中心,世间万物是相对于人而存在的,所以从终极意义上来说:人本身就是世界上最高的绝对的价值。简言之,成为人——要过人的生活是至高至崇的价值,人是目的。

这无疑也为人文主义传统所倡言并阐明。在古希腊时代,他们主张"人是万物的尺度"。文艺复兴时期以莎士比亚为代表的人文主义者则颂扬人为"宇宙的精华,万物的灵长",在上帝所创造物中,"人占据最高地位,人是最宝贵的"。在他们看来,"根之力量,草之汁液,花之美丽多彩,声、色、嗅、味在对立中组成之和谐,上天下地和大海中众多的生命之物……被创造出来,只是为了服务于人"。一切生命之物皆不能与人匹敌,"人是上帝创造的许许多多的奇妙的东西中最最奇妙的",而稍后的德国古典主义哲学家黑格尔则强调:人间最宝贵的事就是成为人⑤。当然,马克思主义也无一例外地承认人是最高价值,即人的价值是终极和至高无上的:"人就是人的世界","人是人的最高本质","人的根本就是人本身"。⑥

我们尤其可在康德哲学里找到最详尽的阐释,此即所谓康德道德法则,也

---

① [德]洪堡特:《论人类语言结构的差异及其对人类精神发展的影响》,姚小平译,商务印书馆1999年版,译序第35页。
② 李连科:《价值哲学引论》,商务印书馆1998年版,第21页。
③ 《马克思恩格斯选集》(第1卷),人民出版社1972年版,第24页。
④ [德]费希特:《论学者的使命 人的使命》,梁志学、沈真译,商务印书馆1984年版,第8、44页。
⑤ [德]黑格尔:《法哲学原理》,范扬、张企泰译,商务印书馆1961年版,第46页。
⑥ 《马克思恩格斯全集》(第1卷),人民出版社1979年版,第452、461、460页。

即康德定言命令。在康德看来,人的最高价值应被阐释为绝对目的,也就是说要把人的价值——成为人——作为目的是第一位和首要的法则。这种法则从形式上说具有普遍适用性,对所有人都适用,所有人都应该无条件服从;而且从内容上看,人类的任何行为都应该以人为目的,不应该把人包括自己当作手段。这样才能体现人的真正的绝对的价值。也就是说,生命存在——成为人——被他视为了一种道德义务的德行存在,生命本身是价值的客观标准,它是一种价值载体即权利而非任何功利的载体。因而没有一个人可以合法地被用来当作实现另一个人目的的手段,哪怕是已取得当事人的同意或自愿;没有人能将"成为人"的权利交给另一个人,以致失其所以为人,哪怕这种让渡也是取得自愿的、同意的。人的价值是终极的、绝对的、无条件的。照此观之,人类社会进步和文明的进程,就是人的价值提升的进程:使人成为幸福的人——人的解放、自由和全面发展——的进程。人的至尊价值引导着人类社会进步和文明的发展方向。这也就是说,"人对人们不只是一个最高和最根本的价值目标,而且是最根本的价值尺度……人的价值不是手段性价值,而是属于自身关系的目的性价值"。① 而文明和进步的判据就在于,不断尊重人的生命所具有的无上价值。很明显,这至少意味着:

第一,生命的存在是价值的源泉与依据,如果你想拯救或成就价值的开始与成就价值的结束,那么你就必须以生命的存在作为判别依据、基础和标准,价值起源并依赖于生命这一先行概念。"只有'生命'的概念才使'价值'的概念成为可能,也只有生命体才有善或恶。"②离开生命来谈论价值是没有意义的,正比如离开宇宙来谈人类没有意义一样。

第二,"如果世间万事万物都是以价值等级秩序的方式存在"的命题是真的话,那么人生命的存在是最高或最终的价值存在,"只有生命的存在才有目标,或者才能创造目标",而其他一切事物都是一种为人的存在,是人这个最高价值的手段。同时,人还充当一种标准——他"是万物的尺度,是存在的事物存在的尺度,也是不存在的事物不存在的尺度。"(普罗泰戈拉),用来评价万事万物,因而,"凡有助于生命的就是善,而损害其生命的就是恶",相应地,"人必须为了自己的缘故而生存下去,既不能为了他人而牺牲自己,也不能为了自己而牺牲他人"。他是一种"为自己而生存"的存在物。"为自己而生存"意味着

---

① 《高清海哲学文存》(第2卷),吉林人民出版社1997年版,第329页。
② [美]兰德:《新个体主义伦理观》,秦裕译,生活·读书·新知三联书店1993年版,第6页。

达到他自己的幸福是人类最高的道德目的。①

第三,威胁价值世界的那种崩溃并非由于人们的某种行为与否而致,而是这种行为是否危及人类的生存发展完善而致,因此人类必须按照适合于人类自身的标准来选择行为、价值和目标,以此来达到、保持、实现和感受人这个终极的价值,它存在于自身之中,是其自身的生命。② 而为了防止价值世界的崩溃性危险,人类必须时时刻刻不断践行一种海德格尔式的"在和持存"的警醒和守卫,向自己提出疑问,人在哪,人能在哪?

至此,我们已清楚地看到,在人文主义传统中,人的价值一直是其关注和强调的焦点,人的尺度也进而成为了衡量万物的不可或缺的尺度。人是现世的中心和衡量标准。

3、注重人格的完整和充分的自我发展

(1) 人文主义与人格

人文主义的一个根本主题是唤回人的伟大形象,它关注的是人之保持为人或人再度变回人,人的唤醒与觉悟。这从他们的口号——通过德尔斐神庙的箴言——"认识你自己"可窥见一斑。因为人文主义者有一个共同的理论公设:人是自然的产物,生来都是平等的,人间的不平等与等级差别都是后天不平等的社会给予的,人有把握自己命运的能力和人的价值,应当重视人所应有的各种权利,重视人格尊严,把人当作目的。其中所谓人格总括了人自身的社会价值的各个方面,它与人的生命、身体、自由、名誉、荣誉、信念、情感、生活方式和生存样式密切相关,它意味着一个人作为人被承认的资格——使人成其为人的权利和资格(当然在这里,权利是人格的前提),因为在人文主义者看来,人不是现实世界的分裂部分,恰恰相反,"在人身上包含着世界的完整的谜和谜底"。人是使自然界人化的存在物——此也即学者常谓的"人的发现",人不是一个处于服从地位的部分,而是自为的价值存在,"人是价值世界和现实世界的自由中介,人提供目的"。③ 总之,每个有个性的人,即人格是其世界观的出发点和归宿,并以此区别于所谓的宗教神格或者神权下的奴役人格。

(2) 人格的丰富内涵

首先我们必须申明,人格问题从某种意义上讲,是解答人是什么这个古希

---

① [美]兰德:《新个体主义伦理观》,秦裕译,生活·读书·新知三联书店1993年版,第6—8、23页。
② 同上书,第20页。
③ [俄]别尔嘉耶夫:《论人的使命》,张百春译,学林出版社2000年版,第62、69页。

腊著名的斯芬克斯之谜的问题。它是人作为类的存在物所特有的生命奥秘之所在和依据,而人也只有当且仅当他能够领悟自身存在的奥秘时才算是有人格的生命,因而对人格的解答就需要去反思与求索人所应具有的品质和本性问题,也就是人之为人的"格"的问题。换句话说,人格表征着人之为人的根本意义和价值指向,它的直观含义可直接作为衡量人的"标尺",有人格就意味着有人的性质和意义,否则就不是"人",没有或丧失了"做人"的资格。那至多只是一种人形动物——当然这里的"人"主要指称的是族类意义上的人——正如费尔巴哈所说的:"不是人格者,就是死的,就是无;只有人格式的存在,才是生命和真理"。人"只有在人格性之中才适得其所,只有在人格性之中,才找到了他的'自己'"。[①]

这样看来,我们这里讨论人格问题的一个隐含前提是:只讨论价值意义上规定和表征的人,而忽略生物学意义上规定和表征的人;只关注属人世界中人的生存性(生活)实践活动中所形成的动态的生生不息的(类)人格生成及特质,而放弃对属种世界中人的物种存在中所形成的静态的一成不变的人的属种规定的眷注。因为在我们探讨的人文视野看来,人并非生而为人,而是要生而为人或生成为人——"做人"并做得像人:把自己当人看待且理解为人,把他人当作人且尊重他人为人的意向性行动。这就是我们要探讨的人之格或人格。也即属人世界价值意义上的人格生成及特质。它以人的主体性资格为其内容,关注的是人的价值生命,即人格是人的价值生命的承担者,关涉人的类存在意义和理想境界的追求,关涉人的适度生存方式和生存样式。在此意义上,我们把人格界定为如下情形:人格是人之为人的主体性自我确证及意识自觉与人之为人的根本性质的历史价值规定的现实获得。其核心要义在于理性的独立的个体存在和人格意识。详言之:

第一,人格是人的主体价值生命的自我确证和规定。人格的本质在于其价值存在或其精神存在。它是一种人的自我存在和主体性存在的形而上观照及内涵规定。从前文的分析可知,人的存在具有双重本质,既有生命本质,又有超生命本质。这就意味着:首先,人必须是生理(命)存在的存在物,生命的本质需要主要是生存本能的需要,因而必须得以首先满足,这是人类社会得以延续和繁衍下去的前提和基础。因而马克思才天才般地指出:"人类历史的第

[①] [德]费尔巴哈:《基督教的本质》,荣震华译,商务印书馆1984年版,第145页。

一个前提无疑是有生命的个人存在。"①人对自然的第一个行动便是保存自己的生命,为了满足自己的自然生命需要而进行生活资料的生产,这一点他与动物别无二致。自然生命是人的生存前提,并呈现出物种的属性和种的规定。这表明,人必须服从人的自然生命的存在本性,受进化规律的支配和驱策。这是一种自然生成的人,它使人保持着人与自然的外在性联系,是对人的生命本质的最直观的把握,也可以说它是人之为人即人格的自然性基础。

换言之,人格必须通过"生命"才能实现其自身,这是人格世界的基元或媒质,是人格自在的存在,因而自不待言的是,人格应包含着至高的生存价值意义上的生存权和发展权,给个人以充分的生存机会与选择,给个人独立的生存空间。置言之,存在着一系列不可侵犯,不可让渡的相伴人终生的基本人格权——人的生命健康权、姓名权、名誉权、荣誉权等,必须得到肯认和维护。这可谓人格命题的绝对命令和先验定律,具有真理的向度。其次,人还是价值生命的载体和存在物,具有超自然的生命本质,这却是人区别于他物、人之为人的关键所在。也即只有在社会历史和文化价值存在意义基础上获得人的称谓的人才称其为"人",即人格。

这也等于说,在这里,人之为人的判据仅仅在于人超越了生命本质,实现了对生命活动的主宰,并对生命本能和生命生活进行有效的导引与控制,以达到为我的目的或实现属人的性质,体现了人的自为存在。它以生产劳动为基础,并以价值为行动的阿基米德式杠杆和支点,超越自然世界的自在限定和规定,使世界成为属人的世界,使世界万物全部人化,体现了人的价值生命的现实的生存方式和生活样式,成就真正的人格。并在这样的不断往复中,人得以使生命不断具有超自然的价值生命的性质,从而使人的超自然生命特性,即人的人格性不断获得和提升。正是在此意义上,康德才这样断言,整个"人类尽在他的人格里面"。② 马克思将之与动物进行了比较后指出:"诚然,动物也进行生产。它也为自己构筑巢穴或居所,如蜜蜂、海狸、蚂蚁等所做的那样,但动物只生产它自己或它的幼仔所直接需要的东西;动物的生产是片面的,而人的生产则是全面的,动物只是在直接的肉体需要的支配下生产,而人则是甚至摆脱肉体的需要进行生产,并且只有在他摆脱了这种需要时才真正进行生产;动物只生产自己本身,而人则再生产整个自然界;动物的产品直接同它的肉体相

---

① 《马克思恩格斯选集》(第1卷),人民出版社1972年版,第242页。
② 见余潇枫:《哲学人格》,吉林教育出版社1998年版,第35页。

联系,而人则自由地与自己的产品相对立。动物只是按照它所属的那个物种的尺度和需要来进行塑造,而人则懂得按照任何物种的尺度来进行生产,并且随时随地都能用内在固有的尺度来衡量对象,所以,人也按照美的规律来塑造"。①

也就是说,"动物和它的生命活动是直接同一的。动物不把自己同自己的生命活动相区别开来。它就是这种生命活动。人则使自己的生命活动本身变成自己的意志和意识的对象,他的生命活动是有意识的。这不是人与之直接融为一体的那种规定性,有意识的生命活动把人同动物的生命活动直接区别开来。正是由于这一点,人才是类存在物。或者说,正因为人是类存在物,他才是有意识的存在物,也就是说,他自己的生活对他是对象。仅仅由于这一点,他的活动才是自由的活动"。② 可见人区别于动物就在于,人不仅是生物意义的生命体,而且还是价值载体,还能在这个生命体上呈现出能够主宰自己生命的超生命特质,使得人的超自然生命特性即人之为人的人格性得到确切的规定和明晰的内涵。不必说,此即人格当仁不让的蕴含。既如此,人格自然就有了如下三个人格放射向度和价值维度:独立性向度、创造性向度和理性能动性向度③。

(a) 所谓独立性向度是指个体必须要有独立自在的意义和价值。也就是作为人格的价值规定,人必须具有主体的身份和地位,是一种理性独立的个体存在。成为人就意味着成为具体、实在和真实的个体,因而人的超生命本质即人之为人的人格性都应体现为人的个体人格,并蕴于个体生命中,并在生命活动中得以朗现。否则,人格将难以道成肉身——具有现实性生命和可体认属性。简言之,必须是通过个体的人格。所以马克思一再强调,"任何人类历史的第一前提无疑是有生命的个人的存在","人们的社会历史始终只是他们的个体发展的历史"。④ 换言之,人格只能是个体的——在现实中表现为独立完整的单个的主体形象。反之,人格性即是人的主体性的现实展开和外显。当然,人格作为个体主体精神的现实体现,并不排斥个人的群体性内涵。道理很简单,在我们周遭世界,无人能成为人类的唯一成员。

---

① 《马克思1844年经济学—哲学手稿》,人民出版社1979年版,第50—51页。
② 《马克思恩格斯全集》(第42卷),人民出版社1979年版,第96页。
③ 对此,我国学者余潇枫先生将之富有启发意义地归结为独立性、创造性与和谐性向度。见余潇枫:《哲学人格》,吉林教育出版社1998年版,第151页。
④ 《马克思恩格斯全集》(第1卷),人民出版社1979年版,第242页;第27卷,第478页。

(b) 所谓人格创造性向度也即主体性向度,是指人格总指向人的主体性的创造活动,即积极主动地创造人生命的活动。因为人格作为人的价值生命的承担者,就意味着人之所以为人,就在于他是创造性活动的主体——在人的周遭世界通过自觉自为的实践创造活动,打上区别于他物的人的"格"的印记——"是从事实际活动的人",①相应地,整个人类社会历史发展与进步的源泉可以说就在于人格创造性向度的证明与证成。

一方面,人类的人格创造性向度是历史的现实存在和发展的唯一可能的方式,"历史终究不过是追求着自己目的人的活动而已"。② "人本身是他自己的物质生产的基础,也是他进行的其他各种生产的基础。因此所有对人这个生产主体发生影响的情况,都会在或大或小的程度上改变人的各种职能和活动,从而也会改变人作为物质财富、商品的创造者所执行的各种职能和活动。在这个意义上,确实可以证明,所有人的关系和职能,不管它们以什么形式和在什么地方表现出来,都会影响物质生产并对物质生产发生或多或少的决定的作用";③

另一方面,通过人格创造性向度的历史的现实展开,人则反证和确立了人之为人的价值生命即人格的存在,从而使"人以一种全面的方式,也就是说,作为一个完整的人,占有自己的全面的本质"。④ 总之,"有了人,我们就开始有了历史。动物也有一部历史,即动物的起源和逐渐发展到现在这个样子的历史。但是这部历史是人替它创造的,如果说它们自己也参与了创造,这也不是它们所知道和希望的。相反地,人离开狭义的动物愈远,就愈是有意识地创造自己的历史。"⑤人格的创造性向度是衡量个人人格有无及高低标准和尺度,同时也是表征社会文明的判据。

(c) 理性能动性向度是指这样一种人格向度:一切拥有人格称谓的存在物,都能主动自觉地谋划、预见事物并能决定自己的行动。不仅如此,他还能对生命诠释和解析,将一个充满他对生命诠释和解析所显示的图景万花筒般地展现出来,正如古希腊德尔斐神庙里铭刻着的箴言和理性命令:"认识你自己"一样——一个古老的命令与现代主题,以此成就人之为人的价值规定,即

---

① 《马克思恩格斯选集》(第1卷),人民出版社1972年版,第30页。
② 《马克思恩格斯全集》(第2卷),人民出版社1979年版,第118—119页。
③ 《马克思恩格斯全集》(第26卷,上),人民出版社1979年版,第300页。
④ 《马克思恩格斯全集》(第42卷),人民出版社1979年版,第123页。
⑤ 《马克思恩格斯选集》(第3卷),人民出版社1972年版,第457页。

人格。正因如此,卢梭指出:"我觉得人类的各种知识中最有用又最不完备的就是关于'人'的知识。我敢说,德尔斐城神庙里唯一碑铭上的那句箴言的意义,比伦理学家们的一切巨著都更为重要,更为深奥"。① 无独有偶,马克思主义也教导说,人应当了解"自己本身,使自己成为衡量一切生活关系的尺度,按照自己的本质去估计这些关系,真正依照人的方式,根据自己本性的需要来安排"。但动物则不同,"一切动物的一切有计划的行动,都不能在自然界上打上它们的意志的印记。这一点只有人才能做到,一句话,动物仅仅利用外部自然界,并单纯地以自己的存在来使自然界为自己的目的服务,来支配自然界"。②

不必说,正是因为人具有理性自觉能动性向度,使得人与动物有了"截然的最后的本质"的区别。尽管"动物通过它们的活动同样也改变外部自然界"。但动物之所以为动物,就在于没有理性能动的人格向度。它永远不能超出和突破它所属的那个种的尺度规定。"动物和它的生命活动是直接同一的。动物不把自己同自己的生命活动区别开来。它就是这种生命活动"。而人则不同,他的所有活动都带有理性能动的人格向度,"使自己的生命活动本身变成自己的意志和意识的对象",是一种有意识地创造生命的活动。这种"有意识的生命活动把人同动物的生命活动直接区别开来"。人是为自身存在着的存在物,动物则是为自然存在的存在物。简言之,"人不仅仅是自然存在物,而且是人的自然存在物,也就是说,是为自身而存在的存在物,因而是类在物"③——一种可以掌握世界,创造不同于自然的社会,能动的存在物。这,恰恰构成和铸就了人之为人的内在根据或判据,尽管这种理性能动的人格可能具有万花筒般的内容组合。人永远生存于成为人的价值创造中。

第二,人格还是一种人之为人的意识自觉。换句话说,人之为人必须以人的意识自觉为前提,意识是其核心与精神的意蕴。如果前文所述的人之为人的自我确证可以算作人格的外在条件的话,那么在此外在条件上生长起来的人格意识则可算其内在条件。人永远生成并生存于人的人格意识之中。这一点无论是在西方古典自然哲学命题"认识你自己",以及东方哲学中的天人一体理论、近代西方启蒙哲学箴言"敢于运用你的理智",还是现代西方哲学的精神理论"上帝死了"中,无一例外地得到了倡扬和强调,只不过有程度的区别。

---

① [法]卢梭:《论人类不平等的起源和基础》,李常山译,东林校,商务印书馆1962年版,第62页。
② [德]恩格斯:《自然辩证法》,于光远等编译,人民出版社1984年版,第158页。
③ 《马克思恩格斯全集》(第42卷),人民出版社1979年版,第96、169页。

所以萨特看来,人是将自己的生命转变为意识的一种生命,而意识正是通过这种生命才出现的。意识是一种独特的一般概念,通过他的"我"——这个对生命本来面目的假定和实践超越——人重建了世界大同,将其作为最终的确定,同时也把它看作是在拿未来的历史做抵押,而镌刻在将其包容的生命中。[①] 否则就如同"会说话的工具"——奴隶一样没有人格可言,人应当意识到自己是人,是天地间最有灵性至尊至贵的生命存在。总之,一个人自己的人之为人的意识自觉就是他自身人之为人的守护神,没有意识自觉的人是不可能成为有人格的人的。正基于此,黑格尔提出了人格即精神的"现实"这一人格思想,也即在黑格尔看来,人格是自我意识的实体化。[②]

当然,这种人格意识包括"自我意识"和"他人意识"两个部分,换句话说,人格意识是一种共同关注并理解的事情。这就意味着,当我们一提到人格意识,我们就希望别人也能以如此的方式去领悟它,理解它。使我们通过一个共享的媒介与别人联系起来,并服从于人类的共同经验。[③] 因而真正意义上的人格意识的标志在于:它们都是共同意识——是自己(我)能够体验的意识,也是他人能够分享的意识,是自己(我)能够接受的意识,也是他人能够见容的意识。简言之,人格只能在主体相互承认的环境中被赋予或临在,它离不开交互主体场景中双方的共同认同和担保,并通过这种主体间性而成为现实。拿时下流行的术语表示就是"小我"与"大我"和谐统一的过程,生命自我与普遍自我相统一的过程。这是文明进程坚实基础也是文明进程永恒不变的目标。

详细说来,所谓人格的自我意识是这样的:"人意识到了自己是人,能够自觉地按照人的原则和要求去支配自己的生命活动,而不是只被自己的生命需求牵着鼻子走。"[④]这意味着它必须是一种定位于作为类存物的人的超生命本质的为人的意识,具有自立自觉、自主的特质。它还意味着对我的意识,一种向来我属性的意识。诚如哲学家高清海先生所言:"人格意识,就是自觉做人的意识,也就是以类生命为自我本质的意识,一个真正的人,必须具有这样的意识"。[⑤] 自我意识的出现,标志着人是一种自主、自为、自觉、自由存在物,并能充当实践的主体、认识的主体、历史的主体。所谓人格意识的他人意识即人

[①] [德]曼弗雷德·弗兰克:《个体的不可消逝性》,先刚译,华夏出版社2001年版,导论第15页。
[②] 转引自余潇枫:《哲学人格》,吉林教育出版社1998年版,第115页。
[③] [奥]阿德勒:《生命对你意味着什么》,周朗译,国际文化出版公司2000年版,第194页。
[④] 《高清海哲学文存》(第2卷),吉林人民出版社1997年版,第390页。
[⑤] 《高清海哲学文存》(第1卷),吉林人民出版社1997年版,总序第11页。

格意识的向来他属性特征,指把他人当作人看待并且尊重他人为人的意向性行动。人格意识的他人意识奠基于这样的事实:"人只有在别人身上才了解自己和意识到自己"。① 这也就是说,人格是置身于他者之间的一个存在者,而我所能够指派给人格属性的一切东西必须在原则上也能够指派给另一个人格,只要各种状况需要这个指派或为这个指派作出辩护。② 这也等于说,对于人之为人的内在判据而言,存在着这样一种事物的本质,在这一人格世界中每个人都以这样的方式占据着自己的人格位置,他既表征(达)了普遍的人,同时又表征(达)了单个的个人,每个人都是普遍的人,同时又是一个具体存在,但绝不落入各自为牢的陷阱,否则导致主体人的人格生命的沉沦,人格世界的沦丧。这就是破解人格的关键。

第三,人格意识还是一种人之为人根本性质的历史价值的现实获得。这意味着,作为人的价值生命的承担者,人格绝非乞灵于形而上的虚幻世界,它是人之为人的价值生命的现实的存在方式,它体现的是最起码的人之为人的价值荷载的此在或定在,只有在社会历史和文化价值存在意义上具有人格的人才成其为人。所以,前文的命题:"人并非生而为人,而是要生而为人",要学以成人,仍然在此有理论的意义和证成的意义。也就是说,成为人就意味着成为具体的实在或实存,并应体现人的价值生命或人之为人的现实生存方式。而这种人之为人的现实生存方式又不可避免地存在着如下关联:向外界开放,外界使人之为人具有了本真或切实的内涵。巴雷特指出:"人是这样一种生灵,生命中的每根神经纤维对于存在都是息息相通的……人并不仅仅同他自己相联系,而且是同存在相联系的。而且,正是因为同存在相联系,这个人才能获得本真性。"③人永远生存于属人的现实世界中。这就意味着人格必然要客观化自己,给自己以定在。④ 因为个人只有成为定在,成为特定的特殊性,从而把自己完全限制于需要的某一特殊领域,才能达到他的现实性。⑤

这也即是说,人格的过程就是人格自身所特有的价值时空化过程,也就是主体的人在特定的历史条件下现实的存在方式化、自在生存样式化的过程。——依靠自己的创造实践,使人成其为人并保持为人。所以卡西尔指出:

---

① [德]费尔巴哈:《基督教的本质》,荣震华译,商务印书馆1984年版,第125页。
② [德]弗兰克:《个体的不可消逝性》,先刚译,华夏出版社2001年版,第121页。
③ [英]巴雷特:《非理性的人》,杨照明译,商务印书馆1995年版,第232页。
④ 武步云:《法与主体性原则的理论》,法律出版社1995年版,第145页。
⑤ [德]黑格尔:《法哲学原理》,范扬、张企泰译,商务印书馆1996年版,第216页。

"人的与众不同的标志,既不是他的形而上学的本性,也不是他的物理本性,而是人的劳作。正是这种劳作,正是这种人类活动的体系,规定和划定了'人性'的圆周",也塑造了人之为人的依据——人格。因此,"一种人的哲学,一定是这样一种哲学,它能使我们洞见这些人类活动各自的基本结构,同时又能使我们把这些活动理解为一个有机整体"①。相应地,人格与人类文明的特定变迁和民族的文化模式密切相关,它深深地烙下了人文环境对其影响的印记,它是特定时空下特定的人之为人的本质生存状态。因而人格的目标就在于消除对人之为人的价值生命的异化和滞阻,实现人格的充分发展及全面人化,人的全面发展是完美人格在其结构上的必然要求。尽管这个过程没有完美的尽头,但这却应该是自明的文明的承诺与进步的使命,正如路德所说,"不存在任何完美的成就,一切都在创造之中。我们看不到终点,而只看到走向终点的道路。光辉的顶点尚未到达,细致入微的改进还在(得)继续。"②这无疑也是人文主义注重人格的完整和充分的自我发展的根本理由。

4. 崇尚和尊重人的尊严

(1) 人的尊严与人文主义

所谓人的尊严是指人在现实社会生活中的独立而不可侵犯的中心地位或身份。简言之,人的至尊至崇,人的至高无上。这意味着每一个配称为人的人是世界观的出发点,人是世界万物以及一切行动的形式因和目的因,人提供契机也提供目的。也就是说,一切世间安排及行动都应以人的至尊至崇的安排为活动起点,同时还应以人的至尊至崇为活动的归宿。这也即康德人是目的的又一转述。在文明社会中,它还意味着,人的尊严是绝对的、无价的,拒斥任何功利的安排。因而无论国家权力的配置还是个人权利的行使,都只有在足够确保实现人的尊严和生存价值时,才有其存在的意义和真实的价值。正如托克维尔在写给他朋友亨利·里夫斯信中所说:"我只有一个意见,一种热情,那就是拥护自由、拥护人类的尊严。我认为所有的政府形式都是……为满足一种神圣和正当的愿望的手段"。③ 事实也的确这样,英国社会学家弗格森经过考察后发现,在文明社会,"甚至在最初的阶段,现代政府的本质就是为个人提供固定的地位和尊严,个人必须自我维护这个地位和尊严。"④所以进步文明

---

① [德]卡西尔:《人论》,甘阳译,上海译文出版社1985年版,第87页。
② [德]奥伊肯:《生活的意义与价值》,万以译,上海译文出版社1997年版,第97页。
③ [英]布洛克:《西方人文主义传统》,董乐山译,生活·读书·新知三联书店1997年,第139页。
④ [英]弗格森:《文明社会史论》,林本椿、王绍祥译,辽宁教育出版社1999年版,第61页。

社会的标志就在于独立、自由、自决的有尊严的个人作为社会的基本单位而出现,梅因曾这样论证道。① 这是文明社会的公理性前提预设,也是经久不衰的文明得以延续的生命维系。

人文主义特别崇尚和敬重人的尊严,并一直延续了下去成为了人文主义传统的重要内容。在其早期阶段,他们确立了以人为中心取代以神为中心的世界观,从而唤回了人的伟大、珍贵与崇高的形象。他们强烈地宣扬,"人是万物的尺度,是一切存在的事物存在和不存在事物不存在的尺度",人是无上崇高的存在物,因而人不需要崇拜和理解神灵,人只需要认识和理解自己,正如菲奇诺在他那封著名的《致人类的信》中所说的,"认识你自己,是具有人类外表的神!"②后来的人文主义仍延续了这一理路,比如启蒙运动时期康德提出了"人是目的"康德式论断与命题,这可以说是启蒙时代人的尊严的阿基米德式立场:一个人应该得到尊重,不为别的,只因为他是人,哪怕是恶棍或罪犯,更不能有等级划分。

然而,在古代社会中,人却是有等级、界限之分的,人的尊严没有得到普遍的尊重,比如在奴隶社会,柏拉图就曾宣称人是有等级区分的,在他看来,人是由神用不同的金属造就出来的,"有些人具有统治的能力而适于统治人,在创造这些人的时候神用了金子,因此这些人也就是最珍贵的。另一些人是神用银子做成的,这些人就成为统治者的辅助者。再有一些农夫和手艺人,这些人是神用铜和铁做成的。"③奴隶只是一种"会说话的工具";在封建社会,同样存在人的尊严和价值以等级地位为标准的情形,甚至无视人的尊严,尤其封建关系的农奴(民),"到处都被当作一件东西看待,被当作牛马,甚至比牛马还不如。"④所以马克思科学地指出:专制制度的"原则总的说来就是轻视人,蔑视人,使人不成其为人"。⑤ 人丧失了人的价值和尊严。直至文艺复兴以后,人的尊严得以重新尊崇和颂扬。在那时,对人的看法是,人不是堕落的生物,人不再是神和上帝的仆从、工具。人不应再蔑视自己,人能给自己做主,把握自己的命运,创造财富塑造生活,以自己的成就赢得名声,并确证人的高贵的尊严。

---

① [英]梅因:《古代法》,沈景一译,商务印书馆1959年版,第97页。
② [美]戈伊科奇:《人道主义问题》,杜丽燕等译,东方出版社1997年版,第103页。
③《古希腊罗马哲学》,北京大学哲学系外国哲学史教研室编译,商务印书馆1982年版,第232—233页。
④《马克思恩格斯全集》(第7卷),人民出版社1979年版,第397页。
⑤《马克思恩格斯全集》(第1卷),人民出版社1979年版,第411页。

总之,正如前文所证实的,"人的高贵,就其许许多多的成果而言,超越了天使的高贵"。因而人自身拥有其固有的尊严,并因此而获得实现其生命潜能的机会。

(2) 人的尊严的丰富内涵

在内容上,一个人尊严的核心是他的确信、他的任务、他的信仰①。这种确信的内容在前文康德公式中得到了绝佳的表述:"你须要这样行为,做到无论是信自己或别的什么人,你始终把人当目的,总不把他只当工具"。② 人不能成为达到某种目的的手段,每一个人自身就是目的。换言之,它是一种以自身为目的而处在不断生存中的存在,是此岸世界的真理。因而一切功利主义的做法都应排除在外,它既不是社会政策的对象,也不是可牺牲的代价物。也即在人的问题上,应当终结手段——目的链中人是手段的存在空间。人只能是目的,这是人的尊严看护和守卫的需要。

在风格的确立上,人的尊严要求绝对地自主,但也绝不能独立于它的背景。换句话说,人的尊严不能轻率地被用作旗号或当作医治一切时代邪恶的现成灵丹妙药,因为尊严必须先有一个设定的背景维度和内容维度:尊严总是个体的具体的尊严,是活生生的概念,而非普遍的永恒的形式下抽象的尊严。尽管尊严可以以人的尊严的角度统摄作为整体的人类的尊严,但是尊严的获得却必须根据个人的观点来确定和评定,尊严是从个体所在的地方开始它的价值的规定的,个体的人才是尊严的载体。所以德国哲学家卡尔·雅斯贝斯指出:"人的尊严和高贵潜在地存在于每个个人中"。也即是说,尊严更多地指向实践,相应地,它需要实践的意义而非抽象的设定,否则极有可能落入理论设计的乌托邦中。

那么,尊严的设定背景是什么呢？尊严必须从人与人之间文明的交往与合作之中得到体现,人与人之间的文明交往与合作中为其赢得了充实的内容和存在的舞台,离开了人与人之间文明交往与合作的土壤与背景,尊严将无从谈起,正如离开躯体存在无法谈四肢存在一样。基于此,卡尔·雅斯贝斯还确信:"真正的高贵不是在一种孤立的存在中找到的,它存在于独立的人的相互联结之中。这样的人意识到他们有责任彼此发现,他们无论在何处相遇都彼

---

① [美]弗里德里希:《超验正义》,周勇、王丽芝译,生活·读书·新知三联书店1997年版,第110页。
② [德]康德:《道德形而上学探本》,唐钺译,商务印书馆1959年版,第43页。

此相助以致进步。他们随时准备交流,始终留心着这样的机会,但并不强求"。①总之,人与人之间的交往与合作设定了尊严之为尊严的场景和空间。尊严只能在作为主体的人相互承认的环境中被给予、被确证,这既是尊严的界定规则,也是其证实法门。正因为如此,所以我们看到,人文主义都提倡积极的生活,提倡交往(谈)与合作,显现人的尊严。比如,人文主义者皮科就曾谴责那些沉溺于空泛的咬文嚼字中的文人,认为他们忘记了交往中人的价值,为此,他们也丧失了人的尊严。

进一步说,尊严之为尊严,就在于人的交往和合作中尊重他人的自由意志(或个性自由)。人文主义者一直为人的自由意志喝彩和赞颂,并成为其一个永恒的主题。比如,但丁就认为,意志自由是上天的馈赠;稍后的巴蒂斯塔·吉利也宣称:只有人才能为自己选择地位和目的。人总是选择他喜欢走的道路,他是按照自己本性的意志行事,他希望自己的生活更加自由;马基雅维里则以宿命论的口吻异曲同工地强调:不能把我们的自由意志消灭掉,我认为,正确的是,命运是我们半个行动的主宰,但是他留下其余一半或者几乎一半归我们支配。②所谓自由意志意味着人按自己的意愿自由行动,自己是自己的主人与主宰。这一点,人文主义者皮科给予了恰切的解释:"任何动物的活动都受到它本性的限制,狗只能像狗那样生活,狮子也只能像狮子那样生活。可是人却相反,人没有强制自己应该如何生活的本性,人没有使自身受限制的本质,人只有从事活动时才成其为人,人是自己的主人,人的唯一限制就是要消除限制,就是要获得自由。人奋斗的目的就是要使自己成为自由人,自己能选择自己的命运,用自己的双手编织光荣的桂冠或是耻辱的锁链⋯⋯,人是原始的动因,是自由的'现实'。人就是一切,因为人可以成为一切,成为动物、植物、石头,也可以成为羊羔和'上帝之子',人和上帝的形象有相似之处正是在于:人是动因,是自由,是行动,也是自身行动的结果"。③

当然,这种自由意志既是自由行动的根源,也应是责任的根源,所以这里的自由行动"肯定不是指这一行动根本没有原因,而是指这一行动是人选择的结果。即使这些选择本身是有原因的,但我们仍可以认为人对自己所选择的

---

① [德]雅斯贝斯:《时代的精神状况》,王德峰译,上海译文出版社1997年版,第182、185页。
② [意]马基雅弗利:《君主论》,潘汉典译,商务印书馆1985年版,第117页。
③ [意]加林:《意大利人文主义》,李玉成译,生活·读书·新知三联书店1998年版,第102页。

行动应当负责"。① 因为即使从原初意义上讲,"意志自由也绝不是人的创造的源泉,意志自由是责任和可能受到惩罚的根源。"②不必说,认识这一点有着极为重要的意义。因为在这个问题上,总横亘着一堵偏见的墙:以为自由意志就是随心所欲、不负责任地放纵意志及行动。事实在这里给予了直接的回答,那就是:自由即责任。

与此同时,人的尊严还意味着应当给予个人完整意义上的人格或个性。也即是说,人格与人的尊严是相互相存、互为表里的。他们都要求个体得到个性化的发展,拒斥整齐划一的模式化发展。换言之,人格尊严要求人的唯一性,个性得到尊重,要求人不因为身为某个受歧视的民族的一员而遭到拒绝,人若不能作为一个个体得到个性化的发展,这本身就构成了一种对他的人性和人格的侵犯。所以任何时候,都不应该把个体看作只是一个副产品,不必要求他完全淹没在一种绝对的生活之中,即使特殊情况需要一个人把自己交给整体,过一种一致性和规范性的生活,也必须首先确保他能足够把握自己的命运。卡尔·雅斯贝斯就此指出:如果人的存在"要成为一个真实的世界,那么,凡在社会生活中想把自己交给一个整体的人,首先必须掌握住自身。"③这才叫有尊严地活着或真正的人的生活。

直言之,自由意志即意味着人的自主、自觉、自决能力或实现自我的机会,也即自主选择的能力或机会。恩格斯指出:"意志自由只是借助于对事物的认识来作出决定的能力。"④只有这种能力才能真正诠释"自由意志"下的"自由"。换言之,"人不是由于有逃避某种事物的消极力量,而是由于有表现本身的真正个性的积极力量才得到自由。"⑤而且,客观上,这种自主选择的能力造就了人的尊严的直接媒质和中介:有尊严的人赖以存在的物质基础,将人从以"人的依赖关系"与"以物的依赖性为基础的人的独立性"为特征的社会形态中提升和解放出来,实现社会生产高度发达和社会制度高度文明基础上的"每个人的自由发展是一切人的自由发展的条件"的人类理想社会形态。使人成为人,过人的有尊严的生活。所以温斯坦莱指出:穷困是一切受奴役的根源,"一个

---

① [英]史蒂文森:《人性七论》,袁荣生、张蕖生译,商务印书馆1994年版,第164—165页。
② [俄]别尔嘉耶夫:《论人的使命》,张百春译,学林出版社2000年版,第59页。
③ [德]雅斯贝斯:《时代的精神状况》,王德峰译,上海译文出版社1997年版,第188页。
④ 《马克思恩格斯选集》(第3卷),人民出版社1972年版,第354页。
⑤ 《马克思恩格斯全集》(第2卷),人民出版社1972年版,第167页。

人没有吃的还不如不要活着"。①

总之,人文主义通过其独特的世界观,人性、人格、人的尊严以及人的价值的分析和弘扬,真正确立起了以人为中心、理解人、尊重人的人文主义价值观,这的的确确是人类历史的进步。自不待言的是,这同时也是我们理解社会现象的必由之路和不二法门。法律概不例外。

---

① 转引自[美]萨拜因:《政治学说史》(下),刘山译,南木校,商务印书馆1986年版,第553页。

第二章 法律本体的人文主义基础

自从有人类社会以来,人类无不信奉和崇尚着文明的信念。换句话说,人类天生就有趋向文明的价值观念,即天赋文明。这也可以说是人的品性中斯芬克斯之谜——没有理由也不需答案。与蒙昧、野蛮社会相比,文明社会能带来安全、合作与秩序。人类也才能真正地生存下去,社会也才能得以延续和维系。因而文明的进步既是人类生存与活动的基础,又是人类共同的理想。然而人类从蒙昧、野蛮通向文明的历程,却内在地涵盖和包容了人类对自身行为进行社会调整的萌芽、产生和发展的进程,而法律则因自身的特质而成为了人类的首要选择,因此法律的起源与人类趋向文明的脚步有着不解之缘,法律是文明构成的先决条件或前提原理,又是文明得以实现维系与持存的里程碑。这是因为,文明的品性要求社会发展与个体发展。为了确保文明的品性,人类于是理性地选择和构筑了法律,并以法律来确保文明,创生文明,持存文明,促进文明。直言之,以人为中心旨归的人文主义旨趣构成了法律的基础,法的经丝纬线均交织在整个人文主义的织锦之中。也就是说,一定意义上,法律并不是与生俱来的,它是人类本性的产物。有其坚实的人文基础的,并持续于人类文明的岁月递嬗之中。

一、人类天生的信念——文明

根据我们的思路,很明显在这里,我们用这样的术语来概述人类,意味着文明一方面是人性驱使、奠基于人性根基上的信念,即它本身是符合人的存在本性和发展理想的;另一方面也意味着人们文明选择的合理性:文明的共同认可和践履。文明之所以能获得人类的共同认可,既不是外在强制性的规划和型构,也不是人的主观情绪的反应和设想,它恰恰在于这种文明理念的信奉和文明选择的崇尚与执信:文明选择为人们自由选择和安排自己的生活提供了一个令人满意的框架——一种快乐、有意义并与幸福相耦合的生活。所以弗洛姆分析指出：信念表征着对人生价值和理想的坚定性，信念是人生不可或缺的精神支柱，信念本身是一种个人的基本态度和一种品格特性，而没有信念，人就会软弱无能，毫无希望，而且会对其存在的实质本身惶恐不安。质言之，人类不能无信念地存在。当然这种信念也来自于理性的信念，所谓理性的信念是指它是建立在对人生的理性认识和经验体验之上的，建立在生产性的理智活动与情感活动基础上的坚定执信，它本身是创造性理性思维中的一个重要组成部分。①

正如我们在前文所看到的，人是世间独特的存在物，这种独特的标志在于，尽管人来源于动物界，动物的诸种本性（能）都是人永远不能摆脱的。然而自从人猿揖别伊始，人就不仅仅满足于动物式的种族繁衍与延续已足，或只过一种属种的动物生活，他还不断以自己为尺度改造自身，征服自然，向更高层次的生活迈进，过一种真正的属人的幸福生活。也就是说人是一种有意识地走向属人幸福生活指向的人。所以马克思指出，人与动物有着本质的不同："动物和它的生命活动是直接同一的。动物不把自己同自己的生命活动区别开来，它就是这种生命活动"，"动物只是按照它所属的那个种的尺度和需要来建造"，人则不同，"人的生命活动是有意识的，这不是人与之直接融为一体的那种规定性。有意识的生命活动把人同动物的生命活动直接区别开来"。不仅如此，人还"懂得按照自己任何一个种的尺度来进行生产，并且懂得怎样处处都把人的尺度运用到对象上去；因此，人也按照美的规律来建造"。②用哲学术语来表达就是：人是有其主观能动性的。对于人来说，人对他物的关系是作为关系而存在的，"凡是有某种关系存在的地方，这种关系都是为我而存在的（具有属人性质），动物不对什么东西发生'关系'，而且根本没有'关系'，（因而）对于动物来说，它对他物的关系不是作为关系存在的"。③

这不啻于有力地说明人存在的独特性——理性自觉、天性文明。人是一个生性文明和进步的存在物，它不仅是生理存在，还是精神存在，文明的存在，进步的存在。所以马克思在评价人类文明的历史时这样说道，总体看来，人类文明的历史不过是"有意识的人的自觉活动而已"。人类天生的信念在于：文明——充分发挥潜能，走向文明进步。换言之，文明是有其人性根源的，文明

---

① 万俊人：《现代西方伦理学史》（下卷），北京大学出版社1992年版，第235页。
② 《马克思恩格斯全集》（第42卷），人民出版社1979年版，第96，97页。
③ 《马克思恩格斯选集》（第1卷），人民出版社1972年版，第81页。

的全部真谛在于人之为人的人性本质。这一点无疑千真万确,博登海默对此也进行了这样精彩的表述,他在谈到我们后文要分析的文明的品行之一——秩序时这样说道:文明具有秩序的品行,然而,这种秩序的品行或者说"要求人与人之间关系有序的倾向",不是源于别的什么,它"主要可以追溯至两种欲望或冲动,它们似乎深深地根植于人的精神之中:第一,人具有重复在过去被认为是令人满意的经验或安排的先见取向。第二,人倾向于对下述一些情形作出逆反反应;在这类情形中,他们的关系是受瞬时兴致、任性和专横力量控制的,而不是受关于权利义务对等的合理稳定的决定控制的。"①无独有偶,福柯也指出,"人是这样一种生命存在,从他可完全从属的、在他的整个存在中贯穿于他自身的那个生命的内在方面看,他建构着许多再现,他借助于这些再现生活,在这些再现的基础之上占有那能向他自身再现这个生命本身的奇特能力"。②而我们还可在基佐那里找到类似的答案。在他看来,人的天性是不愿意耽在野蛮无序的社会状况之中。"不管他是多么粗野、多么无知、多么专心于自己的利益,自己的情欲,他的内心总有一个呼声,一种本能告诉他说,他是要往高处走的,他有另一些力量,另一种命运,在混乱之际,对秩序和进步的爱心缠住他使他苦恼。甚至在最残酷的自私心的控制下对正义预见和发展的需要也在煽动他,他自己觉得已不得不改革这个物质世界、这社会和他自己。"③

由此看来,人总是偏好于所有那些促进社会秩序获取文明幸福的条件的。人生来就是偏向文明的,人必然希望过一种文明社会生活及个人生活,并成为适合于文明要求的存在物。基于此,日本学者福泽谕吉一语断言:"人的天性自然趋向于文明,这样绝不是偶然的,也可以说这是造物的本意"。同时他主张:"因为人的天性本来是趋向于文明的,所以,只要不伤害天性就可以了。文明的真谛在于使天赋的身心才能得以发挥尽致"。"所以促进文明的要领,在于尽量使各种事务繁忙起来,各种需要不断增多,不问事物的轻重关系大小,多多益善,从而使精神的活动日益活跃起来"。"这样只要无碍于人的天性,各种事物就必然会日趋繁荣,各种需要也必定日见增长"。④ 文明也才相应地发展和提升,人的幸福生活才得以创生甚或持存。马斯洛就此进一步指出:"从

---

① [美]博登海默:《法理学 法律哲学与法律方法》,邓正来译,中国政法大学出版社1999年版,第226页。
② [英]索珀:《人道主义与反人道主义》,廖申白、杨清荣译,华夏出版社1999年版,第97—98页。
③ [法]基佐:《欧洲文明史》,程洪逵、沅芷译,商务印书馆1998年版,第52页。
④ [日]福泽谕吉:《文明论概略》,北京编译社译,商务印书馆1959年版,第14—16页。

人的天性中可以看出,人类总是不断地寻求一个更加充实的自我,追求更加完美的自我实现。"①而莫里斯也强调:"人是不断重新创造自己的东西,是自我创造者。"②

(一) 何谓文明

何谓文明?可以说这也是一个不说还明白越说越不明白的问题,正如哲学上"我是谁"的问题一样。因而迄今为止,人类对文明的理解与阐释也是仁者见仁、智者见智的,并自不待言地形成了文明理解或解说的事实上多重视界。这一方面是因为文明从价值指称和表征来说,它是一个包涵广泛,词义多重的综合性概念,具有广泛的价值指称和内容荷载,贯穿于宇宙间有关人与自然、人与社会、人与人之间交往与合作的调适等系列现象中,这样人们便很方便地站在不同的立场根据不同的需要得出各自不同的理解。因而文明也可说是普洛秀斯式的,是个多变或多面相而不能精确的概念。进而很显然,对文明来说,要像传统常规概念那样,以一种完全标准的定义大全之类的非此即彼、属加种差的思维定式来进行界定是不可欲的,尽管这些尝试对文明的理解是很有益的。

也许正因为如此,日本学者福泽谕吉以一种不朽的笔调这样写道:"文明之为物,是极难形容的,不仅如此,甚至连文明的是非问题在舆论界还争论不休。……文明的含义既可广义讲,又可以作狭义解释。"同时,他还认为:"文明之为物,至大至尊,社会上的一切事物无一不是以文明为标的,……文明恰似仓库,人类的衣食、谋生的资本,蓬勃的生命力,无一不包罗在这个仓库里"。这都导致了文明的确切定义的确是很难以把握和形容的;另一方面,从本原或本相来说,文明是一个高度模糊抽象的概念,如果没有具体的事物作指称和参照,即使我们惯常使用的文明的概念,也是无从着手去认识的。也就是说,我们说到"文明",绝不可离开一定场合特定事物来言说文明,比如我们可以说"文明人""文明社会""文明国家"等,但决不可孤立地看待它。文明是具有高度的指向性和境遇性的。

所以,文明的经常情形是:"虽然普遍渗透于全国人民之间,广泛地表现于各种事物之上,但是既不能以目窥其形状,也很难察知其所在"。③ 道理很简

---

① [美]戈布尔:《第三思潮:马斯洛心理学》,吕明、陈红雯译,上海译文出版社1987年版,第64页。
② 见李平晔:《宗教改革与西方近代社会思潮》,今日中国出版社1992年版,第184页。
③ [日]福泽谕吉:《文明论概略》,北京编译社译,商务印书馆1959年版,第30—31、12页。

单,作为一个高度抽象模糊的概念,文明是没有严格物化的规定的,因而对其的把握只能靠价值世界的理性而非科学世界的知性,这既是人类认识之谜,也是人类认识之谜底。相应地,把文明隶属于科学世界——计量化、精确化——的方法,也即把文明确切定义化的做法是不可行的,也是不正确的。尽管如此,人们寻求对文明的定义也像是寻找耶稣用过的圣杯一样,一直是人们梦寐以求的愿望,这一点为如下文明的多重视界所证明和证成:

1. 与野蛮相对,文明赐予野蛮以住所和姓名,并为之套上制控的缰绳。文明与野蛮区分开来的所有精神成就,集中一点就是:相对野蛮而言,文明意味着行为安排的明智性、审慎性及合理性,要求整体长远地预见性或反思性地看待问题并作出整体而长远的利益选择。对社会而言,它强调的是文明的影响力而较少或不主要强调文明的现实的即时利益,强调的是统帅文明发展的一个世界主宰而非文明过程或阶段的一个插曲,或个别性精神载体,这是体现文明的社会生活所必需的选择,否则文明就接近了生命的终点,文明深切的意义和内在品性就将衰微甚或泯灭,沦为野蛮的世界;对于个人来说,它强调的是生活于长远的类人生活中,与他人合作,而不是生活于即时的自我生活中,以本能的满足为己足。所以罗素先生以精妙的笔调这样论述道:"文明人与原始人不同,文明人会为自己的生命保险,原始人则不会,……人在田里劳作是为了过冬的食粮,而动物却不这样做。为了日后的快乐,眼下做不快乐之事的深谋远虑是精神发展的一个最基本的标志"。也是通向文明而成就文明人之所以为文明人而非野蛮人的旅途和先决条件。所以,他得出结论说:"因为我们不仅仅是个人,而且是族类的成员。正是由于这个理由,在判断一个国家或一个时代的意义时,我们运思的焦点不仅要放在个人的日常幸福上,而且要置于它对文明的贡献上。……这一点是把人与动物区分开来、文明人与野蛮人区分开来的所有精神成就的里程碑"。①

2. 以进步为表征,与进步共在同存。文明便是进步,进步即是文明。因而维续那种我们知道而又称谓的文明观念,"须取决于那些有利的条件下会导致进步的诸种力量的运作"。没有那些促成进步的诸种力量,"文明以及我们所珍视的一切事态(亦即那些将人区别于动物的绝大多数事态),也将不复存在,或无力长久维续"。文明的历史就是进步的历史,它成就了"几乎一切为我

---

① [英]罗素:《伦理学和政治学中的人类社会》,肖巍译,中国社会科学出版社1992年版,第63、141页。

们视作为人类生活之特征的东西"。因而文明的判据就必须在人们追求进步繁荣和幸福生活的效用中得以检视和证明。所谓进步,诚如哈耶克所言,它是"一种人对其智力进行组合和修正的进程,亦即一种调适和学习的进程。在此进程中,不仅为人们所知道的种种可能性,而且亦包括各种价值和欲求都会在持续不断地发生着变化"。也即是说,它意味着"人们对自然的认识和支配力的累积性增长"①,并进而使得自然按照人类需要的方向转化,人类有自己更多的自主自决权,社会得以不断进步。

对此,英国思想家赫胥黎深刻地指出:"社会的进步,意味着对宇宙过程之每一步的抑制,而代之以另一种可谓之为伦理的过程;这个过程的结局,并不是那些碰巧最适应于已有的全部环境的人得以生存,而是那些在道德上最优秀者得以继续生存"。② 因而"进步乃是人类幸福生活、成功生活、文明生活的标志,是文明社会的真实图景,进步的状态实乃是令社会各阶层人士所欢欣、所心往的状态"。③ 它表达了人们理想幸福生活的向往和希冀,因而文明的不朽使命就在于通过进步的"魔力"将这种理想生活尽力趋近,纵使不能将其完全实现;就在于通过进步自身携带的破坏力将落后的撒旦及其恶果减至最小限度,纵使不能将其完全消灭。反之亦然。

3. 与制度范畴相结合,也就是人们常说的所谓制度文明。恩格斯在《社会主义从空想到科学》一文就使用这样的范畴,他在评估空想社会主义时说道:"傅立叶最伟大的地方是表现在他对礼令的看法上。他把社会历史到目前为止的全部历程分为四个发展阶段:蒙昧、宗法、野蛮和文明。最后一个阶段就相当于现在所谓的资本主义社会,即从十六世纪发展起来的社会制度。……文明是一个恶性循环中运动,是在不断地重新制造出来而又无法克服的矛盾中运动,因此它所达到的结果总是和它所希望达到或者佯言希望达到的相反。"④很明显,在这里,"文明"指称的是资本主义社会制度。

4. 从文明词源学释义上解读文明。认为文明指的是某种精神生活方式和良好的仪表及行为举止。据学者们考证发现,文明(civilization)来源于拉丁

---

① [英]哈耶克:《自由秩序原理》(上卷),邓正来译,生活·读书·新知三联书店 1997 年版,第 43、45 页。
② 万俊人:《现代西方伦理学史》(上卷),北京大学出版社 1990 年版,第 146 页。
③ 转引自哈耶克:《自由秩序原理》(上卷),邓正来译,生活·读书·新知三联书店 1997 年版,第 46 页。
④ 《马克思恩格斯选集》(第 3 卷),人民出版社 1972 年版,第 412 页。

文(civis)，这一观点已被各国学者所接受。在拉丁语中，civlis 一词有两层基本含义，一是指作为一定社会成员的公民所特有的或公民权益的，二是指合法的。因而，由"civilis"演变而来的"civilization"（文明），不是指人类所创造的全部存在，而应是指精神领域中对人是积极的东西，这就是文明。也就是说，此处的"文明"指的是某一国家、民族、地区以及某社会共同体的生活方式和良好的仪表及行为举止。无疑，美国哈佛大学著名政治学家亨廷顿教授是这一解说的支持者。他指出，"文明是由语言、历史、宗教、习俗和制度等客观因素以及人们主观上的自我认同这两个方面的因素共同决定的，它通过历史、语言、文化传统和最重要的宗教而把人与人区分开来"，并且在此意义上，他还把当代世界区分为西方文明、儒教文明、日本文明等八种主要文明样式。①

这也可以在诺内特、塞尔兹尼克和美籍奥地利人类学家罗伯特·路威那里找到其踪影，在前两者看来，"在当代习惯用语中，文明这一概念容易被归结为有礼貌，或者至多被归结为公共场所的礼节，在一种更普遍和更传统的意义上说，文明是政治生活的一种属性"。而"文明的标准既扩展到权威的自动行使，又扩展到公民的参与。在这两个层次上，文明都要求一种温和而开放的精神"。② 而后者则这样解说文明：文明是一件东拼西凑的百衲衣，谁也不能夸口是他"独家制造"，"转借"实为文化史中的重要因子，不同国家和不同地区文明为人类文明都做出了重要贡献。文明是相互借鉴和学习共同创造的产物。为此他还分析了美国现代文明的特点："我们的现代文明更是从四面八方东拼西凑起来的一件百衲衣，我们的文明的仓库丰满，塔斯曼尼亚文明的仓库空虚。不为别的，只因为我们前前后后接触过异族不知其数，而塔斯曼尼人接触过的简直等于零。因为任何民族的聪明才智究竟有限，所以与外界隔绝的民族之所以停滞不前只是因为十个脑袋比一个强"。③

5. 在晚近的学术叙事中，文明成为相对于偏重精神生活的"文化"而言，更加偏重概括人类物质性生活的一个语词，也就是说是人类社会生产力发展到一定阶段所取得的政治、经济、科学文化、艺术、宗教上的物质性成果及其进步状态。美国著名人类学家摩尔根即在此意义上把人类历史划分蒙昧、野蛮、文明三个发展阶段，在他看来，文明时期是从生产力发展到一定阶段从而导致

---

① 见洪晓楠：《文化哲学思潮简论》，上海三联书店 2000 年，第 38—39 页。
② [美]诺内特、塞尔兹尼克：《转变中的法律与社会》，张志铭译，中国政法大学出版社 1994 年版，第 101 页。
③ [美]路威：《文明与野蛮》，吕叔湘译，生活·读书·新知三联书店 1984 年版，第 13—14 页。

阶级产生,国家建立,文字和一夫一妻制家庭的出现而开始的人类历史时期。恩格斯无疑也采用了这样的文明观念,在他看来,文明时代的确始于生产力发展到一定阶段、阶级产生之后,所以文明时代的社会基础"是一个阶级对另一个阶级的剥削"。其标志则在于城乡之间对立,并把城市和乡村的对立作为整个社会分工的基础固定下来。① 当然这也包括美国学者阿尔温·托夫勒的文明观,他在其《第三次浪潮》一书中把人类文明史分为农业文明、工业文明、信息文明三个阶段,其基本旨意并无多大不同。总之,此一意义上的文明体现的是人类以自觉意识改造自然、征服自然所取得的成果,反映了人类社会生产力发展所导致的进步文明的状态和程度。

6. 从精神分析角度阐释文明,其开创者为现代杰出的奥地利籍精神病理学家和精神分析学家西格蒙德·弗洛伊德。在他看来,所谓文明,只不过是指"所有使我们的生活区别于我们动物祖先的生活的成就和规则的总和,它有两个目标,即保护人类抵御自然和调节人际关系"。"一方面,它包括了人类为了控制自然力量并攫取其财富以满足人类需要而获得的全部知识和能力;另一方面它还包括调节人与人之间的关系,尤其是调节那些可用财富的分配所必需的规章制度。"因而文明的首要特征就是它是人类自身需要的文化收获或成果。这样,人类文明就使得如下现象成为事实,并且成就了文明赖以自豪的本钱:(1)文明的第一个结果是,相当数量的人现在共同生活在一个群体中,人类的共同生活才有了可能,它是人类共同生活得以进化的力量,文明的进步发展将顺利向着更好地控制外部世界和更进一步扩大这个群体的人口数量前进。(2)文明还是公正观念得以产生的基础,因为"文明的第一需要是公正",没有公正,团体和共同生活就不可能。(3)文明的产生使人类的本能得以升华,"本能的升华是文化(文明)发展特别明显的特点;正是有本能的升华才能使科学、艺术、思想意识等较高的心理活动在文明生活中起至关重要的作用"。尽管这种文明的发展产生了以本能的剥夺与损失为内容的文化挫折,但文明的发展的目的却是不断解除这种挫折。(4)文明能使人类更安全,"文明人把已可能获得的一部分幸福换取了一部分安全"。②

相比于文明社会,在文明社会之前的自然状态中,人们更自由更幸福些,

---

① 《马克思恩格斯选集》(第4卷),人民出版社1972年版,第172、173页。
② [奥]弗洛伊德:《论文明》,徐洋、何桂全、张敦福译,国际文化出版公司2000年版,第2、88、94、96、99、112页。

但是这种随心所欲的自由的结果却是人与人的冲突和斗争的根源,以至于霍布斯式的自然状态得以出现,人类在这种状态中势必同归于尽。① 自不待言的是,幸福也失却了存续的凭籍和根据。而这却是文明社会值得眷顾和渴求的理由——通过节制(自由)的秩序与安全,通过节制(自由)的幸福。

　　总而言之,上述这些对文明、文明社会和文明理念的探讨,无疑为我们更好地把握文明观念、文明理想与文明秩序提供了坚实基础,因而这些探讨都是必要的,也是很有启发意义的。但归根到底,它们所表达的都是些处于无法缩小或无法消除差异的文明所具有的各种成分,或者说它们本身都各自仅仅注意到文明的某一个方面或某一形态。因而,它们中任何一个都不能单独地为理解文明提供一个基础或阿基米德支点。换言之,它们并不解释文明,而是文明解释它们——它们何以出现,何以发展,并何以盛荣,等等,所以它们都不应成为文明的真正定义,而这些无法调和的差异事实也不言自喻成为了反对它们之中任何一种成为真正的文明定义或视界的根据和理由。这样看来,文明的的确确是一个不能精确的概念,文明的质料是多重的。

　　既如此,本书所阐释的文明也将是一个语词上值得争辩的概念的术语,但我们相信,它的内涵却是确定而清晰的,这也是我们所希望的对文明术语的使用和理解方式,所以,我们的文明视界就不是或主要不是简单地属加种差的定义模式,我们更关注文明之出现这一事实所带来的文明特性。换句话说,我们理解的文明,主要不是作为语词意义上的涵指,是一种词源学上的词源界定,而是作为历史事物意义上的文明表征,在历史事物中通过对事实本身的认识来澄明文明的属性和主旨——一种价值观上的事实确证。但绝非意味着我们抛弃传统的文明术语,它仅仅意味着我们不再陷入狭隘的简单的定义陷阱——属加种差模式——或者说这种模式在这里也许已不再重要,重要的是应更加关注文明之出现的属性和事实收获或成就,因为文明本质上是个事实性概念。

　　所以基佐认为:"把文明这个词的意义作为一个事实,按照人类常识加以研究,研究它所包含的一切意思,这种做法将使我们对事实本身的认识比我们自己试图给它一个科学定义的做法取得大得多的进展,虽然后者乍看之下可能显得更明白,更精确"。这是因为:就文明可被理解的范围来说,通常根据的其实只是文明的既成事实或既定现象——尽管文明起源可能隐匿在迷离混

---

① [奥]弗洛伊德:《一个幻觉的未来》,杨韶刚译,华夏出版社1989年版,第86页。

沌之中，没有人确切知道文明是何时问世的——文明存在于已有事物价值目标的实现或结果之中，具有鲜明现实性、事实根据性、价值目标指向性。

基于此种角度和维度的严密考察下，我们将不难发现，文明之为文明首先就在于进步发展这一关键事实。基佐指出："文明这个词所包含的第一事实是进展、发展这个事实"。[①] 是人类摆脱蒙昧、野蛮，迈入进步、兴旺发达的文明状态的指示器，是一个有广泛指称的文明状态的代言词。正如福泽谕吉所言："文明是一个相对的词，其范围之大是无边无际的，因此只能说它是摆脱野蛮状态而逐步前进的东西"，是对野蛮的献祭。这就是文明的根基，文明的自明的阿基米德支点。

其次，从内容上讲，任何配称文明的进步与发展都至少必须包括这两方面内容：个体发展与社会发展。只有具备了这两方面内容，文明才有了坚实的基础和可靠的前提，进而也才可能得以丰富其内涵。这是因为，正如我们前文所看到的，人是这样的存在物：有一个最大的也是最基本的需求和目的，那就是维持自己的生存，追求自己的幸福；人都有一种放纵自己、满足本能的自然属性即兽性或者说冲撞文明沦为野蛮或恶的倾向，康德称之为非社会性，与此同时，根据我们的分析，人还有一种社会合作的本性——或者如福泽谕吉所言："交际活动是人类的天性"，这是和平和公正即善的根源；但人性却是理性的，渴望幸福和安全即文明。此即意味着人天性文明。

这也等于说，人必然抑制自然属性，训练自己、改善自己，有效协调自然属性与社会属性。换言之，"'文明'这个词，是表示人类交际活动逐渐改进的意思，它和野蛮无法的孤立完全相反，是形成一个国家体制的意思"。也就是说文明存在于人的生存环境改善、人性交往合作改进的社会状态之中。而这却正是文明起步的地方。文明就在于这个问题的解答——抑制兽性，滋生社会性，渐趋文明与幸福。文明的动力和确信也就在于摆脱兽性获得文明的幸福期望和追求之中。所以通常说来，真正配称文明的事实就是："人的身体安乐，道德高尚，或者说人的安乐和精神进步，使得人衣食富足，身心各得其所，简言之，人类财富的增加和智德的进步"[②]，社会的发展与人的发展，这是文明这个词所包含的确切含义。社会的发展，个体的发展，这既是文明的图景，也是文明的使命和承诺。文明的因子或媒质也是文明为之欢呼的就在于顺乎人性的

---

① [法]基佐：《欧洲文明史》，程洪逵、沅芷译，商务印书馆1998年版，第7、9页。
② [日]福泽谕吉：《文明论概略》，北京编译社译，商务印书馆1959年版，第30、32—33页。

社会发展及个人发展。反之,文明的枷锁也是文明为之叹喟的就是社会的蛮荒和个体的沉沦。

所以法国学者基佐为此断言道:在文明这个事实中"包含着两个事实,它靠两个条件存在,并通过两个标志显示出来:社会活动的发展和个人活动的发展,社会的进步和人性的进步。哪个地方人的外部条件扩展了,活跃了,改善了;哪个地方人的内在天性显得光彩夺目、雄伟壮丽,只要看到了这两个标志,虽然社会状况还很不完善,人类就大声鼓掌宣告文明的到来"。同时他还断言,"这就是人类的公论和对人类的常识进行一次简单测验的结果"。他说:"如果我们询问严格意义上的历史,如果我们研究文明的重大关键,即人们一致同意为推进了文明的那些事实的本质是什么,我们总是会认出它就是我刚才描述的两个要素中的一个"。① 这可算作文明的第二个事实:个体发展与社会发展。

最后,人类历史的脉络说明,文明是一个历史范畴,其本身随着社会的进步发展获得了日益丰富的含义。尽管这种发展也曾造成了文明的暂时性悔蚀甚至横祸灾难,但它们在各自所处的时代也曾或多或少留下文明的慰藉和恩赐,文明并没有睡去。即使是人类文明史上最黯淡无光的时代,文明在受煎熬的同时依然在夹缝之中顽强生长。所以恩格斯在谈到原始社会这个人类历史上的太古时代时曾说过这样一段耐人寻味的话:"这个'太古时代'在一切情况下,对一切未来的世代来说,总还是一个最有趣的历史时代,因为它建立了全部以后的更高的发展的基础,因为它以人从动物界分离出来为出发点,并且以克服将来联合起来的人们永远不会遇到的那些困难为内容。"②

这无异于说明:任何时代都有着文明的要素,即使在文明最糟糕的年代。而人类之所以能从原始蛮荒状态中脱颖而出而达至今日成就的原因之一就在于,人类总在这样的文明要素的前提下,不断地生产他们生存和发展所需的生活资料,也不断创造、提升着文明的内涵,并使文明不断地从低级向高级发展。因而这也表明,文明不是完美的代名词,但它却是人类社会通向完美的注定路径选择;同时文明社会完美的程度反过来又赋予文明以价值,并使得文明既能通古,亦能达今,还能泽后,文明成了一个永恒的主题。这可算作文明这个词所涉的第三个事实:文明不可能尽善尽美,它是永恒发展的,而且,"文明的

---

① [法]基佐:《欧洲文明史》,程洪逵、沅芷译,商务印书馆1998年版,第11页。
② 《马克思恩格斯选集》(第3卷),人民出版社1972年版,第155页。

(这种)进展(也)并不完全像是一股奔流直前日趋佳境的巨流"。① 它也是变化曲折及错综复杂的。

鉴于此,福泽谕吉又适时地进行了如下英明的断言:文明是人类的规律,"文明并不是死的东西,而是不断变化发展着的,变化发展着的东西就必然要经过一定的顺序和阶段,即从野蛮进入半开化,从半开化进入文明。现在的文明也正在不断发展进步中,文明非僵固之物,文明的发展是无止境的。"道理很简单,"人的安乐是没有限度的,人的道德品质也是没有止境的。"因而文明的进程也是没有止境和尽头的。所以,对任何社会哪怕是现代社会来说,"要求文明登峰造极,犹如在社会上寻求一个十足健康的人一样"②,是绝不可能的,文明不可能尽善尽美。因而文明没有顶点,只有通往文明的路。只要人还作为有别于动物的存在物存在于世的话,文明普照的光明前景就命定了人类会不断趋向文明,顺应文明而前行。这既是文明足以引以自夸的事情,也是文明的魅力所在:文明没有尽头,就像戈多一样,但人却趋之若鹜。所以我们必须学会理解的是:"人类文明有其自身的生命"。相应地,我们对待文明的态度也就"应当与一名医生对待生命有机体的态度一样,因为我们所面对的世界乃是一通过各种力量而持续运行的具有自续力的整体,然而这些力量是我们所无法替代的,从而也是我们在试图实现我们的目的时所必须加以使用的。欲改善文明这个整体,我们的所作就必须在与这些力量合作的基础上,而不是在与它们的对抗中展开"。③ 简言之,通过文明,超越文明,创生和持存人的幸福及成功生活。

(二) 文明的基本要素

通过上述的分析,人们就不可避免应有这样的印象,文明是人和社会发展的产物,文明的发展离不开作为高级于动物的主体性能力的发展和作为类存在物的人所组成的人类社会的发展。人的发展与社会的发展既是文明的指示器,又是文明所含摄的主要内容和终极眷注。因而对文明来说,人的发展和社会的发展是文明的双擎,一个不言自明的结论就是:个体发展与社会发展,这即文明的基本要素。因而,我们还可以得出结论说文明是一种构成性事实。

---

① [英]怀特海:《科学与近代世界》,何钦译,商务印书馆1959年版,第1页。
② [日]福泽谕吉:《文明论概略》,北京编译社译,商务印书馆1959年版,第11、33页。
③ [英]哈耶克:《自由秩序原理》(上卷),邓正来译,生活·读书·新知三联书店1997年版,第81—82页。

1. 文明与人的发展

所谓人的发展是指"作为目的本身的人类(理性)能力的发展",①这种能力蕴藏于每个主体人的身上,并通过主体人的自主自觉的能动性认识和实践活动体现出来,因而人的发展归根到底说就是作为万物之灵长的人之为人的内在判据和构成性条件的主体人的发展,主体人征服自然、改造自然以适应主体人需要的人的理性能力的发展。简言之,人的潜能的发挥,人的主体能力的提高。

文明离不开人的发展。文明之所以成就文明,就在于文明必须由人的发展来型构和表征。文明是人的发展结果,这是因为,文明的真谛就在于:"使天赋的(人的)身心才能得以发挥尽致"。② 它是"人行动的产物,更准确地说,是数百代人的(理智或心智)行动的产物","人之心智的发展(本身)乃是文明发展的一部分"。两者之间密不可分。一方面,文明是由人的发展所表征所成就,人的发展赋予文明以内蕴;另一方面,文明又体现了人的发展和能力,文明确证人之为人的主体性价值及尊严。所以哈耶克指出:"特定时期的文明状态决定着人之目标及价值的范围和可能性"。人是"文明的造物"。③ 所以,如果作为文明载体的人的发展迟滞甚至倒退,将不可避免地意味着文明进程的沦丧甚或堕落。人的发展牵涉着文明台阶的级数和高低,人是文明的中心指示器和衡量标准。也正因如此,德国法哲学家柯勒对文明作了如下理解,他说,所谓文明就是"最大限度地展现人类力量的社会发展。"④

人的发展包括如下相辅相成的两个方面,一方面即自然能力或外部发展,是指征服自然改造自然适应人类需要的人的能力的提高,即人对自然关系间的文明发展和提升。用哲学术语表示就是人的改造客观世界的能力提高;另一方面则是人的内心品性的发展,指人的自我品行、人的意识或人性的进步与提高,即人与人间交往合作的文明发展。仍然可用哲学术语解析就是:人的改造主观世界能力提高。正因如此,柯勒接着其上文的文明观指出,所谓"最大限度展现人类力量的社会发展"的文明主要指的是:"为了人类的目的,最大

---

① 《马克思恩格斯全集》(第25卷),人民出版社1979年版,第937页。
② [日]福泽谕吉:《文明论概略》,北京编译社译,商务印书馆1959年版,第14页。
③ [英]哈耶克:《自由秩序原理》(上卷),邓正来译,生活·读书·新知三联书店1997年版,第21、37页。
④ [美]庞德:《法律史解释》,曹玉堂、杨知译,华夏出版社1989年版,第140页。

限度地控制自然,其中包括对人性的控制"。① 后来,同样的观点又以新的名字得以重现,这个新名字的典型代表就是庞德。庞德认为,"文明可使人类力量得到最完善的发展。文明有两个方面:一个是对外在的、物质的自然界控制;另一个是对内在的、人类本性的控制。这两种控制是互相依赖的。只有通过科学的发展,实现对外在的自然界的控制,生活在世界上的庞大人口才得以安定地和相对富裕地生活;反过来,由于对人类本性的控制,科学发展的考察、试验和研究才有可能实现,对创造奇迹的科学研究来说,和平的、不受侵犯和干扰的自由是必不可少的条件。"②而我们还可在已为我们征引的日本学者福泽谕吉的观点里找到需要的答案。他认为,所谓文明"是指人的身体安乐、道德高尚、或者指衣食富足、品质高贵而说的"。③

(1) 人的外在文明发展

如前所述,文明的真谛在于使人的天赋智能得以发挥尽致。这至少意味着文明的首要条件必须是建立在人的生存基础之上的,有生命的人的存在是文明得以配称为文明的先决条件。因而对文明来说,人的外在自然条件的控制及改造的能力提高是必不可少的。正因如此,恩格斯指出:"任何人类历史的第一个前提无疑是有生命的个人的存在,因此第一个需要确定的具体事实就是个人的肉体组织,以及受肉体组织制约的他们与自然界的关系"。④ 这是因为,人生活在世界上,人是有自然属性的,"人直接地是自然存在物","和动植物一样,是受动的、受制约的、受限制的存在物",⑤他们"首先必须吃、喝、住、穿,然后才能从事政治科学、艺术、宗教等等。"⑥因而人必须依赖自然界解决吃、穿、住、行等人类基本的生存条件的问题,相应地,"人类在地球上获得统治地位的问题完全取决于他们在这方面——生存的技术方面——的巧拙。一切生物之中,只有人类可以说达到了绝对控制食物生产的地步","人类进步的一切伟大时代,是跟生存资源扩充的各时代多少直接符合的"。⑦——方才能谈得上的人自身的发展也即文明的发展。

---

① [美]庞德:《法律史解释》,曹玉堂、杨知译,华夏出版社1989年版,第140页。
② 沈宗灵:《现代西方法理学》,北京大学出版社1992年版,第288—289页。
③ [日]福泽谕吉:《文明论概略》,北京编译社译,商务印书馆1959年版,第32页。
④ 《马克思恩格斯选集》(第1卷),人民出版社1972年版,第24页。
⑤ 《马克思恩格斯全集》(第42卷),人民出版社1979年版,第167页。
⑥ 《马克思恩格斯选集》(第3卷),人民出版社1972年版,第574页。
⑦ 《马克思恩格斯全集》(第45卷),人民出版社1979年版,第331—332页。

基于此,马克思主义经典理论作家还指出:"我们首先应当确定一切人类生存的第一个前提也就是一切历史的第一个前提,这个前提就是:人们为了能够创造历史,必须能够生活。但是为了生活,首先就需要衣、食、住以及其他东西。"①人的"全部历史都是为了使人成为感性意识的对象和使'作为人的人'的需要,成为自然的感性的需要所做的准备"。② 直言之,提高人的征服自然、改造自然的能力,满足人的生存,此即人的外部发展。当然,不用赘笔的是,正如我们前文的分析以及在后文所要看到的,人的外部发展事实上还产生了更大的功效,那就是,在这个过程中,人将人的周遭的世界"打上人的意志烙印"后,才能真正确证人的主体存在,人是人自己的上帝和主宰。也才能真正澄明,人是世界意义的唯一源泉,"人是诸客体中的主体,是认知者,认识者,经验者,参与者;他是存在之镜和世界之镜,依这种方式来理解,他就是世界的意义"。③ 所以马克思指出:"可以根据意识、宗教或别的什么来区别人和动物",但一"当人们开始生产他们必须的生活资料的时候,他们就开始自己与动物的区别"。④

(2) 人的内心品性的文明发展

与此同时,文明还意味着人的内心生活、内在本性的发展,人的思想、感情、意识、信仰的发展,以履行文明社会成员所应尽的职责。直言之,文明的肇始和发端不在自身而在人性的把握和控制中,它是以人的情感、经验、人性结构等为基础的内在自明性的综合选择的结果。关于这个问题,让我们把目光再投回到诚如前文所述的人性状态中,尽管我们已着了大量的笔墨,但为了论证得方便和有力,我们还是老话重提,简略复述一遍人这个让我们感喟不已的存在物。而且我们在后文将不难发现,文明的降生如同人的降生一样,一般都经历了剧烈的痉挛和阵痛。而这一切却导源于这样一个如斯芬克斯之谜的人性事实:人是双面性的存在物。一方面,人是自爱的奴隶,人有自利保护的自然属性,又称个人性、利己性,它在自身需要中成长和成熟,从而产生出放纵自己、追求快乐的倾向,它是贪婪和暴虐(即恶)的根源,具有动物本能的属性。另一方面,人还有交往合作、共同保护的社会属性,又称社会性、利他性,它在文明社会成长和成熟,追求人的德性,是和平和公正(即善)的根源,具有经验

---

① 《马克思恩格斯选集》(第1卷),人民出版社1972年版,第24页。
② 《马克思1844年经济学—哲学手稿》,人民出版社1979年版,第82页。
③ 万俊人:《现代西方伦理学史》(下卷),北京大学出版社1992年版,第65页。
④ 《马克思恩格斯全集》(第3卷),人民出版社1979年版,第24页。

的属性。而能够对文明有直接助益的却是人的社会本性,只有它才携带着文明所需要的基因——正如我们将在后文所要看到的,文明具有合作、秩序、安全的品行——才是文明得以降生的最直接、最便捷的因素。

与之适成其反,人的自然属性却携带着破坏文明的基因,它总和动物兽性高度关联。因而,不言自喻的是,文明只有在人的自然属性得到控制和把握、社会属性得到觉醒和张扬的情况下,或者也可以这样表述,即只有在改善人的自然属性、完善人的社会属性的条件下,文明也才能真正地道成肉身或临在。同样道理,文明的维系和持存都需要人性的发展和完善来看护来拱拥。这不啻于说,文明也表征着人性的进步和发展,文明也需要人性的进步与发展。所以,罗斯科·庞德指出:"文明包括对人类本性的控制……目的在于迫使他尽自己的本份,支持文明社会,并制止他从事违反社会秩序的行为。"[1]

正如福泽谕吉所言,"文明既然是人类的规律,实现文明,当然是人类的理想。(但)在到达文明的过程中,必各有应尽的职责",都应该"各守其职各尽所能为文明的实现尽一份力量","共同为文明进步而努力"。换言之,文明不是自生物,它需要人的携手拱拥和护卫,践行自己人之为人的本性,各尽其职,各司其责。否则,文明将不得创生及维续。所以,"文明事业好比是智德的担子,人人都应分担,只是信教而修一己之德也就是担起了担子的一头,尽到一头的责任,但这只不过是信其所信而已,还难以逃避应作而不作的罪责。这恰似有脑子而没有神经,保全了头而失掉了臂一样。这种人毕竟还不是尽到人类的本分,不是完成了人类天性。"[2]福泽谕吉接着又这样论述道。

而且事实上,人类文明史一再表明,也正是这样的文明社会的职能分工才"使得许多人都能够从事与自己个性相符的事业和职业",人也才成其为人。这一点已为学者通过对文明人的词源分析得到了证明——文明人这一术语最初指的是履行公民职责的人。[3] 这就意味着,在这个过程中,唯一的、具有决定意义的事实在于,人性必然向善或文明方向迈进。控制人的自然本能属性,完善人的社会合作属性,回归人性即理性——不必说,理性也即我们这里文明的代名词,因为"它是一种善生活的条件"。庞德指出:"文明有赖于摒弃专横的、

---

[1] R. Pound: *Jurisprudence*, volume 3, west publishing company, 1959, p. 6.
[2] [日]福泽谕吉:《文明论概略》,北京编译社译,商务印书馆1959年版,第58、92页。
[3] [英]弗格森:《文明社会史论》,林本椿、王绍祥译,辽宁教育出版社1999年版,第298页。

固执的自我主张,而代之以理性"。①——用康德的话语来说就是,"使人类脱离属于物种的最初居留的天堂,而这个过程并非什么别的,只不过是从单纯动物的野蛮状态过渡到人道状态,从本能的摇篮过渡到理性的指导而已","从大自然的保护制过渡到自由状态"②,过一种文明人特有的理性生活。

2. 文明与社会的发展

(1) 文明社会发展的原理演绎

我们已有的分析一再证明:文明奠基于人的发展,包括人的外部发展和内心本性的发展,或者说文明是个人的产物。然而,这还不是文明的全部,文明还包括社会的发展。所谓社会的发展就是指社会生活包括物质生活与精神生活的进步性社会变迁过程及趋势。亚当·斯密指出,这种进步性社会变迁过程及趋势"乃是人类幸福生活、成功生活、文明生活的标志,是文明社会的真实图景,进步的状态实乃是令社会各阶层人士所欢欣,所心往的状态"。③ 由此不难理解,作为文明向度的社会发展,"从其实质上讲,必须代表全部范围的变化。通过这种变化,整个社会制度(在这个制度内变成了个人和社会集团的多样化基本需求和欲望)把人们普遍不满意的生活条件变成被认为物质上和精神上都'更好'的生活状况或条件。"④换言之,这种文明向度的社会发展也必须是以人文幸福生活为根本旨归和终极追求的,当然自不待言地也构成了其衡量的标尺和赖以维续的前提性真理。因而,它至少必须意味着如下基本事实:肯认人的人性,尊重人的人格,维护人的尊严,确证人的价值,并在此基础上,以有效的手段提升和推进人的人文幸福生活。

这也等于说,作为文明向度的社会发展,它也是以人为中心的发展,追寻的是人的生存及价值,并在此基础上丰富和提升人的幸福生活。它必须创造条件,为人的理性独立、自主、自觉、自决的能力和潜力的全面发展和发挥提供坚实的基础。相应地,也只有作为人文理性独立的人完善和发展了,社会发展才有了确切的内涵,人的发展必然导致社会的发展。不必说,这才是作为文明向度的社会发展的应有之义。正是在此意义上,康德以这样一种压缩而又鲜明的方式倡言文明社会及其成员:"你须要这样行为,做到无论是你自己或别

---

① [美]庞德:《通过法律的社会控制 法律的任务》,沈宗灵、董世忠译,商务印书馆1984年版,第17页。
② [德]康德:《历史理性批判文集》,何兆武译,商务印书馆1990年版,第67页。
③ [英]哈耶克:《自由秩序原理》(上卷),邓正来译,生活·读书·新知三联书店1997年版,第46页。
④ 转引自张文显主编:《法理学》,高等教育出版社 北京大学出版社1999年版,第155页。

的什么人,你始终把别人当目的,总不把他只当工具。"①而马克思在谈到这个问题时也总结性地指出:不管怎么说,文明社会的历史就是这样发展的历史,它"什么事情也没有做,它'并不拥有任何无穷尽的丰富性',它并'没有在任何战斗中作战'!创造这一切,拥有这一切并为这一切而斗争的,不是'历史',而正是人,现实的、活生生的人。'历史'并不是把人当作达到自己目的的工具来利用的某种特殊的人格。历史不过是追求自己目的的人的活动而已。"②"人们的社会历史始终只是他们的个体发展的历史,而不管他们是否意识到这一点"。③

当然,这样一种以人的发展为核心的文明社会结构的历史性发展和变迁,也是有其内在的人文逻辑可以追寻的。换言之,人的发展必然导致文明社会的发展,两者互为必然结论,这奠基于如下人文事实:即根据我们的分析,人是天生的社会动物,因而人的文明发展必然以社会为存在的背景和依托,人的文明是社会的产物。换句话说,人的文明离不开社会的发展,单独的个体是无所谓文明与否的,文明存于人与人的关系中即社会中,它是一种关系性存在——分工与合作,相依又相存,从而促使人的发展与文明的进步。所以弗洛伊德在论述文明时指出,文明就是指所有使我们的生活区别于我们动物祖先的生活的成就和规则的总和,它有两个目标,即保护人类抵御自然和调节人际关系。文明的主要努力之一便是把人们集中到统一体中。文明的第一个结果是,相当数量的人现在能够共同生活在一个群体中,文明的存在依赖于相当多的个人之间的关系,文明的目标在于把群体成员以一种里比多的方法联系在一起,并利用各种手段达到这一目的。它赞成能够在群体成员之间建立强烈认同感的一切途径,它在最大程度上唤起了目标受到限制的里比多,通过友谊关系来加强群体纽带。④

而埃德蒙·胡塞尔断言:"成为人","本质上是指在一个被社会地和创造地联合而成的文明中成为人","如果人是理性的存在物,便仅当他的整个文明是理性的文明时他才是这种存在物的"。⑤ 文明人必然是社会和历史的人,社

---

① [德]康德:《道德形而上学探本》,唐钺译,商务印书馆1959年版,第43页。
② 《马克思恩格斯全集》(第2卷),人民出版社1979年版,第118—119页。
③ 《马克思恩格斯全集》(第3卷),人民出版社1979年版,第83页。
④ [奥]弗洛伊德:《论文明》,徐洋、何桂全、张敦福译,国际文化出版公司2000年版,第88、99、101、105、106页。
⑤ [英]索珀:《人道主义与反人道主义》,廖申白、杨清荣译,华夏出版社1999年版,第54页。

会是人的存在方式。这也可在马克思主义经典作家找到相同的答案,在他们看来,"个人是社会存在物",人"是只有在社会中才能独立的动物",[①]社会"不过是人们交互作用"[②],"社会本身,即处于社会关系中的人本身",实际也就是"处于相互关系中的个人本身"。[③] 因而,一个显明的结论是,人的文明发展最终必将促进社会的文明发展,人的文明与社会发展密不可分。相应地,社会发展的程度如何就直接成就文明人的媒质抑或枷锁,正是在此意义上,有人认为:人生来就是不野蛮不文明的,或者说"人生来就是不善不恶的,不过人所处的环境,不可避免地使他变得邪恶(或野蛮)起来"。而马克思则这样溯源性地指出:毋须赘释,"文明时代是社会发展的一个阶段,在这个阶段上,分工以及由分工而产生的个人之间的交换,和把这两个过程结合起来的商品生产,得到了充分的发展,完全改变了先前的整个社会。[④]

(2) 文明社会发展的基本历程

总之,文明时代的欢乐曙光也是真正意义的黎明在于:理性独立、自由、自决的个人作为社会生活的基本单位而出现。美国社会学家 G·H·米德就此指出:"原始人的社会与文明人的社会的区别之一在于,在原始社会中,个体自我——就他的思想和行为而言,受到了他所从属的特定社会群体进行的,有组织的社会活动之一般模式的更加全面的决定,而他在文明人的社会中则不是如此。换句话说,与文明人的社会相比,原始人的社会为个性——为存在于它内部或者它所拥有的个体之具有独创性的、独一无二的,或者具有创造性的思想和行为,提供的发展机会少得多;而且,社会从原始社会向文明社会的进化过程,无疑在很大程度上取决于,或者说产生于对个体自我及其行为举止的不断进步的社会解放,以及由这种解放产生,并且由于这种解放而成为可能的人们对人类社会过程的各种修正和精心规划。

与在文明社会中相比,个性在原始社会中由某种既定社会类型之多少有点完美无缺的成就构成的程度要大得多——在社会性行为举止的有组织的模式中,在既定的社会群体所展示,并且正在坚持的由经验和行为组成的社会过程之经过整合的关系结构中,这种社会类型已经是既定的东西,已经被标示出来或者说被举例证明了;在文明社会中,个性毋宁说是由个体对任何一种既定

[①] 《马克思恩格斯全集》(第46卷,上),人民出版社1979年版,第22、266页。
[②] 《马克思恩格斯全集》(第27卷),人民出版社1979年版,第477页。
[③] 《马克思恩格斯全集》(第42卷),人民出版社1979年版,第122页。
[④] 《马克思恩格斯选集》(第4卷),人民出版社1972年版,第170页。

社会类型的背离,或者说是由他对任何一种既定社会类型的经过修正的实现构成的,而不是由他对既定社会类型的顺从构成的,而且,个性在这里往往是某种比它在原始人的社会中更加独特、更加突出、更富有特色的东西"。当然,这种理性独立、自主、自决的个体作为社会基本单位而出现并不意味着是一种孤独的个体存在,恰恰相反,他是作为现有社会既有现实条件基础上影响的产物,既有的社会条件并不是死了的过去,而是活着的现在。他必须也必然以既有社会结构为中介,社会是他的存在方式——一种自主自我与既有社会条件融合的共在。所以,"即使在最现代的发展水平很高的人类文明形式中,个体——无论就他的思想或者行为而言,他多么具有独创性和创造力——也总是而且必然会呈现出他与经验和活动之一般的有组织的模式的某种明确关系,并且通过他的自我或者人格的结构反映这种模式;这种模式通过把他包含在其中的社会生活过程而展示出来,或者说不断表现这种社会生活过程的特征,而从本质上说,这个个体的自我或者人格则是对这种过程的创造性表现或体现"。①

这也就是说,归根到底的结论就应该是:文明社会的使命就意味着,在社会状态下始终存在着一个人按其自己的意志去决定和计划行事的可能性;此一状态恰恰与一人必须屈从或变相服从或受缚于他人或他物的意志的状态适成对照并予以消除。文明的最大威胁或对文明的侵犯就在于取消或减少及以其变相形式取消或减少这种独立自决的可能性。所以衡量"一种文明的根本标志不只是其物质文化的进步程度,更重要的是它之于生活在文明之中的个人所表现的意义性质或精神价值"。真正的文明必定是"最高的有教养的个人之自我表现"得以可能的文明。"它必须通过促进精神教养来培育理智。它必须培育和鼓励人们的美感,并给最高艺术之自我实现提供手段。它必须获得完全的生活艺术而又不致压抑任何民众更高的才能"。质言之,"任何文明的程度都要通过其在它所有成员间培育有成就的个人之成功来加以衡量"。真正的文明"是一种可以为最高类型的个人成就和幸福提供合适环境并能鼓励之"的文明②。这也就是说,社会文明的标志在于它能否并在多大程度上促进个人的发展,并以其为根本目标。因而,文明的社会必须能最大程度上促进个人发展,并为其创造良好而自由的生长环境。社会使人文明化,社会文明是人

---

① [美]米德:《心灵·自我与社会》,霍林桓译,华夏出版社1999年版,第239—240页。
② R. T. Flewelling, *The Survival of Western Culture*, Harper & Bros., 1943, p. 10.

发展的具体化。

奠基于社会文明是个人发展的具体化这样的文明原理演绎及确信,马克思正确揭示了人类文明史走过和将走过的三个阶段或社会形态,按照马克思的分析,人在历史中生成必须经历这样三个历史形态或发展阶段:以"人的依赖关系"为特征的社会形态——"以物的依赖性为基础的人的独立性"的社会形态——人的自由全面发展的社会形态。马克思指出,人的依赖关系——起初完全是自然发生的,是最初的社会形态,在这种形态下,人的生产能力只是在狭窄的范围内和孤立的地点上发展着。以物的依赖性为基础的人的独立性,是第二大形态,在这种形态下,才形成普遍的社会物质变换,全面的关系,多方面的需求以及全面的能力的体系。建立在个人全面发展和他们共同的社会生产能力成为他们的社会财富这一基础上的自由个性,是第三个阶段。① 并且,这种文明沿革的更替的历史是"作为个人自主活动类型的交往形式"的新陈代谢史,或所谓"个人本身力量发展的历史"。② 也就是说,在马克思看来,"人们的社会历史始终只是他们的个体发展的历史,而不管他们是否意识到这一点"。③ 它以人的生成发展为逻辑起点,又以人的进步和完善为终极眷注,说到底,人类社会的发展演变与变迁过程就是人的全面发展和自由个性的确立和弘扬的过程,社会只是以人的主体实现和发展为主旨的外在功能性存在——社会发展促使人的发展。

所以美国浪漫哲学家马希也指出,一个社会的最高目的和完善状态是组成这个社会的个别自由的社会的成员,在这个社会中获得最高的价值完善和幸福。政府自存的原则只有在它的属民所具有的继续的决定和永不变化的目的之中才得到发现,因而作为政府的教育机关的功能就是培养社会。而培养社会,就是使它的个人的一切力量都得到充分发展。进而使得社会关系能以使一个人把他自己的力量充分地表现出来,而这种发展又转过来成为一个因素来改变这个有组织的固定的公民与政治秩序,因而使得更多的个人能以真正地参与在社会的自治和自动之中——总之,因而使得更多的个人可以享有他们生而有之的自由权利。④

"以人的依赖关系"为特征的第一大社会形态是"最初的社会形态",它是

---

① 《马克思恩格斯全集》(第46卷,上),人民出版社1979年版,第104页。
② 《马克思恩格斯全集》(第3卷),人民出版社1979年版,第81页。
③ 《马克思恩格斯选集》(第4卷),人民出版社1972年版,第321页。
④ [美]杜威:《人的问题》,傅统先、邱椿译,上海人民出版社1965年版,第314、315页。

人类社会的原始时代,也是人的发展的孩提时代。在这段历史时期,由于人与自然的狭隘关系,生产力低下,人们只能依靠基于血缘关系而形成自然共同体,去发挥主体作用,因而"人都是互相依赖的:农奴和领主,陪臣和诸侯,俗人和牧师。物质生产的社会关系以及建立在这种生产的基础上的生活领域,都是以人身依附为特征的"。① "共同体是实体,而个人则只不过是实体的附庸物",个人的生存发展必须无条件地依赖共同体,并受其支配,因而对于共同体,"个人在感情、思想和行动上始终是无条件服从的"。② 而真正文明时代所需的文明人的要素:自由、独立、自觉、自主、自决和创造性无从提起。相应地,人的发展与文明状态也就无从谈起,道理很简单,要进入文明状态,人类就必须首先获得这些文明的起码要素。否则文明就将暗淡无光,所以马克思曾将以血缘为特权的封建时代称为"精神的动物世界",我们何尝又不可伸延开去,整个"以人的依赖关系"为基础的最初社会形态都应称作"精神的动物世界"! 因为,在这里,人的发展无从谈起,理性自主、独立的个体作为社会基本单位的文明世界基本图景并未出现!

"以物的依赖性为基础的人的独立性"为特征的第二形态是商品经济占统治地位的时代,也是人的发展的青少年时代。在这个时期,商品生产与商品交换占社会主导地位,"商品是天生的平等派",它要求每个人之间独立、平等、从人身依附中分化解脱出来,成为自由、自主、负责的理性主体。因为商品经济是一种交换经济。商品交换的首要前提是商品交换者必须是独立和自由的,能够以自己的名义让渡产品和购买商品,转让权利和获得权利。这就使人们冲破了以往以血缘或地域关系为基础的人与人之间关系束缚,并从君子耻于言利境界向君子敢于言利的境界迈进。简言之,从熟人社会向陌生人社会过渡,个人有自己的人格和尊严,并赢得了个性的独立。不必说,这正是文明的步履和音符,梅因告诉我们说:"所有进步社会的运动,到此处为止,是一个'从身份到契约'的运动"。③ 它是进步文明最迟缓的胜利品之一。

正是这种新的商品生产方式使人同自然关系发生了深刻的变化,深刻影响了近代西方文明,马克思指出:"资产阶级在它的不到一百年的阶级统治中所创造的生产力,比过去一切世代创造的生产力还要多,还要大"。④ 社会生产

---

① 《资本论》(第1卷),人民出版社1975年版,第94页。
② 《马克思恩格斯选集》(第4卷),人民出版社1972年版,第94页。
③ [英]梅因:《古代法》,沈景一译,商务印书馆1959年版,第97页。
④ 《马克思恩格斯选集》(第1卷),人民出版社1972年版,第256页。

力高度发达,社会分工更显细密,人与人之间交往进一步扩大,人比以往任何时候都独立、自由,人得到了前所未有的发展。然而,随着资本主义的不断发展,随之而来的货币拜物教或商品(资本)拜物教却为人的发展揭开了厄运的偈语,人的异化,人格商品化、市场化等系列文明病症出现了,凸现了这种文明的甜蜜的困惑与悲哀:文明与人的发展悖离甚至反叛。尼采惊呼:"上帝死了",马里坦则指喻为"文明的黄昏"。不难想象,"倘若事情长此以往,……世界似乎将会成为只能是野兽或神居住的地方"。① 相比较而言,马克思则更深刻地看到了这种文明病症的潜在病灶:"在资产阶级社会里,资本具有独立性和个性,而活动着的个人却没有独立性和个性"。② 资本的不变趋势一方面是创造可以自由支配的时间;另一方面,是把这些可以自由支配的时间变为剩余劳动。③ 也就是说,在这里,资本成了独领风骚的旗帜和枢纽,人们向他顶礼膜拜即形成了资本拜物教。在这样的社会形态中,"不仅特殊的部分劳动被分配在不同个人之间;个人自己现在也被分割转化成了某种部分劳动的自动机器"。④ 因而很自然,人在这种社会形态下最终迷失了自己,进而也一并剪掉了自己身上文明的脐带。这可谓资本文明的痛楚。因而同样自然的是,这也决不是人类理想的文明社会。

"人的自由个性"的形态是人类历史的第三大形态,也是人的发展成年时期。这种社会形态是人类更高发展阶段。前面两个形态都是走向人的这一大形态的过渡形态,都是为第三大形态的出现做准备和制造条件。在这个阶段:"表现为生产和财富的宏大基石的,既不是人本身完成的直接劳动,也不是人从事劳动的时间,而是对人本身的一般生产力的占有,是人对自然界的了解和通过人作为社会的存在来对自然界的统治。总之,是社会个人的发展。"⑤人既是自然的主人,也是社会的主人,人的能力得到全面自由的发展,人的个性得到充分的发挥,它真正地实现了人类的解放,把"自主、自觉的人的世界和人的关系还给人自己"。扬弃人的自我异化,成就真正"有个性的个人"。这一形态,不必说,对于我们本文所指涉的人文精神来说,不啻是一伟大的福音。所以,马克思正确地归结为"自由人格的联合体——这将是一个联合体,在那里,

---

① 万俊人:《现代西方伦理学史》(下卷),北京大学出版社1992年版,第455—456页。
② 《马克思恩格斯选集》(第1卷),人民出版社1972年版,第266页。
③ 《马克思恩格斯全集》(第46卷,下),人民出版社1979年版,第221页。
④ 《资本论》(第1卷),人民出版社1975年版,第384页。
⑤ 《马克思恩格斯全集》(第46卷,下),人民出版社1979年版,第218页。

每个人的自由发展是一切人的自由发展的条件",并"以每个人的全面而自由的发展为基本原则"。自不必说,这是社会发展进而也是人的发展的最高阶段,也应是人文精神向度的最高阶段。

二、文明的品性与法律的产生

(一)文明的品性

文明的品性也即文明的道德属性。文明是有其道德属性的,它是道德的伴生物。它奠基于一系列的道德原理之上,其内在意蕴则意味着人类对自身行为进行理性地调整、调适和学习过程,并付诸现实,而这既是文明构成的先决条件或文明的前提公理,又是人类文明得以实现、维系、持存的奠基石,是文明的主导和保证系统。在这样的原理观念中,毋庸置疑,秩序、安全与合作应该是其最基本的特质和品行,是文明之为文明应当显现、展示出的卓尔不群本性和超然倾向。相应地,对文明的正确判断也必须是依照合作、秩序、安全而作出的。因为三者都是从文明的本质内涵中总结出来的,反映了普遍的对文明的要求。一句话,文明之为文明必须表现出这样的特性,否则,文明将至少名不副实甚或难以为继,自然也难逃理所当然的指责。这无疑也构成了我们前文已说过的人们具有天生的文明信念的根据和理由,也即人们天生对文明的偏好显然常常也是因为对它们的珍重或珍爱。

1. 合作

首先最好说明,在这一讨论中的"合作"一词如果单从词义而言,无疑是在普适意义上而言的,它指称或表示的意义就是"社会分工合作"这个普通用语中的"合作"所要表达的东西。因而可以认为,这里的合作即联合,指的是二人或多人的协调一致的共同行动,以达到一个共同的目的,表达了人与人的社会关系的存在。然而,我们这里将它与"文明"相嫁接——用它来表达文明的性格——当然这并不意味着我们就否认了合作本身的这种"联合"词义的存在,因为照我们看来,凡是谓之为合作的东西无疑都不言自喻地涵盖了这里的人际交往与联合行动的意思,体现了人与人作为社会关系存在者的最直接、最明显的观念,即人是一种社会存在物。显而易见,我们希望表达和强调的是这样的情形——我们可以像其他人已做的那样,有益地结合文明本身的蕴涵来理解:

(1)这种文明向度上的合作很显然内蕴着一种主体与主体之间或者说人与人之间的平等自由等意义上理性的交往和沟通,一种纯粹意义上哈贝马斯式的沟通理性与交往(互)行动理论的运用与践行,从而使得每一个社会成员都最大程度上表现自己的个性、参与社会生活——正如一再揭示的那样,只要能维系、持存和完善文明社会的存在;

(2) 这种合作无疑也是生存意义、生活世界的合作,是把人们组织起来,奔赴一个共同目标的主要凝聚力量。它指涉了人类幸福生活的前景或远景,也直接影响和主导了当下生活的价值。只要遵循这样的理性交往与合作,人之为人的人文幸福生活——包括当下及未来——就是可欲的,而不会轻易地陷入乌托邦玄思。简言之,人文幸福蕴贯其中;

(3) 这种合作还必然表征着人性的水平,并随着人性的发展而一起发展,尽管我们谁也无法确切预知其中的任何一个前景,但综合看来,它至少应包含着这样一个关键的观念,它是以对人的尊重为参照、对本能的控制和管理为前提的。理所当然的是,对人的尊重包括和含摄了对自己及对别人的人性、人格、人的尊严及其价值的尊重,尤其是对他人的尊重:对他人的观点的想象,对他人的意识和共有他人的意识,严格遵守公共道德和理性原则——唯理是从,奉理而行,具有利他主义的情结,尽管这种情结的经常情形是有限的。这意味着我们受着他人的影响,而不是生活在自身之中;

(4) 即使从情感上言之,这种合作也体现了一种理性自觉的前提下、人们互相认同的基础上的合作,它朗现了人的情感上和意识上的归宿感和依恋情结——正如我们后文所要看到的,这是一种安身立命的社会感的需要和表现——并自觉地以这样的合作及其过程要求来策划、规范自己的行动的意思,从而表现出对合作信念的最大热诚和忠诚。直言之,这种合作是基本价值观、情感倾向和审美式的思维定式或依恋感的统一体。

文明必然意蕴和展示出文明合作的品行,这既是文明之为文明的本真要义,又是文明之为文明的坚实基础。这是因为——根据我们既有的分析——文明即人的人性理性的完善、发展及与之相联系的文明社会的完善或发展,更确切地说,它主要指的是人性理性的完善和发展。因而从终极意义上讲,文明永远具有"人为的""为人的"属性,所谓"人为的""为人的"属性,按照我们的理解,就是与众不同的人运用自己独有的理性特质为自己的人文幸福主动设谋、策划,以尽其所能追求、成就自己的幸福生活。也正如我们已经表明和证明的,由于人还是社会的存在,这样的文明幸福生活必然受着他人的影响,产生出追求实在的幸福意志,并进而驱策人运用开明的理智消除本能的障碍,限制自我,与他人协调一致的共同行动。学者指出:"共同活动"就是指"许多个人的合作"。①

因而一个很自然的结论就是,文明必定炽热地焕发出人对自己行为——包括利己和利他行为——进行理性的调适和控制、进行文明的交往与合作的品行,以达到文明个体的发展与社会的发展;这也就是说,文明需要所有社会成员为着文明共同利益做出贡献,哪怕是这些贡献对单纯的个人来说也许毫无益处甚或有害,因为这才构成人之为人而非动物的本性和特质。因此,我们说,只要人们接受(也应接受)了我们前文一再强调过的人性理性概念或观念,就会接受并认同这样的文明合作的特性。这一点是确定无疑的:凡是被我们称之为人的,我们认为从他们具有与兽类不同的理智这一点而言,其文明向度上的个体发展都必然是也应当是文明合作的品行的发展。一定意义上说,文明总是人性化、人文化的文明,它依赖于人与人之间的合作关系。而且正如我们马上以及在本文的很多地方会看到的,这种文明从实质上讲,乃是一种对成本和收益合理评估证明为正当的自我规范之物,离不开社会每个成员的理性辩护,并确证它的有理、正当。

明白这一观点的人应当说不在少数,他们深知,文明必须依靠人的开明的理智为自己扫除本能的障碍,开辟生存的道路——互利合作,相依相存,并且努力发掘、培养人的社会感和合作的本性,文明才得以真正降世。无疑,在这方面,奥地利心理学家艾·阿德勒显然是我们此处观点的典型代表。他指出,人是一种对社会生活需要的动物,它是一个社会存在者,是处在与他人的关系中,并感受到社会生活对他提出要求和压力的存在者。因而"如果说我们的生活状况首先要受宇宙自然力的影响,那么它还进一步要受人类社会与地区生活的规定限制,要受从社会生活中自发产生的法则和规律的制约。社会的需要调整着人与人之间的所有关系。人的社会生活先于其个人生活。在人类的文明史上,找不到一种不以社会生活为其基础的生活方式,没有人能够脱离人的社会而单独存在。这很好解释,整个动物界都显示出这样一个基本法则,这就是:一个物种的个体如果没有能力面对为自我保存而进行的生存斗争,则其成员就会通过群居生活而获得新的力量"。同时,阿德勒还进一步分析指出:"社会生活之成为必需,是因为靠着社会中的劳动分工,每一个体都使自己从属于群体,这样整个物种才得以继续存在。劳动的分工(从本质上讲,这意味着文明)能使人获得为占有一切所需所必不可少的进攻和防御工具。人只

---

① 《马克思恩格斯全集》(第 3 卷),人民出版社 1979 年版,第 33 页。

是学会了劳动分工以后,才学会了如何确证他自己"。也就是说,"人是不能过单独生活的弱小动物,因为他不足以强大到可以单独生存,他只能对自然作出微乎其微的抵抗。为能延续他的存在,他必须借助于许多人造的机器来作为他弱小身体的补充。这正如假设一个孤零零的人,没有任何文明工具地生活在原始森林中一样,他将比任何别的生物体都更加力不从心,无能为力。他没有别的动物所具有的速度或力量,没有肉食动物的尖锐牙齿,没有灵敏的听觉或敏锐的眼力,而这一切正是生存斗争所必须的。可见,人需要有大量的装备来保证他的存在,他的营养,他的特性以及他的生活方式都需要得到广泛的保护,而社会才能提供这些有利条件,所以社会才是人得以延续维持生存的最好保证"。① 简言之,人总是与他人相连的,一旦孤独而居,我们就会灭亡,社会对个人的意义显然是毋庸质疑的。

既如此,一个再自然不过的结论就在于:人必须与他人合作。生命的基本意义"就在于奉献,对他人感兴趣,相互合作","它们都是共同的意义——是他人能够分享的意义,也是他人能够接受的意义"。② 不必说,这既是人的生存发展的需要,也是通往文明的道路。无独有偶,法国哲学家摩莱里也进行了相同意义上的文明原理演绎:"人从自然界脱胎出来的一刹时或在人自己生命的第一分钟的状态是一种完全无所谓的状态,后来,人被自身的需求逐步唤醒,并自我保全和保存,也即是一种盲目的动物式自卫本能使人摆脱无所谓的状态,而进入社会状态,具备社会道德"或社会合作的品行。后来随着需求的增长,人类逐渐认识到:"在彼此分开的时候,人们是无力、娇弱和敏感的,能使他们得到满足的物体由于一时尚远而引起的那种愿望和不安,必然会增加他们之间的这种道德引力"。即合作的引力。所以,尽管"人始终不渝地谋求幸福;(但)他的软弱无力不断提醒他,没有他人的帮助,无法得到幸福,他也知道,怀有与他同样希望的人是无穷无尽的。他每时每刻都相信,他的幸福依赖于别人的幸福,而行善是他当前幸福的首要和最可靠的手段"。③——自不必说,在这里,"行善"毫无疑问地含摄着与他人合作,并作为社会存在物存在的文明趣旨与品行。

这样看来,千真万确的结论在于:以人的发展及社会发展为其基本追求

---

① [奥]阿德勒:《理解人性》,陈太胜、陈文颖译,国际文化出版公司2000年版,第11、12页。
② [奥]阿德勒:《生命对你意味着什么》,周朗译,国际文化出版公司2000年版,第6页。
③ [法]摩莱里:《自然法典》,姜亚洲、黄建华译,商务印书馆1982年版,第21—22、90—91页。

和终极关怀的文明,必然意味着一种高度的合作,合作是文明的起点。反之亦然,文明的真正目的其实也就是要加强人类的合作。因为我们赋予文明的意义始终是人性的意义——人的进步和社会发展,人的安身立命、安居乐业或人的幸福生活——它深深打下了人性的烙印。只要我们仍然执信文明的这样的观念逻辑,我们就必须承认文明的合作品行。合作有如文明的守护神,它是文明视为玮瑜的关键。所以哈耶克指出:在绝大多数情况下,"人对于诸多有助于实现其目标的力量往往处于必然无知状态之中,社会生活之所以能够给人以益处,大多基于如下的事实,即个人能从其所未认识到的其他人的知识中获益,这一状况在较为发达的社会(即我们所谓的文明社会)中尤为明显。我们因此可以说,文明始于个人在追求其目标时能够使用较其本人所拥有的更多的知识,始于个人能够从其本人并不拥有的知识中获益并超越其无知的限度"。易言之,"作为文明社会成员的人在追求个人目的方面,之所以比脱离了社会而独自生活的人更能成功,其部分原因是文明能使他们不断地从其作为个人并不拥有的知识中获益,而另一部分原因则是每一个个人对其特殊的知识的运用本身就会对他人实现他们的目的有助益,尽管他并不认识这些人"。① 而阿德勒则这样断语:"做一个独立而合作的人,那么人类文明(必将)前途无量"。②

2. 秩序

同合作品行密切联系着的是秩序品行。这是因为:文明的合作品格,必然型构出这样的生活世界:承认每个人的独立主体地位,并给予互相尊重和理解的交互主体性的生活世界。在这种世界里,"单个人的计划和行动,感情的冲动和理智的律动,都一直是或配合或对立地相互交叉而行。这种单个人的计划和行动根本性的密切交织会招致出并非个人策划与创造的变迁与形态。从相互交织的关系中,从人的相互依存中,产生出一种特殊的秩序。一种较之单个人所形成的意志与理性更有强制性和更加坚实的秩序。这种相互交织的秩序决定了历史变迁的行程,也是文明进程的基础"。③ 也就是说,在这样的情景设定下,将不可置疑地产生出文明秩序。文明就是秩序,文明有着秩序

---

① [英]哈耶克:《自由秩序原理》(上卷),邓正来译,生活·读书·新知三联书店1997年版,第19、23页。
② [奥]阿德勒:《生命对你意味着什么》,周朗译,国际文化出版公司2000年版,第17页。
③ [德]埃利亚斯:《文明的进程:文明的社会起源和心理起源的研究》(第二卷):《社会变迁文明论纲》,袁志英译,生活·读书·新知三联书店1999年版,第252页。

的品性。

所谓秩序,它是与无序相对的概念。从最抽象、最一般的意义上说,秩序就是指社会生活中存在着某种程度的关系的稳定性、结构的一致性、行为的规则性、进程的连续性、事件的可预测性以及人身财产的安全性。用英国社会学家科恩的话说,秩序的意义和规定性是:(1)秩序与社会生活中存在一定的限制、禁止、控制有关;(2)它表明在社会生活中存在着一种相互性——每个人的行为不是偶然的和杂乱的,而是相互回答或补充他人的行为的;(3)它在社会生活中捕捉预言的因素和重复的因素——人们只有在他们知道彼此期待的情况下,才能在社会上进行活动;(4)它能够表示社会生活各组成部分的某种一致性和不矛盾性;(5)它表示社会生活的某种稳定性,即在某种程度上长期保持它的形式。它使得人们的生活方式和生活模式摆脱了单纯的偶然性和任意性的形式,从而为人们有力地型构了赖以安身立命、安居乐业的基本条件,而无序则意味着关系的稳定性和结构的一致性模糊并消失;行为的规则性和进程的连续性被打断;偶然的、不可预测的因素渗透到了社会生活之中,从而使人们失去了信心和安全感,人的安身立命、安居乐业的社会生活也自然失去了真实的意义和存在的维度。[1]

如同已分析过的文明的合作品行一样,文明也必将显露出秩序的品性——只要我们仍然持有目前的文明信念:文明即人性的发展和社会发展。不但如此,文明还必将以这种秩序品行为前提和基础,文明才真正谓之为文明。这也就是说,在文明的型构以及文明的展现的过程中,人性在其中所起的作用也是显而易见的,而秩序也必然随侍和伴生其中。这一点是毋庸置疑的,这是因为,从根本上讲,文明幸福生活是人性欲求的事物,它意味着人性的完善与发展,过一种理性文明的生活。这也等于说,文明必然使得人类在理性的指引下将自己从利己主义的泥淖中拯救出来,并充分显示出这样的文明理性的特质:利己与利他的协调与平衡、人的文明交往与合作,各守其分、各得其所。在这里,理性引导着本能,理性控制着本能,使人在关注个人幸福的同时,也自觉关心普遍的幸福。因为正如我们在前文所一再揭示过的,这是个人幸福得以实现的最好策略,也是人之为人的基本属性之所在——其实质是一种贪欲过后的理性回归。

---

[1] 本部分请参见张文显:《法学基本范畴研究》,中国政法大学出版社1993年版,第258页。

美国社会哲学家彼德·布劳在分析社会秩序及社会生活时指出:"人类的许多痛苦以及人类的许多幸福,其根源都在其他人的行动中。这个人与那个人彼此相依,从而实际产生了群体生活。在群体生活中,……使某些人感到愉快的人类行为,一般会使其他人不愉快","简言之,个体在社会交往中得到的报酬往往会使其他个体付出一定的代价。(但)这并不意味着,大部分社会交往都涉及零和游戏,在这种零和游戏中,某些人的得就是其他人的失。恰恰相反,个体之所以相互交往,是因为他们都从他们的交往中得到了某些东西,但他们不一定所得相等,也不一定同等地分担提供利益所需的支出。"当然布劳也同样发现了这种文明交往合作的潜在的人性根源。在他看来,社会文明交往合作中利他主义都应作如下解读更为妥当,即"有一种明显的'利他主义'充满着生活;人们渴望互利以及为他们得到的利益作出回报。但在这种似乎是无私的面纱之下,我们可以发现一种潜在的'利己主义',帮助他人的倾向常常是以下述期望为动机的,这样做会带来社会报酬。这实际上是一种自私自利的考虑,即想从社会交往中得到好处。然而,除了这种自私自利的考虑之外,还有一种利他主义的成分,或者至少是一种能使社会交易离开简单的利己主义或心理快乐主义的成分。人们在他们的交往中所寻求的一种基本报酬是社会赞同,而自私地漠视他人则使他们不可能得到这种重要的报酬"。简言之,其中心论题就是:"私下的恶产生公开的利"。① 它是一种理性明智的利己主义——通过利他的利己。

很显然,这种火花普及开来的社会中,其结果必然引起社会关系的分化及变化、进而导致一种秩序化的社会:摆脱了人性的偶然性和任意性,进而使得社会关系呈现出某种程度的稳定性、行为的规则(律)性和可预测性以及人身、财产的心理安全性等一系列表征秩序的特性——按照马克思的理解:秩序就是一定物质的、精神的生产方式和生活方式摆脱了偶然性和任意性而表现出来的社会固定形式。"秩序是必然的代名词,无序是偶然性的代称,任何变化无常的偶然性就是一切灾难"。②

自不待言的是,它使个体幸福有了明确和基本的保障,并最终使得"人终

---

① [美]布劳:《社会生活中的交换与权力》,孙非、张黎勤译,华夏出版社1987年版,第16、17、19页。
② [法]摩莱里:《自然法典》,黄建华、姜亚洲译,商务印书馆1982年版,第198页。

于成为自己的社会结合的主人",人文幸福生活也得到了最大意义上的旌扬和尊崇。在这里,人类渐趋摆脱了人的自然状态,一种混乱无序的人对人就"像狼一样的战争状态"或者多数情况下人更像野兽一样的生活状态,而渐趋于较稳定的共同社会状态;在这里,它以群体的联合行动取代了孤立的单子式的个人活动,以结构性的理性的社会行动取代了动物式的个人行动,从而形成一个有内在联系的相互作用的总体实践系统。而"在(这种)人们相互作用的大多数情境中,人们事先知道自己怎样行动和别人将怎样行动。他们分享共同的和预先确定的意义,这些是参与者在行动中所期望的东西。因此,每个参与者都能依靠那些意义指导自己的行为。"①呈现出一种自我导向自我克制式的规范个体主义色彩——将人的自我本能和偏爱情绪节制或抑制起来,积极过一种理性文明的社会生活。

这种情形诚如诺贝特·埃利亚斯在分析西方宫廷文明情形时所发现的一样:"在某种程度上说,人是自我对立的,人将'自己的偏爱隐藏起来',否定自己的内心,'违背自己的感情行事',预计到随一时的兴起抑或情绪行事会带来不快,于是便会抑制这种一时的兴致或情绪。……眼前的本能发作和情绪冲动以对将来不快的畏惧来加以掩盖和制止,直至这种畏惧最终对所禁止的行为方式和偏爱习惯式地加以阻挡,即使是在没有产生这种畏惧的别人在场的情况下,也是如此。这种一时的兴奋被引导至一种没有危险的,没有不快威胁的方向上去。"这样下去,长久的惯常性机制就会逐渐形成,并趋向于巩固。其直接后果就是,社会具有超常吸引力,而人则具有了强烈的社会感。在这种情形下,"由于社会的改变,人际关系的改变,个人的整体情绪也在发生变化,在一些地方个人所依赖的行动系列与人数在不断增加;而在另一些地方察觉较长链条的习惯在不断养成。随着个人行为和整体心绪的变化,人观察人的方式也在发生相应的改变,人对人的概念或图像已变得丰富多样,它已从一时的情绪中解脱了出来:人的图像已是'心理学化了'"。② 从而形成社会关系的较为稳定的可指望的简单化固定化的一种"关系模式",人得以知其所当为及其所不当为。这不得不使人联想到秩序的禀赋,哈耶克指出,文明和文明社会存在着秩序的品行,它"意指这样一种事态,其间,无数且各种各样的要素之间的

---

① [美]亚历山大:《社会学二十讲》,贾春增、董天民等译,华夏出版社2000年版,第167页。
② [德]埃利亚斯:《文明的进程:文明的社会起源和心理起源的研究》(第二卷):《社会变迁文明论纲》,袁志英译,生活·读书·新知三联书店1999年版,第296—297页。

相互关系是极为密切的,所以我们可以从对整体的某个空间部分或某个时间部分所作的了解中学会对其余部分作出正确的预期或者至少是学会作出颇有希望证明为正确的预期"。① 这自然也涵盖了博登海默的意谓,他认为:"秩序意指在自然进程和社会进程中都存在着某种程度的一致性、连续性和确定性。另一方面,无序概念则表明存在着断裂(或非连续性)和无规则性的现象,亦即缺乏智识所及的模式——这表现为从一个事态到另一个事态的不可预测的突变情形"②。

与此同时,文明还必须以秩序为条件和基础,而也正是在这种文明秩序生存及普及开来的过程中,文明始得形成。因而,亨廷顿的所言不谬,"法律和秩序是文明的先决条件"。③ 当然这也是霍贝尔的观点,他说:"只有在秩序的基础上,社会才能存续。"④文明之为文明就在于文明本身的秩序品行,人们对文明的偏爱的理由当然也是文明赖以存续、维系的理由就在于其秩序的品行。道理很简单,"消除社会混乱(与无序)是社会生活的必要条件"。如果没有这种文明的秩序,社会将会蜕化为混乱、争斗和暴政的场所,文明的基本要素即个体发展与社会发展自然无从谈起。"对社会混乱所造成的后果,人们感到恐惧"。所以博登海默指出,"为了确使人们的创造力被用于实现最有价值的文明目标,就必须打好重要的基础。我们必须注意的是,不能使人们的精力消耗或浪费在与邻人的不断冲突中、个人间与群体间的私人斗争中,也不能使人们的精力消耗或浪费在时刻警惕和防范反社会分子的挑衅性行为和掠夺性行为之中。"因为在这种混乱无序的社会状况下,"个人或群体间常常会发生旨在伤害或消灭对方的冲突争斗;这种混乱状况对于发展人们的建设性能力来讲是极无益处的,然而这些能力的确当行使则是人之幸福和文明发展的一个条件。在这种混乱的事态中,人们会将其全部精力都用于自我保护和谋划驱逐侵略者或侵略的破坏性事务之中"。⑤ 其结果也就不言而喻了:社会不成其为社

---

① [英]弗里德利希·冯·哈耶克:《法律、立法与自由》(第一卷),邓正来、张守东、李静冰译,中国大百科全书出版社 2000 年版,第 54 页。
② [美]博登海默:《法理学 法律哲学与法律方法》,邓正来译,中国政法大学出版社 1999 年版,第 219—220 页。
③ [美]亨廷顿:《文明的冲突与世界秩序的重建》,周琪、刘绯、张立平、王圆译,新华出版社 2002 年版,第 372 页。
④ [美]霍贝尔:《初民的法律》,周勇译,罗致平校,中国社会科学出版社 1993 年版,第 12 页。
⑤ [美]博登海默:《法理学 法律哲学与法律方法》,邓正来译,中国政法大学出版社 1999 年版,第 393—395 页。

会,人不成其为人。霍贝尔就此评述道:"社会中的人即发生交互作用的人。如果每个人事实上都可以依任何人类潜在的能力可为的一切不同的行为方式之一冲动地行事,那结果更是彻底的混乱。任何有赖于协作的组织和社会的生活都会沦为空想。再者,个人尝试的不断受挫,不久将使人的精神失常,世界将成为名副其实的疯人院(和竞技场)。只有在秩序的基础上,社会才可能存续"。①

而与之形成鲜明对照的是,秩序意味着消除了混乱,意味着能减少冲突促进和平,弹拨出人性共有的理性和弦与共鸣之音。也就是说文明秩序品行的伴随物才使文明成了人们的至宝与至爱:它以文明社会生活的存续为旗帜和名义,通过人的理性的作用,促使了文明幸福生活——一种正常人向往的生活方式和生存样式——的产生:"秩序的好处之一就是我们能依靠它;这允许我们通过实践我们的特有能力,即工具理性的能力,来达到我们的善"②"有序生活方式要比杂乱生活方式占优势"。③ 事实上,我们通常倾向于以人类幸福来解读它,此即俗谚常谓:"宁为太平狗,不为乱世人"。所以人类总"有要求确立社会生活有序模式的倾向,而且这种倾向乃深深地植根于整个自然结构之中,而人类生活则恰恰是该结构的一个组成部分"。④ 穆勒就此断言,"一切有理性的生物出去到人生之海的时候,对于行为或是或非的普通问题以及许多关于行动是愚是智的更困难得多的问题,他们心上已经决定了。并且只要先事预备还是人的特性,我们应该断定人类一定继续地这样作下去。"⑤

3. 安全

文明似孔雀,它除了具有引以自豪的合作、秩序的品性以外,它还具有安全的品性。所谓安全,通常指的是人的安身立命、安居乐业的环境或感觉。一般意义上,它"所关注的乃是如何保护人们免受侵略、抢劫和掠夺等行为的侵害",有时,它们还可能关注"如何缓解伴随人的生活而存在的某些困苦、盛衰和偶然事件的影响。"⑥其最终价值旨趣在于确保人的生存与生活,成为人的生

---

① [美]霍贝尔:《初民的法律》,周勇译,罗致平校,中国社会科学出版社1993年版,第12页。
② [加]泰勒:《自我的根源:现代认同的形成》,韩震等译,译林出版社2001年版,第417页。
③ [美]博登海默:《法理学 法律哲学与法律方法》,邓正来译,中国政法大学出版社1999年版,第225页。
④ 同上书,第219—220页。
⑤ [英]约翰·穆勒:《功用主义》,唐钺译,商务印书馆1957年版,第25页。
⑥ [美]博登海默:《法理学 法律哲学与法律方法》,邓正来译,中国政法大学出版社1999年版,第219、394页。

活的保护伞。

文明禀有安全的品行,文明即安全。真正意义上的文明必须给人以安全感和安全保障——它包括人身、财产和公共安全等社会基本安全,以供人们生存与生活。也只有进步文明社会的安全保障,才能促使人得以丰富、发展人的能力,促进文明的个体发展和社会发展。人们无法接受也不能接受一种朝夕不保动荡不安的生活,因而它必然与合作、秩序一道构成了文品社会伦理的最特有的品质和主要基础,并最终导向一种文明幸福的生活。所以,博登海默说:文明是以安全为标尺的,"除非社会为个人和群体保证了一定程度的安全,否则,他们就无法致力于那些人们通过合作努力所能实现的更为宏大的目标"。"只有当每个人与全体都安全地在社会中工作,这种文明社会才能继续下去"。① 这可说是文明社会的霍贝尔式的前提原理,也可谓文明之为文明的不二法门或始基性命题。这既是文明的本真要求,也是文明以及文明社会的该当允诺——有所依有所靠的归宿意识与乡愁般依恋。所以安全应"被视为一种实质性价值,亦即社会关系中的正义所必须设法增进的东西。"②这是因为,就我们目前所持的信念逻辑而言,文明之为文明,关键在于其人性完善和社会发展,也即"从一个人自己的任性中解放出来并接受一项普遍的义务"③:要有比较强烈的社会感,必须参与社会的活动或至少关心他的同胞参与其中的情况,并自觉以之为行动的向度。这就必然意味着文明其实表征了一种安全的品格——通过社会行动的安全。所以美国浪漫哲学家马希(James Marsh)在论及文明与文化的区别时特意强调文明的这层含义:他说,"文明事实上就是关于个人的动作和事务如何适应于现存社会的需要和条件。它是参照着公民社会的职业对于各种机能所作的一种训练",因而它必然蕴涵着合作与安全。④

与之互为表里的是,文明也离不开安全,文明必须以安全为基石。也就是说,在为建设一个愈益丰富而发展的文明大厦的过程中是离不开安全的条件的。一个文明社会的生成、发展和完善,在很大程度上得益于一个安全可靠而非动荡不安的生活场境。只有在文明提供的安全环境下,人在社会生活中才

---

① [美]庞德:《法律史解释》,曹玉堂、杨知译,华夏出版社1989年版,第157页。
② [美]博登海默:《法理学 法律哲学与法律方法》,邓正来译,中国政法大学出版社1999年版,第219页。
③ [英]鲍桑葵:《关于国家的哲学理论》,汪淑钧译,商务印书馆1995年版,第265页。
④ [美]杜威:《人的问题》,傅统先、邱椿译,上海人民出版社1965年版,第313—314页。

有了进行一切活动的最起码的条件,从而使每一个文明社会的成员不必为自己的安全劳心费神甚或提心吊胆,并适合于一定的地位和工作,人才有机会成为人,人才是人,否则极有可能成为野蛮和奴役的隶属物,文明的个体发展与社会发展也就无从谈起。这一点,恐怕没有谁能比美国法学家庞德的研究更有说服力了,这即他所推演出的著名的庞德式文明社会的基本条件理论。即在文明社会中,人们至少能假定:1、其他的人不会故意侵犯他。2、他可以控制所发现和占有的东西、他自己的劳动成果和他在现行经济制度下所取得的东西。3、与他进行社会交往的人将会善意地行为,并履行其承诺;根据社会道德来完成其约定;将不应收受的东西归还所有人。4、一个人采取行动时应注意不使他人受到损害。5、持有可能会对他人造成损害之物的人,应对之严加注意。① 简言之,文明必须立基于安全的品行。因为只有在这种安全的条件下,人们才有可能过一种理智而有尊严的生活,并享有着生而有之的各种自由发展的权利,并进而达致文明。也正因如此,博登海默不止一次地强调,"为了确使人们的创造力被用于实现最有价值的文明目标,就必须打好重要的基础。我们必须注意的是,不能使人们的精力消耗或浪费在与邻人的不断冲突中、个人间与群体间的私人斗争中,也不能使人们的精力消耗或浪费在时刻警惕和防范反社会分子的挑衅性行为和掠夺性行为之中。"②

不必说,与前两个品行一样,文明安全的产生也是有其人文基础的,它也被深深地打上了人性的印记:摆脱人的自然状态——一种人对人就"像狼一样的战争状态"或者多数情况下人更像野兽一样生活,而渐趋文明安全的社会状态,保障人的幸福生活。诚如庞德所指出的,它是人性要求及其结果:

> "人性就是这样的东西,它要求面对我们自己,面对与我们同在一起的人们,面对我们的统治者都要保障安全","安全使人的合作要求得到解放,……合作的冲动反过来又增强安全。正常人的社会本能会驱使他同别人联合起来以达到永久的安全,但这种安全意味着对于不仅是别人的,同时也包括他自己的扩张性本能所会造成的混乱和破坏的防止",因为安全"是从正常人的原始本能产生出来的,所以它可以被看作是第一性的社

---

① 沈宗灵:《现代西方法理学》,北京大学出版社1992年版,第297页。
② [美]博登海默:《法理学 法律哲学与法律方法》,邓正来译,中国政法大学出版社1999年版,第393—394页。

会利益","安全依赖于均衡——合作本能与利己本能之间维持均衡"。①所以,无论何时只要人之为人,人就必然服从和服务于安全这一文明品性,它就会被引入人们的社会关系之中,并以一种缕缕不息的方式影响人们的生活及相应的行动。马斯洛也这样说道,"我们社会中的大多数成年者,一般都倾向于安全的、有序的、可预见的、合法的和有组织的世界;这种世界是他所能依赖的,而且在他所倾向这种世界里,出乎意料的、难以控制的、混乱的以及其他诸如此类的危险事情都不会发生"。② 这才是文明给予人类的福泽——在文明社会中生存及生活。

对此,弗洛伊德进行了这样卓有成效的过程演绎与原理诠释:决定生活目的和人类价值判断的只是快乐原则的意图和幸福的向往与期望,人们追求幸福快乐,渴望幸福并保有幸福。然而这一幸福快乐原则却是与整个世界相悖的,它不可能完全付诸实施,因为从严格意义上讲,我们所说的"幸福"来自(相当突然的)被深深压抑的那些需要的满足。从本质上看,这种幸福只可能是一种暂时的现象,当快乐原则渴望的某种状况延长时,它就只能产生一种稍微满足的感觉。我们就是这样构成的,以致我们只能从对比中获得极大的快乐而很少从一种状态中获得。因此,我们幸福的可能性已被我们的气质所限制了。不幸福则很容易体验,因为无节制地满足一切需要(的快乐原则)虽然是最诱人的指导生活的方式,但是这意味着把享乐置于谨慎之前,很快就会为自己带来惩罚,所以人们习惯于节制他们对幸福的要求,正如快乐原则在外界影响下实际上变成更有节制的现实原则一样。为了论证有力,他还特地以反证的角度进行了证成:"确实,自然状态不会要求我们对本能做出任何限制,会让我们为所欲为;但是自然状态有它自己的限制我们的特别有效的手段。它用我们看来是冷酷、残忍、无情的方式,并可能正是通过引起我们满足的事物来毁灭我们。显而易见,正是由于自然威胁我们的这些危险,我们才走到一起,创造了文明,而文明,也和其他事物一样,是为了使我们共同生活成为可能。就文明的首要任务而言,它实际存在的理由在于保护我们免遭自然(状

---

① [美]庞德:《通过法律的社会控制 法律的任务》,沈宗灵、董世忠译,商务印书馆1984年版,第88、89页。
② [美]博登海默:《法理学 法律哲学与法律方法》,邓正来译,中国政法大学出版社1999年版,第227页。

态)之害。""文明免除了个人的这项任务,它替所有的人完成了这项任务。……在这一方面,几乎所有的文明都是这样做的,(而且)这是一项多方面的任务。人的自尊,由于受到严重的威胁,要求获得慰藉;生活和宇宙必须去掉其恐怖;而且,确实,人类被那最为强烈的实践兴趣所激起的好奇心,也需要得到回答"。①

这就使得理性文明人,为了长期真切地享有幸福,把他可能获得的一部分幸福换取了一部分安全,就此,文明便与安全联姻,此可谓文明人的理性选择——通过安全的幸福。易言之,对于文明理性人来说,不是不要幸福,而是要可欲的幸福,不是不要快乐,而是要现实的快乐。归根到底,人的理性思虑的是安全场效应下的文明快乐与幸福——幸福的目的在这里依然存在,并整合于或适应于人类群体之中。在这里,幸福快乐不再是本能化的、短暂的代名词,而成为理性的、持存的现实,人才得以真切地洞察和体验。据此,格老秀斯指出,人生来就是合群的,维持社会的存在就是第一流的功利主义,这是不能以归之于每个人的私有利益——满足他们的社交要求除外——来衡量的。②

(二)文明、选择与法律的产生

综合起来看,很明显,上述所有这些文明的品行无疑是与我们的人性即理性息息相关的,它不是凭空而来的,它以理性为根。相应地,它的实现无疑也必须奠基于人性理性的改造与续固之上。因此,弗洛伊德一再强调:文明是指"人类生命将自己提升到其动物状态之上的有别于野兽生命的所有那些方面","生活在这个世界上,要为更高尚的目的服务,无疑,这一目的究竟是什么是不大容易的猜测,但它必然意味着人性的完善"。③ 而鲍桑葵也坦言文明"意味着从一个人自己的任性中解放出来并接受一项普遍的义务"。④ 具体说来,它包括如下两个方面:一方面,就人的自我来说,他必须进行心灵与肉体的斗争,并在该过程中,自我应借助于灵魂和精神人格的力量克服肉体的自然盲动,使人格高尚起来;另一方面,就人与社会的关系而言,人应通过与社会和群体的联系交往,以及社会的政治、制度、风俗、习惯等形式使自身社会化文

---

① [奥]弗洛伊德:《论文明》,徐洋、何桂全、张敦福译,国际文化出版公司 2000 年版,第 11、13、75—76 页。
② [美]萨拜因:《政治学说史》(下),刘山译,南木校,商务印书馆 1986 年版,第 479—480 页。
③ [奥]弗洛伊德:《论文明》,徐洋、何桂全、张敦福译,国际文化出版公司 2000 年版,第 2、15 页。
④ [英]鲍桑葵:《关于国家的哲学理论》,汪淑钧译,商务印书馆 1995 年版,第 265 页。

明化。①

　　这也就是说,文明的金科玉律和自明的结论性原则就在于,文明意蕴着人性的改造与完善,而其根本鹄的无疑就是将人从动物式的本能存在方式提升为人性存在方式,即快乐方式为理性方式所取代。因而不必说,文明的基本问题总集中于这样一个事实,抑制人的利己本能,解放人的利他本能,并达致一理性的均衡。也即埃利亚斯式的心理自我强制,心理自我强制乃是每一个文明人的最重要的一个特征。② 文明终究是生成于这种本能抑制及解放的理性把握和妥当践履的过程之中。而且就目前我们所持的人性理念来说,也不必说这种文明法则的关键在于人的利己本能的抑制。所以,弗洛伊德坦言:"看起来每一种文明都必须以对本能的强制和否定为基础";③庞德也认为文明依赖于对人的本性的控制,"目的在于使他尽自己的本份,支持文明社会"。④ 而我们也总是强调,文明就是人的自我抑制的延伸之物,文明存在于人的自我直觉或主体性直觉之中,并以"个人最大可能的发展"为目的。一句话,"理性"是其存在的本源。

　　然而,原则总是轻松的,文字也容易理解,而真正实现这一原则的过程却远比文字来得复杂和艰难,因为在这一过程中,总横居着永不安息而又不易抗拒的本能(性)的严峻挑战,这种挑战的历程的艰难,将使我们毫不夸张地说,文明就是一场战斗,纯粹不朽的文明乃是一顶得来不易的胜利冠冕。所以康德就此感叹道:"生命就是一场战斗,纯粹不朽的人道之花乃是一顶得来不易的胜利冠冕"⑤,它需要一场没有终点的漫长的内心本性的改造和续固的过程,文明也才得以真正创生与持存。这是因为,根据我们既有的研究成果:文明必须依赖于人的理性生活方式或生存样式,至少是选择、参与理性生活的方式及样式,这也就是说,它必须依靠人的本能尤其是利己本能的节制而向利他本能的向度转变,并取决于这种转变是如何被唤醒和运用的,以过一种文明理性的生活。然而,诚如美国哲学家库利所言:"理智并不能代替本能,正如上尉不

---

① 万俊人:《现代西方伦理学史》(下卷),北京大学出版社 1992 年版,第 406—407 页。
② [德]诺贝特·埃利亚斯:《文明的进程:文明的社会起源和心理起源的研究》(第二卷):《社会变迁文明论纲》,袁志英译,生活·读书·新知三联书店 1999 年版,第 309 页。
③ [奥]弗洛伊德:《论文明》,徐洋、何桂全、张敦福译,国际文化出版公司 2000 年版,第 3 页。
④ 沈宗灵:《现代西方法理学》,北京大学出版社 1992 年版,第 289 页。
⑤ [德]康德:《历史理性批判文集》,何兆武译,商务印书馆 1990 年版,第 40 页。

能代替普通士兵；这是更高一层的控制系统，是控制和转化本能的力量。"①

这也等于说，如何选择一种理性的文明生活方式，这对有着自私自利即利己本性的人而言，不啻是一种考验甚或战斗，因为本性既谓之本性，它代表了一种较为固定甚或固执和保守且不易更改的行为模式和信念逻辑，因而就其经常情形而言，只能引导而不能控制，然而文明——一如我们前文所分析的，却恰恰在于这种本性的征服或控制。两相对照，文明降生和存续的艰难就可想而知了。弗洛伊德就此认为：每个个体实质上都是文明的敌人②。这一点也是确定无疑的，让我们把视线再投回到前文所述的人性事实中，尽管我们已做了大量的笔墨，但为了论证的方便，我们还是决定详细地复述一遍既有的人性事实与人性探究，这一探究曾令人信服地表明：人是一种双面性的存在物——尽管我们曾对此感叹不已——即自然人性和社会人性。同样意义的术语系列可以继续下去：自我保存与社会结盟的天性，利己的天性和利他天性、自我扩张与自我抑制的天性，等等。在弗洛伊德那里以生命本能和死亡本能喻之），两种人性总处于道德张力之中，始终与善恶相联系，前者指称着善的向度，后者意味着恶的属性，而且由于两者的不平等分布，使得人性的常态现象总打上浓重的性恶的色彩——也即在人的本性中，利己的要素即人性恶的趋向及活跃程度总体来说是远较于人性善的要素，并进而使得人性在自然现象下更多地打上了恶的立场和印记。简言之，人性常常是显现恶的因素而少显善的因素。它常常表现为自私利己的，追求自身的幸福和快乐。因而不言而喻的是，人总是最大程度上沦为自爱的奴隶，显现出狰狞的面目，尽管人性是理性的，但这种理性从根本向度上说，总是意味着按照对本身利益的明智见解行事，其中，本身利益是其核心旨归。所以弗洛伊德说："我们可以一如既往地坚持认为，人的理智与其本能生活相比是虚弱无力的，而且我们在这一点上也许是对的"，"理智的声音是柔弱的"，"理智的优势存在于遥远的将来"，③"人依其本性就是懒惰、放纵、短视和浪费的；而只有透过环境的压力，人的行为才会被迫变得经济起来，或者说他才会习得如何小心谨慎地运用手段去实现他的目的"④。这样，过一种文明理性的社会生活，就是一个实际问题，而不是现实

---

① [美]库利：《人类本性与社会秩序》，包凡一、王源译，华夏出版社1999年版，第23页。
② [奥]弗洛伊德：《论文明》，徐洋、何桂全、张敦福译，国际文化出版公司2000年版，第2页。
③ 同上书，第54页。
④ [英]哈耶克：《自由秩序原理》（上卷），邓正来译，生活·读书·新知三联书店1997年版，第70页。

的价值向度的问题,具有逼人的紧张性,也即人是很难能够理性地行事的。因为人的需求总的来说是一个现实问题——通过自身的行为诉求保存和发展自己。在这种情形中任何人试图根据文明理性的戒律进行成功的劝善的说教,看来都是不可能的,道理很简单,它不能有效地满足人的即时性的本能性的生存欲望和愿望。

  退一步讲,即使这种理性的劝说成功地影响了人的行为而趋向于所欲求的方向,但这也绝不意味着它可以持续、不间断地在文明当会期望的程度上对所有的人发生效力,我们也依然不能把这种状态视为文明的当然品格,相应地,它依然应被文明视为不可理喻而非视为玮瑜的事情。文明依然没有像可期待的那样得以降生和持存——缺乏文明持存所需的稳定系数,文明很难获得一种应有的状态性意义和形象,因而在这里,只有文明的要素,没有文明的样式,只有表面的文明现象,没有模式化的文明生活——文明依然无从言起。人类为这样的事实伤透了脑筋,这是因为,根据我们一贯的理解,"文明潮流是基于强大的相互密切交织关系的机制而进行的,……文明的转变和随之而来的理性化,(它)并不是'观念'或'思想'特殊范围的事物,这里不再仅仅是与'知识'的变化、与'意识形态'的变化,一句话,与意识内涵有关,而是与人类的整体表征的变化有关;在这表征的内部,意识内涵和思维习惯只是一种部分现象,只是构成个别的领域。(文明在)这里所关涉的乃是整体心灵的形态变化,从有意识的自我调控直至变得无意识的本能调控,其所有区域都发生了变化"。一种文明的基本意义上的文明转化,是一种基于社会结构向度的文明转化与变迁。它意味着人际关系的全部改组和整合,也意味着人的行为从人的本能向理性的整个铸造需要人的行为思维方式的文明化——一个文明向度上最具特色的事实在于本能的惯常抑制和心理自我强制的能力——心理自我强制乃是每一个文明人的最重要的一个特征[1],进而成就文明并使其生生不息。

  总之,正如摩莱里所言:"如果有人向自然的本能宣战,那他就得战斗。"[2]这一点我们不难在休谟、哈耶克等大师所强调的观点中找到所需要的论据。[3]这样,一个合乎逻辑的结论就在于,文明始终随侍和伴生着战斗和崩溃的威胁,存在着难以挣脱的令人沮丧的危险。所以弗洛伊德指出,无论是逝去的文

---

[1] [德]埃利亚斯:《文明的进程:文明的社会起源和心理起源的研究》(第二卷):《社会变迁文明论纲》,袁志英译,生活·读书·新知三联书店1999年版,第309页。
[2] [法]摩莱里:《自然法典》,黄建华、姜亚洲译,商务印书馆1982年版,第20页。
[3] [英]哈耶克:《自由秩序原理》(上卷),邓正来译,生活·读书·新知三联书店1997年版,第73页。

明还是既有的文明,大凡文明都经受着战斗的洗礼,都面临着来自野蛮的侵蚀甚或对抗,"文明社会永远存在着崩溃的威胁"。① 与此同时,尽管我们一直确认人性的基本特征是理性的,然而,现代实证心理学和人类学的研究表明,人性的理性观念存在着有限的属性,它是一个有限理解力和意志力的载体而非全知全能的神明。这一点我们也可在海耶克、西蒙等人那里找到所需要的答案,海耶克将之视作为人的适当的理性或必然的无知。他说:"一般而言,人不仅对于自己为什么要使用某种形式之工具而不使用他种形式之工具是无知的,而且对于自己在多大程度上依赖于此一行动方式而不是他种行动方式亦是无知的。人对于其努力的成功在多大程度上决定于他所遵循的连他自己都没有意识到的那种习惯,通常也是无知的。这种情况很可能既适用于未开化者,亦适用于文明者。""主张个人自由的依据,主要在于承认所有的人对于实现其目的及福利所赖以为基础的众多因素,都存有不可避免的无知";②而西蒙将之称为"过程理性"或"有限理性",他指出,由于知识的不完备性,对困难的预见,可能行为的范围等都决定了理性只能呈现为有限的理性,因而人们在社会生活中追求的不应当是也不可能是既定目标的最佳化,而是满意为已足,人们应当也必然会根据已往的经验调整他们的期望值。③ 这也使得卢梭的这样的观点成为了经典,他说:"人们总是愿意自己幸福,但并不总是能看清幸福。"④

很明显,这些事实意味着人类天生执信的文明理念如果仅仅寄望于单独的个体是无把握、不可靠的,而其根本的理由却仅仅在于:本能难拒,理性不足。这等于说文明在其创生和持存过程中靠单独的个体是不可欲的、不易的,不易就是难。但又正如我们一贯的思路所表明的:人之为人的至尊轩昂气质与卓尔不群的品格在于,人总是理性——哪怕是有限理性的存在物,他能不断重新创造自己的东西,是自我创造者。⑤ 或者说,"人是一种对自己不满,并且有能力超越自己的存在物"。⑥ 因此,如下的事实就不言自喻了,文明所需要的

---

① [奥]弗洛伊德:《论文明》,徐洋、何桂全、张敦福译,国际文化出版公司2000年版,第109页。
② [英]哈耶克:《自由秩序原理》(上卷),邓正来译,生活·读书·新知三联书店1997年版,第26、28页。
③ [美]西蒙:《现代决策理论的基石》,杨砾、徐立译,北京经济学院出版社1989年版,第一篇"有限理性说"。
④ [法]卢梭:《社会契约论》,何兆武译,商务印书馆1980年版,第39页。
⑤ 转引自李平晔:《宗教改革与西方近代社会思潮》,今日中国出版社1992年版,第184页。
⑥ [俄]别尔嘉耶夫:《论人的使命》,张百春译,学林出版社2000年版,第63页。

自我强制必然分解为自我德行强制以及外在社会强制——通过人的生来本性,确切地说是以理性为据的原始的社会合作的本性,尤其是社会强制。也只有这样,人类才能摆脱自然状态进入文明状态。对我们的论点而言,承认这一点是非常重要的。

这意味着,为了人类执信的文明,人们势必(也愿意)"寻找出一种结合形式,使它能以全部共同的力量来卫护和保障每个结合者的人身和财富,并且由于这一结合而使每一个与全体相联合的个人又只不过是在服从自己本人",①而人类的天赋理性又为这一结合大大提供了可资利用的方便之门:达致协议,规范和引导自己的生活方式和模式,并对那些与这一结合形式不合时宜、非妥当甚或背离的人们给予应有的谴责和惩戒。当然,正如卢梭所认为的,在订立契约之后,我们仍像从前一样是自由的,然而自由或自由权虽然保留着,却经历了一个转换。它不再仅仅是行动的权力,它现在已被权威化、合法化。人通过社会契约而失去的是他的天赋自由权,而得到的是"社会的自由权";"我们必须很好地区别仅仅以个人的力量为界限的自然的自由与被公意所约束的社会的自由"。②

置言之,在"人是靠不住的""人都是有弱点的"情况下要型构文明,聪明的做法应当是,充分体现理性文明人的卢梭式的普遍意志或公意,结成社会共同体或群体。在这群体中,个体也能认同自己为其中的一员,也就是人具有的归属感或身份认同感,即观念。"观念概念的部分重要性在于,它通过共同持有的观念,使众多的个人得以相互交流"。③ 这就使得人们共同持有相同的理解并认识到在交往过程中使用相同的示意动作和象征符号,并进而对每个人持相同的期望,对所有的人承担相同的责任,承认人们拥有相同的权利和负有尊重他人的相同义务。当然,这种承认不仅包括了人们期待对权利的承认,而且期望这种承认被全体人们所共同接受,以及这种权利能被每个需要它而且有能力执行它的个体所执行。有了支配权利的态度,就能使人们在执行法规过程中扮演两个角色:既懂得维护权利,又懂得回应人们提出的权利中所反映的要求——这两种角色共同地由相同的普遍态度所界定。人们必须承认,无论在什么地位或扮演什么角色,这种相同的普遍态度对己对人同样都是适用

---

① [法]卢梭:《社会契约论》,何兆武译,商务印书馆1980年版,第23页。
② 同上书,第30页。
③ [美]辛格:《实用主义、权利和民主》,王守昌等译,上海译文出版社2001年版,第169—170页。

的。因此,不管是要求权利或者尊重权利,人们都得承认大家都是一样地拥有权利,而又有义务彼此尊重对权利的要求。①

总之,在这里,充分体现了一种理性人的认同和回应的态度——米德称之为"泛化的他人态度",也就是共同体的态度,反映了全体共同体成员普遍拥有的一种控制和规范的观念和期望。而且很明显,这种期望还有这样一个重要的特征,就是相互性:任何业已将它内在化的人不仅希望那些想加入到这种共同体中的其他人将这些期望作为其行动依据,而且认识到自己也必须依照其行事。

不仅如此,正如美国哲学家辛格所言,这种共同作用的期望或意识,必然像所有的欲望一样,要求存在一种实施机制以保证能提供给他们一个实行自己计划的道德空间。并且,这种机制并不是纯粹描述性的,它们是规定性的,指引我们以某种方式去行事。因而,同样很明显的是,在这些期望真正有效的地方,这必将意味着这些期望将会被理性人以社会规范的形式确立或确定下来,用以支配其成员之间的某种关系,并带有共同体的权威性——这些权威是它们规范力量的源泉。所有这些将规范原则内在化的人们都意识到它们被指定的特征,他们理解或感觉到或意识到他们应当如此做,他们和其他每个人都应该用它们来支配自己的行为,如果不这样做就要犯错误。②

只有这样,卢梭解释道,人类才真正"由自然状态进入社会状态,人类便产生了异常最堪注目的变化,在他们的行为中正义代替了本能,而他们的行动也就被赋予了前所未有的道德性",因为只有在这时,"权利代替了嗜欲",文明才得以昭彰。人们的处境确实比起他们以前的情况更加可取得多,"也就是以一种更美好的、更稳定的生活方式代替了不可靠的、不安全的生活方式,以自由代替了天然的独立,以自身的安全代替了自己侵害别人的权力,以一种由社会的结合保障其不可战胜的权利代替了自己有可能被别人所制胜的强力。""它剥夺(了)人的绝对生命,赋予他以相对关系的生命,把所谓的'我'移植在共同的单一体中,也就是说移植在社会的'我'之中;这样,他就不再以为自己是一个单一体,而是整体的一部分,只有在共同体之中才感觉到自己的存在"。换句话说,它使得人们认识到自己的每一个行为都应求教于理性,以理性为据,

---

① 同上书,第149页。
② 〔美〕辛格:《实用主义、权利和民主》,王守昌等译,上海译文出版社2001年版,第15、31、171页。

"自由地服从并能够驯顺地承担起公共福祉的羁轭"。① 从而,一言以蔽之,把秩序合作安全的文明品行纳入其中,应对和满足生活的需要,因而它是全部文明社会体系的基础。

这样看来,很明显,这里的社会规范在本质上就是构成法律核心要素的那种规范,也是构成一切社会法律体系的基础或雏形。它以个体为基点,并以个体的理性并进而以公共利益与幸福为据的。西塞罗指出,"这种理性,当在人类理智中稳定而充分发展了的时候,就是法律"②;而在这种雏形生长开来的地方,作为文明社会生活方式的法治也就必然相随而生。所以,罗尔斯这样说道:"法律制度是对理性的人所发出的公共规则的强制命令,旨在调整他们的行为,并提供社会合作的结构。"③"确切说来,法律只不过是社会结合的条件"④。毫无疑问,这标志着一种辄伴以特殊态度和倾向的转向和变化,这是文明向度上的一次可观的进步。而且,在今天看来,这绝对是人类文明的自救之道,它以文明的养料滋养人类,又以人类独特的经验方式行事而正道沧桑,文明就是以这种方式而获新生的。所以罗斯科·庞德和柯勒均指出,法律是与一定时间空间的文明密切联系的,法律不仅是通向文明的工具,而且也是文明的产物,因此,必须从以下三个方面来看待法律:从过去看,法律是文明的产物;从现在看,法律是维护文明的工具或手段;从将来看,法律是推进文明的工具或手段。文明可使人类力量得到最完善的发展。⑤

基于此,他们还得出结论说,法学家和人们至少应该明白,"世界上没有永恒的法律,但有一个永恒的目标,这就是最大限度地发展人类的力量。我们必须力求将一定时间与地点中的法律变成通向一定时间与地点中的法律目标的工具,而且我们应当通过系统地阐述我们所知道的文明的法律先决条件来完成此项任务。获得这些法律先决条件之后,立法人员便可按照它们去解释法典,解释传统的法律材料。……法学家便可据此去组织和评判立法机构和法院的工作。"⑥

然而,在理解这一法律的产生和形成过程中,我们却应当牢记:第一,尽

---

① [法]卢梭:《社会契约论》,何兆武译,商务印书馆1980年版,第29、45、54、57页。
② 转引自张文显:《法学基本范畴研究》,中国政法大学出版社1993年版,第31页。
③ 转引自沈宗灵:《现代西方法理学》,北京大学出版社1992年版,第20页。
④ [法]卢梭:《社会契约论》,何兆武译,商务印书馆1980年版,第52页。
⑤ 沈宗灵:《现代西方法理学》,北京大学出版社1992年版,第288页。
⑥ [美]庞德:《法律史解释》,曹玉堂、杨知译,华夏出版社1987年版,第145页。

管这种社会规范或法律是以理性文明的幸福生活为根本旨归的,但它却并不是唯理性的。详言之,尽管我们一直确证:文明的根须深植于人的本能倾向的有意识的文明理性的皈依与驯服之中,它必须以心理自我强制为核心,以人的主体性文明意识的反省和体验为价值指向,以德性与社会生活为基本生活方式与生存样式。这样,文明方得以降生和存续下去。然而诚如基佐所言:

> "为了使人类能建立一个多少能持久而有规律的(文明)社会,必须具备什么呢?显然,他们必须有适合那个社会、顾及社会的各种需要和它的种种关系的思想。此外,这些思想必须是那个社会的大部分成员所共有的,最后,他们应能对自己的意志和行动实行某种控制",①

因而一定意义上说,法律是基于人性而产生的对生活的悲剧意识(至少是正剧意识)——对幸福充满信心,但又对人性自身把握不准——的产物。无疑,弗格森的表达是这种观点的经典,当他这样说时:"尽管人类对自己的好运信心十足,但是又容易感觉到厄运",所以"人类制度的建立即便不是为了保存美德,也确实可能不仅有出发点而且有目标。但是,只要它们对实现这一目标有效,它们总是有一种公平的生活原则。这种原则除了外力是无法废止的"。②因而一个合乎逻辑的结论就在于,"国家实行法律统治往往是对人性脆弱的一种让步"。③"法律准则之产生,纯粹出于对社会秩序、社会安全和个人自我保存的需要"④。这即是说,这种社会规范或法律本身并不能确保每个人都过一种理性文明的生活,但却可以创造出人类的合乎理性的存在的必要条件。⑤"因为法律一般来说是弱于情欲,只能约束人而不能改变人"。所以卢梭与富勒就此得出结论说:"使社会制度成为必要的那些缺点,同时也就是使社会制度的滥用成为不可避免的那些缺点",⑥"法律没有办法可用以强迫一个人做到他力所能及的优良程度"。⑦

---

① [法]基佐:《欧洲文明史》,程洪逵、沅芷译,商务印书馆1998年版,第51页。
② [英]弗格森:《文明社会史论》,林本椿、王绍祥译,辽宁教育出版社1999年版,第308页。
③ [美]萨拜因:《政治学说史》(上),盛葵阳、崔妙因译,商务印书馆1986年版,第98页。
④ [美]庞德:《通过法律的社会控制 法律的任务》,沈宗灵、董世忠译,商务印书馆1984年版,第88—89页。
⑤ 沈宗灵:《现代西方法理学》,北京大学出版社1992年版,第56页。
⑥ [法]卢梭:《论人类不平等的起源和基础》,李常山译,东林校,商务印书馆1962年版,第142页。
⑦ L. L. Fuller, *The Morality of Law* (revised edition), Yale University Press, 1969, p. 9.

第二章　法律本体的人文主义基础

承认这一点是非常重要的,这意味着法律并不是别的什么劝善的圣经,相反,法律是人们为了防恶、扼恶的肆虐而不得不为自己套上的枷锁,充其量,法律只能是对人最起码的行为标准的要求。而人们遵循法律并不意味着人们就实实在在拥有了具体的有效的特定的权利,然而它带有限制性的力量——它表达了一种意思,即是我们理应拥有权利,可以作为一种有效验的建议方式,提醒共同体的每一名成员应该拥有并尊重那种权利资格。而我们所能做到最好的,就是尽可能运用我们理性的力量来确证我们的判断。①

第二,与之相关联,"法律并不是消灭我们每个人独一无二的特性,法实质是一种人性互惠"②,它是以相互的认可和个体的自我实现为前提的。它是相互共有的,它来源于一种卢梭式的普遍意志,根据这种普遍意志,每个公民既"作为臣民又作为主权者",一旦他们认可此两者,一致意见一旦产生便正式被采纳为公共政策。在这个意义上,人们就可能建构或结合成一个规范共同体——以社会规范为准绳,从而达到支配着众多个体的互动关系和彼此的交往——它使得有可能完美地体现和贯彻一种共享的观点,它促使人们能相互理解和交往互动,并且要求相互尊重对方的权利。直言之,只有在这种情况也即有人性保证的前提下,法律才成为法律并进而获得了它所需要的权威性和至上性。正是在此意义上,洛克宣称:"法律的目的并不是废除或限制自由,而是保护和扩大自由。"③博登海默确信:"任何值得被称为法律制度的制度,必须关注某些超越特定社会结构和经济结构相对性的基本价值。"④伯尔曼则强调:"法律不仅是世俗政策的工具,而且还是生活终极目的和意义的一部分。⑤"

第三,最后但并非最不重要的是,同所有社会事物一样,这种作为社会控制手段的社会规范系统或法律的原初形式在其成为现代法律的形式上并不是一蹴而就的,它也经历了漫长的催生、选择和构筑等演化过程。庞德指出:"对内在本性的支配过去是,现在也是通过社会控制来保持的,即通过人们对每个人所施加的压力来保持的,目的在于迫使他尽自己的本分,支持文明社会,并

---

① [美]辛格:《实用主义、权利和民主》,王守昌等译,上海译文出版社2001年版,第197、210页。
② [美]霍贝尔:《初民的法律》,周勇译,罗致平校,中国社会科学出版社1993年版,第202—203页。
③ [美]博登海默:《法理学　法律哲学与法律方法》,邓正来译,中国政法大学出版社1999年版,第279页。
④ 同上书,作者致中文版前言。
⑤ [美]伯尔曼:《法律与宗教》,梁治平译,生活·读书·新知三联书店1991年版,第43页。

制止他从事违反社会秩序的行为",而其主要手段是道德、宗教和法律。在开始有法律时,这些东西是没有区别的,甚至在像希腊城邦那样先进的文明中,人们通常使用同一个词来表达宗教礼仪、伦理习惯、调整关系的传统方式。城邦立法,把所有这一切被看作一个整体,我们应该说,现在我们称为法律的这一名称,包括了社会控制的所有这些手段。当道德发展为一种道德体系时,人们试图将法律和道德等同起来,使一切道德戒律本身也成为法令。有组织的宗教在文明史的一段很长时期内,也担当了大部分社会控制的责任,成为社会控制的主要手段。

但是,只有"从16世纪以来,法律才成为社会控制的首要工具",因为从那时以来,"社会政治组织已成为首要的了。它具有或要求具有,并且就整个来说也保持着一种对强力的垄断。所有其他的社会控制手段被认为只能行使从属于法律,并在法律确定范围内的纪律性权力。"① "因为如果人的本性从根本上说是自私自利的,那么只有国家和法律背后的力量才能使社会保持一体,文明所需的社会道德和公民美德概念产生于法律","道德义务最终必须由法律和国家来规定"。② 可见,"是社会创造了法律,而不是法律创造了社会"。③ 也就是说,较之于道德、宗教而言,法律之所以脱颖而出的本原性因素在于:法律具有无可比拟的强力,能够完成从个别调整到一般调整的社会控制的任务。哈耶克就此指出,人们对"规则的自然选择,是根据所产生的群体秩序的有效性的大小进行的","根据的是它为秩序带来的生存能力。"④ "我们力图通过有秩序地和系统地适用强力,来调整关系和安排行为",以捍卫文明,因此对文明来说,"人们最坚持的就是法律的这一方面,即法律对强力的依赖"。⑤ 这也构成了法律产生的文明理由——暴力独占或强力垄断下的和平与安宁。

基于此,达班指出,法"就是文明社会通过公共的强制,为着在人们之间实现一种秩序而制定(至少是崇奉)的行为规则的总和——这种秩序是由文明社

---

① [美]庞德:《通过法律的社会控制 法律的任务》,沈宗灵、董世忠译,商务印书馆1984年版,第12页。
② [美]萨拜因:《政治学说史》(下),刘山译,南木校,商务印书馆1986年版,第400、401页。
③ 法国政论家兰盖语。《马克思恩格斯全集》(第26卷,第一册),人民出版社1979年版,第368页。
④ [英]哈耶克:《经济、科学与政治——哈耶克思想精粹》,冯克利译,江苏人民出版社2000年版,第533、535页。
⑤ [美]庞德:《通过法律的社会控制 法律的任务》,沈宗灵、董世忠译,商务印书馆1984年版,第10页。

会的目的和文明社会的维持所要求的,达到文明社会目的的一个手段"。① 霍贝尔确信:"同其他社会规范一样,法律规范也是选择的产物,它们也受到由其所在社会的基本前提原理所衍生出的主要原则的一致性的检验。"而人们之所以选择法律,是因为"法律是有牙齿的,需要时它能咬人。虽然这些牙齿不一定必须暴露在外","法没有强制力就是徒有虚名"。"有组织的强制力,将法律的命令凌驾于习惯之上"并最终"驯服赤裸裸的暴力"。② 道理很简单,"一个法律制度,如果没有可强制实施的惩罚手段,就会被证明无力限制非合作的、反社会的和犯罪等因素,从而就不能实现其在社会中维护秩序与正义的基本职能。"③ 不仅如此,这种法律强制还是社会的普遍认同和自甘受制的,也是为社会所能普遍接受的。它以人性为缘起,又以人性关怀为归宿,成为人类营共同有序生活的基础。否则"仅仅意味着强制的暴力而非强制"。简言之,充满了人性的温情触摸和体认。

---

① J. Dabin, General Theory of Law,转引自 C. Morris, *The Great Legal Philosophers-Selected Readings in Jurisprudence*, University of Pennsylvania Press, 1959, p. 487.
② [美]霍贝尔:《初民的法律》,周勇译,罗致平校,中国社会科学出版社 1993 年版,第 27、28、309 页。
③ [美]博登海默:《法理学 法律哲学与法律方法》,邓正来译,中国政法大学出版社 1999 年版,第 344 页。

第三章 法律的人文主义演变及形成

中世纪被公认为是一个黑暗的年代,以神为中心,推崇神性,反对人性,因而在法律中(主要是教会法)就反映出神性对人性的扭曲和摧残,一切听从上帝的神性主张,体现出神性的色彩。然而文艺复兴却涤荡了这种神性法律观,确立了重视人性,以人为中心的世界观,并最终把人性从神性中解脱了出来,在真正的人文视野中法律从而最终也得以形成。当然,与当时大多数事物都有宗教渊源或背景一样,人文视野中的法律也有其形而上的人文宗教根源,其中,加尔文·路德教派无疑是其突出的形而上根源。在人文主义的影响下诞生了古典自然法。

一、人类文明的苦乐年华——中世纪法律的评述及反思

在前一章里,根据我们的分析得知:人类天生的文明的信念和文明自身的品性使得人类选择、构筑了法律,并由于法律本身强力特性使法律成为了文明的清道夫和坚强柱石,人类终于也不再为自然状态、野蛮和恐惧所萦绕,并最大程度地真正享受到文明的惠赐或幸福式的福音。受这一事实的影响,人类欣喜地发现通过法律的文明使人感到如释重负,人不再是自然状态下"疯人院"成员或竞技场的斗士,人是可以自由自在地选择、规划自己的有意义的生活方式和生存样式的,社会与混乱的自然状态也风马牛不相及,规则化的秩序存在于社会所有领域:"人终于可以成为人,人终于最终成为人",无疑是这样一个法律统治文明时代的最大荣光。得体的生活是行动的自明法则;没有漫不经心的轻举妄动,没有无可救药的混乱;审慎的思考,合理负责任的抉择是所有文明社会人们居世的首要条件——不仅仅是充分条件,而且还是必要条件。因而,毫不奇怪的是,法律已被纳入了神圣庄严的行列,它既获得了世俗条件的意义,也获得了神圣实质的渊源,法律的凡态与人性普遍的终极真理高度关联与契合,"法律即人的生活,人的生活即法律","法律不仅是世俗政策的

工具,而且还是生活终极目的和意义的一部分"①,并获得了永恒的价值。

然而,不无遗憾的是,在中世纪的历史上,法律却没有这样本来的荣光,相反,诚如已逝的邓正来先生所曾慨叹的——

> "人类选择了法律,便崇尚法律,可是历史也曾奇迹地开过玩笑,使法律的选择人苦吟挣扎于无法状况或恶法高压之中"。② 或者说,人啊,你只不过是一个可怜的受骗载体罢了。

法律当然主要是教会法却曾在很大意义上扮演了这样的角色:人性的扭曲和人性的压抑。法律沦为宗教的奴婢和侍女,调整一切社会关系只是宗教法或教会法,包括调整宗教社会关系,教会法不仅适用于教会事务,也适用于许多世俗事务,并得到国家强制力的认可。于是在这段历史的下面,法律成为上帝神圣指示的产物,"法律来自上帝,而且是神圣的"。用这种方式去看待法律自然就必须是透过对某种宗教神学观念的理解这个棱镜来看待法律。这样,神学世界观甚嚣尘上,而法学世界观自然就黯然失色了。

这是显然的事实。如果人们了解当时的欧洲基本状况,那么这就不成为什么奇怪和不可思议的事情。我们应当从中世纪特有的社会结构开始,它,当时的欧洲,基督教以它超越宗教、部落和地域的社会共同体概念和一种超界域的统一意识形态吸引着整个欧洲民族,莫纳汉告诉我们,"基督教教会在中世纪是个体所属的最为重要的共同体或社会;对中世纪教徒来说,它远比他置身其中的特定政治社会更为重要,所以准确地说,教会是十足的统治制度"。③ 基督教教会广泛宣扬上帝是世间万物的创造者、主宰者,世间万物都是由上帝创造和安排的,人们只要对他谦恭和信从就将使人们摆脱所有尘世的束缚与奴役,摆脱命运和死亡本身的支配;同时,教会还宣称自己是上帝的旨意在地球上的代表,是凌驾于一切地球的统治者之上的。

在这种教义的广泛宣扬下,中世纪教会权势得到了长足的增长并最终处于"万流归宗"的至尊地位——它对于西欧各国政治、经济、精神生活实行着绝

---

① [美]伯尔曼:《法律与宗教》,梁治平译,生活·读书·新知三联书店1991年版,第43页。
② [美]博登海默:《法理学 法律哲学与法律方法》,邓正来译,中国政法大学出版社1999年版,重译序第Ⅱ页。
③ 见[美]斯科特·戈登:《控制国家——西方宪政的历史》,应奇等译,江苏人民出版社2001年版,第120页。

对的一元统治①,并套上了绝对的神学锁链。它把意识形态的其他一切形式——哲学、政治、法学都合并到神学中②,宗教教义也即基督教教义自称为含有永恒的和绝对可靠的真理,它以"按上帝意志行事""世界上一切都是来自上帝永恒不变的安排"为至上理论;并以这样鲜明的思想方式为精神圭臬:教会并不是一种单纯出于人类目的性考虑,旨在成为帮助个人达到上帝所设的宗教目的的工具,上帝也未将自己囿于仅仅为个别基督徒的生活设定准则,而是为全体基督徒的生活设定准则,而是为全体基督徒的生活建立秩序。这种秩序不仅培养和支持个人遵守宗教信条,不仅对个人发生作用,而且提供了宗教的内在价值作为本身目的,"唯上帝能带来秩序",在教皇和主教掌握的法权社会之外,毫无福祉可言!并进而形成了一个真正而又有威权的政治实体,这个政治实体是一个统一而又遍及各国的机构,它的管辖权是超越所有种族、民族、语言的分界线而通行无阻的,形成了一个流行于中世纪的泛国家化的基督教世界或极权的教权社会:其一,教皇是最高领袖;其二,基督教世界不是一个政教合一的实体,宗教事务和世俗事务在那里是不同的两个领域,教会在宗教上直接行使权威,君主则直接管理世俗事务。……国家在当时只是被视为基督教世界的一个组成成分。③一切基督徒一方面是某个国家的属民,受自然法和他们的国家法的保护,另一方面他们是教会的属民。④而对那些非基督徒以及所谓不合基督正统的异端,教会则设置了宗教裁判所对之进行疯狂的镇压和血腥统治,将异端严格控制在萌芽状态中,从而达到不容异教存在以及维系所谓的敬畏上帝和教会的基督人生观。

亨利·皮朗对这样一个极权的教权社会或基督教世界作了如下描述:"在严格的教权社会里教会居于显赫而重要的地位,并曾掌握着经济上与道德上的支配权,教会拥有的无数大地产,其范围超过了贵族,正如同在知识方面,教会也超过了贵族一样。……国王与诸侯们只能从教会里招聘他们行使职权所必需的一切有文化的成员,从9世纪到11世纪,政府的全部事务都掌握在教会手里,在政府事务中,正如在艺术方面一样,教会占有优势。"⑤总之,教会无所不在,"在政治、宗教、道德教育、哲学、科学、文学和艺术方面,即在每一种人

---

① 李平晔:《人的发现》,四川人民出版社1983年版,第9—10页。
② 《马克思恩格斯全集》(第21卷),人民出版社1979年版,第251页。
③ 见彭小瑜:《中世纪西欧教会法对教会与国家的关系的理解和规范》,《历史研究》2000年第2期。
④ [美]汤普逊:《中世纪经济社会史》(下册),耿淡如译,商务印书馆1961年版,第261页。
⑤ [比]皮朗:《中世纪欧洲经济社会史》,乐文译,上海人民出版社1986年版,第11—12页。

类活动的领域里,有组织的教会都有极大的影响。"①教会是共同主宰,是神圣的,因而任何事物都披上了基督教的程式和仪式的外衣。一切都笼罩在教会和基督神学的帷幕里,并最终发展成为了奴役中世纪西欧各国人民的精神枷锁和桎梏——基督教权威神学体系,一个包罗万象无可置疑的权威性神学体系。西欧就这样以一个要求人们绝对的不容置疑的敬畏和尊重的、超国家的罗马教会的存在为前提形成了多元政治共同体,并使得西方社会在相当长的时间一度接受教会的统治和奴役。马克思主义经典作家对此这样描述道:"中世纪只知道一种意识形态,即宗教和神学的基督教世界景观。"②"基督教的社会原则颂扬怯懦、自卑、自甘屈辱,顺从驯服。总之,颂扬愚民的各种特点。"它宣扬"把国教顾问答应对一切已使人受害的弊端的补偿搬到天上,从而为这些弊端的继续在地上存在进行辩护。"它认为"压迫者对待被压迫者的各种卑鄙龌龊的行为,不是对生就的罪恶和其他罪恶的公正惩罚,就是无限英明的上帝对人们赎罪的考验。"③

不言自喻,在这样一个基督教权威神学体系之下,孕育出的果实必然就是蒙昧主义、神秘主义的,或者确切地说,即神学唯心主义体系和神学世界观、人生观。对我们的论证而言,这无异于也向人们表明:中世纪基督教会对于人类绝对统治的实现所导致的就是人性的扭曲及抹杀的事实,人的价值,人的权利,人的尊严丧失的现实,一句话,人不成其为人的事实。它彰显和宣扬了一种降卑的伟大的基督教义和执信的消极观念,从而给人们心灵罩上了浓厚的悲观主义的阴影,并成功地造就了蒙昧主义神权统治的中世纪图景——信仰主义、盲目服从、盲目信仰、泯灭人性,所以爱拉斯莫认为,"整个来说,基督教似乎是和某种愚蠢同类的,和智慧没有任何渊源"。④ 它最终"把古代文明、古代哲学、政治和法律一扫而光"。⑤

由此可见,中世纪对整个文明的消极影响是非常明显的。这的的确确是人类文明史上的一段苦难黯淡的年华,文明以破碎的形式在中世纪的染缸中度春秋。海克尔一语中地指出:"罗马天主教的世界统治首先给中世纪打上了它阴暗的烙印;这种世界统治意味着一切自由精神生活的死亡,一切真正科

---

① [美]梯利:《西方哲学史》,葛力译,商务印书馆1995年版,第174页。
② 转引自袁华音:《西方社会思想史》,南开大学出版社1988年版,第58页。
③ 《马克思恩格斯全集》(第4卷),人民出版社1979年版,第21页。
④ 见李平晔:《宗教改革与西方近代社会思潮》,今日中国出版社1992年版,第106页。
⑤ 《马克思恩格斯全集》(第7卷),人民出版社1979年版,第400页。

学的倒退,一切纯粹伦常的没落。"①

受此影响,整个中世纪社会制度形式的真实渊源和行事的主要原则也就必然是教会法治、神权政治,因为,从本质上讲,在中世纪,世俗社会结构的观念和现实,在很大意义上也就是政治国家的观念和现实——马克思和恩格斯指出:"统治阶级的思想在每一时代都是占统治地位的思想。"②——这也符合极权教权社会的需要。于是,教会羽翼丰满之后,就开始了神权政治的尝试——力图借助法的力量抑制王权的膨胀,将法律上升为终极意义上的神的理性,并且宣称人的法律乃是整个神圣统治体系的一个重要组成部分——并试图将西欧的各种政治势力和各阶级置于教会的统治之下,尽管遭到了来自世俗贵族的反抗和教士集团内部纷争的阻碍,使得这种神权政治未获全功。然而,宗教也即基督教毕竟占据了至崇至尊的权威地位,人们受着教会(上帝)绝对意志的支配,也不得不服从教会尤其是罗马教廷所辖下的那个精神世界的控制。这样的变化,反映在法律观念上就产生了神学法治学说或观念,教会(宗教)决定着法律的精神和内容,法律始终摆脱不了神学教条和基督教教会的樊笼,法的统治与神的统治自此完全契合,从而使得中世纪法律在神治中找到了恰切的依据和归宿,并在教会法中找到了法律表达:法是上帝为人类规定的行为标准。这样,教会法带着它的中世纪形式及相关的究极的神学背景最终得以形成,并相应地造就了一个严密而不可一世的教会法体系和法秩序,并对这种权力秩序及教阶制的神圣性质进行论证,充分反映了教会的汲汲所求。伯尔曼指出:第一个近代的西方法律体系是天主教的教会法,又称寺院法,它形成于11世纪晚期和12世纪初期,宗教统治就这样遽然形成,教会法与神天衣无缝地融为一体。所以马克思说,中世纪的"政治和法律都掌握在伴侣手中,也和其他一切科学一样,成了神学的分枝,一切按照神学中的通行的原则来处理。教会教条同时就是政治信条,圣经词句在各法庭中都有法律的效力。"③这就是通常所说的教会法的背景及由来。

当然不言自喻的是,在这种土壤里孕育出来的教会法自然也就深深地打上了基督教神学世界观的印记和痕迹,"法律主要被想象为是对人们无意识心

---

① [德]海克尔:《宇宙之迷》,上海外国自然科学哲学著作编译组译,上海人民出版社1974年版,第297页。
② 《马克思恩格斯选集》(第1卷),人民出版社1972年版,第52页。
③ 《马克思恩格斯全集》(第7卷),人民出版社1979年版,第400页。

理的表达,是他们共同良心的产物,而不被想象为是对有意识的理性或意志的深思熟虑的表达。在这方面,法律同艺术、神话和语言本身没有两样"。① "法律在很大程度上与神学学说、礼拜仪式和各种圣礼交织在一起"。它的"基本制度、概念和价值"都有其 11 和 12 世纪的宗教仪式、圣礼以及学说方面的渊源,反映着对于死亡、罪、惩罚、宽恕和拯救的态度,以及关于神与人、信仰与理性之间的关系的设想。"法律(自然也)被视为完成西方基督教世界使命的一种途径,这种使命是在尘世建立上帝的王国",它是神意的工具,因而人们除了信仰和服从外不得有任何根本的更改,"要按照上帝的法律过有德行的生活,要按照人世间的法律公正地生活",当时一个帝国的巡回使这样告诫人们。法律是固定不变的神启的习惯模式,它可以由人来适用和解释,但不能由人来改变。就"立法"的人来说,他们实际上是在宣布法律,澄清这一法律究竟是什么,而不是创造法律。而"事实上,否定人企图在任何根本的方面对这个世界的法律进行改革的价值是那个时期基督教信仰的一个实质部分"。②

在这种情况下,同样不言自喻的是,法律包括教会法和世俗法也就埋下了人性压抑和扭曲的种子,充满了道德神学的意蕴。教会完全把世俗法律当作儿戏给曲解了。美国律师赞恩这样慨叹道:比如在民事案件里,"教庭判定一个合同是否可以实施的标准是以基督教的慈善、博爱为本,看实施它是否公正"。③ 而在刑事案件里,"惩罚的观念从属于治疗的观念;治疗则被想象为是确立与上帝的正当关系,或者说是确立与整个生活——包括来世的生活——的正当关系"。④ 即使当时也有尘世法或人法即民俗法和上帝法之分,但他们如同伯尔曼所断言的均属同一种文化,人们无法论及世俗法与教会法、世俗法与神法的分离,两者有共同基础,并且世俗法只有微弱的实施手段,它需要上帝法中苦行赎罪法的支持,"如果一个人今后在任何方面违反了上帝或人类的正义之法,那么就让他积极地赎罪吧,……既通过神圣的补赎方法,又通过人世间的惩罚手段",当时盎格鲁撒克逊国王埃塞尔雷德的法律中如此规定道。另一方面,教会法还热衷于从《圣经》而不是从罗马法中找寻渊源和权威,并深

---

① [美]伯尔曼:《法律与革命——西方法律传统的形式》,贺卫方、高鸿钧、张志铭、夏勇译,中国大百科全书出版社 1993 年版,第 200 页。
② [美]伯尔曼:《法律与革命——西方法律传统的形式》,贺卫方、高鸿钧、张志铭、夏勇译,中国大百科全书出版社 1993 年版,第 99 页。
③ [美]赞恩:《法律的故事》,刘昕、胡凝译,姜渭渔审校,江苏人民出版社 1998 年版,第 196 页。
④ [美]伯尔曼:《法律与革命——西方法律传统的形式》,贺卫方、高鸿钧、张志铭、夏勇译,中国大百科全书出版社 1993 年版,第 86 页。

深地植根于基督教《圣经》之中,他们用《摩西十诫》推演教会法的绝对、至高无上的权威原则,"对他们来说,《圣经》的每一个字都是神圣的",代表了对上帝的不加任何怀疑的信仰和信奉。——这也等于说,上帝被用来作为了衡量世俗秩序的标准和尺度。

这样,按人文视野看来,古罗马法思想家和法学家建立一个强大法治王国的构想,也渐渐消失在基督教蒙昧意识的福音和神学深渊之中去了。这尤其也可在教会法的出现后而在12世纪后半期欧洲各大学新增了的新近发展起来的天主教的教会法的教学和学术研究方法中得到有力的论述和证成。——伯尔曼承认,近代西方制度在11世纪晚期和12世纪的出现是与欧洲最早的一批大学的出现密切相关的。实在说来,当时各大学盛行的教学和学术研究方法说到底其实就是中世纪的经院主义——一种分析和综合的研究观念和方法。这种在12世纪第一个十年早期最初在法律和神学两个领域得到成熟发展的观念和方法具体来说就是:它预先假定某些书籍的绝对权威性,它们被认为包含着一种综合性的和完整的体系;但是,自相矛盾的是,它也假定文本里可能存在着疏漏和矛盾;因而它便将文本的概述,疏漏的填补以及矛盾的解决作为主要的任务。在12世纪这种方法被称为"辩证的",当时这个词的含义是寻求对立事物的和谐。罗素指出,作为哲学上的一个学派,它具有如下鲜明的特征:第一,它被各该作者局限于自己视为正统教义的范围之内;如果他的意见受到宗教会议的谴责,他常常自愿撤消其意见。这完全不能归咎于个人的懦怯;倒是类似一个法官之服从上级法院的判决。第二,在正统教义内,崇奉亚里士多德;第三,经院哲学家非常相信辩证法和三段论法的推理;第四,突出共相问题。①

这就是教会法兴起后在各大学所盛行并被广为接受的研究方法。这种方法随后便很快贯穿于法律、神学领域——神学方面由经院主义之父、神学家彼得·阿伯拉尔所贡献,而在法律方面,借助于这种方法,教会则重开了对陈旧的罗马法研究,并通过把罗马法中繁复的范畴和分类变为抽象的法律概念,改造了罗马法。就此而言,经院主义方法表现为对于大量的法律学说进行分析和综合,这些学说是从查士丁尼的法律以及世俗当局所制定的法律中找出来的,其中许多彼此冲突。但是强调矛盾分析综合后的协调,使12世纪西方法学家在对待法律概念和法律规则方面比他的罗马前辈有了更大的自由度和灵活性,从而形成了被

---

① [英]罗素:《西方哲学史》(上),何兆武、李约瑟译,商务印书馆1963年版,第529—530页。

西方学者称作的"罗马—教会法体系"或"教会合法化的罗马法"。

很明显,这种盛行一时的研究方法也是推崇人的理性即人性的,以所谓"不靠神启而仅凭理性追求真理"的方法将其拿来论证教义,使教义换上了新的面目以适应理性发展的社会潮流和时代需求:当时的法学家们都设想他们能够通过理性证明权威法律文本中的一般真理和一般正义,确信可以通过理性从权威文本中推导出一般的法律原则。对于他们来说,罗马法中的敕令和解答,无论是单个的或整体的,都构成了罗马法学家自己心目中绝没有构成的一种书面自然法,一种书面理性,他们将罗马法连同《圣经》、教父著述以及教会的法律一起视为神圣的典籍。由于罗马的法律规范是真实的和公正的,从其中就可以必然地推导出新的真理和正义。但是由于它们中间存在着分歧、模糊和矛盾,他们又不得不诉诸于辩证推理:那就是要提出问题,要作出分类和定义,要陈述相反的观点,要对冲突加以综合。然而这种理性却仅在教会神学里才有其存在的意义,它是上帝意志的产物:"统治天国的法则是根据神的意志制定的而不是根据神的智慧制定的。"这意味着至上神学的唯意志论得到了十足的宣认和强调,漠视事实和科学,坚决否认人类理性认识自然的作用。这样,留给教俗两界的就除了信仰,还是信仰,信仰先(高)于理性,而现代理性主义自然也毫无立足之地。所以伯尔曼在评价当时的法学家们的工作时这样说道:"这是第一次系统地适用圣安塞姆的著名格言,只有信仰,才能理解。"教会法就由这种信仰确立了其对人的意识形态控制和渗透的合法性和权威性,由此也就顺理成章地建立起中世纪天主教蒙昧主义神学统治的全部基础:抹杀个人理性、弘扬神性。人类智慧之光、文明之光就这样被抹杀于这种无可名状的信仰之中。马克思就此一针见血地评价道:这是一种为了捍卫宗教,很快就不得不炮制出一种像肥皂泡那样吹起来的唯理论体系;①而德国哲学家阿图尔·考夫曼则斥之为一种现实性骗局。

这样看来,中世纪经院主义只是神学思想武器库中的一件器械而已:它依赖于圣经经文,是一种信奉权威的方法;它"不仅是一种方法,而且是一种法理学和一种神学"。② 这也符合人们对它以及由此生发的经院哲学的通常见

---

① 《马克思恩格斯全集》(第30卷),人民出版社1979年版,第335页。
② [美]伯尔曼:《法律与革命——西方法律传统的形式》,贺卫方、高鸿钧、张志铭、夏勇译,中国大百科全书出版社1993年版,第172页。

解：经院哲学就是"使古典哲学与基督教信仰协调一致的理论和实践"。[①] 实际上就是使哲学服从于、服务于神学,理性服从于信仰的一种尝试。通过经院哲学,教会神学得到了证明;通过教会神学名称,伪造出一个地道的教会法学的单纯标准。但只要人们记住这样一个事实:经院哲学的思想公式使人受缚于神,而不是与人的"存在"信念相关联,它是一种阴森幽冥的宗教理想的生成方式,而不是生机盎然的人间乐园的生发方式,则文明的非理性雾霭就将拨开,而这种标准的谬误显而易见。这在法律中的应用的结果就导致了中世纪基督教法哲学的一个主旋律:神学世界观而非法学世界观,背离了人文精神,笼罩在霍贝尔式的初民法律的光环之下:即每个初民法律社会都无一例外地设定神灵或超自然力的存在,他们寄望于神灵,并坚信它们对人的任何一个特定的行为作出赞成或不赞成的反应,他们认为,在其生活的大多数或某些重要的方面,人服从神的意志,生活必须与神的意旨相协调。人就是一个未开化、蒙昧的物种,以信仰上帝为始,以人性扭曲而告终。上帝是国王,人则是因循上帝的奴隶,文明的根基——人文主义就不可挽回地被信仰的魔力连根拔起。文明的命运也不难想见了,所以中世纪总被认为是"黑暗的中世纪"。

总之,中世纪教会法充满了人文悲情的氛围,人性在此遭到了十足的压制,人格尊严、人身价值无不受到了极度地贬低和扭曲。它给人类精神造成了严重的创伤,人类在中世纪宗教神学的非人统治下过着一种失去了真实自我和真实人生的生活。

二、法律与革命——法律的人文主义演变及形成

尽管如此,诚如韦伯所指出的那样——

> "任何事物,从一种观点来看是合理的,从另一种观点来看很可能是不合理的。因此在各种不同的生活领域、所有文化地区,合理化的特征差异极大"。[②] 它取决于评判主体的所持与所向,但事物的全景却不应忽略。

这却只是中世纪这个伟大的宗教信仰时代尤其是盛期图景的一个方面,这幅

[①] [美]拉尔夫、勒纳、米查姆、伯恩斯:《世界文明史》(上卷),赵丰等译,商务印书馆2001年版,第634页。
[②] [德]韦伯:《新教伦理与资本主义精神》,黄晓京、彭强译,陕西师范大学出版社2002年版,第25页。

第三章　法律的人文主义演变及形成

图景还有另一方面(主要是末期)也不能不加以注意：作为人类文明史上的一段不可抹煞的岁月，中世纪也无时无刻不孕育着文明的基因和新生力量。汤普逊指出："近代社会的根源是深深地扎根于中世纪时代的历史里。中世纪历史是近代所承袭的遗产"。对此他还特地告诫人们"不应该认为它是与我们无关的东西。它的文明在多方面已渗入我们的文明里。"①而意大利学者加林也卓有成效地确认了这一点：中世纪绝不是黑暗的和野蛮的，而是充满着文明的光辉和伟大的思想。②

这样的证据也俯拾即是：除了一些纯属反动的教义和如宗教裁判所等反动设施外，中世纪几乎所有的事实或现象都可以说在人类文明的维系和传承上起到过重要的作用。教权和王权、神圣秩序和世俗秩序之间的争斗和冲突，使得中世纪成了塑造法律信仰和为现代法治的产生奠基的黄金时期——因为两种权力只有通过对法治的共同承认，承认法律高于它们两者，才能和平共存。所以基佐认为，教会权力和世俗权力的分离和相互独立，"除了它给教会带来的世俗利益之外，它还有这种不可估量的效果，即在权利的基础上产生了权力的分裂和互相分开控制权力"——这却是现代法治的基石；③至于经院哲学，一方面，它应当作为哲学的一个派别，丰富了哲学枝叶。另一方面，更为重要的是，经院哲学的方法也曾被中世纪文化培养出来的近代早期科学家们所汲取和利用。"经院哲学训练了他们"，"正如罗马法的存在使得秩序的理想在整个混乱时代和中世纪得以维持不坠一样，经院哲学也维持了理性的崇高地位，相信上帝和宇宙是人的心灵所能把握，甚至部分理解的。这样，它就为科学铺平了道路，因而科学必须假定自然界是可以理解的。文艺复兴时期的人们在创立现代科学时，应该感谢经院哲学派作出这个假定"，丹皮尔这样评价道；④而它一直饱受争议甚或批判的"世界是堕落的结果，物质是罪落的渊薮"(梯利语)的禁欲主义世界观，在近现代西方"只重视物质生活的手段，而忽视了生命本身的意义"的人性丧失和人的异化加剧的今天，无疑也具有后现代人性反省的渊源和当然的意义。

对此，里夫金中肯地告白道："只有人类文明不是过分注重物质世界，人类作为一个整体才能更自由地超越于物质桎梏，与深邃而又无所不在的精神世

---

① [美]汤普逊：《中世纪经济社会史》(下册)，耿淡如译，商务印书馆1961年版，第459页。
② [意]加林：《意大利人文主义》，李玉成译，生活·读书·新知三联书店1998年版，第12页。
③ [法]基佐：《欧洲文明史》，程洪逵、沅芷译，商务印书馆1998年版，第93页。
④ [美]丹皮尔：《科学史》(上)，李珩译，张今校，商务印书馆1975年版，绪论12页、第153页。

界统一起来。"①即使对于中世纪社会秩序的圣经——基督教本身来说,诚如基佐和亨利·皮朗等人所言,成了中世纪与古代文明联系起来的唯一桥梁,并有力地帮助了近代文明形成它的特色,促进了文明的发展。② 它们都是文明的胚胎或是文明的基本因素,尽管它们或粗浅或荒诞,但它们都应被视作中世纪传统的组成部分,并融汇于文明历史长河的滚滚洪流之中,从而变成为文明得以演化的一个因素。

这样看来,中世纪的的确确具有作为文明生活方式的全部意义。这种生活方式所允诺的目标就是现世的幸福和近代文明的根源,它是文明得以传承和维续的有效手段和媒质。它涉及的问题都与文明和理性的亮光相连。所以无怪乎"在历史科学家眼中,中世纪是现代的摇篮","中世纪并非像前人想象的那样黑暗和僵化。"③中世纪实足可称得上人类文明史上的苦乐年华——有反动,有进步;有阴翳,也有晴天。它也蕴含着文明新生的种子。

而就我们的论点而言,无疑,对文明本身的发展和拓延值得大书特书的是中世纪后半期,随着经济的发展和科学的革命以及地理大发现等多种事实的出现,人类理智中蕴含的另一种力量——批判与对抗神本主义、重新发现人的伟大与人的理性至上性的力量也就逐渐冒了出来。欧洲开始了一个社会革命、政治革命和技术革命的新时代。伟大的时代产生了伟大的变革,这首先从意大利开始,到 14 世纪末,几乎整个欧洲都在经受同意大利一样的极端不安或一样的对知识的好奇的折磨,这一过程发生在一个总体发展中。在这个总体发展中,文艺复兴、宗教改革无疑发挥了积极的、甚至是最突出的作用,它们改变了世界的面貌,也造就了现代世界的雏形。与之相伴随,人文视野中的法律也逐渐初步形成,法律也重新回归了本来的含义——摒弃神性,恢复人性,并在这一哥白尼式的革命性变化的影响下诞生了古典自然法即近代自然法。

(一)从神性走向人性——文艺复兴与法律的人文主义背景

文艺复兴运动是发源于 14 世纪意大利的人类历史上的一次伟大的新思想、新文化的革命运动,它是以人和自然为研究对象的世俗思想文化运动,因而文艺复兴的指导思想或主要思潮是人文主义。它展示了历史上变革中少有的专注性和逻辑严密性——围绕着以人为中心而不是以上帝为中心传播和倡

---

① [美]里夫金:《熵——一种新的世界观》,吕明、袁丹译,上海译文出版社 1987 年版,第 6 页。
② [比]皮朗:《中世纪欧洲经济社会史》,乐文译,上海人民出版社 1986 年版,第 10—11 页。
③ C. H. Haskins: *The Renaissance of the Twelfth century*, Cambridge, U. S. A. 1927, p.178.

扬新兴资产阶级的人的"不可估量的尊严和优越"以及人的本性中的"特殊的天赋和少有的有利条件"的个人主义、理性至上的世俗人生观、世界观,以反对旧有的中世纪的教权社会的神性和神学世界观。所以"文艺复兴这一概念带有很强的价值色彩,它从一开始就包含着对中世纪文明的激进批评"①,并憧憬新生的希望。所以房龙指出,就这个意义而言,文艺复兴不是一个政治或宗教运动,它是一种精神状态。② 它"对正在被废弃的世界的笑声是全面的和冷酷无情的;它对生活的新生和对社会与科学进步的信仰是无限的。"③它猛烈地撕碎了中世纪教权社会的图景,并展示了一幅新的社会画卷。他们通过诉诸古希腊、古罗马模范文明,肯定了人的伟大和人的尊严,恢复了人的理性的价值。而随着他们在古代文明中重新发现了人在历史发展中的重要地位,人们对人就有了一个全新的观念:人再也不是上帝的仆从了。这自然与受宗教感情所支配的中世纪的人的观念大相径庭,历史是人们意志而不是灵魂或神意志的产物,他是人的伟大而不是神的万能的产物,人获得了一个全新的形象——人类的尊严和高贵得到赞颂,人文主体精神得到了前所未有的弘扬。文艺复兴精神的最深刻的表现之一——肯定自我和希望万古流芳也得到了恰当的理由和依据。

于是,一时间,"拜占庭灭亡时抢救出来的手抄本,罗马废墟中发掘出来的古代雕像,在惊讶的西方面前展示了一个新的世界——希腊的古代,在它的光辉形象面前,中世纪的幽灵消失了,意大利出现了前所未有的艺术繁荣……"④,人性也得到了前所未有的澄明和张扬。这种人间乐园的生机盎然自然反衬了中世纪阴森幽冥的宗教社会。如此一来,人们重新将目光从天国降到人间,并从理智的迷梦中苏醒了过来,"我是凡人,我只要求凡人的幸福",成为时兴的名言。布克哈特就此评价道:"文艺复兴时期的意大利人(乃至欧洲人)必需经受一个新时代的第一次巨大的浪潮的冲击。由于他们的天赋才能和热情,他们成了那个时代的一切高度和一切深度的最典型的代表。和极端的堕落一起出现了具有最崇高的谐和的人类个性和一种艺术光辉,这种光辉给人类生活罩上了一层光彩。而这种光彩是古代文化或中世纪精神所不能

---

① 于海:《西方社会思想史》,复旦大学出版社 1993 年版,第 71 页。
② [美]房龙:《人类的故事》,刘缘子等译,生活·读书·新知三联书店 1988 年版,第 218 页。
③ 见王加丰:《法国文艺复兴与宗教改革》,《浙江师范大学学报》1995 年第 4 期。
④ 《恩格斯自然辩证法》,人民出版社 1972 年版,第 6—7 页。

或不愿赐予的。"①

详言之,由于文艺复兴的坚实基础是同当时发掘的古代艺术品的魅力密不可分的,文艺复兴重新燃起了对古代世界的兴趣和探索的激情,并在很短的时间内使得古典主义遍及各地——这一点无论证诸于当时的修辞、文学、艺术,还是建筑、雕塑、绘画等诸多领域,都是不难得到需要的证据的。而古人世界的重新发现又反过来释放了新的能量,刺激了想象力,从而更强劲地再生出人们的"探宝"激情,如此循环往复,文艺复兴就获得了广泛的古代希腊、罗马文明的立足点,古代文明获得了理想化的形象和值得仿效的模范意义,古典世界的荣耀再次复活了,古典的价值也得到了恢复,并最终使得人们发现了新的真理,创造了新的形式,而不是恢复过去的已被淹没或歪曲的许多价值。人们就这样沉浸在古代哲学、文学、艺术等大发现的热忱之中,并确信正在"亲临一次精神世界的新生,而不是类似春光、花朵或果实那种周而复始的回复"(保罗·富尔语)。布洛克指出:"古希腊思想最吸引人的地方之一是,它是以人为中心,而不是以上帝为中心的",它肯定人的活动空间。② 由此就必然有助于这样一种日益强烈的信念生长开来:人,仅仅是人,才能无可置疑地置于"世界的中心"地位。人就此也再次成为一切思考的中心。

很显然,就目前我们的论据所要达到的目的而言,这绝对是一种革命性的看法。它表明,一种致力于赞颂人、尊重人的货真价实的人文主义价值观已悄然走向前台。而与之一脉相承的是,一个革命性后果也自然呼之欲出了,那就是,以人为万物之本、人为万物之最,相信人有无穷的力量和巨大的才能为基本要义的人文主义观点与那种认为上帝创造宇宙、上帝位于宇宙的中心等绝对不变的中世纪神性逻辑构成了鲜明的对立和背离姿态,人的形象而不是神的形象成了现实生活的不可争辩的主角。正如当时艺术史学家弗郎卡斯特尔所说,"人从此认识了自己的自主性。他们为自己有分辨万物的能力感到骄傲,他们认为自己是在地球上推动和谐生活发展的主人翁。"③

其进一步的结果是,伴随着这种逐渐普照四方的观点,人们对历史也采取了一种新的看法:历史永远是"此世"的人而不是中世纪想象中的"彼世"的上帝的历史,并且对人自身在历史上的重要价值有了前所未有的特别自信的意

---

① [瑞士]布克哈特:《意大利文艺复兴时期的文化》,何新译,商务印书馆1992年版,第446页。
② [英]布洛克:《西方人文主义传统》,董乐山译,生活·读书·新知三联书店1997年版,第14页。
③ [意]苏阿托妮:《从神性走向人性》,夏方林译,四川人民出版社2000年版,第93页。

识和见识,人们自然也就逐渐对中世纪长期形成的品德、行为模式失去了惯常的尊重,中世纪沮丧地远去了。人开始占据着世间舞台的中心,并且对自己的力量和独创性抱有极大的信心。也正因如此,所以像亚尔培蒂这样的人文主义者就坚持认为:"人只要有足够的胆量是能够制服命运的。"而对于人的创造能力和塑造自己生活能力这样的强调,自不待言地就必然逐渐把人们对于人的专注带入了一个显著的位置。从此以后,人们发现了一个不同于中世纪的世界和人生,坚信人的能力、权利、自由和理性。

这是一种新态度、新信念,也是一种新的思想感情方式和新的看待世间(界)的看法,并最终把人类从中世纪的神秘主义阴影中解脱了出来:人应该按人的方式生活,世界是人所可理喻的世界。布克哈特用一种对照法揭示了其中的真理变迁:在中世纪,人类意识的两方面——内心自省和外界观察都一样——一直在一层共同的纱幕之下,处于睡眠或者半醒状态。这层纱幕是由信仰、幻想和幼稚的偏见织成的,透过它向外看,世界和历史都罩上了一层奇怪的色彩。人类只是作为一个种族、民族、党派、家族或社团的一员——只是通过某些一般的范畴,而意识到自己。在意大利,这层纱幕最先烟消云散;对于国家和这个世界上的一切事物做客观的处理和考虑成为可能的了。同时,主观方面也相应地强调表现了自己;人成了精神的个体,并且也这样来认识自己。[①] 约翰·西蒙兹也指出:"在文艺复兴时期突然显示其生命力的艺术和创作,知识和书籍曾长期被埋没在我们称之为中世纪的死海之岸……中世纪的精神状况是愚昧无知地拜倒在教会的偶像——教条、权威和烦琐哲学之前,……总之,理智处在昏睡状态,人对于自己的智慧和能力乃是一种财富一无所知。他们花费生命中大部分时间为来世做准备。虔诚地按基督要义祈祷、画十字,而文艺复兴则把理智从地牢中解放了出来。它既发现了人的内部世界,也发现了外部世界。"[②]而一旦人重新认识到了自己,人进而也获得了存在意义上人的新生,所以,这个时期的一大时代特点是"首先给了个性以最高度的发展,其次并引导个人以一切形式和在一切条件下对自己做热诚的和最彻底的研究。"[③]西方著名文化史学家布克哈特称之为"人的发现和世界的发

---

① [瑞士]布克哈特:《意大利文艺复兴时期的文化》,何新译,商务印书馆1992年版,第125页。
② Philip Lee Ralph, *The Renaissance in Perspective*, G. Bell&Sons, London, 1974, p. 5.
③ [瑞士]布克哈特:《意大利文艺复兴时期的文化》,何新译,商务印书馆1992年版,第302页。

现"的伟大时代——一个"把我们的时代和前人区分开来的世界的发现"①：发现了人的伟大和尊严。保罗·富尔也就此感叹道："但是对人来说，有什么比人对自身的发现更伟大的发现呢？他隐约看见了自己的界限。他研究并注视着自己的肉体，心中怀着热爱，怀着崇敬。"②

总之，文艺复兴时期这种"人的发现"具有重要的历史进步意义，它是人类文明中人的自我认识一次重大飞跃，开启了近代西方工业文明时代的人本精神和科学理性精神的大门。它为西方工业文明的发展确定了总的文化发展方向和理想的人性模式。在这个意义上，文艺复兴的哲学也可以说是和"中小市民阶级发展为大资产阶级的过程相适应的思想的哲学表现"。它是"资产阶级启蒙运动的第一种形式"，从此以后，人类文明开始迈入了近代文明新时期。所以恩格斯热情地赞誉道，"这是一次人类从来没有经历过的最伟大的进步的变革，是一个需要巨人而且产生了巨人——在思维能力、热情和性格方面，在多才多艺和学识渊博方面的巨人的时代"。③ 正因如此，所以文艺复兴总被用来作为欧洲现代史的初期阶段，法国哲学家夏特莱认为应把文艺复兴叫作现代性的出现或露头更为确切。④ 它使人们看到了新世纪的曙光。保罗·富尔较为客观地评价道：人们常把文艺复兴作为近代的开端。文艺复兴肯定标志着一个新时代的开始，一个有若干发现的新的时代的开始。……无论如何若干真理被发现了。⑤ 罗素则概括性地指出："文艺复兴通过复活希腊时代的知识，创造出一种精神气氛：在这种气氛里再度有可能媲美希腊人的成就，而且个人天才也能够在自从亚历山大时代以来就绝迹了的自由状况下蓬勃生长。文艺复兴时期的政治条件利于个人发展。"⑥

当然，有光的地方就有阴影，文艺复兴也有其消极的一面。它的主要指导思想，正如布洛克先生中肯地指出的一样，有其挥之不去的软弱性和局限性："人文主义按其性质来说是属于个人主义的，它既不是一种信条，也不是一种哲学体系；它不代表任何一个利益集团，也不想把自己组织成一种运动。它只

---

① E. R. Chamberlin, *The World of the Italian Renaissance*, Book Club Associates, London, 1982, p. 2.
② [法]富尔：《文艺复兴》，冯棠译，商务印书馆1995年版，第131页。
③ 《马克思恩格斯选集》（第3卷），人民出版社1972年版，第445页。
④ [法]夏特莱：《理性史》，冀可平、钱翰译，北京大学出版社2000年版，第66页。
⑤ [法]富尔：《文艺复兴》，冯棠译，商务印书馆1995年版，第131页。
⑥ [英]罗素：《西方哲学史》（下），马元德译，商务印书馆1997年版，第17页。

以受过教育的阶级为对象,这是人数有限的城市和贵族精英;不像路德和诺克斯那样,也不像后来反宗教改革的天主教那样,以没有受过教育的广大群众为对象。因此,作为历史力量,它有明显的软弱性,而当某些人组织起来把它当作异端邪说或虚妄幻想加以压制时,这种软弱性就更加明显了。"①简言之,它一直停留在思想家和学者的范围中间。

不仅如此,文艺复兴还崇尚理性的至上性,它抛却了神的眼光而以人的眼光来看待世界,敢于运用理智,反对盲从。然而,这一点却既是其优点也是其诟病之所在。一方面,很明显,它对于否定绝对的神的权威,摧毁封建天主教蒙昧主义理论无疑具有很大的作用,并为近代西方工业文明发展所需要的文化精神提供了实践层面的工具理性理论的思维框架和雏形——人类理性的光辉也得到了前所未有的高扬和信赖;但在另一方面,如果沿着这一方向发展下去,盲目推崇理性,势必导致工具或技术理性的片面发展,人文精神、人道关怀的整体性失落,"使贴近实践要求方面的理性和人类主体性成为主导价值目标,充满世俗感性自然欲求的活生生的个体和具有丰富个性的个人这方面的内容便暂被搁置不论,最多只能充当一种文化副本。"②从而造成理性成为一切评判标准的绝对理性哲学或人类理性主义的僭妄——以物的依赖为基础的人的独立性(奴役性),即人的整体性失落和普遍异化,人失去了自己的精神家园。这一点,随后的文明进程无疑为此做了最贴切的注解。对此弗洛姆深刻地指出:"十九世纪的问题是上帝死了,二十世纪的问题是人死了。在十九世纪,无人性意味着残忍;在二十世纪则意味着精神分裂般的自我异化。"③汤普逊就此也不无道理地认为,文艺复兴包括一种功利主义的人生哲学。④ 自然也难免功利主义的局限:容易置人性关怀于不顾,人的标准退化为一种势利和浅薄的混合物。对此,席勒指出了其中的逻辑关系:我并不反对功利/实用主义者对经验和实际结果的追求,而是想和他们讨论一下这种做法失败的原因;因为他们对一的感觉不够充分,所以他们无法获得真正的标准来检验自己的经验,并分清什么是判断,什么只是一时的印象而已。⑤

---

① [英]布洛克:《西方人文主义传统》,董乐山译,生活·读书·新知三联书店 1997 年版,第 67 页。
② 韩庆祥、王勤:《从文艺复兴"人的发现"到现代"人文精神的反思"》,《北京大学学报》1999 年第 6 期。
③ [美]弗洛姆:《健全的社会》,欧阳谦译,中国文联出版公司 1988 年版,第 370 页。
④ [美]汤普逊:《中世纪晚期欧洲经济社会史》,徐家玲等译,商务印书馆 1992 年版,第 637 页。
⑤ [美]白璧德:《什么是人文主义》,张源译,载张源主编:《美国人文主义》,北京师范大学出版社 2017 年版,第 156 页

此外，文艺复兴的另一个不言自明的局限性在于：文艺复兴的人们仍然或多或少沉浸在中世纪的思维方式中，并仅体现新兴资产阶级的利益。他们并未摆脱上帝观念，只不过，上帝不再与人对立，而是一种人形的上帝，是人性伟大的参照和比喻，"有关上帝的种种偏见或成见主宰着中世纪的舞台，尽管文艺复兴的思想家们更感兴趣的却是人"，罗素这样描述道。① 也就是，它的主旨虽然是人文主义进步的乐章，但它的方法却是非科学的。因此，虽然他们中有些人在革命中发挥了作用，但他们在知识分子运动中没有占据任何值得一提的位置。可以肯定，如果用今天的眼光来看，他们中很多人都曾扮演了相反的不光彩的角色。

不仅如此，在这个艰难时世里，他们只抓住一点不多的收益而拒斥其他，从而形成了一个僵化的体系。造成这种现象的原因在于：文艺复兴时期的人文主义者最不愿做的事，是用另外一种哲学思想体系来代替经院哲学。他们的目标是，把经院哲学（不是古典哲学）所忽略了的一个问题重新提出来：即关于人的本性，我们生命的目的，以及我们走向哪里去等道德、心理和社会及相关的人的日常生活问题而非经院哲学的抽象问题。方法论上的缺陷不可避免地导致了价值目标上的难有作为。所以同样是罗素这样评价道："总的来说，意大利的文艺复兴并没有在哲学方面诞生出伟大的作品。它并不是一个进行伟大哲学思辨的时代，而是一个重新发掘根源的时代。"②

尽管如此，文艺复兴仍然是完全革命的，从人学的意义上来说，它是人类从未尝试过的最伟大的自觉的努力，"文艺复兴重新使人得到了挺立于世界的权利，表现内心世界的权利，以及在上帝面前自己本应有的资格"。③ 它所代表的思想，它对人的经验的价值和中心地位——用今天流行的拉丁文原文来说，即人的尊严——的坚持，力量实在是太大了，这些思想、地位和价值一旦被恢复和重新提出就永远无法加以压制。尽管在十六世纪末，要认识到这一点是困难的，但是未来始终站在前方。文艺复兴导致了欧洲的新生或欧洲的开化，深切地体现了人之为人的依据和理由，人成长起来了。"人获得或明确了普遍和持久的概念。他打开了通向 17 世纪上流社会中有教养的人的道路。这种人'不为一点小事生气'，并力求为大家所理解；不管时势瞬间即变，不管风尚

---

① ［英］罗素：《西方的智慧》（下），崔权醴译，文化艺术出版社 1997 年版，第 363—364 页。
② 同上书，第 375 页。
③ ［意］苏阿托妮：《从神性走向人性》，夏方林译，四川人民出版社 2000 年版，第 3 页。

如何琐碎。从这种争取理解的努力中,人成长起来了,在多样性,在多变多样的事物中,成长起来了。人类被召唤,正是要去享受新的更高的生活。我们保留着对普遍的人类本身的崇拜,但也保留着对一切个人信仰和创造的尊敬,使我们完全新生了",保罗·富尔这样深情地说道。①

从此以后,人成了独立的主体而加以尊重,并影响、渗入到了中古社会秩序和正在兴起形成的近代人文视野中的法律即古典自然法。"公民的概念取代了臣民的概念,还不十分明确的自由契约的概念取代了代代相传的、如同有机物的链键一样的传统依附关系的概念"②,并业已成为正在兴起、形成的人文视野中法律的重要背景——法律的人文主义背景。借着这种人文背景,精妙的古罗马法得以在12世纪新生和复兴。

这是因为,罗马法从其性质来说,是坚决地反对封建的,在某些方面是资产阶级的,罗马法是纯粹私有制所支配的社会之中生活条件与冲突之经典式的法律表现,它绝对未涉及封建关系,充分地预示了现代的私有制。其人文精神也相应得以大放异彩:世俗社会以法为基础,法保证秩序与安全——这被勒内·达维德称誉为一场革命③,以适应新的时代的需要。所以马克思说:"当工业和商业一起初在意大利,随后在其他国家——进一步发展了私有制的时候,详细拟定的罗马私法立即得到恢复并取得威信。"④美国学者泰格·利维在其《法律与资本主义的兴起》一书中也阐释了这一近现代法律的人文主义渊源。

至此,我们可得出如下简明的结论,那就是,人文精神是中世纪世界发生变革的动力和起点,也是法律人文主义得以兴起和形成的起点,它推动了法律的世俗化、人文化,也推动了世俗社会的法律化。也基于此,学者们才都认为,近代西方的政治科学其中包括近代西方国家理论和法律理论起源于文艺复兴时期。

(二)从人性走向神性——宗教改革与人文视野中法律的形而上根源

文艺复兴重新发现和确立了人的尊严和主体地位,从而在实际和象征意义上,确证了人的价值、人性和人格等一系列人文蕴涵,开化了的人们从此也有了自己的空间和舞台。这一点无疑有力地向人们宣告:一种新的社会思潮

---

① [法]富尔:《文艺复兴》,冯棠译,商务印书馆1995年版,第133—134页。
② 见于海:《西方社会思想史》,复旦大学出版社1993年版,第73页。
③ [法]达维德:《当代主要法律体系》,漆竹生译,上海译文出版社1984年版,第38页。
④ 《马克思恩格斯选集》(第1卷),人民出版社1972年版,第133页。

已经走上了历史的舞台：人文社会思潮；一种新型人物——人文主义者已经出现在了时代的最前列。一句话，人文主义时代终于到来。这也预示着新的革命的到来或社会的结构性变迁：人类文明的历史正获取着它的时代精神和思想方法的进步酵素，理所当然地调整、转变，它将使旧的社会结构发生不可逆转的变迁或变革。

然而，正如我们将要看到的，这种变革，无疑也是存在于一个充分基督教化的社会的具体的历史联系中的。因为中世纪的典型特征在于其基督教特质，因此很显然，它必定也必然同巨大的基督教精神潮流相关联。这也即是说，宗教神学也必然作出相应的回应。这是因为"中世纪只知道一种意识形态，即宗教和神学"，因此不难理解并认同的是："当时的任何社会运动和政治运动都不得不采取神学的形式，对于完全受宗教影响的群众的感情来说，要掀起巨大的风暴，就必须让群众的切身利益披上宗教的外衣"①，人文主义也概不例外。作为一种被证明为现实的积极的力量，尽管它有着巨大的能量，但仍然有着浓厚丰富的中世纪色彩，浸透了中世纪精神。在这方面让我们重温一下马克思主义的经典教导无疑是富有教益的，他们指出："历史每一阶段都遇到有一定的物质结果、一定数量的生产力总和。人和自然以及人与人之间在历史上形成的关系，都遇到有前一代传给后一代的大量生产力、资金和环境，尽管一方面这些生产力、资金和环境为新一代所改变，但另一方面，它们也预先规定新一代的生活条件，使它得到一定的发展和具有特殊的性质。"②以此为基础，加林卓有成效地确认：人文主义所引起的深刻变革不可能不反映到宗教方面。③"文艺复兴对于历史和创造历史的人的兴趣，对于过去的古典作家，对于历史批评以及对于古代经文的兴趣是导致新教改革的活跃因素"④。

这也等于说人文主义要成功地充任人们事后试图派给它们的角色，结果必然是，这一过程发生在这样一个总体发展中：既包括与世俗观点联系密切的现世精神，也涵盖了人们的终极关怀的宗教信仰生活。房龙就此断言：从此以后，"静心灵修的时代已不复返，伟大的'表现'时代已经开始"，"人们不再满足于一动不动地坐在那里只是当听众，而由皇帝和教皇告诉他们该做什么，该想什么。他们要在生活的舞台上当演员。他们坚持要表达他们个人的思

---

① 《马克思恩格斯选集》（第4卷），人民出版社1972年版，第231页、251页。
② 《马克思恩格斯全集》（第3卷），人民出版社1979年版，第43页。
③ ［意］加林：《意大利人文主义》，李玉成译，生活·读书·新知三联书店1998年版，第192页。
④ 转引自李平晔：《人的发现》，四川人民出版社1983年版，第117页。

想"。① 因为在这一背景下,中世纪末期那种狂热的经院哲学,也就理所当然地招致了人文主义的蔑视和厌弃。如此一来,自命不凡的教会权威和教皇统治的世界精神帝国显然已到了革命的前夜,无所不在的教会原本安稳的教权秩序再也不会安稳了。诚如保罗·富尔就此感叹的:在一种爱好实践精确性、爱好金钱、爱好速度,为个人成功而欢呼,但也更加文雅更加渊博的文明中,昔日的权力若不改革,怎么能保持其权威呢?②

当然,这并不等于说,这种变革只在宗教领域才产生。事实上,这是一种真正的结构性变迁。整个中世纪的经济社会的历史无疑很好地证实了这一事实。相比而言,宗教改革更适合我们的论点,除此以外,别无其他。为了对此有一清晰的认识,我们先对宗教本身进行一番粗略的解析。

1. 宗教生活的必要性:终极关怀的承诺与人的精神家园

恐怕没有人否认,无论诉诸于理论逻辑或是历史事实——正如伯尔曼所正确指出的——宗教都意味着社会关于生活的终极意义和目的的直觉知识,以及对此终极意义和目的的献身。它包容了人的全部存在,包括他的梦想,他的情感,他的终极关切。③ 因此它是一种"究元"意义上的终极关怀,也是对人之为人的意义世界的澄明和解释的核心组成,体现着对世界和人本身的超越及人的理想基因或人类对理想世界的向往和眷注。也正是通过这种向往和眷注,人的生存意义或价值向导就被注入了人类现实的生活,并使得人的现实生活有了意义的承诺、本性的向度和希望的激情。因而它还是一种辄伴以精神价值与精神上的再生的态度与倾向:终极关怀的承诺与人之为人的精神家园或安身立命之寓所的铸就,表征着人之为人的生命本性的生存智慧和本质特征,是人类生命本性的体现,是人类生而有之、并有着基础和本源的意义的生存方式——它总是与人的幸福生活的理想和憧憬高度关联甚或熔为一体。对此,我们可以从如下三个方面来认识和理解:

(1) 宗教的本质

就本质而言,所有的宗教,都是一种信仰思辩的体系。信仰作为一种超越的审视和终极关怀,乃为人的本性所追求。无论是西方还是东方,无论是现代还是古代,这种信仰需要都是人的生活区别于动物生活的本质特征。所以,信

---

① [美]房龙:《人类的故事》,刘缘子等译,生活·读书·新知三联书店1988年版,第235、236页。
② [法]富尔:《文艺复兴》,冯棠译,商务印书馆1995年版,第114页。
③ [美]伯尔曼:《法律与宗教》,梁治平译,生活·读书·新知三联书店1991年版,导言第26页、第46页。

仰是人类特有的一种生存方式,是一种人文精神的载体:它给人生存的勇气和未来的希望,永远为人类所需要、所拥有。因为人类的生存与活动是不能没有信仰支撑和信念指引的,而且这也是人之为人的特性。宗教的这种信仰无疑也是人文精神的载体,表达了对人的终极关怀与价值的承诺。"因为信仰不是别的,而是温暖,是生命,是热情,是整个精神生活的迸发,是个体对自身的超越。"①它构成了现实的人的基本人格的一部分。正如著名思想家埃利希·弗洛姆所说的:"信仰是一个人的基本态度(attitude),是渗透在他全部体验中的性格特性,信仰能使人毫无幻想地面对现实并依靠信仰而生活。很难想象,信仰首先不是相信某些东西,但如果把信仰看作一种内心的态度,那么信仰的特定对象就是第二位重要的事了。"②因而对人及其存在的社会而言,信仰都是绝对必需的,正如社会心理学家黎朋所指出的,从某种意义上讲,"决定人生和历史的真正因子,就是信仰。信仰是不可避免的。它永远构成人类精神生活的主要部分。一种信仰也许被人推翻,但继之而起的又是一种新信仰。假如一个民族的信仰发生变迁,必有整个社会生活的巨大变迁随之而起。"③也正因如此,黑格尔在终极关怀的范畴下以其哲学家特有的激情告白道:"一个没有形而上学的民族就像一座没有祭坛的神庙,一座空的神庙,一座没有任何东西寓于其中的神庙,因而它本身不再是任何东西。"④

而宗教思想体系的核心和思想基础恰恰是它的神灵信仰,尤其是至上神的信仰。尽管神的存在形态可以不同,但神的存在和对世界的支配则是始终如一的。没有神的存在和对世界的支配,也就没有宗教。信仰者的存在是宗教存在的必要条件。宗教思想和信仰者的关系,就像人的灵魂和他肉体的关系。如同别尔嘉耶夫所说:"如果没有比个体人格更高的存在者,如果没有一个可供个体人格进入的冰清玉洁的世界,就没有人的个体人格。如果没有超个体价值,或者个体人格仅作为超个体价值的手段,也就没有个体人格"⑤——即信仰。没有信仰,主体性就无根可寻。要么自我失落,将人物化;要么滋生唯我,将人神化,两者都将导致主体性的丧失。所以"在一定意义上,所有宗教,哪怕是最粗陋的宗教都是精神至上的,因为它们所运用的力量首先是精神

---

① [法]涂尔干:《宗教生活的基本形式》,渠东、汲喆译,商务印书馆1999年版,第560页。
② [美]弗洛姆:《为自己的人》,孙依依译,生活·读书·新知三联书店1998年版,第184页。
③ 转引自贺麟:《文化与人生》,商务印书馆1996年版,第90—91页。
④ 转引自[德]伽达默尔:《科学时代的理性》,薛华等译,国际文化出版公司1988年版,第8页。
⑤ [俄]别尔嘉耶夫:《人的奴役与自由》,徐黎明译,贵州人民出版社1994年版,第21页。

力量,它们的主要目的就是对精神生活施加影响"。① 宗教观念中的神是人们所能想象出来的最伟大、最崇高的一种存在,它集中了人的最高智慧,是人的最高升华,寄托着他们对美好生活的期待以及对人类自身命运的关注。涂尔干就此指出:如果说我们能够在所有的宗教神话和神学中清楚地看到某个实在的话,那么毫无疑问,它仅仅是以一种放大了的、变了形的、理想化了的形式出现的。就此而言,最原始的宗教与最晚近和最精致的宗教并无区别。这是因为,作为宗教核心的信仰,实事求是地说,本质上却是一种思想体系,而"人类的思想绝不是原始的事实;思想是历史的产物,是我们无限趋近却几乎永远不能达到的理想的极限"。②

由此可见,超人间、超自然的神或神性物的观念是宗教的核心,构成了其本质的因素。同时这也清楚地表明:宗教的本性是理想的,宗教生活必然是一种卓然出众的形式,它集中表达了整个集体生活。宗教的力量就是人类的力量和道德的力量。它应当更多地被看作是一种至上、至本的精神感悟与洞察,以提升人们的精神境界,并通过这种提升帮助人们寻找自己的精神寄托与精神归属,并进而铸就人之为人的精神家园或安身立命之寓所。在这个意义上,它是人类生存的希冀,是人类力量的源泉,是人对幸福生活的向往和信赖,它是帮助人类完成人类使命的唯一保证。涂尔干断言:任何社会都会感到,它有必要按时定期地强化和确认集体情感和集体意识,只有这种情感和意识才能使社会获得其统一性和人格性。也正因为它们的本性是集体的、理想的,所以在转化为具体个别的现实教条——对神以及神人关系、神人交通的方式的说明也即宗教的教义——的时候,他们不可能不被修正和更换,以致最后被窜改、消弭于无形。这一点也恰恰是其为人所诟病的缺点。因为宗教不仅是一个仪轨体系,还是一个观念体系,其目的是要解释世界;我们已经看到,即使是最粗陋的宗教,也有自己的宇宙观。不论宗教生活这两大要素之间可能会有什么样的联系,他们的差别还是十分明显的。第一种要素面向行动,宗教要求并调整着这些行动;第二种要素则被转换为思想,宗教丰富和组织着这些思想。③

毫无疑问,我们据此很容易就能理解,既然宗教在转化为教义时有窜改的

---

① [法]涂尔干:《宗教生活的基本形式》,渠东、汲喆译,商务印书馆1999年版,第553页。
② 同上书,第555、582页。
③ 同上书,第562、563页。

可能,最坏的情形是消弭自身,那么某种意义上他们就是可利用的工具性产物,甚至可以说,再也找不出其他像宗教这样明显地带有窜改的可能的迹象的工具了,尤其是对别有图谋的统治者来说。实际上,教会神学正是这种别有图谋而精心构筑的结果,而且宗教由于宗教的稳定性和信仰性很显著,以至于人们总认为它表达了心灵达成共识的基本条件,由于被认为是普遍的、永恒不变的,更增添了其工具的属性和可能。这就是信仰的暴力性。也是在这个意义上,马克思经典性地指出:"宗教家事实上曾经为社会实际需要而服务";[①]宗教是人民的鸦片,是人民的精神麻醉剂,是一种颠倒的世界观。这是宗教本质的衍生结论。

(2) 宗教的基础

尽管宗教的本性是理想性的精神力量,但宗教的基础却是社会,换句话说,宗教思辩所针对的实在恰恰也就是后来哲学家们所反思的主题:即自然、人和社会。这样,表面看来,宗教总用自己特殊的方式——通常称为救赎或拯救的东西、借助一种特殊的力量对至善、超越等等的追求——用其特有的术语就是现实世界向彼岸世界的迈进——来表征自己,充满了彼岸世界的神秘色彩和气氛。然而,宗教基础的社会性,足以堪破宗教周围的神秘气氛,只要我们经过长期艰苦的观察,这种气氛就会烟消云散,只要把神话想象给它蒙上的面纱揭开,就足以使它原形毕露。宗教总是试图用理智的语言来转述现实,它在本质上与科学所采用的方式并无不同之处;两者都力图将事物联系起来,建立它们的内部关系,将它们分类,使他们系统化。科学思想仅仅是宗教思想更完善的形式。[②]

这也等于说,构成宗教经验的各种自成一类的感觉、信仰或精神力量的绝对而永恒的客观原因,其实就是社会,它所反映的精神也就是现世精神而决非简单的彼岸的玄思——诚如涂尔干所言,社会是宗教的起源:

> "能够振奋我们精神力量的唯一生命之源,就是由我们同类构成的社会;能够维持和增加我们自身力量的精神力量,只能是从他人那里获得的。……事实上,一个具有真正信仰的人,总会感受到一种去传播信仰的无法遏制的需要:于是他要抛开与世隔绝的状态,去接近他人并努力说

[①] 《马克思恩格斯选集》(第1卷),人民出版社1972年版,第1页。
[②] [法]涂尔干:《宗教生活的基本形式》,渠东、汲喆译,商务印书馆1999年版,第564—565页。

服他人,他所激起的说服他人的热情也使他自己变得更加坚强了。反之,如果他始终孤身独处,那么信仰很快就会受到削弱。"

所以"任何在宗教名义下的所作所为都不是一无所获的:因为必然是社会使其如此,必然是人类得其果实。"①不过,涂尔干还卓有成效地确认,"这种社会既不是经验事实,也不是很明确的、观察得到的东西;它是一种幻想,一个梦,人们可以借它来减轻自己的痛苦,而不是他们亲身经历过的社会。它只是一种观念,表达了我们对善、美以及理想社会的多少有些朦胧的向往。既然这些向往扎根在我们的心中,孕育在我们的生命深处,那么我们身外的任何东西都无法说明它。而且,这种向往本身就带有宗教的色彩;所以这种理想社会似乎是以宗教为前提的,它根本不可能对宗教作出解释。"简言之,这种宗教社会有着理想的特性,从而使得宗教——正如我们已确认的那样——具有理想的一面。"但是,如果我们仅仅看到宗教理想性的一面,那就把事情过于简单化了。宗教首先是现实性的。所有肉体或道德上的丑恶现象,所有罪行或恶行,无不具有特定的神明。……宗教在其形象中并没有忽视现实社会,也没有作出不切实际的取舍。宗教反映着社会的所有方面,甚至是最卑鄙无耻、最令人生厌的方面,任何东西都可以从宗教中找到。之所以在绝大多数情况下,我们总能看到善良战胜邪恶,生命战胜死亡,光明战胜黑暗,那是因为现实即是如此。如果这两种对抗力量之间的关系倒转过来的话,那么生活就不可能延续下去了;而事实上,生活不但能够维持,而且还有所发展。"概言之,正如我们业已表明的,由于人是社会的人,因此在我们心中,存在着某种非个人的因素或某种社会的因素。"既然社会生活既包括表现又包括实践,那么这种非个人性就自然而然地扩展到了观念和行为上面"。涂尔干据此甚至认为:"即使当宗教似乎已经完全变成个体良知的时候,它还是要从社会中寻找滋养自身的生命之源"。如果说宗教产生了社会所有的最本质方面,那是因为社会的观念正是宗教的灵魂。②

也正是在这个意义上,涂尔干指出:神明不是什么别的东西,而无非是被改造和被象征地表现出来的社会。一切宗教的祭祀、礼仪道德诫命宗教团体和宗教制度,都是由社会需要所决定,为维护社会的一体化而产生的;马克思

---

① [法]涂尔干:《宗教生活的基本形式》,渠东、汲喆译,商务印书馆1999年版,第553、560页。
② 同上书,第552、554—555、559、583页。

主义经典作家则归总性地得出结论说:一切宗教都不过是支配着人们日常生活的外部力量在人们头脑中的幻想的反映,在这种反映中,人间的力量采取了超人间的力量的形式;①一切宗教斗争,归根到底,是现实的社会矛盾的冲突;反过来说,当社会矛盾尖锐的时候,人们也会在宗教的旗帜下去寻求矛盾的解决。

总之,宗教作为整体,并不单纯是存在于个人头脑中的主观观念,它同时也是客观存在的社会事实或一个既定的事实体系。简言之,它仍是一种实在,即这个实在表达的就是社会;宗教也不单纯是个人对某种超人间、超自然力量的虚幻信仰,它同时还是某种与社会结构相结合的现实的社会力量。正因如此,在所有宗教,甚至最神秘的宗教里面,都有对社会秩序和社会正义的关切,都有对宗教团体本身,甚至于宗教团体乃是其中一部分的更大社会群体内部法律的关注。

(3)宗教与人文理性的关系

由此看来,宗教的产生与人的人文理性也是分不开的,它是人文精神的另一种阐发和体现。我们已确认,人天生具有理想化的理性能力,也就是说,他能够通过设想一个不同的世界来代替现实世界。这也使得"所有已知的宗教信仰不管是简单的还是复杂的,都表现出了一个共同特征:它们对所有事物都预设了分类,把人类所能想到的所有事物,不管是真实的还是理想的,都划分成两类,或两个对立的门类,并在一般意义上用两个截然不同的术语来称呼它们,其中的涵义可以十分恰当地用凡俗的与神圣的这两个词转达出来。正因如此,整个世界被划分为两大领域,一个领域包括所有神圣的事物,另一个领域包括所有凡俗的事物"。也就是说,在凡俗生活所经历的现实世界之上,人"又设置了另一个世界。从某种意义上说,这个世界只有在思想中才能存在,而且他认为这个世界要比现实世界有一种更高的尊严;因此,从这两个角度来看,它还是一个理想的世界"。当然,诚如我们已有的分析所解释的那样,此"理想世界的形成并不是脱离科学之外的不可还原的事实;我们通过观察,是可以了解其形成条件的;它是社会生活的自然产物"。这种"理想社会也并不存在于现实社会之外;它是现实社会的一部分。在两者之间,并不存在像相互排斥的两极那样的分离关系,我们在把握社会的时候,两者缺一不可。一个社会,并非单纯是由组成它的大量个体、这些个体所占有的土地、所使用的东

---

① 《马克思恩格斯选集》(第3卷),人民出版社1972年版,第354页。

西以及所采取的行动构成的,最重要的,是社会对自身形成的观念。""因为我们所定义的神圣,恰恰是某种加之于现实或高出于现实的东西,而理想恰好也符合这个定义,我们不能只解释一个问题而忽视另一个问题。事实上,我们已经看到,集体生活之所以唤起了宗教思想并使它达到了某种强度,是因为它所带来的狂热状态改变了人们心理活动的条件。"①

而人类之所以创造出宗教以寄托理想,原因也在于人的人文理性:人类认识能力的局限和行为能力的局限。人在任何时空下都是具体的存在,人不可能全知全能,全知全能的神也是不存在的。但人类创造出了这个全知全能的存在,一方面表明了人类的探索自然的美好愿望。英国哲学家霍布斯是最早从唯物论的角度研究宗教起源的学者。他认为,宗教起源于人们解释各种自然现象起因的欲望,对无形力量的恐惧和对彼岸世界的思索。荷兰哲学家斯宾诺莎也认为,宗教是因为对自然力的恐惧,无力用自然解释自然而产生的。另一方面,劝人向善,引导世人追求天堂净土之类超自然境界,以寄托幸福生活的向往与憧憬,尤其是在各种利益冲突的情况下,为了各自的人文幸福生活,"所有这些彼此利益各不相同甚至互相冲突的不同的人群的共同出路在哪里?……在当时的情况下,出路只在宗教领域内,……它认真对待彼岸世界里的报偿和惩罚,造出天国和地狱。一条把苦难的人从我们苦难的尘世引入永恒的天堂的出路找到了。"②

正因如此,当代美国宗教社会学家密尔顿·英格认为,宗教是使人获得最高幸福的工具;日本宗教学家岸木英夫异曲同工地确信,宗教是使人生问题求得"最终解决"的手段。"这样看来,宗教表达出来的集体理想,远不是什么个体天生的模糊力量,相反,它倒像是个集体生活的学校,个体在这里学会了理想化。在吸收消化社会所构筑的理想的过程中,他自己也变得有能力去构想理想了。是社会在其作用范围之内引导个体,使这些个体产生了把自己提升到经验世界之上的需要,同时又赋予了他们构想另一世界的手段。因为社会在构建自身的同时,也构建了这个新世界,当然后者所表达的也正是社会。因此,不论是对个体还是对群体来说,理想化的能力并不是什么神秘的东西。它不是人们可有可无的奢侈品,而是人们赖以生存的条件。如果不具备这种能力,人就不可能成为社会存在,换言之,就不可能成为人。诚然,当集体的理想

---

① [法]涂尔干:《宗教生活的基本形式》,渠东、汲喆译,商务印书馆1999年版,第42—43、556、557页。
② 《马克思恩格斯全集》(第22卷),人民出版社1979年版,第141—143页。

具体体现在个体中时,就会使集体理想本身个体化。每个人都以自己的方式来理解集体理想,并给它们贴上自己的标签;他删除了某些要素,又添加些其他要素。这样,个人理想就从社会理想中分离了出来;个体人格越发展,这种分离就越彻底,最终变成自主行动的源泉。但如果我们想要去理解这些以特有的面目出现的、对现实以外的生活的追求,只要把它与它所依赖的社会条件联系起来也就可以了。""因此,我们必须避免把这种宗教理论看成是历史唯物主义的简单重复,那样做会对我们的思想造成极大的误解。我们说宗教本质上是社会的,并不意味着它只限于采用另一种语言来转述社会的物质形式及其迫切需要。"①它也可能与现实世界有相当的距离甚至完全背离。

总之,宗教生活是必要的,宗教在其作用的范围内确证了对生活的关怀,因而它也是人文精神的另一种阐发,从一定意义上讲,它是最大的人文主义。

2. 终极关怀的重构——宗教改革与人文主义

(1) 宗教改革的基本内容:因信称义

很明显,正如我们在前文已经确认的,文艺复兴掀起的一场以宣认人的人性、弘扬人的价值、确证人的人格尊严等以人为中心诉求的人文主义革命运动,必然反映到宗教方面,必然产生出一种对人类宗教社会生活的新的构思,"建立在理性基础上并从道德上重建的社会既能给人以尘世的幸福,又能拯救人的灵魂。"②并就此引起宗教改革——在彼岸世界里寻找人文旨趣可以归宿的基点、永存的理由和存在的依据。

也正因为如此,所以恩格斯指出,宗教改革"是一个由文艺复兴和人文主义作先导,与基督教和教会权威相对立的人的自立阶段,它对所有的社会问题提出了最后的答案。宗教改革根本不是近代早期的世俗源头,然而它却是一个重要的历史时期,它以新的世界观和时代观,在教育和文化上,在意识变化和行为变化上发挥了革新作用,是欧洲历史发展重要的时期"。③

这也使得宗教改革的精神核心,必然是人文主义的"人的发现"的宗教解答——正如保罗·富尔所反复申明的那样——它"绝非向基督教的起源或向古代哲学回归,而是一种新现象,完全是从另一角度考虑宗教与社会生活的一种需要。这是绝非拿政治与伦理勉勉强强与高度文明而被视为已经腐化了的

---

① [法]爱弥尔·涂尔干:《宗教生活的基本形式》,渠东、汲喆译,商务印书馆1999年版,第557—558页。
② [意]加林:《意大利人文主义》,李玉成译,生活·读书·新知三联书店1998年版,第193页。
③ 《马克思恩格斯全集》(第21卷),人民出版社1979年版,第460页。

道德相适应。无疑陈规总是顽固不化,但是新世界已与之决裂。当人们相信拥有真理时,就不与谬误妥协。因为改革并非一种,远非如此:既是政治的,也是道德的,既是神秘的,也是博学的,它是清晰看待从未有过的复杂多样的世界的一种愿望。"①属人的愿望和心灵上的需求,把人从中世纪的人性封闭中解放出来,并开辟人文关怀的景观。所以贝尔纳就此以其热情奔放、无与伦比的辞令雄辩地指出:"文艺复兴和宗教改革是同一运动的两方面。"②"宗教改革运动与文艺复兴运动的共同点在于它也认可尘世生活,并且赋予尘世生活以新的价值。"③

这种情况在这一思想的核心和经典命题——"因信称义"学说那里,可以清楚地得到证实和证成。因信称义学说,简言之,就是一种典型的十字架神学,它强调个人体验和圣灵的内心活动:信仰的准则是由圣经确立的,圣经的核心是基督受难,通过自身的受难赦免了人们的罪过,同时使他们摆脱了善功束缚,人们只要信奉圣经和基督,就可以蒙恩和获救,或者更确切地说人将无私的爱和信仰奉献给上帝,就能在自身创造圣宠的浸润所必备的禀性,以赢得上帝的拯救,受圣宠的信徒就成为了义人。这样,"教会的基础不应是罗马教廷,而应是对基督的信仰"。进而使得教廷和教士也就没有了存在意义,个人就彻底地从中世纪的教会神学中解放了出来。

首先在这方面做出努力的可以追溯回到15世纪的牛津大学教授威克利夫等人,他们的知识理论充盈着因信称义的原理,并深深地烙有信仰论的印记。正是在那时,威克利夫坚持解释《圣经》的权利和权力属于所有受过充分教育的基督教徒。比新教徒早150年,他就抛弃了认为圣餐中面包和葡萄酒变为耶稣的身体和血的教条,拒绝忏悔的必要性,不接受告解圣事。胡司用福音书的权威取代了教会不犯错误的权威:"人民只长了听《圣经》的耳朵"。他以批评界的名义,要求恢复早期的以两种类别领圣体,恢复精神上的崇拜,实际上也就否定了圣职授职。神秘主义者和形而上学者P·达利、热尔松让人定他罪;但他们也像《耶稣基督的模仿》的可能作者托马斯·德·康庞一样,求助于个人的经验,如果说他们还保持正统观念或服从,他们却抛弃了对基督教原始资料最初朴实性所发的无聊议论。洛伦佐·代拉·瓦尔力求恢复经文和

---

① [法]富尔:《文艺复兴》,冯棠译,商务印书馆1995年版,第114—115页。
② 见李平晔:《宗教改革与西方近代社会思潮》,今日中国出版社1992年版,第31页。
③ [德]卡西勒:《启蒙哲学》,顾伟铭、杨光仲、郑楚宣译,山东人民出版社1988年版,第134页。

教义的纯洁。他声明反对修道会制度。……与此相关的名字还可能继续列举下去,尼科劳斯·克雷布斯,马西里奥·菲西诺,乔瓦尼·皮科·代拉·米兰多拉,伊位斯谟……。① 无疑在这方面他们成了时代的革新者而非辩护士,并成为了时代革新的榜样和16世纪宗教改革哲学的先驱,至少为此作了准备工作。

而随后到来的世纪无疑是一个转折的年代,在这段时间里它的影响立即引起了强烈的回应和深深的共鸣,宗教改革运动也最终在15、16世纪轰轰烈烈地爆发了,并与宗教改革史上两个最伟大人物的名字联系在一起:马丁·路德和让·加尔文。宗教改革的核心教(要)义在他们那里也得到了完全且权威的表达,因而他们也自然而然成了宗教改革的先锋和领袖。马丁·路德,这个被当时人称为德国的赫尔克斯的维腾贝格运动的创始人和发动者,并被马克思等热情赞誉的宗教改革的领袖和修士,为捍卫信仰视死如归,将自己一生的满腔热情与深邃精辟的思想都倾注到宗教改革的事业之中。在他和其后继者加尔文等人的鼓动之下,宗教改革以其罕世无比的力量和辄伴而来的强烈的振荡最终迫使天主教会统一图谋的破裂。他所创立的信义宗或路德教派及由此带来的强烈震撼无疑也给宗教改革提升到了一个新的高度,如同他们的思想一样,远远超出了他们宣讲和布道的地盘。著名宗教史学者T.M.林赛指出:"如果不能说每一个国家的宗教改革都来自路德,那么,也几乎不可否认,路德给予其同时代人激励人心的勇气和信仰。"②他所创立的新教世界将中世纪教会的虚伪形式主义牢牢捆在断头台上,从而极大地改变了西方人的生活尤其是精神生活。这也不禁让人想起著名宗教史学家威利斯顿·沃尔克的这样一句话:"能以自己毕生事业深刻改变世界历史进程的人物寥若晨星,而路德便是其中之一。路德既不是组织家,也不是政治家,他之能打动人心的是靠出自心底的宗教信仰的力量,这种信仰导致对上帝不可动摇的信赖,与上帝建立直接的、个人的关系,对得救深信不疑。这就使中世纪那一套复杂的教阶体系和圣事制度没有存在的余地。"③

而相映成趣的是,奠定他的这种坚如磐石的宗教改革的地位和隆隆声望

---

① 严格地说,这些人只是教会改良主义者,而非教会改革的创始人,他们从未正式同天主教教义决裂。见李平晔:《宗教改革与西方近代社会思潮》,今日中国出版社1992年版,第152页。
② T·M·Lindsay, *A History of the Reformation* (vollune 2), Edinburgh, 1908, p.13-14.
③ [美]威利斯顿·沃尔克:《基督教史》,孙善玲、段琦、朱代强译,中国社会科学出版社1991年版,第381—382页。

的核心原理则远非那么复杂,他的威望同其前人一样,仍基于这一主张:"因信称义"——按照福音和上帝之道生活。他殚精竭虑、不遗余力地向人们表明:信仰是人获救和在上帝面前称为义人的前提,救赎的根源在于上帝的恩典,但人绝不能做任何事以赢得上帝的恩典,而是仅凭信仰(基督被钉死十字架上为人类赎罪的功绩),或者说信仰才是获得上帝恩典的一种确证,因此义就不在于人所做的善功和表现在道德实践方面的自由意志,而在于且仅仅在于上帝的恩典和人对上帝救恩的虔诚信仰。"人获救仅凭信仰,非靠善功。"也就是说,在他的宗教哲学里:人们之称义于上帝,不是靠善功,也不是靠圣徒们通过特惠免罪而分发施予的功绩,而完全是借靠 Solafade,即仅凭信念;"我们之称义或臻于圣洁是一种不同功绩、免费无偿的恩赐,我们的任何成就与此纯然无涉。人类在上帝面前并未消融的唯一正义性是一种'消极正义性',它伴同对上帝的信仰而被慷慨地给予。"①简言之,信仰才是灵魂获救的唯一原则,除此之外别无其他。"只是信,不是行为,方使人称义,使人自由,使人得救。"因而诚实的人将依靠信仰而生。它所必需的,只是信仰——信上帝的圣道,基督的福音。信能消除人与上帝之间的鸿沟,从而在个人与上帝之间建立一种正当关系,使人领有基督所具有的一切——公义、生命、救恩、光明等一切美好的东西。因为全部福音的含义就在于"罪得赦免"。所以人们就应该信守《圣经》——上帝的圣道和救世的福音,谨承上帝的诫命和律法,"你若愿意成全律法,又照诫命所说的,不起贪心,你就来信基督,在他里面,恩典、公义、平安、自由与万事都允许给你了;你若相信,就有一切,你若不信,就缺一切"。② 与之相适应,人的行为尊荣就取决并内蕴于这种信仰或膜拜之中,"离开信或在不信之中所作出的一切事,都是虚假、伪善、罪恶,不管它在表面上是何等冠冕堂皇"。③ "我们并非凭着作出义行而成为义人,而是由于我们已经成了义人,我们作出义行"。④

而稍后的加尔文则毫无保留地继承和发展了路德的因信称义说与福音教义,剔除和扬弃了其中反映封建贵族意志的消极部分,创立和阐发了其受新教启发得出的教义,并为自己的观点赢得了首批信徒和支持者——正在形成中

---

① [美]施特劳斯·克罗波西主编:《政治哲学史》(上),李天然等译,河北人民出版社1993年版,第354页。
② 《路德选集》(上),徐庆誉、杨清译,香港基督教辅侨出版社1959年版,第356、357页。
③ 同上书,第242页。
④ [美]施特劳斯主编:《政治哲学史》(上),李天然等译,河北人民出版社1993年版,第357页。

的新兴资产阶级。当然,就在他从路德著作中汲取营养的同时,他仍然拥有自己的独特之处,并保持着相当的距离——和其他神学家相比,加尔文主义最富特色的是其预定论,这是他对自己的使命有了比较深刻理解的结果,因为时代的需要使作为第二代宗教改革者、维新教会的奠基人的加尔文必须面对资产阶级的要求。弗洛姆断言:"唯有当一种观念能适合某一社会团体心理需要时,它才会在历史上成为一有力的力量。"① 恩格斯则确切地指明:"加尔文的信条适合当时资产阶级中最勇敢的人的要求。"② 但是正如查理·斯托非所说,两人一致抱有耶稣中心作用,因信称义和圣经至上权威的观点③,两人的纲领也完全是中世纪的。

这就是说,像路德一样,加尔文也强调并热烈支持因信称义学说。在他看来,上帝以其绝对的至上意志对人们进行拣选,并决定了人的命运,它是无条件地决定人的命运的天神,人因为原罪——原罪是我们本性上一种遗传的邪恶和腐败,散布于心灵的各部分——使我们为神的愤怒所憎恶,所以,人生来就不义,"世上没有不犯罪的人"。因而任何人都无力保留任何善,也无力靠自身改变它并找到称义的根基和获救的途径,"即使是圣徒,也不能做出一件功事,这种功事,若按其功绩来评判,不应该受到谴告"。加尔文如此写道。④ 人只能从自身之外、从基督身上寻求白白的恩典而蒙恩得救免入地狱和永罚——称义获救。但这个义必须依靠罪人凭信心去支取和领受,无须任何代价和外在善功仪式等。于是基督徒们只需再次排起信仰的阵容,向着上帝和基督耶稣走近,走进。他们并不需要从事一种真实的具体任务或事务,否则就是无视上帝的旨意和基督的功绩。相反地,他们只需从事于一种普世性任务或事务——信仰,以达成它的目的——因信称义,个性真实的极顶。

这也等于说,按照加尔文的见解,信徒之所以被称为义,绝非生来就有义,乃是只能依靠基督所归给的义,"在人被抬举到光荣的最高点时,《圣经》上给予人的只不过是说:人是按照上帝的形象被创造的;这确是包含着如下的意思:人的幸福不是由于人自己的善,而是由于分享了上帝的善"⑤,我们用现代

---

① [美]弗罗姆:《逃避自由》(中译本),上海文学杂志社1986年版,第34页(此版为内部资料,无译者)。
② 《马克思恩格斯选集》(第3卷),人民出版社1972年版,第39页。
③ [法]查理·斯托非:《宗教改革》,高煜译,商务印书馆1995年版,第124页。
④ [美]施特劳斯、克罗波西主编:《政治哲学史》(上),李天然等译,河北人民出版社1993年版,第353页。
⑤ 袁华音:《西方社会思想史》,南开大学出版社1988年版,第135页。

术语释之也是这样的原理演绎：人天生都是有罪的，但这种罪由于其本性属性，使得人无法自救，救赎只能来自于基督的神性，人类行为对于人的得救没有丝毫影响，人的唯一角色或任务仅仅是依凭信念坚定地信赖上帝。"我们的信心全在天父身上"，"我们得救的动因乃是圣父上帝的爱；动因乃是圣子基督的服从；初因乃是圣灵的光照，就是信；而终因乃是对神的无限良善的荣耀。"①信仰与恩典是连体儿，有信仰处必有恩典和称义。"所以不信就是亚当背叛的根源。野心、骄傲和忘恩负义由此而生"，故而也失去了上帝的恩典和救赎而沉于堕落。

总之，人们必须坚定信仰，这是获救的先决条件，"只有在主（那）里才找得着真实的智慧，坚强的力量，完全的仁慈，与无疵的公义"②，"在信仰领域内，信徒必须放弃依赖自己的智慧或意志，一心服从上帝的引导，乃是最可靠的"。③

不必说，这就是新教神学的根基和核心，又是宗教改革的根本原则和宗教改革的精神。而从这种精神或思想中，很明显，我们至少可以得出如下结论：

第一，无论是路德和加尔文学说都简化了教会的传统学说，并在其描述的内容和描述的方法上都是中世纪式的，充满了中世纪神秘主义色彩，二者无论从哪一方面来说都是上帝的狂热信徒，他们都热烈地冀望、看见、发现通向伟大神性世界之路。

第二，宣扬和确立了基督中心论和《圣经》的至上权威，并进而直接地排除了教会的殖（居）民和教统的存在。正如我们即将在后文看到的，这是一种必然的结果。新教神学通过因信称义学说及其宣扬，从而向所有信徒敞开了信仰的禁区，因为在他们的教义里，人唯独因着信仰才能够蒙恩得救，获取神的白白恩典，才能称为义。因此信仰就成为了救人的方舟，由此信靠上帝和基督就成为了唯一获救的通道。而之所以应该信靠基督，因为"基督是上帝与世人之间的唯一中保：基督所具有的是上帝最完全的形象"，"上帝把一切荣华交与他的独生子（基督）好在子身上显明他自己，又使基督所赐的福可以表明荣耀的真象"。"人在基督之外找不到上帝""不能见的父只能从这个形象中去寻求。"④

---

① ［德］加尔文：《基督教要义》（中），徐庆誉、谢秉德译，香港基督教辅侨出版社1959年版，第228页。
② 同上书，第153、156页。
③ 同上书，第157页。
④ 同上书，第61页。

既然信靠上帝和基督就能获得白白的恩典救赎而不需要任何外在事功赎罪，既然一切都来源于上帝，既然一切都是圣灵在内心的体验，那么作为外在治理机构的政府和其拥有的权威就没有任何基础和存在的必要，它们也无份于属灵的操练和恩典的分赐。即使真有教会，它也是相信基督的人的属灵交通，是无形的和唯一的。所以，路德坚持教会的无形性。他否认教会在本质上是一个可见的首领所领导的外部社团，"他坚称教会的本质乃在于无形的范围内，即借着信心与基督有交通并借圣灵得着救恩的祝福。"①如此一来，所谓教士们，无论是传教士、神父，或是教皇，就和其他基督徒并无不同处，并非自成团体，或是高于其他教徒之上的。他们都是平等的，都是真正属于作为共同信仰的教会信徒，一种会众式的内心群体的组成成员。自然，基督中心论也就可见一斑了，而外在的有形的教会机构也就失去了存在的意义。

与此同时，新教神学的逻辑还显示，信靠上帝就是信靠《圣经》，因为《圣经》作为上帝的启示的唯一文献记载，是了解上帝意志唯一途径，因此，信徒必须以《圣经》为最高权威去理解去阅读，这样才能获得真正的信仰。从而也就确立了《圣经》的至上权威，并通过尊崇《圣经》至上权威而确立了自己的信仰——平信徒皆为祭司，信仰自己从《圣经》中所理解的。它们对《圣经》的这种态度，不仅影响了个体人生态度，也极大地影响了当时的民众，并对人们心中反叛中世纪封建神权统治的情绪造成了深远的影响——与天主教彻底决裂，并从而直接为教会一统天下的教会君王制的衰亡铺平了道路，也为教会精神权威的覆灭敲响了丧钟，也进而彻底地宣告了中世纪教权社会尤其是教会的殖（居）民的终结。对此，保罗·富尔不无正确地指出："由于宗教信仰被引导到读《圣经》、讲道和用通俗的语言唱赞美诗，《圣经》经文在所有与罗马分裂的国家里，变成为新的信仰与民族独立的本身体现。"②而布克哈特则从历史文明的角度满含深情地分析道："当幻觉的纱幕一经扯碎时，就有无数的问题摆在他们面前等待解决。"③"人间的寰宇不再是一个泪之谷，一个在朝圣途中走向彼岸世界的处所，而是一个提供异教快乐、名誉、美丽和冒险机会的地方了。……旧的恐怖已吓不得人了，精神的新的自由已经显得如醉如狂。……就在这快乐的解放时刻中，诞生了近代的世界。"④

---

① ［美］伯克富：《基督教教义史》，赵中辉译，宗教文化出版社2000年版，第173页。
② ［法］富尔：《文艺复兴》，冯棠译，商务印书馆1995年版，第118页。
③ ［瑞士］布克哈特：《意大利文艺复兴的文化》，何新译，商务印书馆1992年版，第284页。
④ ［英］罗素：《西方哲学史》（上），何兆武、李约瑟译，商务印书馆1976年版，第589—590页。

（2）拯救信仰与终极关怀的重构——宗教改革的人文意义

恩格斯指出："每一种新的进步都必然表现为对某一种圣事的亵渎，表现为对陈旧的、日渐衰亡的、但为习惯所崇奉的秩序的叛逆。"[①]无独有偶，弗洛姆也作出了如下同样令人深思的断语，"人类通过不顺从的行为继续向前发展着，这不只是说，由于人类敢于向以人的良心或信仰的名义出现的权力说个'不'字，人的精神发展才是可能的，而且，这也说明了人的理智的发展同样也依赖于不顺从的能力，不屈服于那些试图窒息新思想的权威，不屈服于长期建立起来的、把变化视为胡闹的舆论的权威"。[②]"作为资产阶级反对封建革命的第一次大决战"（恩格斯语）的宗教改革运动，无疑也具有全部进步的特征与进步的一切后果和意义：敢于冲撞旧的权威，并表现出超越的特质，从而使人类迈向更高的文明——它明确地把矛头指向了万流归宗的罗马教会，其宗旨是要使遭到教会玷污的基督教信仰和道德重归纯洁，以拯救信仰，重构终极关怀。

如前所述，宗教改革运动集中于一种新的教义和精神的传播和阐释。宗教改革从发动之日起，就以一种新教世界的福音教义吹响了文明进军的号角，他们执意简化福音教义，使其成为建立在内心生活上、给予自由与欢乐的纯精神的宗教生活：因信称义、基督中心、《圣经》至上权威，强调人对基督和上帝信仰在救赎中的力量，把宗教看成是个人体验的内心生活和内在感受，坚持上帝与个人的直接沟通的人性神性观；一切信仰都来自信徒自身阅读和理解《圣经》的结果，无须外在的教会权威的阐释和导引。……总之，诚如黑格尔对此作的精确概括：宗教改革，使得"人们现在已经认识到宗教应当在人的精神中存在的，并且得救的整个过程也应当是在他的精神里面进行的，他的得救乃是他自己的事情。他借它而与自己的良心发生关系和直接面对上帝，而不需要那些自以为手中握有神恩的教士们来作媒介"。[③] 这样，新教神学又返回到了奥古斯丁，重现了古代唯灵论的基本公设，但是只保存了他的教义中有关灵魂与神的关系那一部分，而没有保留关于教会的那部分，因而这种神学只是一种削弱教会权力的神学：教会只是一个信仰共同体的无形教会，而不是一个等级森严的神权政府。

---

① 《马克思恩格斯选集》（第4卷），人民出版社1972年版，第233页。
② [美]弗洛姆：《在幻想锁链的彼岸》，张燕译，赵鑫珊校，湖南人民出版社1986年版，第176页。
③ [德]黑格尔：《哲学史讲演录》（第三卷），贺麟、王太庆译，商务印书馆1959年版，第376页。

这些无疑成为了宗教改革运动对基督教会教条的信仰判决,并打破了超越的符咒。不管人们意识到还是没有意识到,宗教改革用信仰属于个人的事务的教义为旗帜、诉诸于个人体验的信仰观,恢(回)复了精神上的崇拜——实际上,也就否定了圣职叙任和教会的善功救赎的权威,从而彻底地把天主教大一统局面打碎了。所以罗素这样中肯地描绘道:"他们的神学是一种削弱教会权力的神学。炼狱中的亡者灵魂能靠弥撒祭拯救出来,他们废弃了炼狱。教皇收入有一部分依赖免罪说,他们否定这一说。根据豫定说,把死后灵魂的宿命讲得与祭司的举措完全无关。"①这也充分说明,这种新神学的教义是带有某种唯灵论色彩的激进的基督中心论调,它与中古教会观念恰恰相反,它意在表明和指出这一事实:信仰是由圣灵通过圣经在人身上直接灌输产生的,无需用教廷作媒介,更无需教廷的治理和导引。

这样,教会就丧失了一部分精神权威,也就最终丧失了大部分道义权威,根据神权而凌驾于君主政体上的罗马教廷以及其伴生物的教皇国也就离坍塌不远了。道理一点就明:既然基督已是领袖,教会就不必再有尘世的首领,而且这个教会的基础不应是罗马教廷,而应是对基督的信仰。如前所述,这也正是路德宗教改革的初衷和本意。作为因信称义的热烈称颂者,路德绝不赞同理论和实践上的教权社会状态,他也从来没有在论及教权社会时得出这样的结论。恰恰相反,路德反复申明,教会至多是无形的教会、属灵的团体。所以应该消灭教权社会状态,应当回到基督教原初状态和原始本性中,但这绝不是为了停留在这种状态,而是为了以此为出发点,彻底重构我们的唯灵生活——信仰的拯救与终极关怀的重构,一种关涉新的基督教伦理力量和新的伦理意志的新教世界,并与原始基督教高度关联。

这无疑是剧烈的改变。丧钟已经敲响,只等信徒们的广泛回应,因而这也不啻是条解放宣言和战斗檄文。我国学者李平晔就此评述道:"当人们认识到基督是人与上帝之间的唯一中保,教廷与教皇的存在就是谬误的;当人们认识到基督是上帝在人间的代理人,教皇的权力就不再是神圣的;当人们认识到通过自己对《圣经》的阅读就可判别信仰的真伪、规范和管理人们信仰和拯救的教权还有什么存在的必要呢? 新教就是这样,不仅以《圣经》的权威取代了罗马教皇的权威,而且启迪了人们心灵深处潜在的反抗意识。这不是历史的进

---

① [英]罗素:《西方哲学史》(下),马元德译,商务印书馆1976年版,第41页。

步又是什么呢?"①的的确确,很难想象有这样彻底的决裂,不论这是否超出了宗教改革者们的初衷与本意了,而接下来的文明进程无疑证明了这种纪念碑式后果的必然性。

据法国历史学家基佐考证,宗教改革对社会层面上的各种关系造成了非常严重的后果。例如,它在一般人和虔诚信徒中唤醒了宗教。在此之前,宗教可以说是教士和教会的禁脔,他们掌握了处理果树的大权,由他们把果实分发给众人,他们几乎享有独家论说宗教的权利。宗教改革使宗教教义广为传播,向所有信徒敞开了信仰的禁区;宗教改革将宗教逐出或几乎逐出了政治,恢复了世俗权力的独立性。当宗教信徒重又成为宗教的主人时,宗教也就离开了统治社会的地位,在经过改革的国家里,尽管教会体制多种多样,甚至在接近旧体制的英国,精神权力也不再认真地企图指挥世俗权力了。所以在加尔文改革时代,尽管反宗教改革的耶稣教会为了使天主教世界重新置于教皇权威之下,作了多种努力,尽管教皇国在发展,但理论上的大一统还是被打碎了;教士和神职人员的共谋关系本身,就表明民族国家的伦理压倒了国际的伦理,而其思想和观念的源泉和精神旗帜似乎更应追溯到这里。正是在此意义上,罗素在评价宗教改革的性质时说:宗教改革代表了文明较低的民族对意大利的精神统治的反抗,这反抗既是政治性反抗,又是神学上的反抗。②

总之,宗教改革摧毁了中古世纪传统大一统的教权社会。教皇统治的世界精神帝国突然消灭,并拒绝了一切中古世纪的神学特征,如赎罪券、补赎礼、告解礼余功以及人为功德的教义。而这无疑也导致了极为令人振奋的个人心智的新发展和文明的进步。宗教改革使中世纪统一教义的愿望必须放弃,这于是甚至扩大了在种种根本问题上人的独立思考和个人意识的自由,而这,恰恰也与我们所讲的人文理性的亮光相牵连。这样看来,"宗教改革的问题不仅是集体独立的问题还是个人独立的问题"。③ 因为它强调人人皆可为祭司和圣经的至上权威,人的拯救只能诉诸自己的内心体验和个人理性及良知。所以从此以后,"曾经仅仅被圣灵滋育的灵魂现在与圣灵在《圣经》的书页上交谈。《圣经》不再是一个封闭的真理和恩典的宝库,只有正统学者掌握其钥匙。它成为一个公开的花园,任何虔诚的灵魂都可以在其中漫步,采摘花朵和果实"。

---

① 李平晔:《宗教改革与西方近代社会思潮》,今日中国出版社1992年版,第69—70页。
② [英]罗素:《西方哲学史》(下),马元德译,商务印书馆1976年版,第40页。
③ [法]富尔:《文艺复兴》,冯棠译,商务印书馆1995年版,第119页。

这意味着,每个人必须注重运用个人理性对《圣经》进行理解,使《圣经》像其他书籍一样,成为人人可以判断和鉴别的历史文献。这样,沉睡和深锁于宗教盲从的理性再次复活与启蒙了起来,理性成了威严的法官,这不仅开创了近代圣经批评学之先河,而且使个人理性,而不是《圣经》成为决断信仰的唯一标准。个人理性的权威实际上取代了《圣经》的权威。不必说,这也是新教神学的莫大功绩。所以 K·阿兰德在谈及路德时不无赞赏地指出,在文明前行的路途上,"若无马丁·路德的宗教改革,近代的理智生活将永不可能存在"。他取得了真正的突破,这个突破改变了地球的面貌。[①] 因为从此以后,良知、理性、《圣经》成了世界上最引人注目的路标,它标志着一个新的力量已步入历史舞台。如果时代可以划分的话,那么,1521 年 4 月就是近代世界之始。此世之前,世界上曾有一个权威体,所有人都认为是不可动摇的,它是由教皇、公会议和皇帝组成的。从那以后,世界上有一股力量,所有的人都认为是不可抗拒的,它是由"《圣经》、理性和良知"所组成,它开启了一个新时代,在这个时代,人取代了神,成为了时代的终极关怀,也成为其时代特质。所以有许多学者认为 16 世纪新教运动使西欧社会卸下了千余年的历史包袱,并竖起了一座近代文明的里程碑。

事实也的确如此,由于宗教改革反对专权的教权社会和独断的天主教神学,它使得整个欧洲旧社会的因素和特点从此转化为两大事实:自由探索和中央集权。它培育了批评研究和独立思考的精神,它拒绝承认教会是基督教信仰的仲裁者,以《圣经》和良知为准,赋予理性以评判宗教教义的权利,鼓励唯理主义和个人主义。所以凡是在 16 世纪宗教改革获胜的地方,其效果若不是使人的心灵获得全面自由,那也是带来了新的、大大增加的自由。无疑地,心灵的自由或受制还取决于政治体制,但精神权威的控制,那种系统的可怕的思想统治,已被废除或解除了武装。这是宗教改革在各种不同情况下获得的结果——废弃精神霸权和实行心灵自主。因而基佐在评价宗教改革时这样写道:宗教改革"是一次人类心灵追求自由的活动,是一次人们要求独立思考和判断迄今欧洲从权威方面接受或不得不接受的事实和思想的运动。这是一次

[①] 见李平晔:《宗教改革与西方近代社会思潮》,今日中国出版社 1992 年版,第 69、82 页、244 页注 [137]、189 页注 [94]。详尽的解说见 C. Beard, *The Reformation of the Sixteenth Century*, London, 1927, p. 120; *Protestantism-A Symposium*, Parthenon Press, 1944, p. 48; Kurt Aland, *Four Reformers*, U.S.A. 1979, p. 53.; Paul. Tillich, *A History of Christian Thought*, New York, 1968, p. 228.

人类心灵争取自治权的尝试,是对精神领域内的绝对权力发起的名副其实的反抗。"宗教改革的性质必然是一次奔向自由的冲动,一次智能的大爆发。① 罗素也认为宗教改革摧毁了基督教世界的统一性以及经院学者以教皇为中心的政府理论,从而使近代国家主义得到长足的发展。此外,它还取消了灵魂与上帝之间的尘世居间人,从而培育了思想与政治上的多元格局和精神生活中的神秘主义与个人自由的倾向。② 而黑格尔更是把文艺复兴和地理大发现称之为近代"黎明的曙光",把宗教改革称为"黎明之曙光"以后升起来的光照万物的太阳。在他(黑格尔)看来,宗教改革意味着一种原则上的巨变:因信称义原则的宣告在今天看来就是展开了近代的新旗帜,一面我们现在拥护的,我们现在所擎举的新旗帜——它是自由精神的旗帜,精神独立不倚,它只在真理中过生活,只在真理中享有这种独立。正是这个缘故,法律、财产、社会道德、政府、宪法等等必须遵守各种普遍的原则才可以符合"自由意志"的概念而成为"合理的"。这便是"宗教改革"的根本内容:人类靠自己是注定要变成自由的。③

当然,犹如光明需要黑暗来显现一样,宗教改革进步的背后,也有其消极的阴影,那就是,它从此导致了宗教的分裂和教派的林立,教皇统治的世界与精神帝国突然消亡,整个欧洲变成了一个大战场,新教徒同天主教徒在那里为了各自的某些神学教义之更加发扬光大而相互厮杀。更为重要的是,宗教改革有时导致教会奉行新的禁锢政策:无情地排斥异己,压制人的思想并谴责世俗生活,从而导致了罗素谓之为不毛世纪的诞生。尽管如此,人文主义、宗教改革确立的理性精神经过17世纪笛卡尔哲学("我思故我在")的传承和光大,却汇聚成了一场轰轰烈烈的启蒙运动,人类文明又进一步发展。也正是在此意义上,罗素同时又说,后来的历史比如17世纪却拥有最伟大人物的名字,标示出希腊时代以来最可注目的进展④,随之而来的是,一切制度、想法、生活方式、社会甚至人自己似乎都需要改造,而这一任务就落在了人类理性的肩上。

至此,16世纪兴起的人文主义运动在两大领域都旗开得胜:文艺复兴在世俗领域取得了胜利,宗教改革在精神领域中推翻了绝对的权力,人性终于从

---

① [法]基佐:《欧洲文明史》,程洪逵、沅芷译,商务印书馆1998年版,第275、194—198页。
② [英]罗素:《西方哲学史》(下),马元德译,商务印书馆1976年版,第17—20页。
③ [德]黑格尔:《历史哲学》(中译本),商务印书馆1963年版,第407、412—413页。
④ [英]罗素:《西方哲学史》(下),马元德译,商务印书馆1976年版,第43页。

中世纪走了出来。两者都标识着文明过程的进步与文明,并共同铸就了文明进程的新的里程——人的发现和认许,以人为中心的终极关怀取代了以神为中心的终极关怀,并开辟了现代文明的远景。详言之,文艺复兴的人文主义者正如哥伦布一样,发现了一个全新的世界,他们勇敢地航行,超越了中世纪思想为人们树立的界碑,发现人并非仅是那种灵魂只与教士和学者有关的抽象存在。他们确信,人被其自身的理性伟大力量所支配。人是一种有创造性的、自治的存在,他具有巨大的生活和享受的能力——这显然是教会所不曾认识也不愿认识的,他们提出,按照他们所发现的新模式、新思想和新精神,重新塑造这个世界。而宗教改革却把人"从'彼岸'世界召回到精神面前;大地和它的物体,人的美德和伦常,他自己的心灵和自己的良知,开始成为他有价值的东西。""人从外界的权威回到了自己里面;理性被视为绝对具有普遍性,被认为是神圣的。"①从此以后,"以生活本身为目的,而加以享受"的人的生命实在再次鲜活起来,并孕育了现代资本主义价值伦理和人文伦理——自由、自立、自强、平等等观念,极大地推动了近代资本主义精神。所以弗罗姆指出:"现代资本主义的根本,其构造与其精神却产生于宗教改革,产生于路德和加尔文理论中"。② 宗教改革改变了世界,它在文明进程中的伟大地位和光辉影响未尝消减过,它是真正的近现代文明的沃土和摇篮。

也正是在这种未曾消减过的光辉影响下和文明沃土上,催生了16世纪的法律革新,并进而孕育和降生了作为革命与近代西方文明的拱顶石——古典自然法,一个令人激动的法律变革。正是在此意义上,伯尔曼不无英明地断言道:"早期的文艺复兴和宗教改革运动构成了西方历史的第一个重大转折点,它不仅是西方法律传统的源泉,而且也是西方其他社会思想和社会行动的源泉。"③它表明,脱胎于文艺复兴和宗教改革的世俗秩序和世俗法律"不仅是暂时的,它也具有一种真实的永恒性,即法律的永恒,因而就其自身而论,也具有一种神圣的价值",④它确证了宇宙自然秩序的实存,也赋予了生活本身以意义和目的,因此不必说,这既是文明时代的财富和象征,也是对人文精神的拯救和首肯,在它的影响下,近现代西方法律传统开始了新的纪元,所以它甚至可

---

① [德]黑格尔:《哲学史讲演录》(第三卷),贺麟、王太庆译,商务印书馆1959年版,第376页。
② [美]弗洛姆:《逃避自由》(中译本),上海文学杂志社1986年版,第22页。
③ [美]伯尔曼:《法律与革命——西方法律传统的形式》,贺卫方、高鸿钧、张志铭、夏勇译,中国大百科全书出版社1993年版,第642页。
④ [德]恩斯特·卡西尔:《国家的神话》,范进、杨君游、柯锦华译,华夏出版社1999年版,第130页。

以说是法律理念上的哥白尼革命。

详言之,宗教改革通过消除教会的权能,打破了教会法和世俗法的这种罗马天主教的二元制,教会逐渐地被当作无形的、无政治意义的和无法律意义的东西,仅有的政治意义上的主权和法律是世俗王国或公国的主权和法律。法律世俗化和实证主义法律理论应运而生。法律得以摆脱神学教条和基督教教会的直接影响,并成功地经历着一种新的和有前途的发展,所以德国伟大的法学家鲁道夫·索姆也这样赞叹道,路德的改革不仅是对信仰的革新,而且也是对世界——宗教生活世界和法律世界——的革新。法律获得了新生,这种新生的关键不必说在于这样一种新教观念:由于上帝的恩宠,个人有一种通过运用其意志来改变自然和创造新的社会关系的权力。这种新教的个人观念将成为近代财产法和契约法发展的核心。[①] 自然成为财产,经济关系变为契约,良心成了意志和意图。并经过加尔文的发挥和发展,铸就了个人良知神圣的观念——一个直接关于自然法的观念。从此以后,确立了对人、个体的人的崇奉及信仰——包括个人的理性、权利等。并经过启蒙运动找到了它的新的表达形式:古典自然法——它所蕴含的某些法律上的公理被认为不但是有用的,而且是正义的,不但是正义的,而且是宇宙自然秩序的一个部分。生活本身则被认为必须从这些公理和相关的法律合理性原则中获取其意义和目的,而这些公理和原则在关于自然法和人类理性的幸福要义方面的渊源是确凿无疑的,因而也应是社会自甘认同而又普遍接受的。

三、古典自然法:一个人文主义的初步分析

(一) 古典自然法概念、理念及背景

自然法,又叫理性法、客观法、上帝法、永恒法,正如登特列夫指出的那样——"即使当他被视为自明的观念的那段时日,这个观念也充满了暧昧含混"[②]——是一个有着多重面目、含意模糊的概念。所以《不列颠百科全书》这样释义道:"自然法是哲学家和法学家们常用的术语,但含意常常是不精确的。"[③]它由"自然"和"法"两个词语组成,因此理解自然法,就必须深刻理解自然的基本要义。因为自然法的多重解释主要原因就在于自然的多重解释或自

---

① 见[美]伯尔曼:《法律与宗教》,梁治平译,生活·读书·新知三联书店1991年版,第81页。
② [意]登特列夫:《自然法——法律哲学导论》,李日章译,台湾联经出版事业公司1984年版,第1页。
③ 转引自张文显:《二十世纪西方法哲学思潮研究》,法律出版社1996年版,第377页。

然的难定义。同样是登特列夫在其著作中这样中肯地描述道:"自然"这概念显然是一把双刃剑,可以用于两个相反的方向:一是代表一种绝对的不变的准则或模型之终极性与必然性;二是用以表示一桩任务或义务。不仅如此,它还是有伸缩性的:自然有许多不同的意义,当我们在念到"依自然,人是政治动物"与"依自然,人是平等与自由"这类句子时,绝不可以不知道此间"自然"一词含意有所不同。"自然法"一词的诸多不同含意,只是"自然"一词的诸多不同意义之结果。总之,"自然"这字乃是造成一切含混的原因,未能清楚分辨其不同含意,乃是自然法学说中一切暧昧含混之由来。[1] 所以有必要对之进行词源语义上的研究。

从渊源上讲,古典自然法传统可上溯源至古希腊思想家的思想观念中。他们是第一次把自然法作为一个明确概念加以使用的,在他们看来,世间万物都有其运行规则和规律可循,它是一种宇宙之本性,他们称作"逻各斯",并将之视作为永恒不变的最善、最公正或最正义的东西来看待:它支配着宇宙,也支配着宇宙的组成部分。而人们就应该积极地去发现这个逻各斯,并按照自然而生活。"按照自然而生活",曾被认为是人类生存的目的,并且是最优秀的人必须达到的目的,按照自然而生活,是解脱粗俗人民的混乱习惯和粗野放纵而达到的较高级的行为规律,这些规律,只有有志者通过克己和自制才能加以遵守。总之,作为著名的斯多葛学派哲学哲理的总和,它是宇宙法则或社会秩序原理的代名词或别称。因而"这种正义,是人类的权威所加以表现或应加以表现的,却不是人类的权威所造成的;这种正义,也是人类的权威可能未克加以表现的——如果它未克加以表现,它便得接受惩罚,因而缩小乃至丧失其命令的力量。这种正义(由此)被认为是更高的或终极的法律。由此更引申出如下思想:法律高于立法;立法者毕竟在法律之下,毕竟服从于法律。"[2]这就是自然法观念的起源。

很明显,从原初意义上的考证说明,他们所理解的"自然"不仅仅是人类的社会道德现象,而且是那些被认为可以分解为某种一般的和简单的规律的现象。他们所说的"自然"不是严格意义上的自然界,而是某种和谐的秩序;不仅是事物的秩序,也是人的理性。因而所谓按自然生活也就是按理性生活。理性

---

[1] [意]登特列夫:《自然法——法律哲学导论》,李日章译,台湾联经出版事业公司1984年版,第2、5—6页。
[2] 同上书,第3页。

成了世间的唯一主宰。这样看来,自然法不应被理解为法学意义上的法,它主要是一个伦理学或政治学上的概念,它具有生活伦理与政治伦理的全部意义和特征。因而自然法更准确地应被看作一种特殊的普世伦理而非法律,我将之视为信念的绝对伦理,一个黑格尔化的概念。所谓信念的绝对伦理,是指一种纯粹理想或终极意义的必然的道德情操或精神期许。在这里,"法律形式——已经被交付给一定的伦理,而且是普遍性或同一性的否定的绝对物,给予伦理以某种自在存在的外表"①,它是伦理力量或伦理意志的载体。同时,自然法还应被理解为世俗化了的自然法。因为自然法"不再是权威和传统决定什么当是正确的法",相反,仅应涉及什么在理性上是理智的、"合乎理性的",……法哲学(就这样)挣脱了神学,自然法世俗化了。② 它关注的是人类社会和人的生活状况——此岸世界的人们成为其关注的对象。这就区别于中世纪的自然法,"在中世纪,自然法听从于具有另一世界观念的基督教的遣使,它已失去了原作为生活方式的全部意义,这种生活方式所允诺的目标是现世的幸福"。③

古典自然法则复活了古代自然法的观念并对它加以充分的发展。古典自然法沿循了古代自然法传统,也充满了托马斯·阿奎那式的理性乐观——从理性中寻绎出一道普适不变的世界模式和道德模式:合理的法律就是理性的命令,人的理性是自然法之母,而且这种理性的法包含了人类在其自然领悟基础上所知晓的一切,并用以指导人类的行为。这充分表明,古典自然法是属于公理性的定则,是自明的或不证自明的,具有绝对性,即使上帝也不能予以干涉或更改。

这种自然法观念具体体现在格老秀斯的自然法理论中,他断言:"自然法是正确的思想所下的命令,它按其是否符合于理性,指出一种行为本身具有道德根据或道义上的必然性;因此,这样一种行为不是自然的造物主即上帝所禁止,就是由他吩咐去做的。""自然法之原理,只要你留心加以辨识,无不是本身就是昭然若揭的,几乎跟我们用五官去知觉的事物一样明显","上帝力量尽管大得无法衡量,我们仍然可以说有些东西不是他的力量所能左右的,……正如即使上帝也不能使二加二不等于四,他也不能使本来是恶的东西成为善。"④由

---

① [德]黑格尔:《论自然法的科学探讨方式》,程志民译,《哲学译丛》1997年第4期。
② [德]阿图尔·考夫曼:《当代法哲学和法律理论导论》,郑永流译,法律出版社2002年版,第79页。
③ [美]考文:《美国宪法的"高级法"背景》,强世功译,生活·读书·新知三联书店1996年版,第11页。
④ [美]萨拜因:《政治学说史》(下),刘山译,南木校,商务印书馆1986年版,第480、481页。

此我们也有理由认为,这与包括沃尔尼、伏尔泰等在内自然法学家的思想是一致的或者至少说是一脉相承的。沃尔尼认为,自然法"是事物恒常不变的秩序,上帝借它统治整个宇宙;上帝的智慧把这个秩序呈现给了人的感觉与理性,让他作为行为的一个平等、共同的法则服务于人,并引导人趋向幸福、完满,而无视他们的种族、教派",其结果是,上帝构建了一套计划经济,并把管理它的能力给了人们,"人被分派的任务不过是使他的思想、行为及制度与普遍的自然法则相一致";伏尔泰也以相同的口吻这样定义自然法:自然法"是上帝用以统治宇宙间种种事实的永恒常在的秩序,他的智慧向人类的感官和理智所展示的秩序,就向他们提供了一种平等的和共同的行为规范,不分种族和宗派引导着他们走向完美的幸福"。①

总之,经过古典自然法这样的阐发,理性就获得了柏拉图理念论意义而处于至尊的地位,任何觊觎理性的尊严地位的事物都将遭到应有的惩罚。只有在理性诫律即自然法的王国里,达到至善的可能性方能显示为一种成功的结果。然而,所有这一切无论看上去是多么华丽与严密,自然法的诸命题的成立却不是没有预设的,它必须建基于作为存在物的人具备某些才能或美德之上,这也等于说,在构成自然法基础的当有的一些理念假设上,无论何时何地,人的某些必备禀赋才能型构出自然法的基本理念,它们是其必要条件。因为自然法是作为绝对原则来理解的,因而势所必然的是,还有许许多多的原理必须日夜不息地随侍在这个主宰身边,并不断满足它。换句话说,我们必须承认,自然法的定义不仅包括人的理性命令等自然法自身应有的存在意义的属性,还包括人的欲求、经验等自然法相涉对象的作用概念的属性;它不仅是本体论的问题,还是认识论的问题,自然法之花既盛开在基本的存在信赖之沃土上,也盛开在基本的存在的理解和把握的沃土之上。二者共同组成了自然法的根本内容。

详言之,通过上述自然法概念的演绎,不难看出自然法必须具有的这些理念是:

(1) 人是人文理性的动物

这是古典自然法确立的根据,而且是对人的主体性理解。所谓主体性理解,"就是内在感、自由、个性和被嵌入本性的存在,在现代西方,他们就是在家

---

① [美]贝克尔:《18世纪哲学家的天城》,何兆武译,生活·读书·新知三联书店2001年版,第372、49页。

的感觉"。① 这意味着,人是作为一种特殊存在物形式而存在的,"人是一种天生赋有理智才能的存在,他以对他所作的理解而行动,因此以其决定他自己所追求的目的的能力而行动;另一方面,由于拥有一种本性并在一种既定的决定方式中所构成,人显然拥有与其本性构成相应的种种目的……这意味着,凭借人的本性自身,便存在一种秩序或一种气质,它是以人的理性所能够发现的。根据这种秩序或气质,人的意志必须行动,以便使它自己与人类的必然目的相协调。这不外乎就是不成文法或自然法。"②承认这一观念,即意味着自然法理性观念的拓延——理性不仅仅是形而上学的抽象的纯粹理性体系,它还是实证性、经验化的思维方式和思想方法;理性不仅仅是先于一切经验,揭示了事物的绝对本质的"天赋观念"的总和,而且是一种引导我们去发现真理、建立真理、确定真理的独创性的理智力量。它实际是一个双重理性概念,具有自在和他在的双重特性。所以卡西勒在其《启蒙哲学》一书中对古典自然法鼻祖格老秀斯自然法理论这样分析道:古典自然法一方面必须将自己从中世纪神学教条中解放出来,使自身作为独立的存在,另一方面又必须防止国家专制主义的干扰,捍卫自身的独立,因而它必须同上帝全能之说作斗争,也必须与国家全能之说——霍布斯含蓄而又中肯地称国家为"可死的上帝"——作斗争。

为反对这两种倾向,古典自然法的提倡者力主这样一个基本论点,即存在一种先于一切人的权力和神的权力的法律,它具有独立于这两种权力的效力。这种法律概念的根据不在权力和意志,而在纯粹的理性。只要纯粹的理性认为是"存在着"的东西,只要某种东西是源于理性的纯粹本质,则任何政令都无法改变或贬损他们。……完善的法律概念无疑是以影响个人意志的诫条为前提的,但这诫条并不创造法律和正义的理念,而只是从属于这个理念,并实施这个理念罢了,尽管这实施不能和法律理念本身的正当性混为一谈。③

（2）人都有善良意志

自然法无法不叩问人的善良意志——人成为道德真理的评判者,对道德真理的评判与敬重将把人从自我的中心里驱赶出来,并逃进其本质即理性的圆周内。之所以这样说是因为,自然法的载体——理性或智慧本身"既是一种

---

① [加拿大]泰勒:《自我的根源:现代认同的形成》,韩震等译,译林出版社2001年版,序言,第1页。
② 见万俊人:《现代西方伦理学史》(下),北京大学出版社1992年版,第463页。
③ [德]卡西勒:《启蒙哲学》,顾伟铭、杨光仲、郑楚宣译,山东人民出版社1988年版,第232—233页。

表现方式,又是一种思考方式;更确切地说,它是一种将思考和行为结合起来的方法"①。据此,人类才能成为普适性的共同体,禀受理性,并将在自然法下享受理性和真正的法律。"自然法永远引人为善"②,因而即使人不是善良意志的发现者和创造者,也至少能理解人们的行为举止并作出有效而合理的裁判。评判举止,意味着赋予自己以充分的确信去发言的可能性,可以说,这是一种疯狂和罪恶的终审审判。它需要人的理性和良知为标准和评判尺度。以此为基础,伯尔曼进行了这样的法律解析:对于个人来说,法不仅意味着国家的暴力(刑),通常还是耻辱的象征,因为它所惩罚的,总是不道德。于是,它又成为正常生活之外的东西。③而彼得·斯坦、约翰·香德等人无疑也回应了这样的观点:"自然法学家们创造出来体系,也十分自信地说明了在日常生活中的大部分典型情况下,什么才是正确的行为。但是,自然法学家们创造体系没有能够将法律和道德彻底地区别开来。它们所规定的只是好人应当做什么,只是提供了指导这一类好人的行为规则。"他们所创造的体系,与其说是法律,不如说是一种以伦理为标准来判断人们行为正确与否的方法。④

当然,犹如贝克尔所指出的:"所有现代思想都包含了一个预设,即认为,对制度的理解,必须联系它所产生的时间、地点"⑤,古典自然法的上述观念或理念,无疑也是它所属时代的精神馈赠,与他们所处特定的时代状况密切相关。一方面,古典自然法最早让人注意到它的存在,是在文艺复兴和宗教改革后的17、18世纪,它承继了文艺复兴和宗教改革的革命成果和世俗取向——对人的关注和人的理性颂扬,并成为了那时资产阶级反封建反神学世界观的政治革命的理论武器——17、18世纪,这种古典自然法哲学以各种各样形式在欧洲盛行,它是新教革命引起的改造欧洲的各种力量在法律方面的副产品。"它是资产阶级的经典世界观"——"代替教条和神权的是人权,代替教会的是国家。"⑥所以利维指出:自然法一词在开始为资产阶级使用时,是指以某种方式使用武力或暴力的神圣认可。⑦资产阶级要求打破封建主义世俗秩序和天

---

① [法]夏特兰:《理性史》,冀可平、钱翰译,北京大学出版社2000年版,第28页。
② [法]霍尔巴赫:《自然政治论》,陈太先、眭茂译,商务印书馆1994年版,著者序第2页。
③ [美]萨拜因:《政治学说史》(上),盛葵阳、崔妙因译,商务印书馆1986年版,第204页。
④ [英]斯坦、香德:《西方社会的法律价值》,王献平译,郑成思校,中国法制出版社2004年版,第16页。
⑤ [美]贝克尔:《18世纪哲学家的天城》,何兆武译,生活·读书·新知三联书店2001年版,第363页。
⑥ 《马克思恩格斯全集》(第21卷),人民出版社1979年版,第546页。
⑦ [美]泰格·利维:《法律与资本主义的兴起》,纪琨译,学林出版社1996年版,第47页。

主教神权统治的精神藩篱,为发展自由市场资本主义开辟道路,而诉诸于个人理性并伴生个人主义、自由主义旨趣的自然法便应时而生;另一方面,与此相关联,几乎在同时,西方社会思想史上发生了具有重要意义的启蒙运动,古典自然法又沐浴在启蒙运动的阳光雨露之中,不断汲取滋养或养分。

最后但并非最不重要的是,古典自然法还受到自然科学理性观或方法论的支撑。理解古典自然法,必须求助于那个时代特定的思想范畴与话语机制,犹如英国学者考文所言:"每一个时代都有它自己特有的思想范畴。……这一时代的思考总是借助于一种特定的语汇,这个时代的人才被人们理解。"[①]他的这一观点又被贝克尔所印证和确认,贝克尔也指出:"假如我们要想发现在任何时代都能当作通向知识的秘密通道的那扇小后门的话,我们就得好好寻找那些不大容易被注意到的、意义也不大明确的词汇,它们可以无需担心而且不必研讨就从口里或者笔下流出来。"如今我们谁都知道这一断言是多么正确!古典自然法诞生的17、18世纪的这些词汇又是什么呢?贝克尔接着指出:在18世纪,这些词汇——没有它们,就没有一个启蒙了的人能够达到一种可以安心的结论——是自然、自然律、最初因、理性、情操、人道、完美性。[②]

这无疑证实了这样一个事实,近代自然哲学已在17、18世纪取得了重大的成就,并给予知识论哲学有力的支持,从而使得人类思维方式和思想样式发生了深刻的转变——自然界的"理想形象"发生了显著更改,自然是可理解的。所以卡西勒认为18世纪可以言之有理地、骄傲地自诩为自然科学的世纪。[③]而在此前的若干世纪,因自然(人性)的理想形象——我们可以这样说——有着太多的神怪气,因而不致被人误认作就是自然界本身。因为在此以前,自然界本身从常识看来似乎是一直难以对付的,甚至于是神秘的和危险的,至少也是与人不相和谐的。因此,人们就要求有某种权威的保证,自然界的设计就这样先天地拥有被认为是创世主所具有的特性;而自然却远远不是与人们所观察到的物理现象的行为相联系着,只不过是在现实世界之外与之上的一个概念的宇宙,只不过是存在于上帝的心灵之中并微弱地反映在哲学家们的心灵之中的一种逻辑结构而已。

---

① [美]考文:《美国宪法的"高级法"背景》,强世功译,生活·读书·新知三联书店1996年版,第59页。
② [美]贝克尔:《18世纪哲学家的天城》,何兆武译,生活·读书·新知三联书店2001年版,第50、51页。
③ [德]卡西勒:《启蒙哲学》,顾伟铭、杨光仲、郑楚宣译,山东人民出版社1988年版,第43页。

相应地，人们分析世间万物的思想道路和思维方式就是典型的演绎模式：先预设一个绝对的权威，再以此为据分析现象，总带有浓重的神学或神秘主义色彩。18世纪的自然哲学则改变了这一切。从此以后，"我们就不再被这个幽灵般的理想形象所萦绕了，这一理想的形象仍然和我们在一起，但是它已经获得了一种更为常见和更加实在的形体"。自然并不是神秘的，不可认识的，只要理智敢于踩在自然的地面上，敢于面对自然，自然之谜就会烟消云散。"宇宙是彻头彻尾合理的而且是可理解的，所以就有可能被人征服和利用"。这就是自然哲学所开辟的通向知识论哲学的新途径："去钻研事物的本身"，然后总结出"事物本身所由以形成的那些普遍的自然规律"，[1]并从这些自然规律中找到自然中的神性的迹象，"深不可测的神变成了可理解的自然，在此基础上产生了英国的自然神论，它被诙谐地描述为神化了的自然界，并剥夺了上帝的本质属性"。[2] 这使得人们得以重新排列组合了人类、自然界以及人与自然界二者对上帝的关系。尽管此时的人们还没停止宗教崇拜，但他们已经把"上帝变了质，并且神化了自然"。相应地，人生的意义，人的心灵的本性及人的自由意志的本质等问题都得到了重新的认识。简言之，它将对流行的自然的理想形象进行了摧毁性分析：自然是可理喻（解）的自然，我们所处的世界也是可知的实在的世界。只要借助于数学、物理等自然科学的分析与综合、观察、实验和归纳的科学方法。

不仅如此，近代科学的成就还确证了这样一个事实，自然是一个秩序井然、相得益彰的和谐的整体，这亦即当时流行的所谓自然科学哲学的自然真理：自然以其不可分割、不可易移的统一性、和谐性呈现在人们面前，并等待人类的理智去认识它、表述它。17、18世纪没有一个值得敬重和怀念的自然科学成就不精心或潜移默化地证实这样的事实。牛顿的成就最先也是最为有力地提供了这样的证据，也成其为突出的代表。在牛顿学说中，牛顿通过"自然哲学的数学原理"而展示了自然的普遍定律和自然界的普遍和谐的伊甸或桃园情景。"牛顿赋予世界画面的惊人的秩序与和谐所给我们的美感上的满足，超过凭借任何天真的常识观点或亚里斯多德范畴的谬误概念，或诗人们的神秘想象所见到的、万花筒式的混乱的自然界，而且这种惊人的秩序和和谐还更

---

[1] ［美］贝克尔：《18世纪哲学家的天城》，何兆武译，生活·读书·新知三联书店2001年版，第57—62页。
[2] ［美］考文：《美国宪法的"高级法"背景》，强世功译，生活·读书·新知三联书店1996年版，第60页。

明白地告诉他们,全能的造物主有什么至善的活动"。① 事实上,只要不偏狭地理解牛顿成就,就可以说曾给牛顿成就提供过养料,或者说,汲取过其养料的那个时代的近代自然科学家们如伽利略、开普勒、笛卡尔、波义耳、惠更斯等的成就都或多或少地证实与增长了人们对这样一个事实的认识:自然是和谐的。

总之,17、18 世纪的近代科学家们为那个世界根深蒂固地种下了这样的自然真理和自然哲学的观念,人们也习惯并信守这样的自然秩序的信念。这不能不影响到正在形成中的古典自然法学。贝克尔略带夸张地断言道:"这种新哲学肯定无疑地要使得 17、18 世纪古典自然法顶礼膜拜而为之销魂"。"启蒙时代是以怎样单纯的信心在欢迎这种学说啊!它又是以怎样崇高的勇气来拥抱所提供的这种机会,要按照自然界的以及自然界的上帝法则来重新塑造人类体制的外在世界啊!"② 受此影响,那时的人们总把社会生活加以理性化并把他们的社会学理论建筑在援引自然界事实的基础上。法学自然不例外,因为自然科学的发展及其上升至认识论的模式使人相信,所有有价值的学说,均以对事物和经验的、实在的、实证的现实观察为基础。由此,观察和经验理应取代作为认知之源的权威和伪哲学家的思辨。

同样,法学如果想得到那个时代的科学的尊严,也应从实证之物而非从神学的或学说的权威或抽象思辨论据出发。正因如此,萨拜因在评价古典自然法的主要名角格老秀斯时指出:格老秀斯古典自然法理论其重要性并不在于其内容,它只不过是步古代自然法学家古老的后尘,真正有重要意义在于其治学的方法,一种合理的方法,这在 17 世纪可以说是科学的方法。人们到处认为,自然法(自然律)体系为探讨社会科学方法并对社会实践提供了科学的指导方针。③ 而美国宪法史学家考文教授则更是在这个问题上毫不吝啬地给出了他的热烈赞誉:自然法学说在 17、18 世纪的显赫声望应特别归功于格老秀斯和牛顿两个人的努力。格老秀斯复活了古代自然法,但牛顿证明了这样的图景:整个宇宙弥漫着同样的理性,它不仅在人身上闪现出来,而且人类通过探索可以理解它的任何部分。格老秀斯复活了的西塞罗自然法观经牛顿科学

---

① [英]丹皮尔:《科学史》(上),李珩译,张今校,商务印书馆 1975 年版,第 249 页。
② [美]贝克尔:《18 世纪哲学家的天城》,何兆武译,生活·读书·新知三联书店 2001 年版,第 60、66 页。
③ [美]萨拜因:《政治学说史》(下),刘山译,南木校,商务印书馆 1986 年版,第 482—484 页。

的拓展和深化之后,提供了具有可信性的一般背景,当时自然法的政治应用就不得不依赖这种背景。①

在此,值得强调的是考文教授这段话的后面内容——它为自然法理论增添了一个新的向度,它涉及到了自然法理论的根本宏旨问题:政治运用,而且不管你怎样看待这个问题,有一个事实是不容置疑的,那就是就自然法本身而言,它的本体论存在也许相对并不那么重要,意义更为重大的也许是它作为实践论的存在才是它和它的倡导者、发明者们的观念出发点:改造社会,构设文明。所以,自然法自存在的那一刻起,就一直试图走出它自己理论本身的范围,直面广阔的实践天地。

至此,古典自然法就这样不费吹灰之力,而又令人信服地与社会生活联姻在一起了:为了政治运用。具体地说,近代意义的自然法理论是同资产阶级人性理性论相联结的一系列概念,它由格老秀斯提出并作了详尽的阐发,并在普芬道夫、斯宾诺莎、洛克、霍布斯、孟德斯鸠、卢梭等启蒙思想家哲学家著作中得到了颇有影响的系统阐述,形成了其独特意义的社会观、生活观。最后在17世纪的英国革命和18世纪的美国革命中经受了考验,这就是自然法在那个时代最突出的特质。所以休谟指出:"考察一下那些讨论自然法的作者,你总是会发现,无论他们提出什么样的原则,他们最终肯定会以效用为归宿,并把人类的方便和需要当做他们所建立的每一个规则的终极理由。"②而美国学者艾伦·沃森也维护了这种观点,在他看来,尽管"自然法一向以多种面目出现:上帝的法律、理性的法律、与自然相和谐的法律等等。……但也有基本的调子,这个基调为各个地方的实定法提供一个永恒的价值检验标准。总之,自然法理论试图产生实际效应——影响法律的变革,劝导人们服从抑或不服从属地法";③这种倾向尤其也体现在格老秀斯的身上,他认为:自然法政府理论的实际用途主要取决于如下事实,即它把一种规范性的要素引入了法学和政治学,也就是一大堆诸如公正、真诚和公平对待等超验的价值,通过这些价值标准才能判定成文法的执行是好还是坏。因此,这乃是往后把法律道德化所作一切努力的先例,……自然法是一种像完善的几何图形一般的样板或模式的

---

① [美]考文:《美国宪法的"高级法"背景》,强世功译,生活·读书·新知三联书店1996年版,第59—61页。
② [英]大卫·休谟:《道德原理探究》,王淑芹译,中国社会科学出版社1999年版,第23页。
③ [美]艾伦·沃森:《民法法系的演变及形成》,李静冰、姚新华译,中国政法大学出版社1992年版,第122页。

理念。①——个人理性被推崇为法的渊源,成为镌刻着永恒的法律原理的"第一法典"。

(二)理想的异邦与人的天城——自然法的人文之维

这不能不说是已触及到了自然法理论的真正的魅力价值核心,或者说已走到了自然法作为历史财富宝库的门前——创造和谐的田园诗般的自然王国的尝试,一种摆正一切事物秩序的人道主义冲动。因为作为时代精神的馈赠和革命理论的载体,同所有的革命理论一样,它总要体现出一种革命实践的冲动和热忱——为其服务,并提供理论武器和思想旗帜。所以从此以降,我们就将大量转而关注这种古典自然法所设计自然王国或其理论的鹄的了。这才是它能在文明社会思想史上占有着显赫地位的缘由之所在。

1. 人的生成定律与幸福生活的原理

无疑,正如我们在前文所曾论证过的,人是最善于也最乐意于设计自己幸福生活的。威廉·詹姆士就此指出,"地球上一切生物中只有人能够改变其生活方式,只有人是自己命运的设计者。"②或者用一种更为合理的说法就是:"人类,总的说来,十分喜欢自己专心运筹规则。"③很明显,这一命题是基于人是最高的理性存在者这一思想而提出来的,而根据这样的原理,每个人都能自觉惠顾人性中一些最普遍原则以弹拨出人类维续所应有也必备的和弦和共鸣之音,康德称之为理性自律或善良意志。这两件事是互相关联的,因为对于理性自律的信奉最热烈的,莫过于以理性自律为充足理由律建构世界:倘使人能更多地为理性所控制,那该多好,而能为理性自律提供强有力支撑和喜爱的也没有什么比得上这样重构理性王国的喜爱。所以,还是罗素最真切地表明了这一点,他说:"企图支持建立在权力上的制度是没有用的,因为一切这样的制度都含有不公平在内,而不公平一经被人认识,对支持与反抗这种制度的人来说,他们都不可能没有重大损害地永久存在下去。损害在于把'自我'的墙加固,不是开一窗户,而是使它们成为牢狱。个人的无阻碍的生长,依赖于多与他人接触。在人与人的关系中间,应该出于自由的合作,而不是强制的服务。……一切制度,如果要使它们不妨害个人的生长,那么一定要尽可能建立

---

① [美]萨拜因:《政治学说史》(下),刘山译,南木校,商务印书馆1986年版,第485—486页。
② 转引自[美]戈布尔:《第三思潮:马斯洛心理学》,吕明、陈红雯译,上海译文出版社1987年,第171页。
③ [英]弗格森:《文明社会史论》,林本椿、王绍祥译,辽宁教育出版社1999年版,第136页。

在自愿的结合上面,而不是建立在法律的力量或掌权者的传统权威上面。"同样的道理,"社会制度对于每个人所能做的最重要的事情,就是使他自己的生长又自由又有劲:它们不能强迫他按照别人的模型而生长"。因为:"人,像树一样,为了生长,需要适合的土壤和不受压迫的足够的自由"。但这种土壤和自由不是"单凭或主要地凭着物质的环境来决定,而是凭信仰和情感,凭行动的机会和凭社会全部的生活来决定。人所属的类型愈发展、愈文明,他的生长的条件也愈繁复细致,他也更多地依赖于他生活于其中的社会的一般状态。一个人的需要和愿望并不限于他自己的生活。如果他的头脑能作广泛的理解,他的想象力是活泼的,那么他所属的社会的成功和失败,也就是他的成功和失败:随着社会的成功和失败,他自己的生长也得到促进或受到阻碍。"① 这也即人们常谓的人的生长原理。

而我们不厌其烦地引述这样的生长原理或生长定律,旨在说明,人的幸福的降生和永福世界的维续,都必须基于人性的激活和理性的苏醒,它受制于人,决定于人,而绝非是神奇的造物和上帝的安排——如中世纪帝国与教会所宣扬的那样。否则文明世界将变得暗淡无光甚至随之消失。所以,人类必须时刻加以警视与警醒的是:人性的旗帜应当永远高扬,这也正是文明社会赖以存续的根基和灵魂,也是表征文明社会的绝好理由和精妙注释。

所以,休谟曾反复申明:幸福生活的热望来自于理性的期许和信奉,幸福生活的通道来自于理性的张扬和自律。"我们决不能把社会德性(即理性)看成是没有有益倾向的,也不能把它们视为无花之果。人类的幸福、社会的秩序、家庭的和睦、朋友的互助,永远都应被认为是这些德性温厚地支配人心的结果。"② 而这也可见诸普芬道夫、洛克、康德的著作里。尤其是后者,它最后发展成了著名的康德哲学的一个核心论题和主题——康德幸福伦理。在康德看来,人是一种理性的存在,更确切的说法是,"人是作为大地之上唯一的有理性的被创造物。"理性赋予了人抉择生活方式、指导自己行为的能力,从而使得人生在世界上配当享有幸福;理性使得人同道德律令达到完全和谐一致,而这就是获取幸福的前提条件或幸福的源泉。一个完全有这样道德的人,应该具有无限的价值和享有一切的幸福。而且这种幸福是一种千年福祉,它存在于未

---

① [英]罗素:《社会改造原理》,张师竹译,上海人民出版社2001年版,第11—12、17—18页。
② [英]大卫·休谟:《道德原理探究》,王淑芹译,中国社会科学出版社1999年版,第12页。

来世界里。罗素更是直接：使世界幸福所需要的主要的东西就是明智。① 总之，一个人只有在理性自律的世界里生长才会有幸福可言，并生发出一种乡愁般的依恋和宾至如归的情绪。因为在这里，人与人之间关系是平等、自立、自主的，他们是以共同生存（它是幸福生活的一个源泉）的目标也即维持社会存在、追求公正幸福生活而结合在一起的，并以这样的目标为其寄望和期许的结果的。

2. 理想的异邦与人的天城——自然法的人文之维

无疑，古典自然法恰恰锻造了这样的幸福生活。因为按照自然法原理，自然法是由自然理性指令给人类的法律。这至少意味着如下这样两个命题：第一，作为自然法的各种原则是可以也能够通过人的理性而被发现的；第二，为人的理性所发现的东西与人的本性密切相关，确切地说它是与人的本性直接嫁接在一起的。与人性嫁接，无疑就有了人性的特性，就有了人之为人的内在依据和缘由，而这，往往就是人类幸福的首要因素。

正如我们一贯表明的，就人的本性而论，它包括社会人性与自然人性两种对立的人性倾向，其基本差别在于：前者昭示着人的共同保护的倾向，这是家庭和一切和平与公正的根源；后者昭示着人的自我保护的倾向，这是贪婪和暴虐的根源，然而人们就其本性而论从究元上却是"理性社会的"，它是人之为人的基本根据和理由，即使在霍布斯状态下的人们亦复如此。所以弗格森坚决认为：人不仅有自私自利的一面，而且更重要的是还有同情心或社会性。因而他在其著作《文明社会史论》一书中这样写道："人们说，人类极为重利。这一点，在所有的商业国家，无疑是千真万确的，但并不能由此得出结论说人类天生憎恶社会和相互间的友爱。即使在利欲熏心的地方，我们也可以找到与此相反的事实作为实证。尽管有一种流行的观点：人类的幸福在于拥有尽可能多的财富、地位和荣誉。同情、真挚和友善的倾向还是能使互相竞争这一切的人们保持一定程度的友爱之心，使他们在知道获得这一切会给他人带来灾难后，放弃自己的利益。"也就是说，人是一个有爱心或社会同情心的人，即"作为个人，他自己只不过是他必须尊重的那个整体的一部分。有了这种天性，他就有了所有美德的基础，就有了蔑视以肉体快乐为主要享乐的基础"。② 照这

---

① ［英］罗素：《伦理学和政治学中的人类社会》，肖巍译，中国社会科学出版社1992年版，第175页。
② ［英］弗格森：《文明社会史论》，林本椿、王绍祥译，辽宁教育出版社1999年版，第38页注(1)，第41页。

样说来,在这里,如果人要成其为人,他必须把个人生活和社会生活连结在一起,从而把人从自我的中心地位驱逐出来,进入社会生活的人的本质之内。"太强的自我是一座牢狱,倘你想完满地享受人生,就得从这牢狱中逃出来"。①

这无疑会产生一种奇特的人性化的现象,并可以带给文明世界以新生活的智慧或一种生活哲学——在理性盘算的基础上生活。不必说,这样一种熔铸了生活智慧的生活,也就是斯宾诺莎等人所一直宣称的对于上帝的理智之爱的理性生活,而对于那些理解或懂得它的人,这就是好生活的通道和锁钥。人们借此可以共同生活并精炼出美好生活的模型或样式也即常言说的善的世界。当然,很明显,它也并不是以牺牲人性为前提的,恰恰相反,它是一种符合人性的生活,这不是好生活又是什么呢?罗素指出:"在人类生活里,除了他本性所能达到的最好的东西以外,没有别的东西可以称为好的,当人类在进步的时候,过去所称为好的东西,只因为已可能有更好的东西而不能再称它为好。"当然它也是一种幸福的生活,它带来了人的个体生活与社会生活之间的和谐一致,并引导着单独的个体定格于它在人性中的本真地位。"个人的生活,社会的生活和甚至于人类的生活,不应该是互相脱离的断片,而应该在某种意义上是一个整体。在这种情况之下,个人的生长得到培养,而并不与他人的生长相冲突。"②它既是幸福生活的基石,又是其当之无愧的冠冕。一句话,人类社会本性或理性就是快乐的人性。这无疑也是古典自然法得以使人幸福生活的鹄的——通过理性的幸福:自然法。

因为正如我们将在接下来的分析中见到的一样,古典自然法是建立在这样一幅人的图景之上的:侧重于从以人的社会本性为客观基础的理性观出发,推导出一系列普适的为理性建构的秩序,即法律模式。根据这种思维进路,理性就能够设计和创造出最优良、完善的社会秩序。它是文明生活秩序的唯一主宰。可以想象,在这样的观念之下,自然法必然具有生活方式和生活样式的全部意义。其结果可以从自然法的概念中看出,它无法不叩问和关切人的幸福,并给人的幸福以名字和居所。霍尔巴赫将自然法定义为:"凡是理性示意于我们的一切的法都可以叫作自然法,因为它们的基础就建立在我们本性之中。它们都为我们的幸福这个目的服务;它们都是用来维护和巩固个人全部幸福所仰赖的社会;它们都向我们提出一些要求,不履行这些要求我们就

---

① 见[英]罗素:《伦理学和政治学中的人类社会》,肖巍译,中国社会科学出版社1992年版,第14页。
② [英]罗素:《社会改造原理》,张师竹译,上海人民出版社2001年版,第144页。

得不到幸福;它们只有一个根源——人对幸福的企求,只有一个共同的目的——为了人的幸福。"①这种观念最先凝结在格老秀斯自然法理论之中,并事实上构成了整个古典自然法体系的框架和基石。在格老秀斯看来,人都有一种爱社交的社会人性。这使得人类有愿过一种理智的生活,以满足他们的社交要求。为此他驳斥了古代希腊怀疑论者卡内德斯的假设,即人受其本性所驱使而只追求私利。

格老秀斯的观点恰恰相反,他这样论述道:"可以肯定,人是一个动物,但他是高级动物,他远离所有别的动物,比许多不同种类动物之间的距离要大得多。……但在人所独具的特性中有一种要求社交的强烈愿望,亦即要求过社会生活的愿望——这并不是指任何一种生活,而是指按照他的才智标准跟那些与他自己同一类的人过和平而有组织的生活;这种社会倾向,斯多葛称之为'爱社交性'。"②这也就是说,人天生就具有一种能使他们在社会中和平共处的社会生活能力。这种生活能力是与人的才智相一致的,并保持为和平的社会秩序所要求的内在的善的冲动。凡是符合这种社会冲动,符合作为一种社会存在的人的本性的,便是正确的和正义的,否则便是错误的和非正义的。而这恰恰构成了格老秀斯自然法理论的核心。所以在他的词典里,"自然法是正当的理性准则,它指示任何与我们理性和社会性相一致的行为就是道义上公正的行为;反之,就是道义上的罪恶的行为。""自然法之母就是人性,社会交往的感情就产生于此。""即使我们并不缺乏可以把我们引入建立相互关系的社会的任何条件,人的这种(社会)本性仍是自然法之母。"③既如此,可以想见,在这种自然法治下的社会必将是一个充分人性化的社会:和平、安宁的阿迦底亚式的牧歌生活和理性、秩序的桃园社会。

果不其然,格老秀斯立基于这样的人性观念很自然而又方便地演绎出了自然法的另两大重要范畴:自然权利和社会契约。他指出,"人的本性既然如此,那么倘若要坚持一种秩序井然的社会,就得必须加以实现的某些最低限度的条件或价值,具体说来就是:保障财产的安全,真诚无欺,公平待人以及人的行为后果及其应得的赏罚之间取得普遍的协议。这些条件与其说是自愿选择的结果或习俗的产物,倒不如说是适得其反,因为选择与习俗是随情况的

---

① [法]霍尔巴赫:《自然政治论》,陈太先、眭茂译,商务印书馆1994年版,第22—23页。
② 本部分除特别注明外,皆参照萨拜因:《政治学说史》(下),刘山译,南木校,商务印书馆1986年版,第480—481页。
③ 法学教材编辑部编:《西方法律思想史资料选编》,北京大学出版社1983年版,第143、139页。

需要而定的。"在一个更高的阶段上，为了确保这些条件（权利）的实现，人们受这种自然法本性驱使，彼此订约，便产生出了关于国家的成文法和国家。据此，他把国家定义为"一群自由的人为享受权利和他们的共同利益而结合起来的完整的联合体"，并以此为基础演绎出其富有特色的格老秀斯式的理想社会，从而当之无愧地成为了近代资产阶级社会政治思想的奠基者之一。

格老秀斯的古典自然法观念无疑是激动人心的，他开创了17、18世纪古典自然法的新观念，并为后来的近代自然法学家们提供了研究的方法和范式：诉诸于人类本性。从而在他以后，在他理论的全部魅力和权威滋润之下，近代自然法学家们如洛克、普芬道夫、霍布斯、孟德斯鸠、卢梭等沿循了这样的研究范式，发展出了各自的古典自然法变体。这些变体，尽管各自有别，但无论如何，有一点却是真确无妄、共享共有的，那就是，他们骨子里都是基于理性原理型构了人的安身立命的幸福生活的模式，它们都是前文所述的阿迦底亚式生活的子嗣。人，依然是人，才是他们的终极关切，人的幸福生活才是其目的本身。而根据各自对人性理解的侧重点和思想进路的出发点不同，奥地利自然法学家阿·菲尔德罗斯将他们大体上分为了三类：一是以霍布斯、洛克等为代表的个人主义自然法理论，其成员还包括卢梭、康德；一是以普芬道夫、沃尔夫等为代表，直接承继了格老秀斯自然法理论的社会自然法理论；第三类则是自然法因受到历史法学派冲击后形成的以阿伦斯及新托马斯主义或新经院哲学为代表的人格主义自然法论。①

至此，我们详细考察了古典自然法的整个全貌，它的产生及它的发展变体。之所以这样详细考察它们，是因为它们大大加强了我们前文的论断：自然法型构的是人的幸福生活模式，并与人的终极价值相关联。自然法本身不是目的，人及其幸福生活才是目的本身。简言之，一切自然法问题的答案都是人和由此衍生的人的幸福生活。正是在这个意义上，霍尔巴赫和莫利纳不约而同地指出："凡是理性示意于我们的一切的法都可以叫作自然法，因为它们的基础就建立在我们的本性之中。它们都为我们的幸福这个目的服务；它们都是用来维护和巩固个人全部幸福所仰赖的社会；它们都向我们提出一些要求，不履行这些要求我们就得不到幸福；它们只有一个根源——人对幸福的企

---

① 见［奥］阿·菲尔德罗斯：《自然法》，黎晓译，西南政法学院法制史教研室1987年印行，第15页以下。

求,只有一个共同目的——为了人的幸福"①。"自然法这一理想包含有这样的一个发现,即社会状况方面的事实——在最有利的情形之下唯一地——决定了事情发生的某种先后次序,即逻辑上一致的过程或状态,或者说,如果不干扰社会状况方面的事实,让它们自由发展,它们就会决定事情发生的某种先后次序;"②因为它勾勒和衍生了有关人类心智和事物性质或秩序的全部哲学和应有图景——"自然王国"、市民社会及人的幸福的偏好图式或合理图式。它是理性的箴言——关于人类行为和社会理想的当然图景:自由、平等、安全等自然权利的保存和公共利益、幸福等文明社会的基本法律要求或基本生活条件的承诺。

这就是自然法所昭示或认同的人的生活的理想形态:基于自然法,人们就能打造与促成良好的生活和美满的世界。"自然法教导我们:当我们生活在社会上,维护这个社会,帮助其他公民享受我们希望为自己保证得到的好处时,我们也就赢得了胜利。自然法证明:所有的人都同我们一样是自然的儿女;他们同我们一样有愿望和需要;同我们一样,有恨也有爱;同我们一样,对一切损害他们或妨碍他们幸福的人,视若寇仇"。因此,"人为了改善自己的命运,不论善于做什么事,不论想出什么措施,不论采取什么方法,他总离不开自己本性这个范围:他总得服从自然法,总不得不照自然法行事,同时还得经常力求达到自然给他预定的目标。"③

然而,即便如此,自然法所打造的这种理想的生活却最多只是一个模糊的幻影。自然法本身的缺陷决定了其只能是理想的异邦和人的天城,它所要倾力打造的世界至多也只是在天堂中陈列着的人的生活的理想状态,如果可以这样表述的话,在世间是根本找不到它的完整的对应物。它们之间存在着天然的不一致和永远致命的裂缝。

详细说来,其主要原因在于,古典自然法观念所倾力打造的世界根本违背了相关的事实和逻辑,存在着逻辑上的困难和事实上的悖论,那就是:自然法是建立在先验哲学——理性真理或必然真理基础之上的理论形态,然而理性真理或必然真理并不能证明事实真理,两者之间有着天然的差别。用日常术语简单表述就是:——诚如休谟所言——从"是"推不出"应当是"这个结论

---

① [法]霍尔巴赫:《自然政治论》,陈太先、眭茂译,商务印书馆1994年版,第22—23页。
② [英]约瑟夫·熊彼特:《经济分析史》(第1卷),朱泱等译,商务印书馆1996年版,第173页。
③ [法]霍尔巴赫:《自然政治论》,陈太先、眭茂译,商务印书馆1994年版,第23页。

的,否则,那就是一种蒙昧主义或神秘主义做法,因而从根本上说,古典自然法是一个不得其所的纯粹的概念或理念。沿着这样的路径,萨拜因就此发现,古典自然法存在着双重混淆,事实上真实和逻辑上含义之间的混淆,以及逻辑的必然和道德的必然之间的混淆。他这样论述道:"自然法是一种像几何图形一般的样板或模式理念。存在物与之近似,但其确实性却并不符合事实。"因此,诉诸理性和自然法型构世界,存在着事实上真实和逻辑上含义之间的混淆;与此同时:自然法体系总是认为,其不证自明的命题至少在某些场合是具有规范性的,树立了不仅是什么而且应当是什么的理想增益标准。可是,几何学原理的必然性和法律应当公正的必然性是非常明显的两种不同的必然性。因为后者涉及到实现人类的目的,即公正在于自然法与作为人性基础的种种原则相一致,然而后者却是一大堆极其复杂而又变动不居的事实。这样,关于任何价值都系永久有效这个命题仍旧远远不是不证自明的。自然法体系对价值在自然界中是否占有地位这个问题倾向于预先作出判断。因而必然存在着逻辑的必然和道德的必然之间的混淆①,诉诸于它来型构的世界也就不言而喻只能是一种理想的乌托邦或一种人类行为合理性的祈求,它缺乏现实的意义。这样看来,古典自然法的的确确是一个不得其所的纯粹理念或概念,它在现实中是没有基础的。也正因如此,大卫·休谟沿循着这样的逻辑才彻底肢解和毁灭了自然法的这种先验哲学;②而庞德在评论与之一脉相承的清教的自然法理想时也这样断语:"很难否认,清教的理想图是一个永远解不开的死结,因为个人既听命于大量的规则而又不受强制,个人的自由活动只服从他自己的理性和良知。"③

显而易见,自然法逻辑上这个难题本质上也是一个理论无根基的问题,缺乏生活场景和生活意义的原初证成。因此,与其说"自然法"是具体的自明的法律或公理性原则,不如说是一种纯粹的伦理假设或对道德世界的理想改造,因为事实上,它只能一步步地跟上启蒙伦理分析精神的胜利进军,却根本不能跟上规范和秩序方面客观化的实际需求。因此,谁用它生硬地解释现实,现实也就只能名之以乌托邦或哥德巴赫猜想。它关于理性统一性、一致性的信仰和诉求,更确切地说它的关于人的社会本性或性善,无疑是一种宏观叙事或总

---

① [美]萨拜因:《政治学说史》(下),刘山译,南木校,商务印书馆1986年版,第486页。
② 见[意]登特列夫:《自然法——法律哲学导论》,李日章译,台湾联经出版事业公司1984年版,第68—71页。
③ [美]庞德:《普通法的精神》,唐前宏、廖湘文、高雪原译,法律出版社2001年版,第37页。

体化话语——一种终因意义上的宏大叙事和深度模式,但决不能作为始因起点意义的思维规划方式。否则极有可能是一种简单化的错误的理性的学究气做法,我们称之为强度理性或霸道理性,缺乏生活的意义,结果也就真正不言而喻或不证自明了。对此,弗格森的话也许更富有启发意义:"人类,总的来说,十分喜欢自己专心运筹规划。但是,要为他人运筹规划的人会发现每一个喜欢为自己规划的人都是反对者。社会形态的起源模糊而遥远,正如我们并不知道风来自何方,又吹向何方一样。远在有哲学以前,社会形态就是人类出于本能而成的,并非人类思辩之结果。在建立机构、采取措施方面,众人往往受到他们所处的环境的影响。他们很少会与自己的环境背道而驰,去追随某个规划人的计划。""即便在所谓的启蒙年代,民众在迈出每一步,采取每一个行动时都没有考虑未来。各国偶然建立了一些机构,事实上,这是人类行为的结果,而并非人们有意这么做"。① 也正基于此,所以卡西勒就18世纪理智进步的问题进行了这样田园诗般的浪漫而又并非言过其实的评价:"大概没有哪一个世纪像启蒙世纪那样自始至终地信奉理智的进步的观点。……'理性'成了18世纪的汇聚点和中心,它表达了该世纪所追求并为之奋斗的一切,表达了该世纪所取得的一切成就。但如果某个研究18世纪的历史学家满足于这种表述,并且认为它是研究工作的可靠的出发点,他就犯下了仓促下判断的错误。因为18世纪本身视为终点的地方,这位历史学家却认为只不过是他研究的起点;18世纪似乎找到了一个答案的地方,这位历史学家却认为遇到了一个实实在在的问题。"②

古典自然法倡导者恰恰就这么轻易地犯了这样的错误——总以为理性之光照亮着人的良善行为并造就了善良意愿。而事实上却正如我们第一部分所言说过的,人性是理性的不假(仍然是结果意义的宏大叙事),但总有着个体性与社会性两种彼此永远斗争的对立倾向,"人的内心是难以捉摸的迷宫,人们无法认识其曲折隐蔽之处"。这使得,人类意愿与理性总是对立并似乎嘲弄理性的训诫。因而,尽管有理性这个向导,人还是一步一跌跤,并每时每刻都能感受到人违背自己的观点,违反似乎最确信的原则而行动。摩萨里就此质问道:"既然没有什么比人的行为更自相矛盾,那么理性对于人又有什么作用呢?

---

① [英]弗格森:《文明社会史论》,林本椿、王绍祥译,辽宁教育出版社1999年版,第136—137页。
② [德]卡西勒:《启蒙哲学》,顾伟铭、杨光仲、郑楚宣译,山东人民出版社1988年版,第3—4页。

奥维得说：我看到什么是善，也赞同善，但却在作恶。"①而施特劳斯也在其著作《政治哲学史》中一针见血地指出，"自然法则，也就是理性的命令的本质缺憾在于仅在道德心上对人有约束力，而人的行为和意志并非由道德心或理性所决定，而是由对惩戒的恐惧和对奖赏的希求所决定"。② 这也等于说，自然法学家们创造的体系没有能够将法律和道德彻底区别开来。它们所规定的只是好人应当做什么，只是提供了这一类好人的行为规则。然而，正如亚当·斯密所说，法律并不是只与好人应做什么有关，而是与法官可以强迫人们做什么有关。……自然法学家们过于自信了，他们试图用简明的法律规则，来指导那些只能属于需要做出判断的情感的内容，以及那些需要根据不同的实际情况进行分析才能作出决定的内容。他们所创造的体系，与其说是法律，不如说是一种以伦理为标准来判断我们行为正确与否的方法。对于人们理解法律来说，这些体系就像它们普遍令人生厌一样，毫无用处。③

因为，正如我们前文已看到的，囿于人性的奇特事实，人总是在作恶与为善之间摇摆。而卡西勒的看法别无二致。他说："要使人们接受自然法的这一基本论点，就须克服两大障碍，击败两大敌人。一方面，法律必须肯定自身的独创性，肯定自己在精神上是独立于神学教条的，同时，还须摆脱神学的危险的插手。另一方面，应该清楚确定纯属法律的领域，并把这一领域与国家的领域划分开来；同时，还应保护法律的独特性质及其特殊的价值，使之免遭国家专制主义的侵害。"④否则，它就永远摆脱不了其固有的作为一个柏拉图式的概念上的假设或乌托邦命运。这样看来，自然法的生命就（主要）不在于理论的魅力或逻辑上的理性建构，而在于其能否通过实际的路径，走近生活，并走进生活，这才能造就和型构文明。所以柏拉图再明显不过地说："受到充实的东西和用以充实的东西愈是实在，我们所感到的快乐也就愈是真实；反之，如果比较地缺少实在，我们也就比较地不能得到真实可靠的充实满足，也就比较地不能感受到可靠的真实的快乐。"⑤而贝克尔也就此发出了谁都可能不会忘记的感伤："我们时代的文明，无论对它的受益者，它的后世是多么灿烂辉煌、赏

---

① [法]摩莱里：《自然法典》，黄建华、姜亚洲译，商务印书馆1982年版，第85页。
② [美]施特劳斯主编：《政治哲学史》（上），李天然等译，河北人民出版社1993年版，第460页。
③ [英]斯坦、香德：《西方社会的法律价值》，王献平译，郑成思校，中国法制出版社2004年版，第16页。
④ [德]卡西勒：《启蒙哲学》，顾伟铭、杨光仲、郑楚宣译，山东人民出版社1988年版，第23页。
⑤ [古希腊]柏拉图：《理想国》，郭斌和、张竹明译，商务印书馆1986年版，第376页。

心悦目,只要它不能满足人追求体面生活的愿望,普通人就会用力量把它摧毁,他们会毁灭一切在他们看来不值得保存的东西。"①但愿,这也永远地成为不会忘记的自然法的箴言。

3. 人文主义的长明灯:再读自然法

不过即便如此,我们也无须陷入自然法的莫名恐慌和失望之中,更不能陷入其虚无主义的错误泥淖之中,不管是有意还是无意。因为正如我们的思路所表明的,自然法本来就是一种价值理想,一种伦理意志和力量的寄托与荷载,这可从其产生的背景中找到答案。也正基于此,所以任何人都将很轻松地发现古典自然法总是与人的终极关怀或人的幸福生活的企求连接在一起的——其惯常而又简明的公式就是:自然法=理性要求=道德命令=人的幸福。它要在一个理性构建的自然自由王国中寻找到人自己的位置,为自己图谋。就因这个,我们就有了乐观向上的理由。它是法律精神的终极凯歌,它在法律或理性的外表下,使人服从于幸福的膜拜和生计人性至善、纯善、纯真的安排。因而,它也许不能创造幸福或无法强迫人过上幸福生活,但却可以昭示出人类幸福生活的必要条件和评判分析标准,这是其存在根本意义。所以,熊彼特在谈到自然法时说:"我们固然可以把这种做法或所有价值判断称为非科学的或超科学的。但却没有理由把分析的婴儿连同哲学的洗澡水一起倒掉。"②换言之,它为我们分析评判我们的幸福或不幸、幸福或不幸的程度以及幸福向往提供了一应有的尺度和方向——尽管它绝不意味着一定能成为、已成为或将成为现实上存在的东西,但这应该并不是其理论的关键——而这却是人之为人本性的澄明和社会文明发展的音符。

这一点,历史总能给出其最令人信服的证据和精妙的注释。不管你怎样看待这个问题,有一个事实不容置疑,那就是在自然法学体系的影响下,约在18世纪中叶,启蒙运动的立法者们掀起了一场强有力的立法运动,他们认为通过理性的力量,人们就能够创立规定人们正确行为的强制性规范。因此他们都力图将各种自然法原理、规则,如自由、平等和安全等纳入法典编纂中,而古典自然法也由此充分显示出了其摄人的力量和夺目的光彩:1794年《普鲁士腓特烈大帝法典》、1804年《拿破仑法典》以及后来沿袭这一理路的一系列法

---

① [美]贝克尔:《18世纪哲学家的天城》,何兆武译,生活·读书·新知三联书店2001年版,第407—408页。
② [英]约瑟夫·熊彼特:《经济分析史》(第1卷),朱泱等译,商务印书馆1996年版,第172页。

典。所以,虽然古典自然法由于自身的缺陷而削弱了其权威和影响力,但它们却播下了这样一种观念的种子:凡是实证法,必须体现、反映自然法即人文主义要求(尽管完全符合是绝无可能),否则就无效。人文主义也就此得到了最大限度的弘扬和崇奉:它假设自然法是人类实在法有意义存在的先决条件——充满了观念的骚动和理念的嬗变的生产条件。从此以后,古典自然法所内蕴的原则和要素成为了一个公认的成熟的法律制度的基本先决条件或前提真理——尽管它在20世纪也曾得到了必要的修正,博氏指出,"这些原则和要素为现代西方文明的法律大厦奠定了基石。"①洛克也大胆宣告世人,"自然法是所有的人、立法者及其他人的一种永恒的规则"。② 它们深入人心,成为了清楚明了的人类幸福讼案的法官或深得人心的原告。"它们为变化的世界提供了永久性,为动乱的世界提供了安全感。"③简言之,它能造就了一个永福的世界。

如今,人们逐渐认同并越来越把注意力转移到了现代文明的法律秩序上,特别是转移到通过法律开启的现世幸福上——法律不再是神奇的造物,它只不过是一种达致人类幸福的社会制度,它受制于人,决定于人,总是对于人类幸福生活的陈述和表达——这不能不归功于自然法。这也是罗斯科·庞德这样叙说法律的真实意味:"世界上没有永恒的法律,但有一个永恒的目标,这就是最大限度地发展人类的力量。我们必须力争将一定时间和地点中的法律变成通向一定时间与地点中的目标的工具。而且我们应当通过系统地阐述我们所知道的文明的法律先决条件来完成此项任务。"④

这也充分表明:自然法如今已逐渐成为人类幸福或人文主义的长明灯,它照亮了世界,也照亮了自身,并构成了整个法律体系的主要基础。伯尔曼指出,仍然存在或直到现在还存在这样的信念:"如果国家确立的法律界线与一种更高级的法(即自然法)相冲突,那么,就有一种去违反它们的权利和义务。"⑤并且他还告诫人们:"自然法代表了人类对行为之合理性的一种祈求,但它同时也是一种主张,认为惟有当行为可以用理性来衡量的时候,才算是合乎

---

① [美]博登海默:《法理学 法律哲学与法律方法》,邓正来译,中国政法大学出版社1999年版,第63页。
② [英]洛克:《政府论》(下),叶启芳、瞿秋农译商务印书馆1964年版,第84页。
③ [美]H.S.康马杰:《美国精神》,南木等译,南木校,光明日报出版社1988年版,第538页。
④ [美]庞德:《法律史解释》,曹玉堂、杨知译,华夏出版社1987年版,第145页。
⑤ [美]伯尔曼:《法律与革命——西方法律传统的形式》,贺卫方、高鸿钧、张志铭、夏勇译,中国大百科全书出版社1993年版,第327页。

法律的。正因为法律是理性行为的产物,法律观念才可以扩充到泛指'任何规范人类行为的规则或准绳'。我们也许会发现我们很难接受这么一个观念,甚至连了解都很难。但我们不妨暂且忘掉我们有关实定法的日常经验,暂时不要去管'理性'一词的模棱含混以及自然法理论家所用到的种种不同意义。须知我们真正所要找寻的乃是有关法律本质的一个明确命题。"[1]——它应当是人理性的产物,而且理所当然地还是人的幸福的产物和源泉。我相信,这才是两千多年以来自然法旗帜高扬、本性神圣的理由和诠释。这一点,英国法学家梅因的体认最为彻底,他说:"我找不出任何理由,为什么罗马法律会优于印度法律,假使不是自然法的理论给了它一种与众不同的优秀典型。""这个理论在哲学上虽然有其缺陷,我们却不能因此而忽视其对于人类的重要性。真的,如果自然法没有成为古代世界中的一种普遍的信念,这就很难说思想的历史,因此也就是人类的历史会朝着哪一个方向发展了"。"因为它能使人在想象中出现一个完美法律的典型,它并且能够鼓舞起一种无限地接近于它的希望";[2]这也就是帕斯卡尔那段至理名言的核心要义,这段名言至今还引起了巨大的反响:"是思想造就了人类的尊严,因此,努力地思考,这是惟一的美德。"[3]

---

[1] 见[意]登特列夫:《自然法——法律哲学导论》,李日章译,台湾联经出版事业公司1984年版,第77页。
[2] [英]梅因:《古代法》,沈景一译,商务印书馆1959年版,第43、53页。
[3] 见[美]贝克尔:《18世纪哲学家的天城》,何兆武译,生活·读书·新知三联书店2001年版,第359页。

第四章 法律价值的人文主义证成

一、法律的人文主义应用与人文践行——两大法系之人文奥秘

对于古典自然法来说,其时代的意义也许主要不在于自身的产生。比起其对实践的变更和改革的影响来说,真的,任何人都可以有把握地说,古典自然法真正的时代意义在于它对实践的回答和导引:它引起了社会生活结构在思想倾向上的深刻变化或变革。它试图通过不可更改和万无一失的理念法则产生效验,以期建立一个完美的社会制度和合乎情理的社会秩序。在这样的社会里,人人处处安家,并有宾至如归的感觉;人人享有幸福并将获得更大的幸福。很显然,在这样令人神往的文明壮锦面前,古典自然法的诱惑力几乎是无法抵御的。对于它那个时代来说,尤其如此,它必然要引起与过去决裂的实践性的革新冲动。所以,直到今天,尽管古典自然法思想作为一个思潮或派别在其发展历程中饱受争议,但它仍顽强地生长于人们有意识或潜意识的"老调重弹"之中——它总是作为实在法的效验法或公理化的法律制度而存在的,担当着实在法的"宪法性功能"。这绝非偶然,诚如黑格尔所言:"理论的东西本质上包含于实践的东西之中。"[①]"如果理论仅仅是一种客套话或是潜滋暗长的陈词滥调,那么,它必然遭时代唾弃"。[②] 所以古典自然法的这种态度和价值取向以多少是朴素而又很方便的方式转向了法律的创制和变革,充当了制度设计和法律变革的赫然显出和悄然跃动的精神性的推动力量。"人类理性非常爱好建设",康德的洞察力无疑是深邃的。"(它)不止一次把一座塔建成后又拆掉,以便察看地基的情况如何"。[③] 古典自然法也由此扮演着令人肃然起敬

---

① [德]黑格尔:《法哲学原理》,范扬、张企泰译,商务印书馆1961年版,第13页。
② [美]庞德:《普通法的精神》,唐前宏、廖湘文、高雪原译,法律出版社2001年版,第75页。
③ [德]康德:《任何一种能够作为科学出现的未来形而上学导论》,庞景仁译,商务印书馆1982年版,第4页。

的角色:"自然法法典化或客观化""写定下来的理性"——它成为了诱发西方法律传统17、18世纪的法制改革与法典编纂运动的直接因素并获得了自身的胜利。所以,机敏的伯尔曼这样写道:"在西方法律传统的形成年代,自然法理论曾独占鳌头。人们通常认为,人类法最终源于理性和良心并受理性和良心的检验。不仅根据该时代的法律哲学而且根据实在法本身,任何实在法,不论是制定法还是习惯法,都必须遵守自然法,否则将缺少作为法律的效力,人们可以对它置之不理。"①"(古典)自然法观念主宰了近代所有的法学家并获得了极其丰硕的实践成果"。②

无疑,大陆法系国家的法律最令人瞩目地证实了这样一个事实。自从古典自然法理念产生以后,欧洲大陆就掀起了一股相当猛烈的潮流,将自然法规范化、法典化,成为"写定下来的理性"。这样,约在18世纪,某些欧洲国家就已经将这种理性法学说也即自然法学说运用在广泛的立法改革和法典编纂运动中。于是,在1794年普鲁士出现了《普鲁士各州普通领地法汇编》(又称《普鲁士腓特烈大帝法典》),尔后在1881年奥地利颁布了《普通民法典》,托斯卡纳和巴维埃拉两地也出现了重要性略逊的法律汇编。而在法国,在拿破仑一世的直接推动下,法国民法典(1804年)、《民事诉讼法典》(法国)(1806年)、《商业法典》(1810年)以及受其影响的德国民法典(1896年)、瑞士民法典(1907年)等等也相继问世。他们无疑都植根于自然法理性主义精神,至少取法于这种精神。所以博登海默指出:"所有上述法典通过赋予其效力范围内所有的人以一定的自由、平等和安全,实现并实施了古典自然法学派所提出的某些基本要求。"③这也使得它们都没有失去其自然法化或理性法化的色彩,并蒙上了几近神圣的理性尊严——"良好的理性"标准成为他们的内在逻辑或规律辖制。简言之,"个人理性"被推崇为法的渊源,成为镌刻着永恒的法律原理的"第一法典"。所以葡萄牙学者叶士朋在分析拿破仑时代产生的法国系列法典时这样申说道:这些法典一方面是作为理性实证化的一种类型,另一方面,这些法典是以立法形式落实了普遍的意志即理性。④ 相应地,理性在此也得到了

---

① [美]伯尔曼:《法律与革命——西方法律传统的形式》,贺卫方、高鸿钧、张志铭、夏勇译,中国大百科全书出版社1993年版,第14页。
② [葡]叶士朋:《欧洲法学史导论》,吕平义、苏健译,中国政法大学出版社1998年,第154页。
③ [美]博登海默:《法理学 法律哲学与法律方法》,邓正来译,中国政法大学出版社1999年版,第64页。
④ [葡]叶士朋:《欧洲法学史导论》,吕平义、苏健译,中国政法大学出版社1998年版,第150、187页。

前所未有的发扬与光大,依据理性和自然法的规则的法观念也获得了强烈信仰和崇敬,大陆法系的立法进而也到了近代的前夜。

这也是日本学者高柳贤三的思想,在他看来,近代罗马法及至大陆法系在其法律的形成过程中,至少经历过两次合理主义/理性主义的编纂。第一次发生在古代,查士丁尼大帝曾把罗马法法典化,使它成为从中世纪直到近代的大陆法的权威典据。第二次发生在近代,十九世纪以后又通过各国的法典编纂活动,使现行法的基础再次得以合理化,经受了合理主义的洗礼。尤其第二次,规模之大几乎波及了整个欧洲大陆,许多国家以彻底而全面的形式把历史上存留下来的法律法典化了。德国和瑞士民法典的编纂活动,甚至将这一运动推入二十世纪。① 在这两次编纂过程中,理性都处于了至尊地位,并成为了其真正的泉源和原动力,从而也使得18世纪末叶开始生效的近代大陆法典具有法学理性主义的全部特性——诚如叶士朋出色地指出的那样:

"首先,从一种形式层面上,这些法典全部表现出系统性,有一种内在的秩序,……这种特点使这些法典具有一种'合理'的风貌,从而与先前的法典的任意性形成对照。其次,在条文方面,这些法典表现出一种法条的整体性,这种整体性不受时代的偶然性左右,因此,使这些法典倾向于永恒不变的性质。"毫无疑问,这也即大陆法系区别于英美法系的典型特性:法律规范技术上的体系性、抽象性、确定性。不仅如此,由于"所有这些特性均源于法学家的哲学预设,一般说来,这种哲学预设认为存在一种先于公民立法的法律秩序,根据这种秩序,立法应该科学地加以改革。这样,法典不再是'意志性'的法这种屈从于人类意志的偶然性和变幻无常的法律的藏身所,而是'自然'法的宝库,后者乃永恒不变、放诸四海而皆准的,可以在人类社会中建立'永久和平'的时代。"② 因而,这也使得大陆法系各国法同永恒不变的"人性"相联。依人文主义的观点看来,这不啻于是一次伟大的革新,从此以后,文明以它所能接受的标准在法律领域得到了深深的表达和证成,那就是,所有的法律都应当是人为的和为人的法律。相应地,理性也由此找到了其标志性的法律表达:法律不过是内在的、抽象人性的表现而已。不必说,这也正是法律之为法律的本来价值荷载,它是为实现一种人的理性而幸福生活的秩序而存在的。

---

① [日]高柳贤三:《英美法源理论》,黎晓、杨磊译,西南政法学院法制史教研室1983年印行,第4、32页。
② [葡]叶士朋:《欧洲法学史导论》,吕平义、苏健译,中国政法大学出版社1998年版,第164—165页。

第四章 法律价值的人文主义证成

当然，为达此目的，它不得不付出更多的精力去克服严峻而乖戾的陷阱：极端理性主义——使人类蒙受苦难的恶魔，并为人们真正铺就通向美好幸福境界的道路。所谓"极端理性主义"——诚如卡西勒所言：是这样一种与理性精神截然相悖的倾向，它把理性绝对化、教条化地理解——表现为封闭的体系的"理性"，唯理论是其简要的概括，它总与方法论上的教条主义联系在一起：忽视历史与现实，拒斥历史主义、民族主义与现实主义的影响，是一种泛滥的、狂热的理性主义和一元论哲学。布洛克对此进行了一针见血的剖析："它打破了宗教和教会对人思想的垄断以后，自己也变成了一种教条式的意识形态，同样不允许对它的假定进行检查，也同样不容异见。就是这种偏狭不容的态度，促使穆勒转而反对它，认为它是一种暴政的体系。"① 不难想象，在这种狂热理性教条主义影响下的法典化进程将是怎样的图景！作为例证，梅利曼指出，这种狂热的理性主义曾对法国的法典编纂产生了重要影响：盲目的理性主义者一方面认为，历史可以通过废除法规而消灭；另一方面又设想，一个全新的法律制度只要吸收不合理的法律制度中的某些合理成分就会建成，并取代旧制度。其结果是，法国法典的起草者们把大量的旧法律制度和法律思想都融进于新法典中，从而冲淡了法国革命的法律成果。即使在《拿破仑法典》颁布后几十年中，许多法国法官们仍旧顽固地奉行着"历史的变迁同法典的解释和适用毫不相干"这一虚妄的信条。②

至此，我们对大陆法系法律的人文主义的考察便告一段落，在我们离开之时，我们可以毫不夸张地说，由于受自然法的影响，大陆法系的法律价值观是充溢着人文价值意蕴的，它与人文精神发生了高度关联，是密不可分的。

至于英美法方面，迄今为止，如果偏狭地理解，没有人能十分令人心服而无一异议地证明古典自然法对英美法系法律的影响。不仅如此，他还可能得出相反的结论，因为相比于大陆法系的无可指责的自然法法典化运动的纯净色彩来说，英美法系由于自身渊源的特殊性，总带有不纯洁的杂质或异质的色彩。它没有经历过大陆法系的自然法法典化——法典编纂过程。"法典化只发生在民法法系国家，而没有在普通法系国土上降生"③，沃伦这样写道。这就

---

① [英]布洛克：《西方人文主义传统》，董乐山译，生活·读书·新知三联书店1997年版，第176—193页。
② [美]梅利曼：《大陆法系》，顾培东、禄正平译，西南政法学院法制史教研室1983年印行，第30—31页。
③ [美]沃森：《民法法系演变及形成》，李静冰、姚新华译，中国政法大学出版社1992年版，第254页。

被很多人认为是自然法对英美法系几乎没有产生影响的佐证,而且作为历史发展的结果——现行英美法仍然以判例法为主要传统和主要构成,又加剧了在流行的理论中这种说法的可信度:英美法没有受到理性主义自然法的洗礼,而一个似乎合乎逻辑的进一步结论就在于:英美法没有人文的关怀。

　　的的确确,任何人都应当承认,大陆式的自然法法典化过程在英美法系国家中要么确实没有发生过,要么就像英国19世纪的法典编纂那样以重复流产的形式而屡次受挫,这样两方面的原因,决定了英美法系国家很难促成普通法的法典化,判例法传统具有坚强的生命力,并构成了其突出的特征。法律"大部分被划入判例法的范畴,成为与国会及行政机关颁布的制定法相对立的东西。但是,由于19世纪末开始制定了若干所谓法典化的法律。因此,那些从内容看来应属于判例法的法律,现已多采用制定法的形式。然而,即使以制定法的形式出现,在立法的背后仍被预定为判例法。这一点,与大陆式的'法典'迥然不同。"日本学者高柳贤三这样分析道:即使某些方面譬如说从法律效力上讲也像大陆式国家一样,"制定法优先于判例法而被适用,判例法居第二位,然而就体系中的法律意识形态的地位而言,则判例法居第一位,制定法居第二位。在法的创制方面,法院的贡献较之国会的贡献大得不可比拟。"[1]简言之,制定法在此"俨然受着继子式的待遇"。因此,即使18—19世纪曾经事实上出现过作为传统化、封建化的判例法的劲敌——边沁这样的先是鼓吹依靠立法实行改革,后又极力倡导法典编纂(法典编纂是边沁创造的词)的法典化主张的先驱者和热情践履者——据说他也曾经毛遂自荐帮助俄罗斯与美国制定法典。从19世纪起直到今天,他的影响导致了判例法的部分法典化。但是,历史主义的判例法所具有的活力,妨碍了判例法全盘法典化的实现。所以,虽然(判例法传统)也受到19世纪法典化运动波浪的不断冲击,但无论在内容上,还是在形式上并没有失去其判例法占第一位的特点。直到今天仍是如此。这一点,确在英(美)国法的法源理论上刻了独特的印记。[2] 大木雅夫指出,这反映出英(美)国在接受启蒙主义自然法的方式上与其他国家显然大相径庭。对英(美)国人来说,尽管自然法理论也为英国人所熟知,但自然法思想实在是过于抽象了,它只不过是形形色色的伦理性应然命题的抽象体系而已。而历来是依靠师徒传承的方式培养出来的传统法官们,只习惯于在令状和先例中以

---

[1] [日]高柳贤三:《英美法源理论》,黎晓、杨磊译,西南政法学院法制史教研室1983年印行,第27页。
[2] 同上书,第32、33页。

从个别到个别的类推方式来解决案件,他们也从来就没有法律体系的观念。因此,对他们而言,试图从自然法体系中推导出可直接适用的实定法原则是完全不可思议的。而且他们深信,自然法法典化的典型代表法国民法典并非完美无缺,只有普通法才完美如斯,同时受到信赖的法官们也不肯轻易放弃高度神秘性的法文法律术语和拉丁文法律术语而不是通俗易懂的法。不仅如此,他们还认为这种作为法国大革命原动力的自然法是危险的思想,只会对人类带来破坏甚至亵渎上帝的行动。在他们看来,唯有传统是优于理性的。① 在这种情况下,自然法影响甚微甚或没有也就不言而喻了。

然而,这样的说词一样也殊难信服,其片面性也昭然若揭。正如法律史告诉我们的,英美法系的历史却并未提供任何事关宏旨的能据以作出如此泰然的决断的如此断然的结论的背景。恰恰相反,人们要是更实际地对法律发达史进行孜孜不倦的探讨,那么人们将会赫然醒目地认识到这样一个事实:在英美法系形成与法律的基本原理中,自然法和人的理性渊源也是很明显的,它们也曾获得青睐而毫不置疑地被接受。古典自然法的核心理念——个人主义——自由主义和个人本位的理念、理性哲学即作为个体的人的理性和权利等仍深蕴其中,它们也在自然法思想中寻找法律与司法制度等进步和发展的根据和理由。庞德指出:英美法一开始就孕育着……个人主义,"英美法,尤其是美国法律思想的独特之处在于个人主义的极端性,对个人利益和财产采取不妥协的坚持态度而成为法理学的特点。"因而,普通法的精神即我们法律思想和司法判决中极端的个人主义。②

由此我们也可以得出这样的结论——正如日本学者高柳贤三所指出的,近代罗马法乃至大陆法在其法律体制的形成过程中曾经经受过自然法法典化的合理主义洗礼。但是,英(美)国法律体制作为一个整体却从未受过这种合理主义洗礼,当然这只是就整体而言才是这样的,但英国法的某些部分也不是没有受过这种洗礼。③ 这也是艾伦·沃森的思想,他指出:自然法理论在普通法国家从来没有像它在民法国家里那样显赫过,这个事实无关紧要,因为在启蒙运动中普通法国家在远比法律更广泛的领域里发挥了充分的作用。"法典化只发生在民法法系国家,而没有在普通法系国土上降生,可是普通法系国家

---

① 见[日]大木雅夫:《比较法》,范愉译,法律出版社1999年版,第250页。
② [美]庞德:《普通法的精神》,唐前宏、廖湘文、高雪原译,法律出版社2001年版,第13、25、24页。
③ [日]高柳贤三:《英美法源理论》,黎晓、杨磊译,西南政法学院法制史教研室1983年印行,第4页。

也一样接受过自然法的沐浴"。①

　　这一点的确也是确定无疑并有迹可循的。为此我们可在英国和美国找到例子。在英国,据爱尔兰法学家凯利的确证:自然法最为显著的征服完成于海事法院。在其发展过程中,更合理的说法是 18 世纪末期,即拿破仑战争时期的斯托厄尔法官对此做出了尤为重要的贡献。这位著名的海事法院的法官所行使的法律是"最充分意涵上的万民法,不仅仅是国内法的,也是世界性的规则体系,……一种基于普适理性规则的法律,它是自然法真正的宁馨儿。"以后逐渐运用于商法以及现今为英国人称之为准契约的全部现代理论中;②而作为英美法世界里重要渊源之一的情理或合乎情理观念和法律至上的基本原则无一例外都是自然法意义上的概念和原则。它们也都有其自然法的渊源,都是自然法的光辉的显灵。

　　与此同时,自然法的有些理论甚至还来源于英国法,从而将两者的关系提高到了一个新的高度。据勒内·达维德的考察发现,甚至在学术的世界,自然法学派在公法方面的合乎理性的模式在很大程度上是从英国的榜样中得到启发的,因为普通法虽然在私法方面无法同罗马法的完善相比,但是英国法调和行政、治安的需要与个人自由的能力,似乎优于任何其他法。③

　　而在美国,公认的事实是:在私法方面美国人完全接受了习惯法,而在公法方面则接受了自然法。所以即使只在少数几个州获得成功的法典编纂运动,也与欧洲大陆的法典编纂运动的情形相同,是以自然法的理念为指导的。不仅如此,在法院的判例及法学著作方面也以自然法为理念,尤其在商法和其他法的领域,不仅吸收英国法,同时也利用大陆法并通过所谓自然法与比较法的结合来进行法的创制。④ 因为在美国人看来,自然法的有关原理是坚定不移的真理,是不言而喻和不证自明的,不仅具有神圣不可侵犯性,而且具有永久性。而且由于种种原因使得这种信念是如此强烈,所以,在近代各国人民当中,只有美国人把自然法转变成了宪法。"他们几乎可以说制定了世界上第一部成文宪法,这部宪法使得自然法则和自然之神脱离抽象的领域而成为世俗

---

① [美]艾伦·沃森:《民法法系演变及形成》,李静冰、姚新华译,中国政法大学出版社 1992 年版,第 166—167、254 页。
② [爱尔兰]凯利:《西方法律思想简史》,王笑红译,汪庆华校,法律出版社 2002 年,第 256—257 页。
③ [法]达维德:《当代主要法律体系》,漆竹生译,上海译文出版社 1984 年版,第 45 页。
④ [日]高柳贤三:《英美法源理论》,黎晓、杨磊译,西南政法学院法制史教研室 1983 年印行,第 129 页。

的现实事物",并扎下了根且盛行了起来——它们已在州和联邦的宪法中制度化,不仅具有神圣不可侵犯性而且具有永久性。当然,它也产生了巨大的积极作用。"美国的经验之所以成功往往总是这样一部宪法的完善,因而这部宪法的一些纯粹属于机械性的特点也分享了笼罩着整部宪法的尊严。此外,法院年复一年地用自然法的概念来解释宪法,从而赋予这些原则以新的生命和新的权威",①康马杰对此这样评价道。

这就是英美法系中的自然法实践。综合起来看,我们将无可争议地得出这样一个结论,即:诞生于17、18世纪的古典自然法及其理性主义精神不仅产生了欧洲大陆法系的第一代法典,它还引致了英美法系的自然法传统。当然,最广为人知也是影响最为深刻的确实是大陆法系的第一代法典,但是对于后者,仍然不可有任何的疏忽和懈怠。它也充溢着那个时代理性精神的旋律和乐章,并浓妆登场。从而,"自然法可以在原则而非名义上无愧地宣称,英美法及一切法律中的理性人都是它的诸多宁馨儿。"②

这一事实也充分证明了美国法学家哈罗德·伯尔曼观点是正确的,即:"18世纪启蒙运动是整个西方的现象。它不仅构成了美国和法国革命的思想基础,而且也是促动英国和别国进行激进变革的思想基础"。此外,最有启发性的也许在于——仍然如伯尔曼所描述的那样,"所有西方的法律体系都有共同的历史根源。从这种共同的根源中它们不仅获得了共同的术语和共同的技术,而且获得了共同的概念、共同的原则和共同的价值。"③一个人本位的理性哲学、权利至上的人文关怀。很明显,此处的权利主要指人的自然权利,如民主、自由、平等、博爱等等,不一而足。"它们是神亲身用阳光书写在人性这部巨著中的,而且决不会被凡人的权力抹杀掉或搞得模糊不清。"(汉密尔顿语)我们可以在两大法系公私法领域中找到这一态度的例证:私法方面的意思自治、公法方面的罪刑法定观念,这不仅因为它们已得到普遍认可和应用,而且还因为它们常常被看成是贯穿其所在法域的全部的普遍原则——扮演主要角色、具有指导地位的总则,简言之,它们是各自法域的典型代言人。更为重要的是,它们代表了广义上的全部法律脱颖而出的核心理念和价值荷载。所以勒内·达维德指出:自然法学派由于它公理式的倾向和它向立法提出的

---

① [美]康马杰:《美国精神》,南木等译,南木校,光明日报出版社1988年版,第454、458、529页。
② [爱尔兰]凯利:《西方法律思想简史》,王笑红译,汪庆华校,法律出版社2002年版,第257页。
③ [美]伯尔曼:《法律与革命——西方法律传统的形式》,贺卫方、高鸿钧、张志铭、夏勇译,中国大百科全书出版社1993年版,第28、643页。

要求,其方法本身就完全更新了法学。关于法的实质内容,它的作用需要从两方面来考察:私法方面与公法方面。① 而对我们的论文需要而言,事关宏旨的无疑就是,它隐隐暗含了现代法精神与理念的人文玄机和人文奥秘,并备极信奉:公法范畴的个人和公民的权利,私法范畴的主体权利与自由。简言之,法的个人主义理性哲学的彰显和高扬。

二、犯罪人的权利宪章——罪刑法定的人文透视与人文辩考

(一)罪刑法定概说

1. 词源背景和前提属性

罪刑法定,从词源意义上讲,最早显现于德国刑法学家费尔巴哈在1801年发表的《刑法教科书》中用拉丁文表述的法律格言中:Nullum Crimen Sine lege, Nulla poena sine lege,直译成中文就是:"没有法律就没有犯罪,没有法律就没有刑罚";或者译为:"法无明文规定不为罪,法无明文规定不处刑"这样的经典命题。而其基本含义就是强调:什么样的行为是犯罪,科以什么样的刑罚,都必须预先以成文法明确予以规定,否则就不得定罪处罚。这也就是说,若定罪处罚事实背逆法律,该处罚即为无效,若定罪处罚的事实与已然形态的法律相一致,则处罚即为有效。所以日本学者金泽文雄对此归纳道:所谓罪刑法定是没有以成文的法律预告在犯罪之前的规定,就没有犯罪也没有刑罚的原则②;而另一日本学者中山研一也指出,所谓罪刑法定是"为了处罚某种行为,在该行为实行以前,用法律将它规定为犯罪并且应当科处的刑罚的种类与程度也必须用法律加以规定的原则"③。与之相似,这一思想在我国学者那里也得到了广泛的确认和支持。在他们看来,所谓罪刑法定主义,说到底,就是指什么行为是犯罪、对这种行为处以何种刑罚,必须预先由法律明文加以规定的原则。④ 很明显,从上述对罪刑法定的所作的基本界定看来,罪刑法定从根本上来说其内在实质和常见的永恒在于,它表达了这样的价值理念和思想观念,即:定罪处罚必须符合法律,法律始终占据着舞台的中心。因而在此问题上,接下来的结论必然是法律(制)观念的大行其道,法律至尊至崇,用近

---

① [法]达维德:《当代主要法律体系》,漆竹生译,上海译文出版社1984年版,第45页。
② [日]中山研一等编:《现代刑法讲座》(第一卷),日本成文堂出版社1980年版,第85页。
③ [日]中山研一:《刑法总论》,日本成文堂出版社1989年版,第59页。
④ 见马克昌:《罪刑法定主义比较研究》,《中外法学》1997年第2期。

代术语来说就是：要法治而非人治。"用法治来防止人治,正所谓法制原则"①,斯洛文尼亚学者卜思天·M·儒攀基奇这样正确地言说道;"可以说,这是在刑法中承认法治原理。"②日本学者赤坂昭二也不否认这一点。

也许正基于此,罪刑法定原则在英美国家中被表述为:"Principle of legality",直译为中文就是合法性原则或法制原则,也即罪刑法定原则一定意义上就是法制原则。而这一点在卜思天·M·儒攀基奇那里是最明显不过了,他不仅在评价刑事古典学派典型代表、罪刑法定主义的热情倡导者贝卡利亚的学说时这样确信道:"贝卡利亚创造的仅仅是刑法的理念而非一门社会学,是在他的理想倡导下,而不是他的理想的推理方法,使得社会大众的思想,得以启蒙。"而且他还进一步地以"法制原则"为章标题来阐述罪刑法定原则。③这样看来,的的确确,罪刑法定从根本上说是一种价值理念和思想观念,它的内涵远较其字面含义深远得多。而且此种观念,也正代表了当时直到现在的人们对于罪刑法定观念之正统派的观点：民主主义、尊重人权、保障社会安宁。所以事实上,罪刑法定原则的内容和要求是无限的,即凡是违反罪刑法定原则的思想基础或基本理念的,也是违反罪刑法定原则的,因而也是错误的。总之,理念属性——涉及国家权力和公民个人自由的关系,是罪刑法定的核心属性。

这一理念属性也可以在西方法律传统中有关罪刑法定思想渊源和法律渊源中得到诠释和证成。据伯尔曼的考察证实,罪刑法定思想来源于12世纪教会法学家所谓的教会法上的刑事罪孽或犯罪的认定和归结。在他们看来,一种刑事罪孽便是对于教会法的违反,因而这一原则必然带来这样的原则,即不是对于教会法的违反便不能够在教会法院中进行诉讼。这一原则在12世纪由彼得·伦巴德以下列方式予以表达：若非已有禁令,罪孽亦不存在,"There is no sin if there was no prohibition"。其中值得注意的是,过去时态的"was"的使用引人注目。这就是罪刑法定渊源上的肇端,伯尔曼对此进行了这样的评价：这里是西方法律传统中一条漫长而曲折的法学之路的开端。它以启蒙时代的18世纪以及法国革命的《人和公民的权利宣言》所表达的一项原

---

① ［斯洛文尼亚］儒攀基奇：《刑法：刑罚理念批判》,何慧新译,中国政法大学出版社2002年版,第172页。
② ［日］赤坂昭二：《罪刑法定主义》,何鹏、张光博译,《法学译丛》1981年第1期。
③ ［斯洛文尼亚］儒攀基奇：《刑法：刑罚理念批判》,何慧新译,中国政法大学出版社2002年版,第三章"法制原则"。

则——即罪刑法定原则而告结束:"Nullnm crimen, nulla poena sine lege——法无明文规定不为罪,亦不得施加惩罚。"①据此,任何人都将轻易认同这样一个事实,即虽然罪刑法定是刑法制度中定罪处罚的惩罚思想和原则性要求,但罪刑法定思想其实更多地体现了前文所及的理念确信:民主主义、尊重人权、保障社会安宁——从而自然而然将我们引到了对整个有关国家权力和个人自由权利的公法观念的思虑和认识这样一个主题上来——否则,我们将不得不面临解释和理解上的困难:关于西方法律传统的合理而又行得通的解释和理解,进而也使得我们面对的西方法律传统将不得不进退维谷。因为如果我们所相信的罪刑法定思想只是刑法制度上的定罪与处罚的惩罚原则,势所必然的是它应归类于刑事实体法领域,这确实有其貌似合理之处,而当其在法典化如法国刑法典、德国刑法典中占有一席之地时,这一貌似合理之处就更为明显了。

然而,一个广为接受和认可的事实却在于,罪刑法定原则在美国、法国革命中扮演了人权、平等、博爱、自由等纯属政治正义性的社会意识、思想旗帜的角色,并在《人权宣言》《权利宪章》中得到反复体现。因为这些实际的原因,所以在解释罪刑法定意义上,一个显明的结论而且更大程度上、更易于被证明为正当的结论就是:罪刑法定是一种关涉国家权力和个人自由权利关系的公法理念范畴。这可谓罪刑法定的前提属性。我们以为,这绝对是显而易见的。而同样清楚的是,经过这样的确信转变,我们就能很好地发现和解释两大法系中罪刑法定的一些基本事实和基本命题以及两者间的联系与差异之鹄的和圭臬之所在,进而完成我们的法律人文主义确证与证成的考察任务。

2. 两大法系罪刑法定的立法实践与确证

很清楚,大陆法系法律渊源中都给了罪刑法定一个基本原则的地位,成为各自实体法观念的基石。我们在各国的实体法中,是不难找到让人信服的例证和论据的。作为启蒙运动下法典编纂的伴生物和子嗣的罪刑法定原则,最先对其加以规定的当数 1789 年法国《人权宣言》,该宣言第 8 条规定:"法律必须严格明确地规定必要的刑罚,任何人不依据犯罪前制定公布的法律,不受处罚。"此后,各国实体法均陆续明确规定了罪刑法定原则,如 1810 年《拿破仑刑

---

① [美]伯尔曼:《法律与革命——西方法律传统的形式》,贺卫方、高鸿钧、张志铭、夏勇译,中国大百科全书出版社 1993 年版,第 227 页。

法典》第4条规定:"不论违警罪、轻罪或重罪,均不得以实施犯罪时法律未规定处罚之。"1871年《德国刑法典》第2条规定:"非犯罪行为完成至判决宣告之期间,法律有变更者,适用最轻之法律。"现行德国刑法典第1条规定:"没有法律就没有刑罚。只有在某行为被实施之前法律已经确定了其可罚性时,该行为才能受到处罚。"1931年意大利刑法典第1条规定:"任何人不得因未被法律明文规定为犯罪的行为而受到处罚,也不得被处以法律未规定的刑罚。"日本1880年旧刑法第2条规定:"无论何种行为,法律上没有正式条文规定的不得处罚",而现行日本刑法典第1条也规定:"不依照法律的规定,不得处罚任何行为。"由此不难看出,大陆法系各国罪刑法定主要是通过实体法或成文法尤其是法典化体现出来。"因此,甚至在今天人们还可以发现,大陆法系国家十分重视这样一个原则:每一种犯罪以及对每一种犯罪的刑罚都应当规定在由立法机关所制定的成文法中。"① 罪刑法定实体化、法典化的倾向十分明显。

与之适成对比的是,英美法系国家中除了"美国的一部分州明文规定犯罪,法无规定者不罚,另有一部分州以明文规定大多数之犯罪,其余依普通法处罚",② 呈现出些许的罪刑法定刑事实体化色彩外,多数情形则体现为从程序方面加以规定。这与英美法系国家对程序理念的重视是分不开的,按照亨利·梅因的见解,英美法或者英美法系是在程序的缝隙中渗透出来的,普通法不是以实现公平为目的的体系,更确切地说,它是在越来越多的案件中能保证各种纠纷解决的各种程序的堆积。③ 这从而导致了在英美法系国家中程序先于权利的理念的确立,这也就全面地决定了英美法系罪刑法定的载体形式主要是在程序上体现罪刑法定主义。

这一思想最先肇端和渗透于1215年英国大宪章第39条的规定之中。该条规定,"凡自由民除经其贵族依法判决或遵照国内法律之规定外,不得加以扣留、监禁、没收其财产,剥夺其法律保护权,或加以放逐、伤害、搜索或逮捕。"并在随后的1628年的英国权利请愿书、1689年权利法案中得到了反复确认和强调。此后,它远涉重洋传到美国,并最先体现在了1774年费城权利宣言第5条中,稍后则出现在了1776年公布的《弗吉尼亚权利法案》第8条规定——除了国家法律或同等的公民的裁判外,任何人的自由不应受到剥夺——中,这一

---

① [美]梅利曼:《大陆法系》,顾培东、禄正平译,西南政法学院法制史教研室1983年印行,第143页。
② [美]V·A·Grifith:《英美法总论》,姚淇清译,正中书局1963年印行,第184页。
③ [法]达维德:《当代主要法律体系》,漆竹生译,上海译文出版社1984年版,第300页。

规定被誉为美国法律中最初的罪刑法定主义的原则的宣言,并为随后的美国联邦宪法毫不置疑地接受和采纳。所以美国宪法规定:"任何人,依据法律规定的正当程序,不得被剥夺生命、自由或财产"[①],"不得制定任何事后法"。[②] 由此可见,罪刑法定理念主宰了英美法系程序方面的规定并也获得了极其丰硕的实践成果。

此外,就在罪刑法定理念主宰了英美法系程序方面的规定并获得了极其丰硕的实践成果的同时,英美法系中罪刑法定理念原则在另一重要方面即遵循先例之中也开了花。我国学者陈兴良先生在对照两大法系的罪刑法定主义后得出了这样的正确结论:"如果说大陆法系的罪刑法定主义是借助于刑法典而得生存与发展,那么,英美法系的罪刑法定主义则体现在判例法的'遵循先例'的制度之中。"[③]道理一点就明,英美法系遵循先例制度与罪刑法定主义两个基本原理之间有一个共同要素或相同的精神:法律至上,排斥司法擅断。因为一般说来,先例原则意味着讼事必须依据从过去的司法经验中推断、归纳出来的原则即先例制度来裁判,而不是按照个别人的意志武断地裁判。

这无异于宣扬,在先例制度中,法律或理性至上而非武断的意志是判决的最终基础。而罪刑法定原则,如前所述,它也是这样一个原则,即要求判决必须依照行为前已有明文的法律规定行事,不得以任性或武断的意志替代既有的法律规定行事。由此可见,无论是罪刑法定还是先例原则,都是身披着法律至上的外衣并被奉为圭臬的,两者殊途同归。

(二)犯罪人权利宪章——罪刑法定人文透视与人文辩考

这就是两大法系国家罪刑法定的立法实践。不难想象,这样的理念得以实现的社会,必然是一个以不断的个人权利和自由的实现和增进为标志的社会,也必然有其理所当然的人文逻辑。所以日本学者赤坂昭二对罪刑法定做了这样的断言,"这是作为保障个人权利和自由的近代刑法要求的理所当然的原理","它也是同近代自由主义同时确立的原则"[④],并以近代自然法构想为基础,充分体现了近代自然法所特有的东西——个人—自由主义的人文逻辑——保障个人权利和自由。相应地,罪刑法定就作为近代自然法的子嗣,从

---

① 美国1791年宪法修正案第5条的"正当法律程序"。
② 1788年宪法修正案第1条第9款。
③ 陈兴良:《刑法的价值构造》,中国人民大学出版社1998年版,第550页。
④ [日]赤坂昭二:《罪刑法定主义》,何鹏、张光博译,《法学译丛》1981年第1期。

第四章 法律价值的人文主义证成

近代自然法那里汲取了潜滋暗长的养分。

如前所述,近代自然法立足于这样的信念图景和原理演绎:在自然社会或人类的原初状态下,人都是自由、平等的个人——享有天赋权利的同等的个人,每个人都渴求自己的世俗幸福,并循自己的快乐意志而行事——趋利避害、追求幸福,"禁止人们去做损毁自己的生命或剥夺保全自己生命的手段的事情,并禁止人们不去做自己认为最有利于生命保全的事情"。① 但由于人性包括霍布斯意义上的人性和洛克意义上的人性的缘故,使得人类在自然状态包括霍布斯意义上的全面战争状态以及洛克意义上的呈现种种不方便或缺陷的和平的自然状态下生活得不幸福或不够幸福。而人类天赋理智使得人类迫切要求结束这种不幸福或不够幸福的自然状态,进入一种能带来个人幸福的政治状态或文明社会。于是,个人自愿达成协议放弃或让渡其拥有的自然权利,包括霍布斯式的全部放弃其在自然状态中拥有的自然权利以及洛克式的部分让渡其自然权利,以形成一个威权政府即国家或共同体:"以谋他们彼此间的舒适、安全和和平的生活,以便安稳地享受他们的财产并且有更大的保障来防止共同体以外任何人的侵犯"。② 简言之,自愿让渡自己的自然权利,包括自由、平等和独立等,托庇于政府或国家的荫护之下,以卫护他们的公共福利和安全。所以,"为了达到这个目的,人们需要把自己的一部分权利交给国家,国家必须根据各个委托人权利的总和——权力,尽力维持秩序"。③

因此,一个同蒂并生的话题就是国家或威权政府拥有对守法公民正确的自我的积极肯定的权力以便秩序能长存,同时又对违反共同体利益者——康德戏称欠了其他社会成员的债④——以刑罚处罚权。当然这种处罚必须是明定的,按规定处罚,并限于必要的限度之内——符合自然法——自然法是所有的人、立法者以及其他人的永恒规范,决不能用来损害个人权利,沦为司法专断下个人幸福的撒旦,恰恰相反,它只能是为了增进集体幸福进而助益于个人幸福。这才是理性人缔结契约、结成国家的宗旨和目的。换言之,国家或社会共同体本质上不是控制它的那些人随意武断的结果,而是服从它、生活于其下的那些人谨慎选择的结果——理所当然地也为他们视如玮瑜,但前提是它必须成为个人自由和幸福的堡垒。这的确等于说,在这里,玄机或精妙在于这样

---

① [英]霍布斯:《利维坦》,黎思复、黎廷弼译,商务印书馆1985年版,第97页。
② [英]洛克:《政府论》(下),叶启芳、瞿秋农译,商务印书馆1964年版,第59页。
③ 见马克昌:《罪刑法定主义的比较研究》,《中外法学》1997年第2期。
④ [美]戈尔丁:《法律哲学》,齐海滨译,生活·读书·新知三联书店1987年版,第178页。

一个事实,人们把立法、司法、执法的一切权力授予拥有最高权力的政府本身不是终极目的,它只是工具——保障个人独立自主权利的工具:"这是除了实施保护以外并无其他目的的权力,所以决不能有毁灭奴役或故意使臣民陷于贫困的权利。"倘若它不服务于这样的目的,人们有权废黜甚至更换它,但人类又因之陷入到了自然状态的轮回或复归中,并与人类的文明社会的热望适得其反。不必说,这就需要人类经常有效地附以明文规定的惩罚方式迫使人们加以遵守,而人们也感觉到"他们非把立法权交给人们的集合体,就不会感到安全和安心,也不会认为自己是处在公民社会中,采用这种办法,每一个人和其他最微贱的人都平等地受制于那些他自己作为立法机关的一部分所制定的法律",从而确保文明社会的宗旨和目的。这个过程,胡克尔给予了详细的解析:

"最初,在选定某种类型的统治时,可能当时并未再进一步思考关于统治的方式,但是他们最后根据经验,感到听任统治者凭他的智慧和自由裁量来支配一切,在各方面都很不便,他们所策划的补救方法,反而增加了它应该治疗的创伤。他们看到受一个人的意志的支配,成为一切人的痛苦的原因。这就迫使他们制订法律,让所有的人在法律中事前看到他们的义务,并且知道违犯法律将受到什么处罚。"而之所以选择制定法律,是因为:"法律一经制定,任何人也不能凭他自己的权威逃避法律的制裁;也不能以地位优越为借口,放任自己或任何下属胡作非为,而要求免受法律的制裁,公民社会中的任何人都不能免受它的法律的制裁的。所有这些思想在洛克的著作中都可找到极好的说明:"使用绝对的专断权力,或不以确定的、经常有效的法律来进行统治,两者都是与社会和政府的目的不相符合的,如果不是为了保护他们的生命、权利和财产起见,如果没有关于权利和财产的经常有效的规章保障他们的和平与安宁,人们就不会舍弃自然状态的自由而加入社会和甘受它的约束。不能设想,如果他们有权力这样做的话,他们竟会有意把支配他们人身和财产的绝对的专断权力交给一个人或较多的人,并给予官长以力量,由他任意地对他们贯彻他的毫无限制的意志。这是要把自己置于比自然状态更坏的境地,在自然状态中他们还享有保卫自己的权利、不受别人侵害的自由,并以平等的力量进行维护的权利,不论侵犯来自个人或集合起来的许多人。可是,如果假定他们把自己交给了一个立法者的绝对的专断权力和意志,这不啻于解除了自己的武装,而把立法者武装起来,任他宰割。一个人置身于十万人的官长的权力之下,其处境远比置身于十万个个别人的专断权力之下更为恶劣。……因此,无论国家采取什么形式,统治者应该以正式公布的和被接受的法律,而不是以临时的命令和未定的决议来进行统治。……(这是)因为,政府所有的一切权力,既然只是为社会谋幸福,而不应该是专断的和凭一时高兴的,而是应该根据既定的和公布的法律来行使;这样,一方面使人民可以知道他们的责任并在法律范围内得到安全和保障,另一方面也使统治者被限制在他们的适当范围之内,不致为他们所拥有的权力所诱惑,利用他们本来不熟悉的或不愿承认的手段来行使权力,以达到上述目的。"①

这就是近代自然法着力型塑的理念图景:尊重自由,保障人权,拒斥擅断。所以登特列夫在评价近代自然法时这样说道:"正确地说,近代自然法理论根本就不是法律的一套理论,而是有关权利的一套理论"②,而这也正是罪刑法定理念起步的地方。罪刑法定就是近代自然法十字军精神的产物,在它的影响下,从政治到法律的一切方面都彰显了以理性原则和自然法为基础的革命气息和理想架构,以维护人的幸福。理性和自然法的理念也就时时为人宣称,所以当时的法律哲学包括刑法和哲学就全部蕴涵在这一观念之中,罪刑法定理念也应时而生。爱尔兰教授 J. M. 凯利就此指出:18 世纪的自然法远远不是装饰性的,它对法律领域产生了可观的影响,这可归结为如下方面:边沁的功利主义思想,由贝卡利亚开拓和伏尔泰预示的刑法的人文主义标准,以及普鲁士国王弗雷德里克大帝和奥地利皇帝约瑟夫二世的立法热忱。③ 而斯洛文尼亚法官卜思天·M·儒攀基奇在评价罪刑法定思想的经典著作《论犯罪与刑罚》的作者、曾为罪刑法定思想作出先驱性努力并奠定近代刑法学的开山鼻祖贝卡利亚的功劳时也这样正确地指出,"贝卡利亚的功劳在于引进了一种新的、更有效的、可计算的、根据实际情况而定的刑法观念——这些观念符合封建社会行将就木时已经上升了的社会意识"。"贝卡利亚创造的仅仅是刑法

---

① 以上见[英]洛克:《政府论》(下),叶启芳、瞿秋农译,商务印书馆 1964 年版,第 58 页注①、59、83—86 页。
② [意]登特列夫:《自然法——法律哲学导论》,李日章译,台湾联经出版事业公司 1984 年版,第 57 页。
③ [爱尔兰]凯利:《西方法律思想简史》,王笑红译,汪庆华校,法律出版社 2002 年版,第 250、242 页。

的理念而非一门社会学,是在他的(人文)理想倡导下而不是他的理想的推理方法,使得社会大众的思想得以启蒙"。①

不必说,这一观念承载的价值意蕴在它所处的智识情境中是革命性的。即使置于现代刑法下,它也会有足够的实至名归的喝彩理由。因为正如我们已经看到的那样,这个观念契合了那个时代上升的社会意识并给予了其复调的魅力——它把那个时代基于理性和自然法的人文理念形诸于刑法理论之中,尊重理性的人,保障人权,排斥擅断……自然法人文理念从此自得其所,人的理念在刑法理论那里也得到了强有力的认同和捍卫。

第一,刑罚首次被看作社会控制的一种手段。无需多论,刑罚也就首次成为造福人的幸福生活的手段。因为相对于自然状态而言,只有文明社会中的每一成员才能享受文明社会本身带来的幸福惠顾——和平、安全、秩序等等。社会是关涉人类幸福的应当维续的圭臬。因此,凭借这样的理念,"一切犯罪,包括对私人的犯罪都是在侵犯社会",并直接或间接侵损、违犯了人的幸福,"犯罪对公共利益的危害越大,促使人们犯罪的力量越强,制止人们犯罪的手段就应该越强有力"。② 而"法律之所以把某种行为规定为犯罪行为,正是要使每个公民在道义上负遵守法律的义务,以此来防止人们做出这样的行为"。③ 简言之,法律是社会福祉的保护神。每个人都应负有尊崇法律并承担违犯法律责任的义务。凭借这一理念,康德推绎出了其富有特色的康德式法律理论:"每个人都可以被迫——即被强迫——服从法律。但是每个人也都有一种服从法律的义务。这被康德看作是欠了他人的债"。在他看来,正义就是"一个人的意志能与另一个人的按照一种普遍的法则相协调的那些条件的总和"。借此才能使一个人的合法自由与其他人的自由和平共处。一项犯罪则超出了作恶者合法的自由并且侵犯了他人的权利——而他在行动中本有义务去尊重这种权利,罪犯削弱了正义的结构,他必须受到惩罚以便维护正义和权利。放弃惩罚不仅是对不公正行为的宽恕——实际上是宣告允许这种行为——而且对那些在实践上自我限制和在自己行为中尊重他人权利的人也是不公平的。正是以这一观念为基础,我们才谈到罪犯必须对社会和人类幸福偿还债务。

---

① [斯洛文尼亚]儒攀基奇:《刑法:刑罚理念批判》,何慧新译,中国政法大学出版社2002年版,第36—37、58—59页。
② [意]贝卡里亚:《论犯罪与刑罚》,黄风译,中国大百科全书出版社1993年版,第7、65页。
③ [英]斯坦、香德:《西方社会的法律价值》,王献平译,郑成思校,中国法制出版社2004年版,第193页。

否则,一个不处当罚之罪的社会是违背正义责任的,他进而明确地说道,"如果法律的正义麻木了,那么人们也就不值得在世上生存下去了。"①

同样的倾向也体现在戈尔丁身上,戈尔丁是这样进行他的精彩的论述的:最重要的一点是,对一个社会来说有一套刑事法律意味着什么。答曰:刑事法律典型地禁止或要求履行某种行为,它们包含着对违法事件中不受欢迎的结果的威胁。正如威慑论者所强调的,拥有这种法律和威胁的主要目的就是制止人们从事这种未被要求的行为。② ——因为它直接或间接地违反和侵损了人的幸福。因此,一项犯罪本身就是对法律本身也即是对人的幸福的蔑视。法律就必须恪守其允诺,使违法行为必须受到当罚的惩罚,人的幸福也才能得以持存。它也充分证明了伯特兰·罗素先生等人的论点是正确的,即"不能得到实施的任何法律都是邪恶的,因为它造成了对法律的(进而也是人的幸福的)轻蔑"③,"为什么某些类型的行为受到法律所禁止,并因而被当作犯罪或违法?答案是,为了向社会宣告,不得实施这些行为并确保少发生一些这样的行为","刑罚的正当性因其是作为'社会对犯罪的一种有力的谴责'而得到证明"。④

第二,刑罚也有力地捍卫、诠释了尊重理性人的真实蕴含。诚如黑格尔所言:"犯罪行为不是最初的东西,肯定的东西,刑罚是作为否定加于它的,相反地,它是否定的东西,所以刑罚不过是否定的否定","刑罚既被包含着犯人自己的法,所以处罚他,正是尊重他,是理性的存在"。⑤ 乍一看这一断语令人感到惊奇,但这并非难以理解。因为根据罪刑法定观念——没有法律就没有犯罪,没有法律就没有刑罚,惩罚来自于明文的法律规定——很明显,既有的法律规定成为其关键,而人们则相应地沐浴、受制于这种公开、明确和稳定的持久戒律(规则)之中,而且这样的法则对于一个有理性的人来说都能理解并应恭而敬之地遵行——如前所述,因为这是幸福的圭臬,但犯罪事实却客观地出现,对此唯一可能的解释或可想象出的理由中占有一席之地的就在于这是行为者自由意志的产物。

也就是说,在这个过程中,罪犯本可以遵守他所违背的法律,但他却选择

---

① [美]戈尔丁:《法律哲学》,齐海滨译,生活·读书·新知三联书店1987年版,第177—182、187页。
② 同上书,第205—206页。
③ [英]罗素:《伦理学和政治学中的人类社会》,肖巍译,中国社会科学出版社1992年版,第146页。
④ [英]哈特:《惩罚与责任》,王勇等译,华夏出版社1989年版,第6,7页。
⑤ [德]黑格尔:《法哲学原理》,范扬、张企泰译,商务印书馆1961年版,第100、103页。

了违法犯罪,这是一种自愿的违法犯罪,这是一种典型的在守法与付出代价之间的自由(愿)选择的意志行为。显然,这也是经过行为人审慎考虑和理性选择的结果,其中,人始终占据着舞台的中心,他的选择自由成为他走向犯罪过程中的决定因素,航线则由刑事惩罚与奖赏制度指引。以此为基点,刑罚惩罚这种自愿犯罪毋宁就是对理性行为自由意志所致危害的报偿。其中的"自由意志"具有显著的意义。而人们之所以能够享有这样选择的权利,就是因为他们是人,而不是因为他们属于某个政治团体或宗教派别,唯一的理由,就是他们具有人性(即理性)。而这一理念的辩护理由,又得到了西方自然法理念中人作为上帝的创造物而具有自由意志这一观念的支持,这就必然将注意力指向人而非指向法律,并确信人要服从忠实自由人的理性而非服从法,于是理所当然的是理性人的观念得以悄然跃动的表达和再现。所以哈特教授指出,"如果某人违反了法律,而又没有任何可以原谅的理由,那么,人们一般认为,他是'以自己的自由意志行事的',是'自动'、'自愿'行事的,或者可以认为,'他本来能够不那样做'。"①

这不啻是一个精妙的发现,并直接导致了这样两个结果。结果之一自然就是刑罚只能限于自愿犯罪这一命题或思想的形成,即所有的法律后果即刑罚都取决于理性人的自由意志的努力,或者说惩罚的正当性在于且仅仅在于犯罪人的自由意志,否则就是对犯罪人之为人的理性即自由意志的蔑视。也正是在此意义上,德国著名刑法学家费尔巴哈开创并根据其心理强制说直接得出了应践行罪刑法定原则的结论。而布莱克斯顿和边沁则从否定即免责的角度回应了哈特教授。前者在解释他那个时代的刑法所认可的主要免责条件时主张:"因此,保护某种违禁行为的实施者不受非此便不可避免地应受的惩罚的所有的这种答辩理由,可以归纳为这样一种考虑,即缺乏意志或有意志缺陷","(而原则上)构成犯罪,首先必须有某种恶意"②,后者则在其《道德与立法原理导论》中以不适于惩罚的情况为题,列举了一连串与布莱克斯顿所列情况相似的主要的免责条件,他也试图证明惩罚缺乏意志或有意志缺陷的人,如疯子、儿童、精神病人、未成年人,或在误解、受胁迫、无意识等情况下触犯法律的人必定毫无效果。③ 从而证明了自己与布莱克斯顿、哈特一样是刑罚理性人的

---

① [英]斯坦、香德:《西方社会的法律价值》,王献平译,郑成思校,中国法制出版社 2004 年版,第 191 页。
② [英]哈特:《惩罚与责任》,王勇等译,华夏出版社 1989 年版,第 18 页。
③ [英]边沁:《道德与立法原理导论》,时殷弘译,商务印书馆 2000 年版,第 66 页。

立场的捍卫者和崇奉者,他们都殊途同归。

既然只有在犯罪人的意志自由中才能找到刑罚的正当依据和辩护理由——因为只有这样才成就对犯罪人之为人的理性的尊重,那么很显然,离开犯罪人的自由意志去寻求惩罚的依据的任何其他做法都是对犯罪人之为人的理性本性的藐视和扭曲,亦即"刑罚只能作为犯罪人自由意志的体现的犯罪结果而存在,而不能为了实现其他目的,亦即刑罚不能仅仅作为实现社会目的的手段(通常表现为功利主义)而存在"。[1] 这必然带来这样的原则——犯罪人也是人,人自身就是目的,而非仅仅是被当作手段来对待的即作为一项普遍最低道德标准的基础的康德式人性原则——的诞生,它确保了人的人格尊严和个人自由。根据我们的研究,这也是康德精心制作的理性公设,也即著名的康德哲学中的绝对命令。这是后话,暂且不提。

另一个结果是可把每一宗犯罪都理解为道德问题,并由此使之成为法律问题。此即现代刑法学上的道义责任论的肇端。因为——诚如黑格尔所言——"道德的观点是这样一种意志的观点,这种意志不仅是自在地而且是自为地无限的。意志的这种在自身中的反思和它的自为地存在的同一性,相反于意志的自在存在和直接性以及意志在这一阶段发展起来的各种规定性,而把人规定为主体",也就是说,人是自主理性的个人,每个人只忠实于个人良知个人判断,没有任何外在权威可以合法地强制他们,但每个人都必须承受并遵守他们自己选择的后果。亦即"道德的意志是他人所不能过问的,人的价值应按他的内部行为予以评估,所以道德的观点就是自为地存在的自由。"[2]这也意味着在适用道德原则时必须考虑到环境和不同的个人。

不必说,这恰恰也就是罪刑法定刑罚之适用领域。如前所述,罪刑法定的刑罚惩罚理念都是以理性自主的人为自身的逻辑起点并作为其立论基础的,这在两位思想家——贝卡利亚与边沁——那里得到了最为系统的表述,对于贝卡利亚来说,"欢乐与痛苦是支配感知物的两种动机",由于"个人能从自己的越轨行为中捞到好处,增强了犯罪的推动力。因此,加重刑罚也就变得越来越必需了"。[3]边沁则在同一立场上更进一步展现了这种理性自主人的形象:"痛苦和快乐是人类行动的巨大动机。当一个人意识到或者推测痛苦是一种

---

[1] 邱兴隆:《关于惩罚的哲学》,法律出版社2000年版,第67页。
[2] [德]黑格尔:《法哲学原理》,范扬、张企泰译,商务印书馆1961年版,第110、111页。
[3] [意]贝卡里亚:《论犯罪与刑罚》,黄风译,中国大百科全书出版社1993年版,第65、66页。

行动的结果时,他便按照这样一种方式行动,以致趋向于似乎可以一种特定的力量将其从实施该行为中拉回来。如果痛苦的明显的分量大于所预期的快乐的分量,他便会绝对被防止实施这种行为"。① 他们都认为人是一种利害权衡、追求快乐、趋利避害的理性自主的人。

不必说,罪刑法定下的犯罪与处罚也是这种理性自主人的体现,是犯罪人自由意志的产物与确认。正因如此,黑格尔不仅认为"刑罚既被包含犯人自己的法,所以处罚他正是尊敬他的理性的存在",而且还得出了自由意志的体现的犯罪行为决定着刑罚的质与量的结论:"如果不从犯人的行为中去寻求刑罚的概念与尺度,他就得不到这种尊重","犯罪具有在质量上的一定范围,从而犯罪的否定,作为定在,也是同样具有在质和量上的一定范围"。② 而彼得·斯坦、约翰·香德、哈特等人无疑说得更为清楚,"在尊重个人作为一种价值观念被人们广为接受的地方,只有在能够证明某人确实犯了特定的反社会行为的罪行而且在道义上他应当对此负责时,剥夺这个人的权利才是符合道义要求的"。很明显,这里的"应对此负责"一语与其通常意义等同,是被用以主张某人有某些正常能力。这些能力构成道德义务责任之最重要的标准和判据,而这些能力包括理解能力、推理能力与对行为的认识、控制的能力:理解法律规范或道德要求的是什么行为,思考与作出有关这些要求的决定,以及在作出决定后如何遵守这些决定。所以,"要实现刑法上的制裁,需要有个人责任论的辅佐。这使得个人拥有自己选择哪种后果的力量,使'个人的力量达到最大,可以事先确定法律的干涉将会给他留下多大的自由活动余地'。(否则,)即使事情办糟了,自己的行为给他人造成了损害,他也不会因此而受到法律对那些故意做出此类行为的人所强加的惩罚。如果他尽了最大努力,做出了恰当的选择,而且损害是由失误或偶然事故引起的,那么法律就会宽恕他。从社会整体利益的角度来看,这种制度与造成危害的人不论是出于故意还是非自愿都必须受到惩罚的制度相比,危险性显然要大得多。但是,社会面临的这种危险,作为一种代价,以换取对社会每一成员都是人,其命运取决于自己的选择这种观念的普遍承认,是值得的"。③ 总之,还是刑法学家弗莱切一语中的:"刑

---

① J. Bentham, *Collected works*, edited by J·Bowring, Russell and Russell, 1962, p.369.
② [德]黑格尔:《法哲学原理》,范扬、张企泰译,商务印书馆1961年版,第103—104页。
③ [英]斯坦、香德:《西方社会的法律价值》,王献平译,郑成思校,中国法制出版社2004年版,第197、289页。

第四章 法律价值的人文主义证成

法就是道德与政治哲学的一种"①,刑事责任时刻受着道德与政治哲学的制约。

第三,此外,罪刑法定原则在近代刑法史上最吸引人的、因而也是最重要最有启发性的原因却在于它对个人权利和自由的尊崇与信奉,这也是我们将之命之为犯罪人的权利宪章的初始缘由和理论基础。对此,我们可沿循着历史之径,在其产生的社会语境下,求得对罪刑法定这一人文思想的理解。

众所周知,罪刑法定主义是针对法国大革命前的旧制度封建专制国家的罪刑擅断主义而提出来的。"所谓罪刑擅断主义,是不以明文预先规定犯罪与刑罚,以如何的行为为犯罪,对之应当科以如何的刑罚,国家的首长或代表它的法官任意加以确定的主义"②。由此可见,罪刑擅断是人的灾难的代名词,在罪刑擅断主义旗帜下,国家机关恣意行使刑罚权,相应地,人的自由权利乃至人的幸福生活几乎是个虚幻漂渺的海市蜃楼,它极大可能地会造就一个非人的社会。罪刑法定则恰恰相反,它要求对犯罪和刑罚都要预先加以法律规定,以排斥定罪量刑的恣意和任性,从而将个人的自由和权利的尊重放在了文明社会的应有的高度。专断停止了,自由得到了保证,它创设了文明社会赖以维系和持存的国家权力和个人自由的界限,并使两者处于和谐的气氛之中。

这一点,孟德斯鸠的论证也许最有说服力,"如果刑法的每一种刑罚都是依据犯罪的特殊性质去规定的话,便是自由的胜利。一切专断停止了,刑罚不是依据立法者一时的意念,而是依据事物的性质产生出来的;这样,刑罚就不是人对人的暴行了"③。无独有偶,日本学者大野义真教授无疑也是这种的观点的赞成者,他指出:"罪刑法定主义的本质,并非仅仅根据形式的概念而被维持的,而且应该根据限制国家的刑罚权、保障国民的人权的刑事人权思想来得到维持。在这个意义上,费尔巴哈的命题,应当解释为在近代刑法的黎明期这一历史的背景下,刑事人权思想的表现形式之一。"④在它的影响下,两大法系的公法都有了很大发展,形成了一场脱离传统的公法模式、并必然衍生出许多即使在现今的法学理论中也占有一席之地且相互关联的有关确保人的自由的概念和理念的新公法模式运动:法律至上,成文法主义,反对司法擅断,禁止事后法,禁止法官制法,法的安定性诉求,……所以,我们一直信奉着这样的信

---

① [美]胡萨克:《刑法哲学》,谢望原等译,谢望原、孙力校,中国人民公安大学出版社1994年版,译序第5页。
② [日]牧野英一:《日本刑法》(上卷),有斐阁1939年第64版,第63页。
③ [法]孟德斯鸠:《论法的精神》(上),张雁深译,商务印书馆1961年版,第189页。
④ [日]大野义真:《罪刑法定主义》,世界思想社1982年版,第13页。

念,那就是当人们想到罪刑法定这一公法制度诞生的伟大的时候,他们也必想到这个制度哺育的伟大——对人的关怀与尊重,如果参照密尔的名言——造成一个人的存在,这件事实本身就是人类生活范围中最有责任的行动之一①——也许更容易地理解。

而按照 Gratian 的观点,这也是一种法律存在的目的就在于保护和体现为理性所发现的人的固有道德品性的表现。② 前已述及,罪刑法定无疑确认和呵斥着这样的观念,并代表着前进的方向,它呼唤理性反对专断的运动导致哲学、政治学特别是法学理论观念的巨大更新和转变,作为其结果,刑事惩罚所体现的法律秩序被视为了最大限度地保护个人权利的手段。两者思想无疑是不谋而合的。这既是理性人的自由主义与个体权利尊重之基本要求,也是文明社会进步的刑罚的方向——如果联想到这样几个命题来考虑的话:1. 根据德沃金的理解,自由主义的基本道德要求是:政府必须把人们作为平等主体来对待,这并不是因为政治的道德性中没有是非,而是因为那样做才正确。③ 2. 通观历史,个人一直是权力进步祭坛上的牺牲品④,卜思天·M·儒攀基奇曾经发出这样的文明感伤。3. 刑法当然包括刑罚什么也不是,"刑法就是道德政治哲学的一种"。⑤

根据我们的研究和理解,尽管有很多思想家尤其是启蒙思想家对这个问题进行了广泛的关注和坚持,并以不同的方式进行了强力地捍卫。然而,显而易见,只有康德等少数思想家的观点无疑才是最令人瞩目的因而也是最有代表性的。依康德哲学看来,人生为人是具有人作为目的的尊严即人格和绝对的价值,他不受制于他人的专断意志和控制,因而任何用以满足人们需要的对象,作为手段都只具有"条件的价值",而作为目的本身而存在的人则只具有绝对的价值。把人仅仅作为手段来对待,就是把他当作只外在或实用的价值而毫无内在价值的人来对待,而永远把他当作目的的来对待,就是永远把他当作具有内在价值的人来对待,无论他是否可能恰巧具有任何外在价值。因

---

① [英]密尔:《论自由》,程崇华译,商务印书馆 1959 年版,第 117 页。
② [美]庞德:《普通法的精神》,唐前宏、廖湘文、高雪原译,法律出版社 2001 年版,第 63 页。
③ [美]胡萨克:《刑法哲学》,谢望原等译,谢望原、孙力校,中国人民公安大学出版社 1994 年版,第 241 页。
④ [斯洛文尼亚]儒攀基奇:《刑法:刑罚理念批判》,何慧新译,中国政法大学出版社 2002 年版,第 219 页。
⑤ [美]胡萨克:《刑法哲学》,谢望原等译,谢望原、孙力校,中国人民公安大学出版社 1994 年版,译序第 5 页。

第四章　法律价值的人文主义证成

此,康德主张,应该永远把人——无论你亲自所为,还是代表他人——当作目的而不要仅仅当作手段来对待。犯罪人是人,当然也概不例外,"他的尊严(人格)就在于此",并且他有义务在实践中认识到这种受一切人尊重的尊严。"我不能否认,一个堕落的人,至少就其能作为一个人而言,也不能取消对他的一切尊重,即使他的行为不值得尊重"。谴责甚或惩罚恶行是应该的,虽然这些谴责和惩罚不可避免地是对恶行者无言的蔑视,但这些谴责"决不可导致对堕落者的完全的蔑视;也绝不可能完全否认他的价值;因为那样无异于假定他永远不可改善自己,而这样的假定不符合人的理念,因为人作为道德的存在物永远不可能完全丧失善的倾向。"①

这是理性人的本质倾向,由此康德顺理成章地得出了这样的惩罚正当性结论:反对基于威吓的罪刑擅断而主张罪刑法定,"法院的惩罚绝对不能仅仅作为促进另一种善的手段,不论是对犯罪者本人或者对公民社会。惩罚在任何情况下,必须只是由于一个人已经犯了一种(明文规定)的罪刑才加刑于他。因为一个人绝对不应该仅仅作为一种手段去达到他人的目的,也不可能与物权的对象混淆。一个人生来就有人格权,它保护自己反对这种对待,哪怕他可能被判决失去他的公民的人格。他们必须首先(依据法律规定)被发现是有罪的和可能受到惩罚的,然后才能考虑为他本人或者公民伙伴们从他的惩罚中取得什么教训。否则,就是对犯罪者人之为人的人格的违反与冒犯,让犯罪者爬过功利主义的青蛇般弯弯曲曲的道路"②,去充当自证其反的手段,而非不证自明的目的。

随后的黑格尔的自由意志论无疑与康德的"人是目的"论是一脉相承的,他同样站在了反对国家基于功利和威吓的需要实行罪刑擅断的做法,坚持基于对理性人自由意志尊重的罪刑法定的刑罚发动观。他是这样表述他的观点的,因为"威吓的前提是人不是自由的,因而要用祸害这种观念来强制人们。然而,法与正义必须在自由和意志中,而不是在威吓所指向的不自由中去寻找它们的根据,如果以威吓为刑罚的根据,就好像对着狗举起杖来,这不是对人的尊严和自由予以应有的重视,而是像狗一样对待他。"人因此也就成了马克思所言的"司法的奴隶"。所以法的命令是:"成为一个人,并尊敬他人为人。"③

---

① [美]施特劳斯、克罗波西主编:《政治哲学史》(下),李天然等译,河北人民出版社1993年版,第679—680页。
② [德]康德:《法的形而上学原理》,沈叔平译,商务印书馆1991年版,第164—165页。
③ [德]黑格尔:《法哲学原理》,范扬、张企泰译,商务印书馆1961年版,第46、102页。

很明显,刑法这样做的同时,也创造了公民个人所享有的针对国家的一种自由(或权利)。按照罪刑法定要求,既然刑罚只能因犯罪而施加,并且按法律规定的质和量而发动,那么国家或权力的利维坦就有义务不对无辜者施加刑罚,或对犯罪者滥施法外刑罚,它就必须以限制刑罚权、保障公民权为己任,这就为个人自由(权利)在法律允许的范围内最大限度地实现提供了有力保障,个人权利成为其思虑的起点。这既是对人之为人的尊重应有之义,也是其最起码的要求。由此观之,正如卜思天·M·儒攀基奇所指出的,"刑法之瓶是半满半空的,刑法规则既制约被统治者也制约着统治者,对他们两者而言,刑法代表着一种对于可用以支配他人权力的限制。"①这无疑也是在进行这样的宣认和强调:在经常的情形下,刑法应当成为防止刑罚擅自发动的一个规则的集合体。相应地,刑法的社会功能也就从此成为了刑罚发动者的障碍和樊篱,体现出一种保护个人免遭刑罚专擅之害的人权保障与尊重——一种符合刑法要旨的唯一理论与功能。

正是在此意义上,博学的拉德布鲁赫在1910年代结论性地写道,"自从有刑法存在,国家代替受害人施行报复时开始,国家就承担着双重责任:正如国家在采取任何行为时,不仅为社会利益反对犯罪者,也要保护犯罪人不受受害人的报复。现在刑法同样不只反对犯罪人,也保护犯罪人,它的目的不仅在于设立国家刑罚权力,同时也要限制这一权力,它不只是可罚性缘由,也是它的界限,因此表现出悖论性:刑法不仅要面对犯罪人保护国家,也要面对国家保护犯罪人,不单面对犯罪人,也要面对检察官保护市民,成为公民反对司法专横和错误的大宪章。由此而产生的,自1789年人权宣言开始即属立宪国家必要组成部分的原则,现在已纳入宪法之中:'无论何种行为,非在行为之前已有法律规定处罚者,不得科处刑罚'。"②并由此促成了现代公法的基石理念——权利范畴的形成,它也因此成了其不折不扣的催生婆,从此以后,公法已不再仅仅是公共权力的象征,它还是公民权利的体现。现代公法理念诚如川岛武宜先生所指出的,在现代社会的条件下,在"真正意义上的公法关系中,国家和人民之间的关系已并不是上级和下级之间的关系,而是作为平等的主体之间的关系存在,……国家对人民的要求并不是靠'权力'而是靠'权利',同

---

① [斯洛文尼亚]儒攀基奇:《刑法:刑罚理念批判》,何慧新译,中国政法大学出版社2002年版,第177页。
② [德]拉德布鲁赫:《法学导论》,米健、朱林译,中国大百科全书出版社1997年版,第96—97页。

时人民对国家也具有'权利即自由'"。① 简单地说其实就是法律的人文理念。

总之,现代公法理念的形成与罪刑法定人文观念是密不可分的。因而不难理解的是,罪刑法定主义,之所以在现代正成为许多国家的刑法的基本原则并伸延开去作为现代公法的基本要求而得到广泛的认可和践行,无疑也是与它的人文意义即对个人权利和自由的关切实在密不可分的,与作为它的立论前提的关于人的形象——理性人的尊奉及人权保障的人文亮光也是密不可分的,所以李斯特说,它既是善良人的大宪章,更是犯罪人的大宪章,因此它就不再仅仅是简单的法律问题,它也具有独特的人文主义概念设置的吸引力。这也是不难理解的,而已得到确认的西方社会的法律价值——

> 在刑事法庭上,只要对刑法的干涉范围究竟如何存在一丝疑问,人们就会要求法庭将个人自由价值观放在第一位。任何行为,只要对社会构成危害,刑法就可以予以禁止。但是,刑法必须对此事先加以精确的规定,这一点是至关重要的。每个人都有义务了解法律。每一个人都应当使自己熟悉与他所要从事的活动有关的法律规则。绝不可能允许出现这种情况,某个人成功地为自己的行为进行辩护,声称他在做出这个行为之前知道有关的法律,但同时又认为自己的行为是法律禁止之外的,所谓"法无事先规定不受罚",其意义就在于此。②

无疑也以惊人的不期语的形式佐证了这一点。

三、自由人的自由礼赞——意思自治的人文透视与人文辩考

(一) 意思自治概说

简单地说,意思自治,又称私法自治,是指在民事法律关系中,行为人依自己的意志得独立形成、变更或消灭民事法律关系,以获得权利、承担义务,不受国家和他人的干预。如同法国学者卡尔波尼埃指出的,它是以契约自由原则

---

① [日]川岛武宜:《现代化与法》,王志安、渠涛、申政武、李旺译,中国政法大学出版社 1994 年版,第 93 页。
② [英]斯坦、香德:《西方社会的法律价值》,王献平译,郑成思校,中国法制出版社 2004 年版,第 177 页。

为核心的,并事实上成为了近代民法的基本原则。① 而其实质则在于赋予当事人的自由意志相当于法律的效力,以享有私人事务的自治权,相应地,当事人之间的权利义务就来源于并服从于行为人的意志。所以德国学者弗卢梅说:所谓私法自治,是指各个主体根据他的意志自主形成法律关系的原则;而另一学者比德林斯基也在同一意义上指出,意思自治也就是"对通过表达意思产生或消灭法律后果这种可能性的法律承认"。② 当然这也是我国学者王泽鉴先生的观点,他认为,所谓"私法自治"即当事人得自主决定其私法上的权利义务。③

由此我们也不难发现,意思自治至少具有如下几个基本特点:1. 民事主体有依自己的意志得为或不为民事行为的权利和自由;2. 这种自由意志完全取决于个人的自主自愿,他人和国家均不得干涉;3. 这种自主、自由、自决的意志具有法律强行性特性,并产生法律效力,在这种意义上,我们甚至可以说意思自治的个人既是自己的主人又是自己的奴隶;4. 与法律推定条款或任意性规范相比,经个人意志所为的法律行为具有优先适用的效力;5. 国家仅仅作为确保意思自治实现的工具而存在。

就渊源而言,意思自治最早可溯至"商品生产者社会的第一个世界性法律"——罗马法,而后首先由法国的杜摩林于16世纪在冲突法领域中首先提出,并在18—19世纪自由资本主义时代为欧洲大陆和英美国家逐渐采用而在法律上形成为"意思自治"原则,并深深嵌入了以自由主义——个人主义为特征的放任主义论调。从此以后,意思自治原则深深渗入了两大法系,尤其是大陆法系私法或合同法领域中,它"构成了实质意义上的法律行为制度的主线;而且更以民法基本观念的形式对各国法制实践产生着深刻的影响"。④ 这集中反映在19世纪法国、奥地利、意大利、德国的民法典中。以至某些资产阶级学者甚至认为,私法自治精神乃是民法与生俱有的基本属性。以此为基础,日本学者北川善太郎先生成功地将民法的近代模式概括为自由平等的人格;私的所有;私法自治;自己责任等几个方面。⑤ 而在英美法系国家中,同样的理念也渗入其中,其结果是,"罗马法学者的契约观念成了最流行的法律思想,契约成

---

① Jean CARBONNIER, Droit civil, t. IV, Les obligations, 17e édition, par Press, universitaires de France, Paris, 1993, p. 47,转引自尹田:《法国现代合同法》,法律出版社1995年版,第15页。
② [德]梅迪库斯:《德国民法总论》,邵建东译,法律出版社2000年版,第142页。
③ 王泽鉴:《民法学说与判例研究》(七),中国政法大学出版社1997年版,第21页。
④ 董安生:《民事法律行为》,中国人民大学出版社1994年版,第58页。
⑤ [日]北川善太郎:《民法总则》,有斐阁1993年版,第13—14页。

了法律范畴中最为急需的"。①用亨利·梅因的话来说,实现了从身份到契约的进步,私有财产权和契约自由的主张得到弘扬甚至被过分夸大,并从实际上导致了英美法十九世纪的极端个人主义。所以施瓦茨在评论19世纪美国法也即普通法的精神或特征时这样写道:"最能表现19世纪美国法特征的,是它对个人主义和自力更生(意思自治的当然要义)的强调。'换句话说,它认为,每一个成年人都必须自己照料自己。他不需要指望法律上家长式的庇护来保全自己。……当他行动的时候,他被认为意识到了自己行为的风险。他必须承担预期的后果。'"②而进入20世纪起,由于进入垄断资本主义的价值观念发生了变化:社会生活从强调个人意志向福利社会的转变,所以20世纪以来,发生了一个明显的变化,就是不再过分强调契约自由了,相应地,私法自治也被大幅修正,私法体系原来建立的概念、价值、方法也均为之发生了动摇,走向了全面的危机和衰落,有学者惊呼其死亡。但其价值的某些方面依然持存,某些方面甚至死灰复燃般地再生,这也决定了意思自治的未来发展趋势。

(二)自由人的自由礼赞——意思自治的人文透视与人文辩考

很显然,如同公法中罪刑法定主义一样,古典自然法带着它的自由主义——个人主义理念以及相关的历史背景,在它那个时期也深刻地影响了私法领域,并最终证诸于私法领域的核心原则——意思自治原则,从而也使得意思自治原则深深地烙上了古典自然法的人文精神,人文意蕴也理所当然地得到了前所未有的弘扬和礼赞。它演绎和表明:

第一,单个的个人是一个理性实体,或者说理性的存在是人的典型存在形式。这一点应当说是确定无疑的,寻绎意思自治的思想,我们将不难发现,它正是以这种有理性的人而非非理性人如精神病人作为其理论起点和逻辑原点的。换句话说,在这一理论上,意思自治是有着自己坚实的人性理性逻辑的——它对理性人的人性逻辑的遵循绝不亚于任何其他理论对人性理性逻辑的信奉。因为按照这种理论,个人有根据自己的意愿,为或不为一定民事行为的自由,管理自己的事务,不受他人或国家意志的非法影响和干涉;"自主选择、自主参与、自主行为、自主负责。"③这就是说,个人的意愿是所有私法行为

---

① [美]庞德:《普通法的精神》,唐前宏、廖湘文、高雪原译,法律出版社2001年版,第19页。
② [美]施瓦茨:《美国法律史》,王军、洪德、杨静辉译,潘华仿校,中国政法大学出版社1990年版,第67—68页。
③ 江平、张礼洪:《市场经济与意思自治》,《法学研究》1993年第6期。

的基础,是确立当事人法律关系的基点。因而这也等于说,意思自治是承认、偏好甚或欣赏人们的个人自愿行为,以谋求对个人幸福与美好生活的创生和维续的。这也不啻于表明,依照意思自治的理论看来,当独立的主体(个人)基于自愿的行为而安排、管理自己的事务时,幸福生活的基本图景就会以一种可以信赖或期待的未来模式完全能被适当而合理地——即使不是自明地——预见到并会自发地生长出来。

很显然,根据我们目前所持的人性观念和业已证实的一贯理路,这不是对理性人的强调和宣认又是什么呢?! 正因如此,所以万俊人告诉人们:理性使我们窥见到两个不同的世界——真实的世界和一个确定的理想的世界。[1] 而这也就是梅因用黑格尔式术语言说出的著名理论——即"所有进步社会的运动,到此处为止,是一个从身份到契约的运动[2]——的核心理据之所在,当然也与康德著名命题——人最适合于服从他给自己规定的法律;人类心灵中活跃的能力(作为愿望的和最广义的能力)是一个人具有的,通过他的心理表述出来的能够把外界对象的根据和这些表述取得一致的能力。一个人能够按照自己的表述去行动的能力,就构成这个人的生命[3]——终极因由和图式契合无间。

这样看来,不必说,在这个问题上,有两点可能是我们必须要加以坚持的。

(1) 照此观之,人就是一个理性的动物,是能善辨是非,趋利避害,自己决定、设计个人福祉的存在。质言之,凭靠个人理性的依赖人是可以踏上通往幸福生活的道路的,不仅如此,幸福生活是由且必须由人的理性来辅佐和支撑的,因而凡是那些能够为幸福生活增砖添瓦的东西,都将毫无迟疑地为理性所偏好、所选择,并成为决断和配置的根源,以成就人的人文幸福生活。霍布斯无疑较早而又较为彻底地看到了这种理性对人的幸福的作用,他将之称为理性自然(利)律。其基本要义在于:人人都受自己理性自利的控制,因而凡是他能利用的东西,没有一种不能帮助他抵抗敌人,保全生命。因此,他的自然律就等值于:禁止人们去做摧毁自己的生命或剥夺保全自己生命的手段的事情,并禁止人们不去做自己认为最有利生命保全的事情[4],也即创生、保全自己的幸福生活。而在康德那里,这个问题也更进一步明晰化了。在康德看来,人

---

[1] 万俊人:《现代西方伦理学史》(上卷),北京大学出版社 1990 年版,第 190 页。
[2] 〔英〕梅因:《古代法》,沈景一译,商务印书馆 1959 年版,第 97 页。
[3] 〔德〕康德:《法的形而上学原理》,沈叔平译,商务印书馆 1991 年版,第 10、26 页。
[4] 〔英〕霍布斯:《利维坦》,黎思复、黎廷弼译,商务印书馆 1985 年版,第 97—98 页。

是一个理性实体,幸福肇始于人的理性,他使得人能作为一种幸福的配当——一种基于理性理由的幸福配当——而存在。因为从原初意义上讲,理性就具有一种天生的特质,那就是它可以靠想象力的帮助便创造出种种愿望来,并渐趋成为一种人的理性自觉和自醒的能力——抉择生活方式和样式的能力,它使得人得以成为一种超越一切动物的理性定在,并铸就了个人幸福或自爱的因由,因为"求得幸福,必然是每一个理性的然而却有限的存在者的热望,因而也是他欲求能力的一个不可避免的决定根据"。因此,检验是非善恶的试金石就不能置于别处,而只能置于对象与我们的快乐与不快情感的契合一致,并且理性的应用只能有如下两方面的内容,即一方面决定与我们的此在的全部感受整个相联的这种快乐与不快,另一方面决定为我们谋得这种快乐或不快的对象的手段。①

众所周知,这恰是生活方式的全部内容。这样,理性就实现了与生活方式、生活样式确切地说与人的幸福生活方式及生活样式心照不宣的联姻与结合。也正是基于这种意义上,罗尔斯型构了其备受称颂和广为征引的作为公平的正义的理论或图式。而依照我们的研究,由于一个正义的社会就是一个理想的幸福的社会——它们都是一种基于理性的反思的平衡,所以我们仍然可称之为幸福社会的理论或图式;

(2) 这同时也意味着,明显不存在这样的可能性,通过在违反理性的情形下行为人自主管理、安排自己的生活方式就能获得持存的幸福生活,因为这样一种处置正好带来的是反人性逻辑的生活。在这种情况下,唯一的生活模式就是把自己交付给偶然性,自己的命运服从于偶然意志而捉摸不定,其结果也就不言而喻了。贝卡利亚指出,"自己命运的捉摸不定常常使人成为黑暗暴政的牺牲品"②,它至多是一种动物式命运:人仅仅是自在的动物状态中的一员,人是根据动物属性来定义的,因而其最有理由过的生活也就只能是动物配当的生活——正如我们一直试图在争辩的那样,一种不幸生活的代名词。不必说,这也绝对是不可想象的生活。所以胡塞尔以哲学家特有的精明和敏感这样断言道:理性与人的存有之间,存在着最深刻的本质联系。它是这个属人世界上,"一切谜中之谜"所在。这种谜底的答案就在于:"理性从自身出发赋

---

① [德]康德:《实践理性批判》,韩水法译,商务印书馆1999年版,第24、68页。
② [意]贝卡里亚:《论犯罪与刑罚》,黄风译,中国大百科全书出版社1993年,第85页。

予存有者的世界以意义；反过来，世界通过理性而成为存有者的世界。"①"理性使得人们能够在他所谓精神的和人类特有严尊所由发现的这个高一级的和包罗更加广泛的水平上生活下去"。② 而斯宾塞则更为直接和坦率，"要达到最大的幸福，人的素质就必须是这样：即个人可以实现他自己的本性"③即理性。因为正如我们已经证实的，对于人来说，符合理性的生活就是最好的最愉快的生活。

总之，诚如我国台湾学者曾世雄所言，私法自治的基本理念乃在于借助个人理性尤其是理性自私或个人之自私心，对个人生活源之得丧变更尽其所能以期作最有利之安排，取得最佳绩效，使人类社会因稳固而繁荣进步。④

第二，私法自治原则还将人的价值理念蕴贯其中。正如前文我们所分析的，私法自治意味着私法主体——理性人基于自己的理性判断去设立或变更自己的权利义务，进而选择、设计、安排自己的生活方式和生活样式，自决自己的福祉。显然，按照我们一贯的思维进路和目前所持的人的价值的观念，从体现人之为人在自己生活方面的设计和发挥人的能力方面等人的价值的种种特性这一意义而言，这恰恰就是私法自治理念肯认和确证人的价值意蕴之所在。这一点也应当说是确定无疑的，正如彼得·斯坦、约翰·香德在其《西方社会的法律价值》一书中指出的，根据相互可以区别的不同道德原则安排自己的生活的能力，正是强调人作为个人的价值的主要理由所在，它深深植根于人类希望过好生活的理性基础之中。而罗素也结论性地指出，归根结底，"对人类来说，真正可能的幸福只属于那些把自己似神般的潜能发挥到极致的人们"。⑤ 私法自治正是基于理性人的理性和判断而实现自治意思所肇始的对幸福生活或有价值生活的求索的。在这里，主体人必须在事实和逻辑上意识到自己在作为手段安排自己的生活模式，创造个人幸福生活的能力方面是有价值的，而拒绝或摒弃一种自生自灭或自在自为的依附天命式的无价值生活。

因此，在这种意义上，我们可以得出结论说，私法自治萦绕着个人价值的向往和追求，并理所当然地皈依和孕育着人的幸福生活。私法自治不是别的，而是由隐含其后的借助自治意思的个人能力为自己安排、创造一种为自我追

---

① 万俊人：《现代西方伦理学史》(下卷)，北京大学出版社 1992 年版，第 34 页。
② [美]杜威：《人的问题》，傅统先、邱椿译，上海人民出版社 1965 年版，第 318 页。
③ Herbert Spencer, *Social Statics*, London, Williams and Norgate, 1902, p. 33.
④ 曾世雄：《民法总则之现在与未来》，中国政法大学出版社 2001 年版，第 17 页。
⑤ [英]罗素：《伦理学和政治学中的人类社会》，肖巍译，中国社会科学出版社 1992 年版，第 233 页。

求的幸福生活的个人价值的礼赞和信奉。这即是说,倘若从一个个人生活世界出发,试图给他提供一条幸福生活的出路或预制一个令其满意的生活目标,当且仅当足够确信和充分利用他的个人创造安排自己生活的能力即个人价值时,这才能成为现实。个人价值才是幸福生活赖以生长和维系的唯一土壤。所以一如德国哲学家哈特曼所指出的那样,人是世界意义的唯一源泉,"他是诸客体中的主体,是认知者、认识者、经验者、参与者;他是存在之镜和世界之镜,依这种方式来理解,他就是世界的意义"。① 因此在这里,个人相应成了价值的最终权威和尺度,也即前文曾牵涉过的所谓"人是万物的尺度"的真实写照。

第三,寻绎这样的理路,人们会发现接下来的一个合乎逻辑的结论就必然是,意思自治也必然回应这种理性人及其价值存在——给予人格尊严的尊重和个人的意志自由,以确保社会进步和繁荣。在此,我们更愿意援引罗马法上的这么一句格言并愿意将之提升到宪法原则的高度:"有关每个人的事务应得到每个人的考虑和同意"。所谓同意也即指必须由某种自由意志所作出。用近代流行术语释之,也就是个人自由或主体权利,而其基本思维进路则是:意思自治→意思自由→自由→个人主义→人格尊严的尊重。这一点,黑格尔通过其《法哲学原理》给予了这样彻底的表达,"自由是意志的根本规定,正如重量是物体的根本规定一样。……自由的东西就是意志。意志而没有自由,只是一句空话;同时,自由只有作为意志,作为主体,才是现实的"。② 相应地,依照这种看法,任何人就将不难证成,意思自治的典型模式就在于也应当"在于法律给个人提供一种法律上的权力手段,并以此实现个人的意思。这即是说,私法(或意思)自治给个人提供一种受法律保护的自由,使个人获得自主决定的可能性"。③ 换言之,应当阻却并挫败国家和他人的不当干涉或非法干预,才有可能最大限度地增进意思自治的机会,并进而促成人文幸福的生活;这同时还意味着,必须承认、尊重个人自主选择及自由意志,因为唯有通过这种方式,才能使意思自治成为一项对那些能够根据自己的理性知识和判断去追求自己的目标的人具有实质和本真意义的准则。

不必说,这也即是典型的个人—自由主义观念——个人至上的人文主义

---

① 万俊人:《现代西方伦理学史》(下卷),北京大学出版社1992年版,第65页。
② [德]黑格尔:《法哲学原理》,范扬、张企泰译,商务印书馆1961年版,第11—12页。
③ [德]梅迪库斯:《德国民法总论》,邵建东译,法律出版社2000年版,第143页。

的基本准则：承认当事人之间自由个人意志为法律上权利义务的真正泉源，尊重当事人自由权利行为，从而也使得私法关系的最终渊源在尊重个人意志或尊重人的人格尊严中求得了答案。正因如此，所以以德国人梅里曼为代表的一大批学者在分析流行于 19 世纪大陆法系各国民法典中的私法自治理论时这样指出，私法自治必然带来这样两个重要的个人主义观念：其一，认为经济生活的基本主体是个人（这是一个相当原始的经济观点）；其二，不允许任何从事经济活动的个人联合，政府活动的适当范围应受到极大限制。所以，应在国家社会生活和经济生活中竭力排除政府的参与，具体到法律领域就是国家只在公法范围内活动，个人在私法领域中行事，两者互不相干。① 私法自治原则必然意味着"承认个人在私法领域内，就自己生活之权利义务，能为最合理之'立法者'，在不违背国家法律规定之条件下，皆得基于其意思，自由创造规范，以规律自己与他人之私法关系"②——总之，自由—幸福才是其思想的起点或阿基米德支点；进一步地，私法自治同时还必然意味着尊重人的个性或人的人格尊严。

  这将是我们眼下将要关注的论点。而且在此之前，我们认为先作这样一个声明是再恰当不过的，那就是，这种理解的进路绝不是我们的发明。正如人类思想史所一再表明的，这一思路是有其知识谱系的，许多先前的伟大思想家无疑都是其最好的阐释者和推崇者，亚当·斯密、约翰·密尔、哈耶克、米瑟斯、弗里德曼……，只要对自由主义政治学和经济学有所研究的人，无疑都会对之留下深刻印象并得出相应的正确结论的。让我们重点考诸于密尔的自由主义理论，特别是他对自由——人文幸福生活的诠释。因为在我们的视野里，他是这方面表述最成功、最充分因而也是最应关注的一面旗帜。在《论自由》中，密尔以"论个性为人类福祉的因素之一"为题精妙地表达了这样一种个性实现与满足的人文幸福观念：人们按自己的方式生活，发展自己天生的特性和能力，这并不是寻求快乐的手段，确切地说，它是幸福的实质部分。因此，好的社会必然既容许自由，又能为人们过自由而令人满意的生活提供机会。简言之，尊重人的个性并为这种尊重创设适当的条件。他声称，人性不是一架机器，不能按照一个模型铸造出来，又开动它毫厘不爽地去做替它规定好了的工作；它毋宁像一棵树，需要生长并且从各方面发展起来，需要按照那使它成为

---

① ［美］梅利曼：《大陆法系》，顾培东、禄正平译，西南政法学院法制史教研室 1983 年印行，第 106 页。
② 见董安生：《民事法律行为》，中国人民大学出版社 1994 年版，第 44 页。

活东西的内在力量的趋向生长和发展起来,这就决定了人并非千人一面的,而是禀性殊异的理性个体。所以说一切人类存在都应当在某一种或少数几种模型上构造出来,那是没有理由的,因而不同的人只有经由自己所规划的其存在的方式才是最好的,这并不是说这方式本身算最好,而是因为这是他自己的方式。在此基础上,他主张,生活应当有多种不同的试验,对于各式各样的性格只要对他人没有损害就应当给以自由发展的余地;不同生活方式的价值应当予以实践的证明。总之,个性应当维持自己的权利,这是进步和幸福的泉源。相反,凡在不以本人自己性格却以他人的传统或习俗为行为的准则的地方那里就缺少着人类幸福的主要因素之一,而所缺少的这个因素同时也是个人进步和社会进步中一个颇为主要的因素。进一步地,他由此还得出了如下著名的结论:假若大家都已感到个性的自由发展乃是福祉的首要因素之一;假若大家都已感到这不止是和所称文明、教化、教育、文化等一切东西并列的一个因素,而且自身又是所有那些东西的一个必要部分和必要条件;那么,自由就不会有被低估的危险。①

这充分证明:自由个体的人的的确确是个人幸福、社会进步的组成部分和基本要素。这也等于说,私法自治的过程本身就是一个自由求索、文明进步而对自由人的自由予以充分的高歌和礼赞的过程。正因如此,英国学者梅因对此给出了其标志性的表达:一种进步的文明,其标志乃是独立的、自由的和自决的个人作为社会生活的基本单位而出现,而所谓法律发达之现象,究不外一种由身份至契约的发展过程而已;德国学者耶林则将此发展过程,表于一更广泛之通则,代之为法律之进化过程,乃从片面权力之制度,进于双方权利义务相对的法律关系之制度。② 这也充分证明了马克思观点的英明,他指出,"人们的社会历史始终只是他们的个体发展的历史"。③ "任何人类历史的第一个前提无疑是有生命的个人的存在"。④

与之相关联,私法自治也必然滋生并长出人文尊重和尊崇的价值理念。这是因为,只有这样,才能契合私法自治的最基本原理:个人自由,私的自治,最终促成文明、进步和大多数人最大幸福。道理很简单,基于自由意志下的行为,必然是以人的独立、平等、自主、自决及人的至高无上、不可侵犯的中心地

---

① [英]密尔:《论自由》,程崇华译,商务印书馆1959年版,第3章。
② [美]斯密:《欧洲法律发达史》,姚梅镇译,中国政法大学出版社1999年版,第51页。
③ 《马克思恩格斯选集》(第4卷),人民出版社1972年版,第321页。
④ 《马克思恩格斯选集》(第1卷),人民出版社1972年版,第24页。

位或身份为前提真理的,也就是说,当且仅当人的独立、平等、自主、自决以及相应的人的至高无上中心地位确立时,这种个人—自由主义才是可欲或可能的。对此,英国学者史蒂文·卢克斯的观点无疑是很有说服力的,他以"人什么时候是自由的"为题给出了如下三个基本答案——而对我们的论点来说,这些答案都应当是正确答案不可或缺的组成部分。①

第一,如果一个人的行为是自主的,就是说,并非他人意志的工具或对象,或独立于他的意志的外在或内在力量的结果,而是他作为一个自由的行为者所作出的决定和选择的结果,那么,这个人就是自由的。他的自主性就表现在这种自决的决定和选择之中。当然,具体说明什么时候一个人是自主行动的,是一个很困难的问题,但这里的关键判断因素是自觉和批判地反思。它存在于自我意识的人格和他所面对的选择范围的函数之中。

第二,当一个人不受公众干涉和妨碍,即不受别人羁绊随心所欲的时候他是自由的。此即所谓消极意义上的自由,它存在于最低限度的思想或精神领域以及人的行为私人领域之中,这是自由理想不可缺少的组成部分,也是自我或人格的固有成分,否则就是对它的削弱或戕害。

第三,如果一个人能够决定他的生活道路,从而实现他的潜能,即达到他认为应当达到的最佳状态,那么他就是自由的,也就是说,真正自由的理想,是人类社会所有成员的潜能的最大限度的发挥,是人们对他们自身的充分利用。在这里,具有决定意义的两个基本要素是:第一,它应该是自我发展——我应该尽最大可能决定和支配我的生活道路;第二,它应该是自我发展——我应该有机会实现某些独特的人类品质。

由此他得出结论说,自由是个人自主,不受公众干预和自我发展的能力这三者合成的产物。三者对铸就自由的理念和理想都是不可或缺的组成要素——众所周知,这恰恰也是对人的尊重的基本要义。

我们也可在彼得·斯坦、约翰·香德那里见到相同或相似的观念,尽管相比于卢克斯来说,他们的表述可能并不是那么充分,但他们显然也抓住了问题的关键与实质。在前二人那里,他们是这样表述的:每个人都拥有一定的活

---

① [英]卢克斯:《个人主义》,闫克文译,江苏人民出版社2001年版,第119页以下。

动范围。在这个范围内,他可以实现自己的意愿,不论是政府还是法律,都不得干涉这个领域,它是人可以在其中实现自己意愿的范围,在这个范围内,"否定人依自己的意愿做出选择的自由,就等于否定他的人格"。"如果说法律被看作是一套对一般权利和相应义务的强制措施,那么自由权利则完全是法律的'身外之物'。因为,自由权利完全是与人类行为中那些不受法律义务的强制力约束的部分有关的。因此要判断对人类行为的某种限制是否合理,重要的是看这种限制对留给个人的自由活动范围侵犯程度如何"。所以,应由每个人依自愿而自行选择,否认个人有自行决定的能力,这是应当反对的。操纵人们,迫使他们在不可能的情况下为求你——社会政策者——的目标,这是对他们的人性的否定,是把他们作为没有自身意志的物体来对待,因而必然会使人们退化。① 当然,这也是柏林和格林的核心思想。柏林强调说,每个人都有从事值得去做或享受值得享受的事物的一种积极力量或能力。因而,每一个人都应拥有一种自我引导以及自我主宰,做自己主人的积极自由或权利,这种权利与自由根源于个人希望能够做自己的主人的愿望——我希望我的生活和活动取决于我的选择,而不是取决于某种外在的力量。我希望成为我自己的,而不是别人的意志行为的工具。我自己成为一个有思想、有愿望和能动的主体而不是客体;使我自己成为一个有思想、有愿望和能动的主体而不是客体;受我自己的自觉意识和理性推动,而不受外在因素的支配;我要多少算一个人物,不能无足轻重,我要做一个主动者,自己来决定,而不由他人代我来决定。总之,当我可以掌握自己的行为和命运时,我才是自由的;② 而格林据此则用康德式的口吻结论性认为,人的大家族应当是"目的的王国",在那里所有的人都应被看成是目的而不是当作手段,因为这是社会和个人固有的理想天性,应当给予所有人这种机会,在充分发挥他的能力的极限内,去实现那样的生活。因而,一个真正开明的社会,它的目的不能低于给予一切的人道德自决和道德尊严的权利,它们既是人格的条件也是人格的当然权利。③

由此我们也可以认为,肇端于私法自治下的自由—个人观念确实可以看作是认真对待独立、自主、自决的人,也即尊重人的人格、尊严观念的哲学结果,借用哈耶克话说就是,这种自由—个人主义的基本特征就是"把个人当作

---

① [英]斯坦、香德:《西方社会的法律价值》,王献平译,郑成思校,中国法制出版社2004年版,第213—214、215、227页。
② I·Berlin, *Four Essays on Liberty*, Oxford University Press, 1969, p. 122.
③ [美]萨拜因:《政治学说史》(下),刘山译,南木校,商务印书馆1986年版,第801页。

人来尊重;就是在他自己的范围内承认他的看法和趣味是至高无上的。……也就是相信人应该发展自己的天赋和爱好。"①因而对于那些真诚信仰这种私法自治以及相关个人—自由主义的理念的人来说,诚如我们一贯试图解释和争辩的那样,这意味着每一个理性人的个性即人格应当得到充分尊重,每个人都有权并事实上按自己的意愿而安排、设计自己的生活模式与样式——在这里,一切圆顺的逻辑无不存在于人的个性尊崇及其实现之中;在这里,人只生活在他自己而非他人意志的世界中,他只服从自己的意志并按自己的意志行事——从而最终将"人与人的一切关系都真正还给了他自己",马克思主义经典作家彻底道出了其中的真谛。

这对于我们的论点来说,我们更倾向于译解为这是对个人主义及其蕴涵的人文精神的再三强调和澄明,弥漫着光芒四射的人文光泽,而且不言自喻的是,这同时还是人文幸福生活降临的期然先兆——当然也一如所期然的批评一样,这可能略显褊狭和固执。所以戈布尔指出:理想的社会能提供使个人潜力得到发挥的环境;②弗罗姆也断言,就人类的价值而言,组成分子如不能正常地发展其人格,即该社会即非正常者③。而我们尤其可在英国哲学家鲍桑葵那里找到最直接的答案:他在评价当时资产阶级的天赋人权观念时这样言说道:"无论提到'天赋人权'时会产生什么样的谬误,其含义都是:人作为人总有某种应当受到尊重的东西,即有一种属于人的'本性'的生活法则,这实际上是人有理性的另一种说法,从某种意义上说,就是指'自由'和'平等',这是他天生的权利"。不但如此,鲍桑葵据此还提出了其评价法律和法律哲学的鲍氏标准:对于每一项法律和制度,即公共权力所维护的外部事实,都应根据其容许精神和心灵在其中自由发展的程度来评价。而对于任何一种配称其为一种完整的哲学思想,无论领域如何殊异(包括政治哲学、法哲学、经济哲学等等),变动如何不居,关于人性的观念,即我们这个世界上的有理智的人的观念,都在其中应占有这样的位置:能够以某种方式支配关于某些特定国家的观念,并总结人类生活的各种目的和可能性。④

总之,上述的分析无疑很好地说明,私法自治或意思自治理论始于或建基

---

① [英]哈耶克:《通往奴役之路》,王明毅、冯兴元等译,冯兴元统校,中国社会科学出版社1997年版,第21页。
② [美]戈布尔:《第三思潮:马思洛心理学》,吕明、陈红雯译,上海译文出版社1987年版,第114页。
③ [美]弗罗姆:《逃避自由》,刘林海译,国际文化出版公司2002年版,第78页。
④ [英]鲍桑葵:《关于国家的哲学理论》,汪淑钧译,商务印书馆1995年版,第52、202、308—309页。

第四章 法律价值的人文主义证成

于——并且拥有一种对象,只是因为——这样一种基因发现,即自由—个人主义,它本身荷载的价值和旨在实现的目的都以它那个时代的自由—个人主义风格表征了出来,它是自由—个人主义充分全面发展和应用的结果,而更为重要的也许是,在这种自由—个人主义的旗帜下,人的人格及人的尊严得到了前所未有的尊重和无与伦比的显赫和堂皇,由此而来的是,人文幸福生活也有了像人们期望的那样的自明或自喻的理由。这不能不说是一种文明进军的号角。然而,不无遗憾的是,在此问题上,人们却存在着如下两种通常的曲解。

首先是神化、迷信或沉溺于自由竞争以及相关的契约自由,把这种自由推至极端,将其同19世纪理性革命浪潮下的极端个人主义混淆起来。极端个人主义属于这样一种性质,它将个人自由作抽象的形而上学理解。它坚持并崇奉理性万能的神话,认为凭靠人的理性,每一个人都绝对能调整和处理一切事物,人的行为都是理性行为,因而强调人的个性和私权的绝对自治,主张将私有财产和契约自由作为尽可能少加限制的基本制度[①]——当然,按照这一说法就顺理成章地,当事人就必须承受自己行为即使是愚笨行为所产生的一切后果。它的鲜明特征是:"对个人自由的极端重视和对私人财产的无限尊崇,它与个人权利有关,与社会正义无关,它把具有最高社会意义的问题当作纯粹的私人争端来处理……它如此热衷于保障个人之间竞赛的公平,而疏于为社会提供保障,它依赖个人的主动性去实施法律,维护权利,它不能容忍对个人行为、身体、精神和经济自由的干预。简言之,单独的个人是它许多重要学说的核心"。罗斯科·庞德先生如此解说道。在这种个人主义理论看来,"全部理论就是除了维持和平的最低限度的必要之外,不应当对个人权利有任何限制。一切都留给自由人自由地订立契约。"[②]

由此可见,这种个人主义观念说到底其实就是一种披着形而上学外衣的绝对化观念,并带有绝对化观念所伴生的顽固性和蛮横无理的特质。而在19世纪末20世纪初对它的太多批评表明,它应该对其顽固性和无理性负责。人类文明是一个永恒发展的过程,而人类文明在20世纪的一个不争的事实却在于,随着经济和社会的发展,国家干预经济和社会活动的家长式统治已成为普遍现象,19世纪以个人本位的国家观念已为20世纪以社会为本位的国家观念所代替。这意味着"自由放任到了尽头"。这样的观念以一种鲜明的方式在私

[①] [美]梅利曼:《大陆法系》,顾培东、禄正平译,西南政法学院法制史教研室1983年印行,第74页。
[②] [美]庞德:《普通法的精神》,唐前宏、廖湘文、高雪原译,法律出版社2001年版,第9、12—13、33页。

法领域中显示了出来,那就是私法自治的规制,并表现出这样一种趋势:即在缔结和约时必须考虑到当事人双方的经济地位的平等,以防止一方利用对方事实上的不平等将自己的意志强加于另一方,以确保社会公平的现代概念的实现——即每个社会成员,仅仅因为他是社会成员之一,就有权不仅享受其他成员所提供的生活需要,而且有权享受每个人都想得到而实际上确实对人类有益的一切好处和机会。① 这不能不说是文明进军后的正确的时代回答。

然而有一些保守的学者却对此哀伤地惊呼为意思自治的衰落或曰契约的死亡。这是我们绝对不能接受的,在我们看来,这恰恰是学者们曲解了私法自治观念的实质和核心意蕴的结果。正如我们一贯所表明的,私法自治的真实含义在于:在个人—自由主义旗帜下,相信人(们)能够设计、安排自己的幸福生活——当然这是一种人文幸福的生活——进而导引出意思自治的核心价值荷载:对人的尊重以及相关的人文关怀。很明显,在这里,其命题的潜在核心与鹄的就在于人们能够真正地拥有得以自由的某种积极条件或力量,——诚如我们将要看到的,这就是平等。道理很简单,"只有理论上公民之中没有下等阶级"这种次一等的虚构仍然保持其地盘时,传统上的合同自由理论中所固有的、当事人双方不受妨碍地制定适用于自己的规则的说法才能够为人所接受。② 正因如此,马克思断言,人不是"由于有逃避某种事物的消极力量,而是由于有表现本身的真正个性的积极力量才得到自由"。③

这也就是说,"真正的合同自由除非是在合同当事人经济实力和社会地位平等的前提下,是不可能存在的。……如果双方当事人地位不平等,那么只有占优势地位的一方当事人可以自由决定是否订约和如何订约。既然此种平等的社会尚不存在,并且或许将来也不会存在,那么纯粹的合同自由本身则是某种新奇而无法实现的幻想"。④ 相应地,它对理性人的尊重及其相关的人文关怀也就无从谈起。所以彼得·斯坦、约翰·香德在其著作《西方社会的法律价值》中这样写道:"人们通常认为,个人自由有一定的范围,即不得妨碍他、使他无法做以自己的力量所要做的事。无力实现自己想做的事并不一定是不自由,因为,这可能是由于个人自身能力不足。……只要其他人没有蓄意干涉他

---

① [英]斯坦、香德:《西方社会的法律价值》,王献平译,郑成思校,中国法制出版社2004年版,第98页。
② 同上书,第343页。
③ 《马克思恩格斯全集》(第2卷),人民出版社1979年版,第167页。
④ Zweigert & kötz, *An Introduction to Comparative Law*, Noth-Holland Co, 1997, p.9.

的活动,他就是自由的。""但是,任何社会都不会允许其成员享有不受人类自制的完全自由。很明显,如果每一个人都可以不顾其他人的利益,而自由地追求自身利益,那么一些人就会征服另一些人,并把自由作为一种压迫其他人的手段。进一步说,如果把自由看作一种价值观念的主要理由是出于对人的尊重的话——我们正是这样认为的——那么,自由也必须明确每个人尊重其他人的义务。因此,个人自由的原则必须永远与平等原则结合在一起,以使社会中所有人都有平等能力做自己想要做的事,其限度就是其他每一个人也都可以做同样的事"。① 简言之,平等"与自己决定自己命运的自由不存在任何冲突。恰恰相反,平等和自由应当是同一个基本价值概念——即应该把每个人看作是目的本身——的两个方面。"②

从这样的角度看来,意思自治的规制恰好也表明了人们在努力避免一种绝对自由主义传统的危险——自损后果的危险,即私法自治在经济弱势群体被迫与强势群体缔结契约时,它总是虚伪的、伪善的,诚如恩格斯《在家庭、私有制、国家的起源》中抨击契约自由的伪善性一样——以提供一个一如既往的有保证的私法自治的交往模式,因此在我们看来,它仍然继续着由自治意思所肇始的对幸福生活的求索和关切,与其最初的放任形态相比,它们只有手段上的差异,但内在精神圭臬都并无不同。在这个意义上,我们说,这与其说是意思自治的衰落或契约死亡,不如说它是时代变迁后的新生。对此,还是布洛克最敏感:"如果我们可以指望人文主义和自由主义传统在它的某个发展阶段赞同自由放任政策,我们也能指望这个传统在后来某个阶段反对这种政策,而且提倡社会改革,限制经济权力,为不能自谋生计的人提供基本生活需要等手段来扩大自由,作为国家干预的辩解。"③我们据此同样可以断言,只要规制私法自治将不会使其内在的人文关怀消灭,私法自治就将永垂不朽。

第二种曲解就在于:与站在个人角度上神化、绝对的自由—个人主义一脉相承,这种曲解站在社会共同体意义上,将自由主义推演至无政府主义的边缘。我们已经知道,从某种意义上说,自由主义与无政府主义是高度关联甚至完全一致的,也就是说,它是在一个给定领域即哈耶克所称之为私域中听任个

---

① [英]斯坦、香德:《西方社会的法律价值》,王献平译,郑成思校,中国法制出版社2004年版,第173—174页。
② [美]M·弗里德曼、R·弗里德曼:《自由选择》,胡骑、席学媛、安强译,商务印书馆1982年版,第131页。
③ [英]布洛克:《西方人文主义传统》,董乐山译,生活·读书·新知三联书店1997年版,第235页。

人意志自由驰骋的空地,不允许国家的强制干涉。用哈耶克的话来说就是:"自由要求允许个人追求他的目标,所谓自由的人,是一个在和平年代不再受其共同体具体的共同目标束缚的人,这种个人决定的自由之成为可能,是因为规定了明确的个人权利,并界定了每个人能把自己所掌握的手段用于个人目标的范围,也就是说,为每个人都规定了一块公认的自由领地。这件事至关重要,因为拥有自己的东西,不管它多么少,构成了独立的个体得以形成的基础,它创造了能够追求具体的个人目标的特定环境。"[1]这也决定了私法自治在很大程度上与无政府主义主张极易混淆在一起。

然而,正如米瑟斯在其《自由与繁荣的国度》中所说的,根本而言,"自由主义不是(也不应是)无政府主义的,自由主义与无政府主义这两者之间毫无关系。自由主义的观点十分鲜明,这就是:没有强制措施,社会就会面临危险;为了保障人们的和平与合作,必须制定人们共同遵守的规则,必须保留暴力和威慑手段,只有这样才不致于使任何人破坏社会秩序。……自由主义学说赋予国家的任务是保护自由,保卫和平。"[2]这也就是说,私法上的自由主义是也永远都是以公法为基础和背景的。这是因为:凡是被我们称之为人的,正如我们一贯思路所表明的那样,我们认为从他们具有与兽类不同的理智这一点来说,他们都能也应当接受一种限制自由的做法,它是人性的永恒本质。所以自由的一个最具特色的事实就在于自由永远都是一种社会现象,是一种霍布豪斯式的社会的自由。换言之,这种自由并"不是能做什么的自由,而是可以做什么的自由",它需要国家或政府法律的强制和限制也即通过更联合的社会进步,方能达致。所以布洛克说:"我认为没有理由同意随便把经济个人主义与更加具有根本意义的人的个体性等同起来,我认为后者对人文主义传统具有核心意义的重要性。但是个体性并不意味着对社会抱原子式的看法,认为社会是由把自己封闭在猜疑和敌意的孤立状态中的个人组成的。相反,按照人文主义的观点,社交的冲动,发展人际关系的愿望,关怀和合作的需要,要想属于某个人群团体的需要,这一切都是人的生活的必要组成部分,如果没有这些要求,个人的身份仍是不完全的。"[3]——这一见解当然也适用于洛克,当他以那个时代特有的风格这样言说时,"哪里没有法律,那里就没有自由。不管

---

[1] [英]哈耶克:《致命的自负》,冯克利、胡晋华等译,冯克利统校,中国社会科学出版社2000年版,第69页。
[2] [奥]米瑟斯:《自由和繁荣的国度》,韩光明等译,中国社会科学出版社1994年版,第77页。
[3] [英]布洛克:《西方人文主义传统》,董乐山译,生活·读书·新知三联书店1997年版,第272页。

会引起怎样的误解,法律的目的不是废除或限制自由,而是保护和扩大自由"。①

总之,自由的真实王笏在于:为了自由,我们当了法律的"奴隶"。私法自治当然概不例外。所以我国学者王泽鉴先生就此指出,契约自由应受限制,系事理之当然。无限制的自由,乃契约制度的自我扬弃。在某种意义上,一部契约自由的历史,就是契约如何受到限制、经由醇化,而促进实践正义的纪录。②

---

① [英]洛克:《政府论》(下),叶启芳、瞿秋农译,商务印书馆 1964 年版,第 36 页。
② 王泽鉴:《民法学说与判例研究》(七),中国政法大学出版社 1997 年版,第 22 页。

第五章 法律职业的人文主义立场

尽管,正如我们已经证明的那样,法律意蕴着人文精神,然而,法律的实践却也一再告诉人们:法律本身的徒法的困惑与模式变项却从来没有消减过,尤其是在社会情势迅速发展、法官的职业技术色彩越加厚重的今天,法律本身的这种徒法的困惑与模式变项也更加明显。它表明,必须对这种徒法的困惑与模式变项予以有效地去魅,这也使得法律职业'人性化成为了法律人文主义的首要问题,否则法律的人文精神就无法得到落实与体现。职业人性化要求大力造就具有人性、人文精神的职业工作人员,一个显明的途径就是加强和完善法律职业教育,培养合格的职业技术人员。

一、徒法的困惑与模式变项

(一) 徒法的困惑

迄今为止,我们一直表明并对这样一个信念深信不疑:法律基于人文幸福的需要而产生的,法律是人通往幸福生活的大道和支配性力量,换句话说,法律塑造了幸福生活,相应地,幸福生活也当且仅当在法律的照耀下才能获得其预期的形式和形状的模子。法律下的生活才是幸福生活,因为它与理性的亮光相连,只要人性即理性还是现在这个样,这些法律下的幸福生活就永不灭失和消除。正是在此意义上,卢梭才洞达事理而又满怀热情与豪迈地宣布说,假如对于出生的地方也可以选择的话,我一定会选择这样一个国家并情愿生在这样一个国家,在那里主权者和人民只能有唯一的共同利益,因之政治机构的一切活动,永远都只是为了共同的幸福。因此,我愿意生活在这样一个法度适宜的民主政府之下,因为在这里,我愿意自由地生活,自由地死去。也就是说,我要这样地服从法律的光荣的束缚。这是一种温和而有益的束缚,即使是最骄傲的人,也同样会驯顺地受到这种束缚,因为他不是为了受任何其他束缚而生的。所以我愿意不但国内的任何人都不能自以为居于法律之上,而且国外的任何人也不能迫使这一国家承认他的权威。这一共和国组织得那么合理而又那么完善,为了它的公民们的幸福,为了作其他民族的榜样,但愿它永远长存。①

然而,诚如庞德所指出的,法律是不会自行实施的:

"法律不会自己实施,一定要有人来执行法律","所有的法律制度都苦于依靠个别的人来使法律机器运转和对它进行操纵。"②

——它有着自身无法自解的徒法的困惑和难题,它必须依靠人来维系和卫道,必须依靠人才能道成肉身。这也就是说,法律的命运掌握在法律从业者的手中。因而一种法律制度的功能如何就必须取决于法律操作者的素质③,法律的象征与其说是立法者,不如更准确地说是法律工作者。这无疑也等于说,在法律的人文关怀和人文践行的过程中,人才是其中的关键和鹄的。如果我们再联系到其产生的人文基础,任何人都不难得出这样的逻辑结论,即人才是法律下幸福生活的形式因和目的因,人不成气候,法就不管用,法律不管用,幸福难生成。所以我国古语云:"徒善不足以为政,徒法不能以自行","制而用之存乎法,推而行之存乎人"。④ "故有其人,然后有法,有其法,尤贵有人"。⑤ 良好的法律生活秩序需要确立"惟仁者宜在高位"的权力结构和运行模式。由此,个体的人又称法律家,主要指法官,就成为了联结法律和其他个人及公众品格力量和幸福生活的纽带。法律就此也与个体的人也即法律家纠缠在一起了。也许在某些人看来,法律下的幸福生活也就从此有了某种确定的期许和答案。他们的逻辑诚如英格兰诗人吉尔伯特·苏利万所勾画的那样,法律是所有完美之物的象征。它没有错误也没有疏漏,而大法官则是法律的化身。⑥ 因而人的幸福生活便可指日可待。

然而,根据我们的目前所持的人的观念,我们决不认为这就是问题的最终

---

① [法]卢梭:《论人类不平等的起源和基础》,李常山译,东林校,商务印书馆1962年版,第51—52、56页。
② [美]庞德:《通过法律的社会控制 法律的任务》,沈宗灵、董世忠译,商务印书馆1984年版,第33、130页。
③ [法]埃尔曼:《比较法律文化》,贺卫方、高鸿钧译,生活·读书·新知三联书店1990年版,第6页。
④ 《孟子·离娄篇》。
⑤ 《郑观应集·盛世危言》,上海人民出版社1982年版,第499页。
⑥ [英]柏宁斯等:《英国的法官》,李浩译,《现代法学》1997年第2期。

答案,恰恰相反,我们却更倾向于将之解读为一个问题和论题——一如波斯纳先生的疑问和困惑那样:一旦法律执行交给了官员们,就出现了'机构问题',何以保证官员们的活动是为了受害者的利益?何以防止法律专门家成为一个职业的特权等极,防止他们的目的与社会需要和公众所理解的目的有巨大不同?换言之,何以保持法律既通人情,却又不过分人情化、个人化、主观化和反复无常,在他并未经历产生争执的事件的情况下,又何以查清请求判决的案件的事实真相?道理很简单,法律一旦与个体的人嫁接就有了无可名状的个体性——个人性与社会性的矛盾冲突。在这种情况下,法律下的人文幸福生活也就不言自喻了:期待中的法律下的人文幸福生活可能并不曾出现,而更经常的情形却是不期而至的幸福梦魇或食人生番。所以波斯纳先生在谈到司法独立时这样说道,"司法独立问题是私人的问题也是社会的问题。法官希望独立就像学者希望的得到确定的学术职位一样。法官不想成为有权势者的仆从。但如果独立性仅仅意味着法官按照他们的意愿来决定案件而不受其他官员的压力,这样一个独立的司法机构并不显然会以公众利益为重;人民也许仅仅是换了一套暴政而已"。① 而斯洛文尼亚法官卜思天·M·儒攀基奇则在其著作《刑法:刑罚理念批判》一书中勇敢而有点强词夺理式地断言道,"只要法律是由人来适用而非机器操作,法律的滥用、擅断和偏私就不可避免。② 究其原因,皆因为这一无法更改的事实,正如我们的一贯思路所表明的,人都是以自私倾向为核心内容的个人本性基础上的社会存在。这表明:人之为人,他首先决不是孤立的单子式存在,他必将不可避免地受着自身和社会的双重影响。因而作为七情六欲的人类社会成员中的一员,法官自然也概不例外地打上了个人存在和社会存在的印记,他总是在他知识能力范围内从生活本身获取决定判决的因素和力量。这样,他也就不可避免地受限于为数可观的自身内在和外在因素的影响,而这些因素却可能直接导致法官乖离法律本真的人文构想和模式,或者至少说使得法律的理想模式总随着人的无可名状的特性处于风雨飘摇之中。这种情况,正如我们已经知道的,在社会学上有一个动听的名字,称作为模式变项。

很显然,发生在法律领域里的这种模式变项也即在法律理想模式向现实

---

① [美]波斯纳:《法理学问题》,苏力译,中国政法大学出版社1994年版,第7—8页。
② [斯洛文尼亚]儒攀基奇:《刑法:刑罚理念批判》,何慧新译,中国政法大学出版社2002年版,第51页。

模式转变过程中,那些诱发并促成了法律本真的人文理想发生变异甚或乖离的因素集,而且这些因素集却是法律本真模式所应当极力反对和回避的。所以正是此意义上,贝卡利亚才不无哀婉地写道:"当法官的决定不是对公共法典中基本原则的具体表述时,就是侵犯政治自由","生活在一个法律不是一门学识的国家该多么幸福啊!"①而弗格森也不无失望地宣称道,"即便是出于对人类最美好的愿望,我们还是倾向于认为人类的幸福不是取决于他们自身倾向能否带来幸福,也不是取决于他们能否很好地发挥自身的能力,而是取决于人类是否乐于遵从我们为他们的幸福而安排的一切。"②

(二) **模式变项**

为数甚多的学者都或多或少地发现了法律的模式变项的问题并对之作了一定的论析,但都语焉不详。因此,为了我们的论证也为了考察事实的本来面目的需要,我们认为有必要对此进行详细的解析,而且按照我们的理路,由于人既是个人存在又是社会存在,这决定了我们将很方便地从个体和社会两大角度出发来探讨其中的模式变项。当然,毋庸置疑的是,我们还得承认,这并不是一项轻而易举的任务,而且至今尚不十分清楚的课题之一就是这种模式变项。因而我们的探讨也仅限于初步的尝试,而且也仅仅是一个速写或素描,但我们相信它将为今后的法学深入研究提供一个方向和线索,因而也是一个有益的尝试。

1. *法官自身因素*

这是第一个应该消释的谜和模式变项。详细说来,法官自身因素作为模式变项主要包括如下情形:

(1) 个人信仰、知识

正如现实主义法学家以及日本法学家川岛武宜所一再宣扬的那样,裁判行为绝不是简单的逻辑操作过程,恰恰相反,它却是一个复杂而又繁琐的事实和价值判断过程——这基于裁判价值判断框架性前提即社会事实的无限多样性和价值观念及其体系在现实中复杂多样,这就使得裁判过程必须借助于法官个人知识和判断。③ 相应地,法律就是官员主要指法官关于纠纷的行为,它不可能超脱于法官已然形成的个人知识和特殊的技能,也不可能超脱于法官

---

① [意]贝卡里亚:《论犯罪与刑罚》,黄风译,中国大百科全书出版社1993年版,第17、20页。
② [英]弗格森:《文明社会史论》,林本椿、王绍祥译,辽宁教育出版社1999年版,第292页。
③ [日]川岛武宜:《现代化与法》,王志安、渠涛、申政武、李旺译,中国政法大学出版社1994年版,第314—315页。

的长期工作、学习中所形成的思维方式和思维样式。换句话说,在适用法律的过程中,法官总是不期然地——不论是有意还是无意,或隐晦或彰显——把自己的价值理想和行为癖好蕴贯其中,尽管他不大可能如卡多佐所担忧的那样——将自己的行为癖好或信仰作为一个生活规则而加于社会①。尤其"在两个相互冲突的价值标准——哪怕是实在法还是构成宪法结构之基础的一般价值系统之间不得不作出抉择时,法官个人的主观信念在解决这类争议时也许会使平衡发生倾斜",②并进而影响到法律的判决。不但如此,社会学的研究成果还表明:在日常的社会生活中,一般说来,人们总喜欢把自己的行动与自己未必作为其成员的社会集团所持有的评价标准进行对照——这种集团通常被称为准据集团,"就法官来说,同样会出现把自己所作决定与这种准据集团的标准相对照来进行评价的现象"③——以决定自己的行为和价值取向。当然,人们以什么样的集团作为自己的准据集团,依存于法官就任以前接受的社会化或他独自的经验,所以相当程度上受他个人的特点所规定。这也使得法律的判决与法官的个人知识发生高度关联,并在相当程度上受它的影响。也正因如此,马克思主义经典作家们站在反证的角度上严正地指出,一个好法官应当竭力避免个人知识对法律判决的影响,"必须是除了法律就没有别的上司"。他的"责任就是当法律运用到个别场合时,根据他对法律的诚挚的理解来解释法律"④。

(2) 法官的职业责任感和职业道德感

法官职业责任感和职业道德感不仅反映着法官个人的品行,也深深地影响着法律的践行和发展。这一结论产生于这样的事实,法官通常说来都负有塑造法律制度结构和类型的使命,并在很大程度上确定法律运作于其中的一般趋势。因此,法官在任何地方,并且几乎是依其性质乃是……流行价值的体现者,这表现在他们操生杀予夺之柄,对遵奉者奖赏,对违反者惩罚。⑤ 然而,进一步的研究分析却表明,这种使命的完成可能在相当大程度上是与法官的职业责任感和职业道德感相联系的,因而倘在这方面发生模式变项,那么必然

---

① [美]卡多佐:《司法过程的性质》,苏力译,商务印书馆1998年版,第67页。
② [美]博登海默:《法理学 法律哲学与法律方法》,邓正来译,中国政法大学出版社1999年版,第505页。
③ [日]棚濑孝雄:《纠纷的解决与审判制度》,王亚新译,中国政法大学出版社1994年版,第180页。
④ 《马克思恩格斯全集》(第1卷),人民出版社1979年版,第76页。
⑤ [法]埃尔曼:《比较法律文化》,贺卫方、高鸿钧译,生活·读书·新知三联书店1990年版,第104—105页。

与法官应当完成其应有使命这一崇高信念不协调。对此,博登海默先生不无正确地指出,从一般舆论来看,法律制度所应得到的尊严与威望,在很大程度上取决于该制度的工作人员的认识广度以及他们对其所服务的社会的责任感的性质与程度。① 而埃尔曼则从反证的角度给世人一剂信服而又不失尖锐的警醒:"如果法官不能根除与职业人员的美德相悖的恶习,如果法官希冀飞黄腾达,(那么)小心翼翼,自我抑制和职业上的溜须拍马在他们中的大多数人看来还是颇有效用的态度,这促成了大多数法官的持续的社会化,把他们变成这样一种人,即致力于制度的维护,而不是法律和司法程序所应追求的目的。"②

(3) 职业出身、职业背景与从业年龄

正如我们已经看到和正在看到的,在一个法域世界里,对法律从业者的职业出身、职业背景与从业年龄的体认和辨考,将会使人发现,这些因素也往往超出他们本身的范围而对法律的判决发生影响。作为例证,美国学者迈克尔·罗斯金等人对美国法官的考察发现,有良心的法官可能在裁决时摈弃他们的个人信仰,他们的观点,但其出身背景无疑在他们的工作中起作用,包括出生地、出生阶层等。据此,他们还发现,在美国,有很多人认为,从低等阶层和少数民族中选出的法官不能确保公平,这只会是用一种偏见代替另一种偏见;同时,他们认为法官的职业背景可能影响到裁决,例如,以前做过公司律师的法官可能比其他法官更同情商业问题;但影响法官投票判决的最重要的两个因素还牵涉法官与政党的关系和法官关于司法在美国政治系统中地位的认识,研究表明,民主党的法官比共和党的法官更倾向支持自由主义的立场;另外,对法官判决产生影响的另一个因素是同事的观点。大法官约翰·马歇尔和沃沦就曾通过他们的个性和司法推理而把同事的一些观点转化成他们的司法哲学;法官位置的重要性以及他们知道的决定可能改变美国社会的结构也会使得法官深思并且有时改变观点。③

至于从业工龄影响判决,则是奠基于这样的经验证明,即在法官判决案件的过程中,法官经常被抛到这样的十字路口上,对呈现在他眼前的几乎都正确的两个、甚至于更多的结论进行选择。这就是说,在法律的具体运作上,法律

---

① [美]博登海默:《法理学 法律哲学与法律方法》,邓正来译,中国政法大学出版社1999年,第507—508页。
② [法]埃尔曼:《比较法律文化》,贺卫方、高鸿钧译,生活·读书·新知三联书店1990年版,第149页。
③ [美]罗斯金:《政治科学》,林震等译,华夏出版社2001年版,第358—359页。

家尤其是法官扮演的角色绝不是期望中的自动售货机或绞肉机,追求判决据以作出的事实的绝对真实。恰恰相反,法律家与其说是追求绝对的真实,毋宁说是根据由符合程序要件的当事人的主张和举证而重构的事实并做出决断。①因而在这个过程中,法官的个人体验、人生阅历、从业智识无疑会起到突出的确定的作用,此即从业工龄的作用。滕尼斯将之称为年龄的威严。而柏拉图则据此论断道,一个好的法官一定不是年轻人,而是年纪大的人。他们是多年后年龄大了学习了才知道不正义是怎么回事的,他们懂得不正义,并不是把它作为自己心灵里的东西来认识的,而是经过长久的观察,学会把它作为自己心灵里的东西来认识的,是仅仅通过知识,而不是通过本人的体验认识清楚不正义是多么大的一个邪恶的。②

(4) 情感意志(个性)

法律判决不仅是案件事实法律的抽象正义具体化、客观化过程,也还是法律家情感意志化过程。按我们的思路,这里的情感意志也就是通常所说个人的下意识因素和自发的生活哲学,包括直觉、预感、脾性以及特殊情形下的个人好恶偏见等等,它们构成了个人个性的东西。它们共同的特点是其非理性特质和情感里比多,它们都是人的感性活动。现代心理学分析表明,这种以感觉为核心要义的个性和情感意志同样影响着司法判决。"在裁判过程中,法官的个性或多或少会成为决定的因素这一事实,是不以我们的喜好与否为转移的",正是在此意义上,川岛武宜号召人们不应该过分地强调并迷信于裁判中的法律构成,而更应当注意法官的个性和能力或长期的磨炼形成的职业习惯或所谓的法律感觉。无独有偶,在西方法学流派中,社会法学代表人物庞德也曾说过,"依研究判例者的日常经验而言,不管论据是否妥当,裁判的结果大体上都是稳妥的。即使为了推导出正当的结论去寻找无可非议的法律上的理由。有时会使法官感到困惑,但经过长时期的磨炼形成的职业习惯通常会引导法官,促使他做出正确的结论"。③ 而这也可在现实主义法学派代表人物卡多佐、哈奇森、弗兰克等法官那里得到充分的证实。

2. 法官以外的环境因素

无疑,以上各因素都来自法官自身潜质,与自身属性密切攸关,从这种意

---

① 季卫东:《法治秩序的建构》,中国政法大学出版社 1999 年版,第 201 页。
② [古希腊]柏拉图:《理想国》,郭斌和、张竹明译,商务印书馆 1986 年版,第 119 页。
③ 见[日]川岛武宜:《现代化与法》,王志安、渠涛、申政武、李旺译,中国政法大学出版社 1994 年版,第 315—317 页。

第五章　法律职业的人文主义立场

义上讲,它们均属于影响判决主体性因素,一种本我的限制。不仅如此,在法律的实际运作中,法官还受限于外在的社会环境因素,带有被动的属性,这些因素主要包括:公共政策、社会习俗、政治压力等等。道理依然很明显,裁判过程说到底是活生生的社会过程,它必须具现于社会现实生活并道成肉身。或者说,"法官并非生活在超越现实社会的真空中,他必须接触活生生的社会现实并在这一现实中进行实践性的活动,(因而)不管法官是否意识到这一点,他的行动总受到社会的环境,即社会上人们的舆论、观念以某种方式及某种程度的影响","特别是习惯习俗、舆论及在该社会中占支配地位的价值体系",它们作为决定裁判行为的要素也具有十分重要的意义。① 正是在此意义上,霍姆斯确信:法律的生命不是逻辑,而是经验②。而这无疑也含括了埃利希的著名论断,即"法律发展的重心不在立法,不在法学,也不在司法判决,而在社会本身"。③ 限于篇幅,我们这里仅进行如下两方面探讨,但它们却代表了我们认为的全部影响判决的社会环境本身——如果以国家与市民社会的角度来分类的话:

(1) 传统习俗、社会舆论、公共道德

所谓传统,按照通常理解,它的含义即世代相传的东西,也即任何从过去延传至今或相传至今甚至将来的东西。它不仅仅是一个变化过程,而且也是一个有机发展的过程,并常常与文化相联。然而,就是这种与文化相联的东西,经现代行为主义科学研究证实,也能对法律的判决产生很大的影响。美国法学家埃尔曼指出:"在很多情况下,一国历史上为确认某个新法律而进行的斗争会成为一次重大事件。成功或失败并非永远仅仅是各派政治势力消长所致,法律文化的特性及其所赋价值的合法性常常对结果举足轻重"。尤其是其中的司法职业传统,"对包括法官在内的人们的活动方式具有重要影响,尽管它并不准确地描述人们的行为"。④ 而美国另一著名法官卡多佐无疑也持类似的观点,他令人信服地指出,在某些法律部门中,历史会趋向于对法律的发展给予指导,而在有些法律部门中,习惯会趋向于声称自己是指导路径选择的支

---

① 见[日]川岛武宜:《现代化与法》,王志安、渠涛、申政武、李旺译,中国政法大学出版社 1994 年版,第 318 页。
② O. W. Holmes, *The Common law*, Boston, 1923, Little Brown Company, p. 1.
③ Eugen Ehrlich, *Fundamental Principles of the Sociology of Law* (English edition), Harvard University Press, 1936, p. 1.
④ [法]埃尔曼:《比较法律文化》,贺卫方、高鸿钧译,生活·读书·新知三联书店 1990 年版,第 102、203 页。

配性力量。①

当然,如同万事万物都遵循因果法则一样,传统习惯对法官产生影响也是有其深层次的原因的,这些原因包括:(a)人类的一个较明显和不易克服的事实,那就是——诚如黑格尔所说,"我们在现世界所具有的自觉的理性,……是本质上原来就具有的一种遗产,确切地说,乃是一种工作的成果——人类所有过去各时代工作的成果"。②——他们总生活在过去时代传承下来的"一定的物质结果、一定数量的生产力总和"的传统世界里,"他们在传统中工作并(必然)对传统作出反应,尤其要对诸如由他们所追随的行业提供给他们的这类传统作出反应"③,因而这就直接导致了"在法官的心目中,那种试图避免与过去完全决裂的想法,有时会压倒在双方当事人间实现正义的欲求"④,进而促使法官采取卫护传统的行动;(b)另一方面,与之相关联的事实在于,既有的法律都有保守性特质——诚如美国学者亨利·S·康马杰所说,法律本身的性质就是保守的——这也使得浸透其间的法律家在其思维方式上不可避免地烙上保守的印记,阻碍变革,同时由于种种可以理解的原因,"法律的大多数信徒也非常乐于具有这样的保守性"。⑤ 正是基于上述两方面原因,从而使得法官在很大程度上成了仰仗传统的应声虫或应时货。

至于公共道德与社会舆论道德影响法官判决的问题,不言而喻,无论在其出发点或前提上还是在其具体操作上都是立基于这样的理据:即尽管司法活动的独立性是法院公正审判的先决条件,但是,正如我们一贯表明的,法官也是人,他们也是社会性动物,不能也不可能幸免于社会的浸淫和影响,这就决定了他们决非高居于象牙塔里的法律公正的化身,恰恰相反,诚如英国法学家埃德蒙德·戴维斯勋爵和乔治·贝克法官等人极其出色地描述的那样,法官也是人,他们有自己的家庭,⑥他们也必然受到社会各因素当然包括公共道德与社会舆论的影响,他们不是也不可能完全是中立而又公正的。不仅如此,现代法社会学的研究还表明,由于现代社会中,法院需要维护它自己的至关重要

---

① [美]卡多佐:《司法过程的性质》,苏力译,商务印书馆1998年版,第30—39页。
② [德]黑格尔:《哲学史讲演录》(第一卷),贺麟、王太庆译,商务印书馆1959年版,第8页。
③ [法]埃尔曼:《比较法律文化》,贺卫方、高鸿钧译,生活·读书·新知三联书店1990年版,第203页。
④ [美]博登海默:《法理学 法律哲学与法律方法》,邓正来译,中国政法大学出版社1999年版,第452页。
⑤ [美]康马杰:《美国精神》,南木等译,南木校,光明日报出版社1988年版,第536页。
⑥ [英]马塞尔·柏宁斯等:《英国的法官》,李浩译,《现代法学》1997年第2期。

和精心培育起来的公众信仰和权威——巴尔扎克据此这样写道,公众不信任司法机构,标志着社会危机的开始;①而拉德布鲁赫也认为,司法依赖民众的依赖而生存②——它才能具有合法性理由,这也使得现代法官总有意识或下意识地走近甚或契合社会舆论、公共道德。这是因为,在现代社会:"只要法官诚实正派而且与占统治地位的社会舆论(公共道德)不致背离太大,就可以期望公众会尊重法院作为整个统治制度的一个不可缺少的部分,认为这个统治制度在整体上看来为我们服务得不错,或者至少比其他选择更好些。"③因此,在这个意义上,社会舆论、公共道德也许就是实现这种认同、信任的最有效、最直接的道路,而放弃它或对它置若罔闻也许就成为追悔莫及的"非理性"理由。显然,我们不应当这样认为,即法官必须去主动积极迎合社会舆论和公共道德而排他地、拒斥地运用法律,恰恰相反,我们应当强调地指出,法官应当全力在社会舆论、公共道德和国家法律间作出符合理性的法律的抉择——如果这个社会还是一个正常的社会,法律还是人的有价值和幸福生活的代名词的话——而竭力排遣公共道德、社会舆论的不当影响,因为只有这样,法律才能还人间正道。

(2) 政治压力和集团

这样看来,法律的自主性的的确确总受着传统习俗、社会舆论、公共政策的影响而受损,尽管如此,这却决非其受损内容的全部。这是因为,在现代社会中,法律的自主性还受着政治压力和集团政策的驱使而呈现出审判政治化的色彩,也就是说,法官判决总带有政治利益色彩或政治化倾向,甚或就是某种政治问题和政治观点的推广。这一结论我们可在美国法社会学家科特威尔那里得到证实,他认为,在下列情况下便会发生审判政治化:或者故意地以违反法律原则的方式操纵诉讼程序,以便为了政治原因,获得一个特定的审判结果;或者当个人在法庭上有意识地、明确地向法律意识形态提出根本性的挑战时——即被广泛承认为这样的挑战时,例如,他们会拒绝承认法院在政治上的公正无私,或者拒绝接受关于法院的特征的和关于那些牵涉进法院程序的人

---

① [英]科特威尔:《法律社会学导论》,潘大松、刘丽君、林燕萍、刘海善译,华夏出版社1989年版,第277页。
② [德]拉德布鲁赫:《法学导论》,米健、朱林译,中国大百科全书出版社1997年版,第119页。
③ [美]波斯纳:《法理学问题》,苏力译,中国政法大学出版社1994年版,第297页。

的适当行为的常识性假定;①尤其是"政府为了行动的合法性对司法功能的应急性需要"的情况出现时,更是如此。我们尤其可在日本法学家棚濑孝雄那里找到其最充分的论证,在其《纠纷的解决与审判制度》一书中,棚濑孝雄以"围绕审判的影响和压力活动"为章题分别从审判的政治化现象,政治化的客体方面条件——审判中的权力和裁量以及政治化的主体方面条件——诉讼支援集团的形成,三个方面详细论述了这一理论。在他看来,从理念上看,着眼于个案解决的审判与按一定政策目的制定一般规范的政治确实区别了开来,但由于现实生活中,某些诉讼带有高度政治色彩并意图将一定政策目的反映到一般规范中或目的在于直接形成这种规范,以及某些诉讼结果对政治的一般状况也产生重要影响时,法院的判决总呈现出审判政治化现象,为此他还援引B·杜鲁门的司法过程中压力团体的作用理论来进行论证。杜鲁门指出,美国社会中法官的审判工作同样不能避免来自集团政策的影响,其理由是:第一,法院——尤其是在美国社会——被给予了作出重大选择的权力。而这种权力能够为个人和集团的生活带来重要影响,因此这些利害关系者和利益关系集团对审判所作出的决定抱有极大的关注并伺机施加利己性压力或影响,这可看作是主观动机;第二,由于在作出决定时法官多多少少总有裁量的余地。于是,这就为利害关系者必然会采取种种行动来努力使裁量有利于自己的方向的行使的动机实现提供了客观可能,这可看作客观条件,它们共同决定了司法过程成为利害关系集团直接或间接地施加压力的对象,发挥类似于政治那样的功能,而非应有的法律功能。②

综上所述,很明显,由于受内外两方面的影响,法律本身荷载的完美的人文幸福生活样式和要求是很难获得法官迅速而积极的反应的,而且应当说,这也并不是或主要不是法官的主观热情、心理意愿的问题,而更多地取决于上述太多的模式变项,基于这样的理由,法律本身荷载的人文信念很难临在也就不难理解了。所以还是英国法谚微言大义:法律的理由一旦消失,法律自身也随之消失。③ 这必然也给期待中的法律下的人文幸福生活涂抹上一些虚幻

---

① [英]科特威尔:《法律社会学导论》,潘大松、刘丽君、林燕萍、刘海善译,华夏出版社 1989 年版,第 264 页。
② [日]棚濑孝雄:《纠纷的解决与审判制度》,王亚新译,中国政法大学出版社 1994 年版,第 158—181 页。
③ 见[日]高柳贤三:《英美法源理论》,黎晓、杨磊译,西南政法学院法制史教研室 1983 年印行,第 50 页。

第五章 法律职业的人文主义立场

甚或否定的色彩,进而也给人们设计和改善自己安身立命之所的努力送去悲观主义的凉水,并最终使得通往未来之路也将因此变得无所适从,甚至实质上丧失。因而同样很明显的是,必须给那些影响法律本真理想的模式变项套上羁束的缰绳,必须以给法律最大机会的有效性的补救措施来改变这一切。

这业已成了现实的不容回避的时兴课题和普遍共识,为此,人们设想了种种补救措施,然而最广为人知的也许就是所谓的法律共同体理论——法律家职业化,而且,随着时代的发展,人们还前所未有地认识和发掘出了其独特的意义和魅力,一时间,这种理论的潮流也就一跃而成为了当代法学尤其是法治理论中的主流。在这些人看来,法律要真正地临在,就必须有一个相对独立法律职业集团也即法律共同体,因为这样一个集团或共同体无疑在影响法官判决的个人和社会因素这两方面都能很显著地起到排他性预防作用,以确保法律按其本真的模式运行:对个人自身方面来说,在最普遍的意义上,这样的集团将不可避免地带有共同体的权威性,并成为指引人们以某种方式去行事的规范性力量的源泉,从而最大限度地制约和阻止了人的自利本性成为恶的根源;而就社会外在因素而言,这样的共同体必然也能以相对强大的共同体力量也强烈地支配着法官回应某种事物或境遇的方式,从而与前者一样异曲同工地使得法律真正的践行成为可能。对我们的论点来说,正如我们在下文将要看到的,这不啻于是一个可喜的发现和突破,因而这毫无疑问也成为了我们的观点的一部分,因为在我们看来,法律之为法律,其核心和关键就在于其能使人们强烈地趋向、认同的威严,而这种威严——根据我们已有的论证无疑也正是法律职业的威严。所以毫不奇怪也不难理解的是,在日本,法治现代化的成功首先就在于先有了法律职业的威信,然后才有了法制的威严。[①] 而在西方,"法律职业人士的专业化却是西方法律至今仍然保留的最为重要的传统特征之一"。[②]

然而,也正如我们同样将在下文要看到的:有光的地方总有阴影,这种以职业法律家为轴心的共同体如同所有共同体一样也有着自己天生的致命缺陷,它也并不能完全承载起法律的人文主义的精神意蕴该当使命的,因而归根

---

① 季卫东:《法治秩序的建构》,中国政法大学出版社1999年版,第212页。
② [美]伯尔曼:《法律与革命——西方法律传统的形式》,贺卫方、高鸿钧、张志铭、夏勇译,中国大百科全书出版社1993年版,第43页。

到底它也决不能成为法律真正得以践行可靠的凭借。对此,我们将毫不迟疑地按照我们自己的理路来论证这个问题,而且我们得承认,这只是多种探测理路的一种,因而它不具有任何绝对的意义或属性。

二、法律共同体及现代职业技术时代的危险

依照我们的理解,所谓法律共同体,亦称法律职业群体,法学家团体,等等,概而言之,它指的是由某种具有同质性——按韦伯的理解,表现在出生、政治、道德、宗教信仰、生活方式或职业等等方面①——的特质维持或形成的其成员间因共识而达成协议的专业群体或专业集团,而且,诚如托克维尔所言,这样因共识而达成的专业群体并不是强调"说他们彼此已经互相了解和打算同心协力奔向同一目标,而是说犹如利益能把他们的意愿联合起来一样,他们的专业相同和方法一致使他们在思想上互相结合起来"②,进而才形成了这样的群体。很明显,根据这样的理解,作为一个基本概念,法律共同体就必然意味着法律专业化——强调社会功能的专门化,专业训练和专业教养和择优录用机制——和组织形式社团化——有相同的价值观,生活模式和利益维系而成一体的自治性法律团体——是其概念的起点和本质寻求,从而使得它在一般意义与通俗的职业或行业概念相区分。由此可见,要成就一个职业法律家群体就至少应包括如下三项条件:(1)坚决维护人权和公民的合法权益,奉行为公众服务的宗旨,其活动有别于追逐私利的营业;(2)在深厚学识的基础上娴熟于专业技术,以区别于仅满足于实用技巧的工匠型专才;(3)形成具有某种资格认定,纪律惩戒,身份保障等一整套规章制度的自治性团体,以区别于一般职业。③ 否则,这种群体就不可能形成或只是其变种。

当然,如同社会生活中其他事物一样,法律家共同体的出现也有其自身的动力和背景,诚如埃尔曼所指出的——

> 从历史的视野看,当社会趋于复杂时,为协调组成社会的各种集团的利益和价值,法律规范也变得愈来愈具有抽象性和普遍性,纠纷的解决或解决方式的建议都需要专门的训练,社会就会出现一个界限明确并形成

---

① [德]韦伯:《经济与社会》(上),林荣远译,商务印书馆1994年版,第163页。
② [法]托克维尔:《论美国的民主》(上),董果良译,商务印书馆1988年版,第303页。
③ 季卫东:《法治秩序的建构》,中国政法大学出版社1999年版,第198—199页。

独立阶层的集团,即法律专家。①

它是近代工商业社会中法律统治复杂化、分工化、专门化的产物,是"随着立法发展为复杂和广泛的整体,出现了新的社会分工的必要性"②时,才形成和发展起来的。因而它也是一个历史的演进过程,是与社会分工的增加、社会生活复杂化趋势密切联系在一起的。这一点,马克斯·韦伯无疑是作出了重要贡献的。他从法的形式、实质合理性和非合理性这两组概念出发,详细而彻底地对此进行了剖析:在他看来,形式合理性的法是现代西方资本主义社会发生、发展的制度前提,因而应当给予高度重视,然而,在此过程中,应当首先确认职业法律家群体应有的地位并大力促进其发展,因为这是社会经济发展、社会分工成为大趋势下的相伴而生的产物。为了论证的方便,我们不妨将其论述照录如下:

> 在马克斯·韦伯看来,在经济和法律的互动关系上,不是经济条件创造了法律需求,而是法律制度营造了经济得以生存和发展的环境,这就使得在经济交易活跃的社会中,用以调整有关利害当事人关系的法律的日益增加和复杂化,因而对法律专门知识的需求也就日益迫切。为此,能把当事人的主张准确无误地翻译成法庭用语的律师,能创造新的合同形式和法律概念并使之得到审判官承认的法律顾问等是必不可少的,同时职业法律家也是加强法的形式合理性的前提条件。对职业法律训练的发展来说,韦伯认为两种不同方式是可能的,第一是存在于法律作为一种艺术的经验训练中(学徒制),第二是法律在特定学校传授、强调的重心定位在法律理论和科学之上,法律现象被予以理性的和系统的对待。因此,基于上述的分析,韦伯正确地得出结论说,能够填补规范与事实的缝隙的正是职业法律家,倘若没有有学识的法律专家的决定性参与,不管在什么地方,从来未曾有过某种程度在形式上有所发展的法。③

---

① [法]埃尔曼:《比较法律文化》,贺卫方、高鸿钧译,生活·读书·新知三联书店1990年版,第104页。
② 《马克思恩格斯选集》(第2卷),人民出版社1972年版,第539页。
③ 见李清伟:《法律职业化发展的法社会学思考》,《法制与社会发展》1996年第6期。又见[德]M·韦伯:《法社会学》,世良晃志郎译,创文社1974年版,第321页。

这无疑也是我们的观点,而且我们还认为,也只有在社会发展到一定程度从而导致专业分工日趋细密、利害关系错综复杂的现代社会里,才能造就和培植出具有公益意识、专业知识、技术专长(理性)的职业法律家,进而也才能最大限度地防止法律的模式变项,确保法律沿着自身的轨道运行。这是因为,一方面,诚如卡多佐法官所言,在现代社会以司法促进幸福的生活中,我们并不是像从树上摘取成熟的果子那样摘取我们需要的成熟的法律规则来达到我们的目的,因此,如果要实现期待的目的,不作有意的努力是不行的。这就意味着,每个法官(法律家)在参考自己的经验时,都应当也必须意识到这种时刻:在推进共同之善的目的指导下,进行创造性活动以产生某个规则来达到我们的目的——当然,也就在这自由行使意志的同时,也决定了这一规则的形式和发展趋势。①

显然,在这里,只有造就具有独特的职业技术理性和职业思维方式的法律家才能勘此重任。所谓职业技术理性,就是法律自治所独自遵循的,并经过长期学习、训练和实践才能获得对它的认知进而形成的法律家特有的资质。而所谓职业思维方式无疑就是指法律家在长期学习训练和实践熏陶中所形成的忠于法律的思维品质和职业习性——以法律为经、以理智为纬的思维样式或模式。因为只有职业技术理性及其相应的职业思维方式才有可能保障法律的正常运行,并最终促使良好的社会秩序和幸福生活的朗现。正基于此,柯克法官才这样断言,法律的基础是"人为的理性,只有受过法律训练,有法律经历的人才会正确适用"。② 所以,不难理解的是,"人类文明的历史(正)显示出一种越来越趋向于由受过训练的司法官有系统地运用政治上有组织的社会强力的动向",③ "司法也越来越不是每个人都能胜任的轻松活,由普通人直接来执法或直接操纵审判过程就像由普通人直接行医或控制治疗过程、由普通人指挥军队、控制军事专门技术一样,都是不可能的",因而,造就一个"学习过去的经验并结合现实进行科学的分析理解"的技术理性的法律家群体是达到所追求的目的的途径。④ 总之,技术理性成为了其真切的冠冕与渴求。当然,附带说一句,这就需要动真格的,要考虑如何才能使特定人研习法律,考虑把优秀的

---

① [美]卡多佐:《司法过程的性质》,苏力译,商务印书馆1998年版,第64、65页。
② [美]萨拜因:《政治学说史》(下),刘山译,南木校,商务印书馆1986年版,第509页。
③ [美]庞德:《通过法律的社会控制 法律的任务》,沈宗灵、董世忠译,商务印书馆1984年版,第76页。
④ [美]庞德:《普通法的精神》,唐前宏、廖湘文、高雪原译,法律出版社2001年版,第57页。

第五章 法律职业的人文主义立场

法科学生充实到法律实践部门,并使其水平达到国家要求水平的人才录用机制。因为只有这样,我们的目的才不致落空。

另一方面,由于这样的法律共同体是立足于共通的专业知识、学识背景和严格的资格录用制度,以及经常情形下的优渥待遇等等因素而结成的统一理念和思维方式的学识法律家阶层或法律家群体,这就使得他们(正如我们前文曾涉及过的):第一,得以通过集体的力量来抑制外界的非正当干扰,也即排除了法官外在因素方面的模式变项,从而保证了法律的正常运行,所以美国学者诺内特、塞尔兹尼克指出,法治诞生于法律机构取得足够独立权威以对政府的权力的行使进行规范约束的时候。[①] 第二,在法律家内部形成一种互相约束而抑制个别人的恣意的局面。因为在这里,"法官在为同胞们作出裁决时,也为自己规定了一种生活条件"。[②] 当然这种生活条件,诚如庞德所言,其实就是文明人的正常生活也即法律下生活的根本条件,"因为正常人的态度是,反对服从别人的专横意志,但愿意过一种以理性为准绳的生活,他参加选择那些行使政治组织社会之权力的人,如同中世纪法学家所说的,预期着他们在上帝和法律之下行使权力并以此作为目的去行使权力"。[③] 第三,与此同时,据托克维尔在考察美国后证实,这种法律家的职业技术理性和相关的职业思维方式还对型塑大众认同、诱导观念、确立忠诚的现代法治理念也有着十分显著的意义[④],从而最终使得美国的制度始终体现了法制主义,因而不必说,职业法律家群体也千真万确应当是文明进步的福音和先兆,如果按照流行甚至有点流俗的亚里士多德法治公式——已成立的法律获得普遍的服从,而大家所服从的法律又应该本身是制订得良好的法律——来理解的话。

综上所述,很明显,在现代法治国家中,职业法律家确实起着举足轻重的作用,法治就是法律职业家之治。所以美国著名法学家昂格尔不无英明地据此认为,法治就是以"法律职业的自治性为特征的……一个由其活动、特权和训练所确定的特殊集团操纵规则、充实法律机构及参加法律争讼的实践"。[⑤]

---

① [美]诺内特、塞尔兹尼克:《转变中的法律与社会》,张志铭译,中国政法大学出版社1994年版,第59页。
② [英]弗格森:《文明社会史论》,林本椿、王绍祥译,辽宁教育出版社1999年版,第185页。
③ [美]庞德:《通过法律的社会控制 法律的任务》,沈宗灵、董世忠译,商务印书馆1984年版,第17—18页。
④ [法]托克维尔:《论美国的民主》(上),董果良译,商务印书馆1988年版,第310页。
⑤ [美]昂格尔:《现代社会中的法律》,吴玉章、周汉华译,中国政法大学出版社1994年版,第46—48页。

然而,"有光的地方总有阴影"。这种以法律家技术理性主义为圭臬和鹄的的法律帝国必然如同所有以技术为圭臬和鹄的的技术王国一样,始终随侍和蕴藏着难以理喻的危险和荒谬的种子,并最终可能导致本真的法律帝国——按照我们的思路即人文幸福的法律生活——隐晦不彰。其理由在于,这种法律家技术理性主义旗帜下的法律帝国说到底也是一种法制形式主义和概念法学的王国,它"重功利胜于重传承,求专业知识胜于求人文教养"。在这里,它以法律技术理性观取代了法律应有的人文理性观,技术以理性的名义支配着一切,所有的东西都是以可计算的法律为基础配置统治和运作,①而真正象征人的名副其实的法律生活方式下的自由、平等、博爱等市民权和秩序理性及正义等人文景观在这种技术威权的魔棍下也就势必旁落甚至消失殆尽了,其结果,期待中的人文理想不曾大放异彩,取而代之的却是人文精神理想的整体缺位与失落,与之相因应,期待中的法律人文主义也不曾到来,不期而至的却是法律形式(技术)主义这一食人生番:它使人类最终处于主—奴的尴尬关系中,一方面,法律人文幸福理想仍高悬于法律家关于人类福祉的旗帜上,另一方面,悲天悯人的人文关怀也从不曾绝响,法律事实上昧于人类进步与文明,人类面临的危险莫过于此。这一切都肇始于法律形式主义,法律形式主义是其问题之源,伯尔曼指出,这一切都直接导致了20世纪人们对西方法律传统的蔑视和玩世不恭的态度。②

法国哲学家托克维尔对此最敏感,他很好地体认了这种危险其中的三昧,他从民主政治角度出发,在考察美国法学家时发现了这样两种危险③:(1)由于利益的缘故,在法学家的心灵深处,隐藏着贵族般保守的习性,他们生性喜欢按部就班,由衷热爱规范,他们害怕暴政不如害怕专断,这一切使他们特别反对革命精神和民主的轻率激情,哪怕是负责任的革命精神和民主精神,因此,如果一个专制政府,让法学家参加政府,就容易使法学家成为自己政权的最有用的工具,在这种情况下,专制在法学家手里将会具有公正和依法办事的外貌;即使立法机构以立法剥夺人们的自由,并对此承担责任,法学家也不会有什么不满;他们只崇尚法律条文,宁肯违反理性和人情,也不改动法律上的一文一字,这种保守性,还使得法院成为法学界对付民主的最早工具。但事实

---

① 季卫东:《法治秩序的建构》,中国政法大学出版社1999年版,第197页。
② [美]伯尔曼:《法律与革命——西方法律传统的形式》,贺卫方、高鸿钧、张志铭、夏勇译,中国大百科全书出版社1993年版,第44—47页。
③ [法]托克维尔:《论美国的民主》(上),董果良译,商务印书馆1988年版,第303—307页。

却证明——诚如赞恩指出——改变法律的能力才是进步之源①,而僵化却是"造成法律进步的障碍"。(2)不仅如此,由于他们专有的法律知识,使他们容易养成特权阶级的习性和形成一个难于察觉的权力并扩展深入到社会上的每一个阶级,从而在暗中推动社会,默默地影响社会,并最后按自己的意愿塑造社会。不必说,与这相关的法律便徒具空名。附带说一句,这可不是什么好的福音,所以柏拉图指出,如果作为法律和国家保卫者的那种人不成其为护卫者了,或仅仅似乎是护卫者,那么你可以看到他们将使整个国家完全毁灭,反之,只要护卫者成其为护卫者就能使国家有良好的秩序和幸福。②

结构功能主义的集大成者帕森斯则从结构功能主义的观点出发,深入考察后也发现法律家职业技术的危险,他认为,即使存在三段论推理的缜密职业思维方式,即把预先存在的大前提运用到具体案件中去,但是,因为法律规范与社会生活之间的矛盾,在法律适用过程中也存在着三种变异形态和危险:一是法律专业人员在各种利益的诱惑下,抛开法律的规定;二是法律人员的教条式心态,严谨守法,决不允许些许变化;三是司法人员的主观主义和情绪主义,容易只见树木不见森林。③

在我国,学者多从法律职业逻辑与社会生活逻辑角度出发,也发现了其中的危险:因为随着法律职业化、专门化,势必出现职业术语专门化、法律运作程序化的合乎逻辑的发展,这就造成了所谓隔行如隔山的大众逻辑与精英逻辑之间的悖离:一方面,法律逻辑与社会生活逻辑相脱离,法律活动变成一个普通人除了依赖法律专门人员之外无法也没有时间涉足的领域,从而在社会中出现法律家行业的垄断。④ 进而也必然会使法律变得隐蔽晦暗、矫揉造作,愈来愈教条和难以理喻,失去可触及性和亲近感,法律活动是被文明伪饰过的活动,是完全异己的活动。最重要的是,对技术专长的要求侵蚀了公众批评的正统性。甚至会削弱那些最负责任的实现改革的努力。⑤ 这就极大地增大了大众漠视甚至背叛法律的理由。另一方面,根据我们的论点也是最重要的就是,法律家这种技术理性将极大可能使得法官远离政治、经济、思想、文化等人

---

① [美]赞恩:《法律的故事》,刘昕、胡凝译,姜渭渔审校,江苏人民出版社1998年版,第13页。
② [古希腊]柏拉图:《理想国》,郭斌和、张竹明译,商务印书馆1986年版,第134页。
③ 转引自吴卫军等:《论法律共同体》,《当代法学》2001年第11期。
④ 苏力:《法律职业活动专门化的法社会学思考》,《中国社会科学》1994年第6期。
⑤ [美]诺内特、塞尔兹尼克等:《转变中的法律与社会》,张志铭译,中国政法大学出版社1994年版,第48页。

生及社会多彩多姿之内容，成为所谓不食人间烟火的法律人：恪守概念法学之论理，固守条法主义之原则，而忽略法条乃至法律制度本身的人文目的及理想，故难保不违背法律理念之正义，以及法的合目的性。故有思想家就此说道："根据法律处理事物的地方，就丝毫不存在道义的影子"，"公平愈是屈从于规则的逻辑，官方法律与老百姓的正义感之间的差距也就愈大"。①

很明显，上述这些分析无一不很好地证明，法律职业技术化也并不足以确保法律的人文幸福生活，它并不是人类的福祉的可靠的慰藉，也不是真正的人的美好生活模式的恰切诉求，尽管它的经常情形可能是肇始于人文幸福及相关信念，但它孕育的种种危险和荒谬的种子及可能的自损后果却足以消解了其该当旨趣甚或彻底自反。这样看来，法律家职业技术化对于法律本真生活的临在来说，成功的可能性几乎和失败的可能性至少一样叫人吃不准。因而对于善于设计生活的人类来说，自不待言的是，必须对法律职业进行新的探索和把握，必须涤除其技术化所带来的危险。这才是人之为人的最大特质。

三、思之赐——职业人性化与法律教育

犹如海德格尔在引用荷尔德林这句诗——哪里有危险，哪里就有拯救的力量——时所要表达的思想一样，当现代技术当然也包括法律职业技术在使人昧于天命的危险的同时也展示出了的一种拯救的力量，那就是，站在人之为人的立场上追问技术即海德格尔所说的思——对它进行人文幸福上的内省式沉思甚或批判性考察，以寻绎通往天命之坦途。不必说，这也是我们的出发点和根本旨趣，也是本命题之当然向度。

秉承这样的理路，我们将不难发现，法律职业技术化所伴侍的危险和荒谬从本质上说有其内在必然性，它植根于法律人文理性与职业技术理性的异质性价值荷载和命题差度。详言之，作为人文幸福生活的法律产生于人文理性的需要，它本与人文有约，人文理性是其本质属性，蕴贯其始终并维系其存在，因而这样的法律人文幸福生活也只有在具有人文理性的操作者那里才能得到澄明和临在。换言之，即只有法律家的人文理性，才能铸就、锻造法律本身荷载的人文理性生活模式，追随天命的澄明之源和临在之所，这就是我们试图称之为同质性原理的话语逻辑和观念范畴。因而，当一种以技术理性为圭臬武装起来的法律家却被要求忠奉以人文理性为鹄的的法律，其结果也就不言而

---

① ［美］昂格尔：《现代社会中的法律》，吴玉章、周汉华译，译林出版社2001年版，第194页。

喻了,道理很简单,两条平行线又怎能相交呢?!这样看来,还是布洛克的认识是一种经典,"仅仅为技术问题寻找技术性的解决办法,不论多么具有吸引力,到头来都是幻想。人的维度是不能弃之不顾的。"①马克思也在批判不重视作为主体的人的作用的旧唯物主义时也指出,"从前的一切唯物主义……的主要缺点在于:对事物现实、感性,只是从客体的或直观的形式去理解,而不是把它们当作人的感性活动,当作人的实践去理解,不是从主观方面去理解。"②总之,人文理性的沉睡才导致了法律人文幸福价值理念的浮沉颠倒。

所以,为了让法律荷载的人文幸福不再浮沉颠倒并能真实地澄明和临在,我们主张:法律职业人文(性)化。也就是说,在人文主义旗帜下,法律家不断追问法律本身的人文旨趣,并进行澄明,告别和消解技术理性的魔咒,即法律家必须谨奉绝对而又有无限魔力的技术理性的主张已经丧失意义,取而代之的是浸润于人文精神下并以人文理性为侍法精神的法律家。正是在此意义上,我们在埃利希那里找到了这样的经典陈述:从长远来看,除了法官的人格外,没有其他东西可以保证实现正义③。这也是西塞罗的名言的真谛:没有什么比认识到我们生来是为了正义更能让我们变得崇高了,法律不是靠我们意志而是依其本性来实施的。④ 我们也可在拉德布鲁赫那里找到类似的观点,他在谈到德国刑法的成效时这样说道,将来刑法是否可获成效取决于将来的刑事法官是否将歌德的话铭刻心上,即:他应惩罚,他应宽容;他必须以人性度人。⑤

如今,这已成为了为人熟知的信念。人们普遍承认,法律家或法官的人格和信仰等人文精神对于法律的实现有重要影响,它们不仅影响到对法律规则进行解释,而且影响对当事人所提出的证据如何进行认定。所以,就不可避免地影响到"已经发现"的案件事实。⑥ 然而,尽管如此,法律家的人文精神却不是一蹴而就的,它不得不逐渐地演进和迁转,并在不断克服障碍的过程中肯定自身。也就是说,它必须经过后天教育去铸就去形成。换言之,必须接受职业人性化教育,因为人们很容易理解,如果不是职业人性化教育,如果立法者、法

---

① [英]布洛克:《西方人文主义传统》,董乐山译,生活·读书·新知三联书店1997年版,第293页。
② 《马克思恩格斯选集》(第1卷),人民出版社1972年版,第16页。
③ 见[美]卡多佐:《司法过程的性质》,苏力译,商务印书馆1998年版,第6页。
④ 见[美]赞恩:《法律的故事》,刘昕、胡凝译,姜渭渔审校,江苏人民出版社1998年版,第182页。
⑤ [德]拉德布鲁赫:《法学导论》,米健、朱林译,中国大百科全书出版社1997年版,第99页。
⑥ [英]斯坦、香德:《西方社会的法律价值》,王献平译,郑成思校,中国法制出版社2004年版,第42页。

官和行政官员被教导说,法律是政治组织社会行使强力的威胁,那么他们就倾向于不去思考一下这种威胁的内容是什么,而只去考虑,在什么程度上,用一般讲法来说,这种威胁能够行得通。随着专制政府在全世界的兴起,这样一些观念已经流行起来,而且给予独裁者以科学理论上的声援和慰抚。① 所以,英国哲学家坎默指出,"从发展人性的角度出发,人类需要教育,需要理性的发展。人类需要了解自身和周围世界,因为这样做能够使人从很多自然的和社会的抑制中摆脱出来,并且能够给予人类以更全面地控制和支配自己的力量。"②,因为在这里,"教育的目的不是具体任务或技术方面的训练,而是唤醒对人类生活的可能前景的认识,引发或者说培养人们的人性意识",以全面发展其个性和充分发挥人的才能。③ 而且事实上,这种法律职业人文教育确实具有举足轻重的地位,西方一些调查表明,那些没有受过这种比较系统的法律教育的公民对于法律制度的知识以及公正观念的养成与法院处理案件过程以及媒体对于法院活动的报道有密切关系。而这方面,美国法学家庞德的论述无疑是一种经典,他说,在我们生活的地上世界里,如果法律在今天是社会控制的主要手段,那末它就需要(人文)教育的支持,而如果它不能再得到有组织的宗教和家庭的支持的话,那末就更加需要(人文)教育的支持了。④

(一)法律人文主义教育的人性基础

当然,不言自喻的是,这种理论有赖于这样一个基础或者说奠基于这样一种观念,一个真确无欺的否则就会大谬不然的观念,那就是,人性之可再造,人性是可教育并能被教育的。毫无疑问,根据我们的一贯思路,这一点是确定无疑的,即凡是被我们称之为人的,我们认为从他们具有与兽类不同的人性这一点来说,其人性,都是可以再造的。因为在我们所持的人性观念里,人性是理性的,所有的人都是理性的存在,并由两种对立的倾向构成,第一种倾向即自利保护的倾向,又称个人性、利己性,他是贪婪和暴虐即恶的根源,具有本能的属性。第二种倾向即共同保护的倾向,又称社会性、利他性,这是和平和公正即善的根源,具有经验的属性。而理性就在于这样一种能力,凭借经验鉴别协

---

① [美]庞德:《通过法律的社会控制 法律的任务》,沈宗灵、董世忠译,商务印书馆1984年版,第147页。
② [美]坎默:《基督教伦理学》,王苏平译,中国社会科学出版社1994年版,第135页。
③ [英]布洛克:《西方人文主义传统》,董乐山译,生活·读书·新知三联书店1997年版,第234页。
④ [美]庞德:《通过法律的社会控制 法律的任务》,沈宗灵、董世忠译,商务印书馆1984年版,第33页。

调平衡这种个人性和社会性而选择最可靠的方法达到自爱自保的目的,但人是社会存在物,因而社会环境将不断作用于人的本性,这样人性便是可改变的,而且必然在社会中发生改变。而这正是教育施加影响从而人性可再造的地方:增进理智,达成幸福,诚如杜威所言,教育的职能是通过控制、疏导、调节及至改变人性,促进人的道德能力的生长。一种真正的人的教育就在于按照社会境况的种种可能性和必然性给天生自发的活动以一种理智的指导[①]——较好地认识社会环境的多种可能性和自我的能力,从而引导他以最佳手段来实现最佳行为效果。具体在法律教育中说来,那就是控制自私属性,调和社会性,增强法官个人人性理智的能力和相应的道德意识及社会责任感。也即在这里,所有教育的最高目标就在于突破个体性的限制,费希特甚至谈到了全部个体性之无条件的屈服以利于一切事物在类的概念中的等同,这就是教育的最高目标。[②]

而这也正是前文法律家技术理性的病与药之所在,诚如托克维尔所言,因法律家的技术而导致的保守和按自己意愿塑造社会等危险,说到底其经常情形无一不是法官的私心在起作用,我不想说法学家的这些本性已经顽固到足以把他们死死捆住的地步,支配法学家的东西,也和支配一般的东西一样,是他们的个人利益,尤其是眼前的利益。[③] 而教育恰恰就在于改变这种状况,促进人性的生长。另外,法官的人性生长必然伴生其人格意识的觉醒,人的价值的尊重和人的尊严之崇尚。这样,法律人文的幸福生活也就指日可待了。而且,事实上,有很好的理由认为,目前发生的司法腐败说到底就是人性的疲塌甚或残暴的结果,因为教育没有真切地唤醒沉睡的理智。因为很清楚,道德要求我们出于正当的理由而做正当的事情,而不是出于正当的理由做不正当之事,或者,依据不正当的理由做正当的事情。

(二)法律人文主义教育模式化设计与选择

这样看来,法律教育必须被理解为人文(性)教育,它必须从人的本性内蕴中找到它的该当答案和恰切归宿,才能使法律家与法律荷载的人文幸福生活相匹配,因应法律本身的人文精神,它与其说是个人获取纯粹法律知识的宝库,不如恰切地说是赋予和陶冶法律家的人文伦理和品格之终南坦途。正是

---

① John Dewey, *Human Nature and Conduct*, New York, Henry Holt and Company, 1922, p.295.
② [德]弗兰克:《个体的不可消逝性》,先刚译,华夏出版社 2001 年版,第 83 页。
③ [法]托克维尔:《论美国的民主》(上),董果良译,商务印书馆 1988 年版,第 304 页。

在此意义上,孔多塞惊人地断语道:"一个人不应该在人们关于法律的实证知识中,而只应该在理性中寻求他能够采纳的知识。"① 这就意味着,真正的法律教育必须立基于如下这样的理念和模式,这才是法律教育的人间正道。

第一,在教育向度上,实现从条法主义的法律教学模式向真正的人文主义法律教育模式上的转变。条法主义的法律教学模式是概念法学的必然产物,概念法学是一种蛮横无理的专横法学,它将自己绝缘于外在生活世界,进行法律经院哲学式的僵化体认或分析,其结果:思维的片面化和理论模式的僵化在所难免,自己也沦为"产生大量非正义现象的根源"。不难想象,以它为圭臬的法律教育将是怎样图景:教育方式上重纯粹机械的箴言条文知识的教与学,轻理论素养与人文品质的培育,恰如燕树堂等人概言的旧式法律教育一样,只是期望把他们的"徒弟"们造成咬文嚼字的办理诉讼案件的刑名师爷而已。可以说是单纯的职业教育,而以取得法律专门知识而能谋生为目的。因而,一提到法官,人们便联想到从前的刑名师爷,一提到律师,便想到从前的刀笔讼师,以为法律无非条文,熟读条文便算懂得法律,而学法律者,亦多以只求了解一些条文,致用于世为满足,忽视法学的精要。实用成为其当然的天理的旗帜,相应地,大学也成为治术者法科高等专门学术或职业培训学校。② 而在法律家尤其法官那里,他就很容易宁可舍弃符合正义感的良知进行裁判,不使用由此产生的明白易懂的理由作为裁决依据,而相反强迫自己从沉默的法律中找出牵强的、有悖正义感的、无关紧要的表面托辞作为依据,所以"在判决理由的说明中,常见的并非法官的智慧,而是事先练就的,从法律中变魔术般得出令人瞠目决定的快捷手法"。拉德布鲁赫就此评论道,"也许它在相当大的程度上应对人们时常提及的'法律与民众间的异化'承担责任"。③

总之,这种条法主义下法律教育(学)只能训练出"谨愿之士"(即墨守成规,不知活用)、"偏倚之士"(即除条文外不知有其他学问)、"保守之士"(即对于现行法令,不解善恶,唯知遵守)或"凝结之士"(头脑中充满了现行条文,对于新发生的事实、思潮格格不入,毫无汲取进步的可能)。④ 显然,这是和法律人文幸福相匹配的法律职业者是不合拍的,因为按照博登海默的理解,如果法律制度的主要目的在于确保和维护社会机体的健康,从而使人民过上有价值

---

① [德]卡西勒:《启蒙哲学》,顾伟铭、杨光仲、郑楚宣译,山东人民出版社1996年版,第245页。
② 王健:《中国近代的法律教育》,中国政法大学出版社2001年版,第314、326、353页。
③ [德]拉德布鲁赫:《法学导论》,米健、朱林译,中国大百科全书出版社1997年版,第109页。
④ 王健:《中国近代的法律教育》,中国政法大学出版社2001年版,第344—345页。

的和幸福向上的生活,那么就必须将法律工作者视为"社会医生",而他们的工作则应当有助益于法律终极目标的实现,他们必须能够把握当下的趋势,洞见其所处的社会的发展方向,他们必须首先是一个具有文化修养和广博知识的人士。① 这就意味着,法律教育不应仅限于法律知识基础的训练和技能的掌握,还应专注于法律人文品格的型构和培育,这也即是美国法官安东尼·肯尼迪认为法律职业神圣与崇高的凭据和理由,"法律的职业是崇高的",他说,"我们为什么要当法官?因为我们的社会尊敬法官,允许他或她以法官认为明智和必要的方式独立行事和思考,以推进和执行法律,社会把法官看作老师,可以为人民讲解公民学,政府的结构,如何公正和正确地执法以及什么是人性。能够真正独立地讲解和钻研这些问题的法官,会丰富自己的人生经验,也会对文明的发展作出贡献。正是这些无形的报酬继续吸引着具有献身精神和有才干的公民去从事司法工作。"② 因而,法律教学必须转变为真正的法律教育,直至将法律工作者的职业与个人血液真正融为一体。简言之,必须实现法律教育条文主义向人文主义的向度转变。

第二,在教育方式上,应当实现从法律教育生产模式向生活模式的转向。很明显,我们这里的法律教育生产模式主要是试图表达这样的教育模式,法律教育仅被视作简单的知识传授的过程,绝缘于外在世界的知识传授过程,教育者处于积极主动的地位,受教育者则处于消极被动甚至受奴役的地位,缺乏生命的体悟和生活经验的关怀,充分显示出这种法律教育模式与物品生产形式的高度关联——学校成了生产机器而非人才更别说天才的厂房,因而不必说,这样生产出来的法律家也将远离生活,最后是走向僵化、教条和形式主义,自然也绝无确保人文幸福的神通。正是在此意义上,斯普朗格指出,教育绝非单纯的文化传递,教育之为教育,正在于它是一个人格心灵的"唤醒",这是教育的核心所在。③ 而大学的生命全在于教师传授给学生新颖的,符合自身境遇的思想来唤起他们的自我意识。④ 无疑,法律教育生活模式正是这样的模式。通过扎根于受教育者的日常生活体验与日常思维方式,赋予其生气勃勃的人文

---

① [美]博登海默:《法理学 法律哲学与法律方法》,邓正来译,中国政法大学出版社1999年版,第505、507页。
② 见莫负春:《关于法科大学生素质教育与法学教育观念转变的思考》,《华东政法学院学报》2000年第3期。
③ 见杜时忠:《论人文教育的价值》,《清华大学教育研究》1998年第2期。
④ [德]雅斯贝尔斯:《什么是教育》,邹进译,生活·读书·新知三联书店1991年版,第139页。

教育,激发起主体内省意识和体认意识,使人理解人生的意义和目的,找到正确的生活方式,进而培养真正的法律人才。

也正是在此意义上,我国近代学者刘伯穆献给他那个时代法律教育的箴言是:"法律教育首先是要改变那些即将成为未来的法官、律师和国家领袖的人的生活方式,这是中国迈向司法改革的最为关键的一步。而孙晓楼等人则将之纳入各自的法律人才标准体系中,在他们看来,只有法律学问而缺少社会常识,那是满腹不合时宜,不能适应时代的需要即不能算作法律人才的。适格的法律人才必须知悉人情世故及社会的复杂组织。① 当然,正如我们的思路一贯所表明的,这种人文法律教育的生活方式也有其坚实的理论和实践基础,这是因为从根源上讲——诚如孙晓楼博士形象的话语所言——所谓法律不外乎人情,人情便是社会的常识,一个法律问题都是人事问题,都是关于人干的事体的问题;所谓柴、米、油、盐、酱、醋、茶的开门七件事,所谓吸烟、吃饭、饮酒的问题,所谓住房、耕田的问题,买卖、借贷的问题,结婚、生小孩的问题,死亡分配财产的问题,骂人、打人、杀伤人的问题,偷鸡、摸鸭子的问题,大至国家大事,小至孩童争吵,都是人干的事情。从这些事情里遂发生了许多的法律问题,假使我们能于社会上发生的各种问题,加以详细的研究,得有相当的经历,那么当然对于是非的批评,曲直的判断,比较得可以清楚些,周到些;将来于运用法律的时候,不至一知半解,专顾学理而不顾事实。② 总之,只有人文主义法律生活教育方式才能真正培育出具有真正人文情怀和人文关切的法律人才。

第三,在学科设置上,法律教育应该是涵括人文社会科学各领域甚至自然科学方面知识的百科全书式教育,而绝非单纯的法律教育。这是因为,法律人文主义教育所需要的具有人文理性精神的法律家必须奠基于人文社会科学乃至自然科学的教育培养中,这可以在人文教育史上得到辩护和证成。所以博登海默先生在其著作《法理学 法律哲学与法律方法》一书中浓墨重彩地表达了这样的意思,尽管作为人文幸福的法律工作者即其所谓的社会医生的一些教育任务必须同法律训练结合起来,但是,这些任务却必须放在法律工作者理论专业的非法律部分完成,甚至在提高专业能力较为严格的法律教育专业阶段,也必须始终提醒学生注意,法律乃是整个社会生活的一部分,它绝不存在于真空中,法学并不是社会科学中一个自足的独立领域,能够被封闭起来或者

---

① 王健:《中国近代的法律教育》,中国政法大学出版社 2001 年版,第 318、325 页。
② 孙晓楼:《法律教育》,中国政法大学出版社 1997 年版,第 12—13 页。

可以与人类努力的其他分支学科相脱离。法律教育必须向学生展示通过充分认识与这一职业相关的知识如历史学、政治学、伦理学、经济学、社会学等等知识方能达致的最为宽泛的视界。总之,他还引用布朗律师和布兰代斯法官话说道,一个只懂法律的人,只是一个十足的傻汉而已,并极容易沦为社会公敌。① 而我国近代学者周鲠生也不遗余力地表明,完整的法律教育需要有外国文的素养,高等普通科学的准备:包括伦理、论理(即逻辑学)、心理、历史等方面,并要有其他社会科学如社会学、经济学、政治学、史学等的知识。他强调,真正的一个大学法科,不是请几个司法界中人,来教导学生一点法律条文的知识,就算能事已毕的。究竟完善的法律教育,还是离不了以学问为专业的法学者。② 因为他们才有硕学的人文社科知识。

  总之,在我们看来,从人文精神的角度寻求法律教育模式,这是人文主义解读方式在法律教育中应有之义,它也是解救徒法困惑的当然而真确的路径。然而值得强调的是,我们绝不是如此地贬低甚至拒斥通常意义上的法律教育或法律训练——尽管我们总想以结果论定的方式称之为法律机器生产大本营,我依然承认,法律教育离不开直截了当的法律职业技术训练,没有它,法律家技能是难以形成的,这也即柯克法官著名的技术理性论的精髓与灵魂。然而,谁也不能否认,这种职业技术理性的确存在着为人诟病的刺目的危险,而这正是我们法律职业人文教育理念起步的地方,纠偏正误,回归本原。然而,诚如英国哲学家怀特海所指出的解决教育事业中所遇到的实际困难,不可能有一种万灵丹式的方法,但在一般理论上仍可以用一种简单的方式来作指导原则。③ 这种职业人文教育理念也只是不能抛弃的教育理念,它与职业技术教育理念应当并行不悖,共同构成完整的法律教育,所以我国近代法学家燕树棠这样说道,办理俗事的任务而有超俗的思想。此乃法律教育不可少之要件。④

---

① [美]博登海默:《法理学 法律哲学与法律方法》,邓正来译,中国政法大学出版社1999年版,第505—507页。
② 王健:《中国近代的法律教育》,中国政法大学出版社2001年版,第321—322页。
③ [英]怀特海:《科学与近代世界》,何钦译,商务印书馆1959年版,第190页。
④ 王健:《中国近代的法律教育》,中国政法大学出版社2001年版,第329页。

第六章　认真对待人文主义
——法治现代化的相关序曲及当前难题

一般说来,法治现代化也即法治化、法律发展,它既包括法律制度的现代化也包括法律精神的现代化,而其关键则在于法律精神的现代化。就中国而言,其目标——按照时兴的说法——无疑就是实现中国式的法治现代化①。在当今社会中,法律精神现代化的基石是也应当是人文精神的现代化——主体意识、权利意识、平等意识、民主意识等的现代化,所以,应当大力培育与弘扬法律的人文精神。否则,期待中的法治社会就不可能出现,因而中国式的法治现代化的现实关切就是权利意识的培育,权利至上理念的造就,而其终极关怀则是人文自由、理性精神的承认和尊重。

一、法治现代化——一个初步的分析

现代化作为一种理论形态和社会思潮,自从20世纪60年代发轫以来,由于其荷载的特别使命、特定价值理念及意义蕴含,加上其广为人知且富有说服力的进步现象和印象,它就一直成为了当代世界及发展研究的一个重要论题和课题,"现代化以及追求现代性的热望,或许是当代最普遍最显著的特征。"②艾森斯塔德如是申说道。所以,即使"现代主义概念本身作为一种很有意义的理论范畴或许会遭到许多经典理论家的摒弃,正如它一直受到许多后来者的攻击一样。然而构筑一种现代性概念的问题依然存在"。③

事实上也确实如此,现代化概念自从其诞生以来,就一直普照四方,成为各方关注和兴致所在,比如在政治领域,人们洋洋大观其现代化景象:政治参与,程序政治,民主政体;在经济方面,人们则聚焦于经济增长、工业社会等相

---

① 张文显:《论中国式法治现代化新道路》,《中国法学》2022年第1期;公丕祥:《中国式法治现代化新道路的内在逻辑》,《法学》2021年第10期。
② 谢立中、孙立平主编:《二十世纪西方现代化理论文选》,上海三联书店2002年版,第164页。
③ [美]昂格尔:《现代社会中的法律》,吴玉章、周汉华译,中国政法大学出版社1994年版,第33页。

关问题；而文化社会领域也有其各自理论视点：理性主义，社会结构，分化与变迁，全球化与本土化，等等……总之，在许多人看来，现代化是当下社会唯一普遍而有效的出路。因而现代化也一跃而成为了当今发展学理论中的一个重要流派——现代化理论流派——和时代趋势。然而，诚如蒂普斯所言，"尽管它（自诞生以来）相当迅速地传播开来，但是对它的正确含义还远远没有相应地达成普遍一致的意见"①，人们对此也是见仁见智的。尽管如此，细心考究起来，我们仍然能肯定：在构成不同的现代化理论的人们之间，也存在有共同的理论内涵和基本原则的。也即所谓现代化，概言之，就是指从前现代社会或传统社会向现代社会的转化和跃进的过程，其核心要义在于：1. 现代化归根到底是一种社会类型意义上的社会变化过程，确切地说是前现代社会也即传统社会向现代社会的转化过程，这种社会转化在影响上是改革性和创新性的，在效果上也是进步性的，它代表着社会文明前进的方向。2. 现代化是一个多面向的过程，"不仅涉及到社会在某个时间的每一个制度的变化，而且从方式上来看，每个制度内部的转变往往导致另一些制度内部与它有一定关系的转变"②，进而导致整个社会结构性的变迁和改变。3. 现代化也可进行模式界分，经常的情形就是根据其动力来源分为内发（源）型与外发（源）型的现代化模式。所谓内源性的现代化模式就是指由社会自身力量产生的内部创新而导致的社会变迁和转化，外来影响居于次要地位的现代化模式；而与之相对应，外源性现代化模式则是指由于来自外部环境冲击和压力而产生的社会变迁和改革，其内部创新居于次要地位的现代化模式。

这些即是当今现代化理论研究的概貌之所在，而且稍加分析我们将不难发现，这里的现代化理论有这样一个显著特点，那就是其主要旨趣都集中于制度层面上的现代化研究，把现代化定义为制度现代化的特质或者就简单地将之等同于制度现代化。诚如哈比森和迈尔斯对此一针见血地所指出的那样，"整个现代化的研究，环绕在一系列分立的分析焦点上，大多数作品所关切的，乃是制度的层次。研究者所问的是，什么是较发展国家的制度特质？或者，他们研究某个领域（如工业）的变迁，与另一领域（例如教育）的相关有多大"，③疏离甚或放弃了在我们看来最为重要的现代化的另一向度——人的现代化的探

---

① 谢立中、孙立平主编：《二十世纪西方现代化理论文选》，上海三联书店2002年版，第217页。
② 同上书，第95—96、217、221页。
③ 同上书，第688页。

索,现代化与人的关系、现代化将对人产生怎样的影响、人的现代化应当在现代化理论中占据着怎样的地位等等。对于这些问题,当下的研究从来就不曾眷顾甚或不愿眷顾。总之,人的问题从来没有一席之地。而且事实上,把现代化定义为制度现代化的特质,在中外研究者中,确实显现出独特的蔚然景观和蓬勃的生机印象。对此,抱持这样的验证态度,细心的人们是将很方便地发现自己所需要的例证的。

当然,如同每一次社会转型和变化都要给其上层建筑的一部分带来变革一样,伴随着这种由传统向现代的现代化变迁或转变,法律也不可避免地将面临着深刻的现代化变革:从传统型法制到现代型法制的转化和变革,它既是历史之潮流,又是现代化之该当组成——借用金耀基先生的话说——它是命定的现代化。而且,根据上述的普适理解,这种现代化还必然是制度层次的现代化的绝妙诠释,用通俗的法律语言示之就是,形式合理性、工具主义法治观等相涉或类似的法律科学化的理念范畴。而富有中国特色的汉语语式则更贴切:有法可依,有法必依,执法必严,违法必究(现在已一脉相承发展为科学立法、严格执法、公正司法、全民守法的新十六字方针)。其发展模式也自然可界分为内发(源)性和外发(源)性模式,同样,细心的人们抱持这样的验证态度,也是不难找到自己所需要的例证的。然而,正如我们后文将看到的,这种法律现代化即形式法治化同时也蕴含着自成其反的契机和毫厘不爽的危险:鲜有成效、难负众望甚至最后沦为暴政的工具。

与之很不同,按我们一贯追寻的思路来说,我们将描述的现代化却是这样一种人文向度的现代化,即作为一个基本命题,现代化意味着把每个有理性的人看作是现代化理论的一个始基性出发点或前提条件,然后以此为基础,鼓励每个人投身到改变落后社会面貌的现代化运动中去的过程。也就是说,在我们的词典里,我们倾向于将现代化作这样浓墨重彩的人文译解:现代化,归根结底是作为人之为人的人的自主、自觉、自决选择、安排自己幸福的生活模式和生活样式的现代变迁过程,现代化的目的是追求一种高质量、高效率的文化与生活方式。因此,在这里,关键的因素就不是或至少主要不是制度维度的现代化,而是作为主体的理性的人的现代化以及随之而来的社会生活方式的现代化。这也等于说,在我们看来,现代化实质上就是一种人的选择过程,而现代化之所以发生也正因为是由于一种人之为人的主观的衡值和相应的践行过程,并通过这种过程,从而实现现代化所需要的有系统化的"生活方式"的转变,或者说使传统人的"自我系统"在新的现代环境下作"重新的安排"。当然

第六章 认真对待人文主义

顺理成章而又互为必然结论的是,在其发展目标上,所有现代化的目标都是也应当是为了人之为人特质的尊重和促进,把真实的个人真正地当作人:有人性、有价值、有人格尊严的人,人既是其背景,又是其前景——从而在最大程度上使人们变得现代化起来,"形成现代的态度、价值观、思想和行为方式,并把这些熔铸在他们的基本人格之中"。① 因此在这个意义上,我们说,现代化绝不仅仅是一个变化过程,而且还是一个应用它所趋向的目标来下定义的过程。② 而其发展的模式当然不必说也就是相应的人文的发展模式:其发展的核心动力既不必于什么内发因素的诱引,也不必在于所谓外发力量的冲击——当然,不可忽视其作为发展的动力性诱因因素,而在于理性人的人之为人的自主、自觉、自决能力的发挥和释放,简言之,人文幸福的需要才是其发展的原动力。

这当然也是法治现代化的显明结论。它表明,法治现代化的过程也就是理性人自主、自觉、自决安排自己幸福生活的能力从前现代社会的法律形态向现代社会的法律形态迈进的过程,从人治型的价值——规范体系向法治型的价值——规范体系的历史性、创造性转化的过程,因而它不仅包括一般意义上的法律制度现代化,而且更首要的是法律人文精神的现代化——对人文的尊重和保障,建立起尊重人的价值,维护人的尊严,确证人的人格的价值机制,并创造条件进而促使其文明的进步和发展。所以在这里,法治现代化的圭臬仍然表现为以具体的人为中心——尽管它的践行可能形诸于日常琐碎的现象事务中——的现代化,换句话说,我们这里的法治现代化包括政治制度和法律制度的现代化"首先是从事这一变革的主体自身的现代化,是把表现传统法律观念并以传统模式行动的人转变为具有现代法律意识和行为的人的广泛过程"③——自不必说,这里的法律意识应包括:主体意识,平等意识,权利观念,法治观念,参与意识以及宽容态度等④,法治现代化的根本目标和终极追寻不言而喻就在于理性人的人之为人的自主、自觉、自决能力的生长和促进、尊重与尊崇,进而使得人们过上康乐幸福的现代生活——在这里,理性人同样毫无二致地构成了法治现代化的背景和前景;与之相因应,法治现代化的首要发展模式是也必然是人文型的发展模式,即凡是有利于特定生活场境下的人们基

---

① 殷陆君编译:《人的现代化》,四川人民出版社 1985 年版,第 6 页。
② 谢立中、孙立平主编:《二十世纪西方现代化理论文选》,上海三联书店 2002 年版,第 224 页。
③ 公丕祥:《法制现代化的概念架构》,《法律科学》1998 年第 4 期。
④ 张文显主编:《政治与法治》,吉林大学出版社 1994 年版,第 28—32 页。

于人之为人的特有的存在意义、生命价值及幸福生活的追问而设计、选择、安排自己的文明生活样式和生活方式所荷载的人文精神的创生和旌扬的,都是法治现代化模式的该当组成。它不必一定因由于内发因素的诱引和需求,也不必一定肇端于外发因素的压力与冲击,但它却必定肇端于人对幸福生活的向往及随之而来的人文精神的高擎,或者换句话说,内外发因素的诱引也许真的很重要,但法治现代化的真正命脉和拱顶石却在于人之为人的主体性设计或人性选择,"因为我们是人,我们与其让天性作为一种纯粹的存在,不如选择更符合我们天性的行业、进步和幸福"①,这一点,弗格森可算深悟其道。

总之,以人为中心的人文精神的现代化是法治现代化发展的必不可少的基本因素,它既是现代化发展真正能够得以实现的先决条件和方式,同时也是其发展过程自身的伟大目标之一。所以英格尔斯在其著作《人的现代化》一书中这样富有启发意义地说道:正像许多研究表明的,在着手从传统社会向现代化的社会转向时,我们应本着一个基本信念,即人的现代化是国家现代化必不可少的因素。它并不是现代化过程结束后的副产品,而是现代化制度与经济赖以长期发展并取得成功的先决条件。这是因为,"那些先进的现代制度要获得成功,取得预期的效果,必须依赖运用它们的人的现代人格、现代品质",所以,历史反复证明:"无论哪个国家,只有它的人民从心理、态度和行为上,都能与各种现代形式的经济发展同步前进,相互配合,这个国家的现代化才真正能够得以实现"。反之,"如果一个国家的人民缺乏一种能赋予这些制度以真实生命力的广泛的现代心理基础,如果执行和运用着这些制度的人,自身还没有从心理、思想、态度和行为方式上都经历一个向现代化的转变,失败和畸形发展的悲剧结局(就将)是不可避免的。再完美的现代制度和管理方式,再先进的技术工艺,也会在一群人的手中变成废纸一堆"。最后他还结论性地指出:对于一个国家来说,"只有当它的人民是现代人,它的国民从心理和行为上都转变为现代的人格,它的现代政治、经济和文化管理机构中的工作人员都获得了某种与现代化发展相适应的现代性,这样的国家才可真正称之为现代的国家"②,否则就徒有其表。

应当说这业已在实际上表达了我们的主要观点,也明显地进入了与通常理解相区分的分歧域,当然就不能不加以争辩和验证,而且就本文的论题而

---

① [英]弗格森:《文明社会史论》,林本椿、王绍祥译,辽宁教育出版社1999年版,第261页。
② 殷陆君编译:《人的现代化》,四川人民出版社1985年版,第4—8页。

第六章 认真对待人文主义

言,这也是一个重要的价值组成部分。在此,我们拟从法律产生的人文基础上加以证成,因为在我们看来,这可能是理解法制(律)的现代化最根本、最便捷而有效的路径。正如我们的研究所发现——尽管有点旧调重提的意味,但这却是有力的寻根需要的证据——也是我们一直在力图证明的那样,就本质而言,法律产生于人文幸福生活的需要和承诺,同时,还是理性人之人之为人的自主、自觉、自决选择、调整、安排自己生活能力的体现和确认,也就是说,法律毫无例外地创设于理性人的自主选择和安排的结果,其目的则为的是确保彼此和谐、舒适的幸福生活,因而每一条法律规则都别无二致地荷载着人文幸福的热望和福音式的人文使命,它们都是对人文精神的深切眷注和现实体认。这也等于说,法律与生俱来就具有人文秉赋,是天赋人文性或命定人文性的——如果这样的表述确切的话——它是作为意义存在的人之为人的产物,当然与之互为必然结论的是法律也必然是对人文精神和人文幸福生活的承诺和尊重的载体,只要在法律的有效导向下,人之为人的人性和人的价值就必将得到旌扬,人的尊严得到尊崇,人格得到尊重,而人的生活模式也就呈现出富有意义和方向的幸福生活模式。

因此,在这里,法律的所有权是属于人自己所有的——是他们自己的法律,每个人对它都有一种宾至如归的在家感觉,并享受着法律所带来阿迦底亚牧歌式的和谐;也正是在这里,法律深嵌入人的内在感、自由、个性等本性化的情感认同和神圣信仰之中,并时刻为之而深感自豪;更为清楚的是,人们将自觉而自愿地重置心灵的内容,并将之泰然自若地镶嵌或编织在自己的见解和行动中,甚至在需要时不惜以生命作注,庄严而义无反顾地押出……。总之,在这里,"对于普通公民来说,法律并不只是法律规则的汇集,它还常常是他生活方式的一部分。"①这也充分证明了伯尔曼观点的正确性,"法律不仅是世俗政策的工具,而且还是生活的终极目的和意义的一部分","它不仅包含有人的理性和意志,而且还包含了他的情感,他的直觉和献身以及他的信仰"。② 这可说是法律的最本质特点。

与此同时,我们的研究还一再显示,这绝不是什么偏好和愿望的问题,而确实是一个事实和逻辑的问题,因而对于那些无法(处)索解或不愿索解法律

---

① [美]格伦顿、戈登、奥萨魁等:《比较法律传统》,米健、贺卫方、高鸿钧译,中国政法大学出版社1993年版,导论第7页。
② [美]伯尔曼:《法律与宗教》,梁治平译,生活·读书·新知三联书店1991年版,第28页、43页。

的人文意蕴的人们来说,这不啻是一个意义深远的已然勘破的秘密,基于同样的理由,也必然是一个纠偏正误、回归本源的路径。然而,就我们的当下论点而言,意义更为重大的也许是,这种发现还一并将法律(制)的现代化的谜底和盘托出,那就是,在人文精神滋养下生长出来的法律的现代化也即法治现代化或法治化,注定是要以人文精神的现代化为核心追求和终极关怀的,注定要以关切人之为人的生活理想、存在意义、人生向度等为最终理据和终极归宿的。一句话,人的最好的安身立命是其自明的圭臬和鹄的。因此,从这个意义上讲,"我们可以说,法制(治)现代化也是一种精神现象,是人的法律价值观念和行为方式由传统向现代的转变过程"。① 法治现代化必然执着于人文情结、人文精神的现代化——对人自身的现代化及与之滋生并长的人的幸福生活方式的现代化。不必说,这也即现代语境下法治的核心要义。正是在此意义上,哈耶克精辟地论断道,法治是这样一种原则,它关注法律应当是什么,亦即关注具体法律所应当拥有的一般属性。我们之所以认为这一原则非常重要,乃是因为在今天,人们时常把政府的一切行动只需具有形式合法性的要求误作为法治。当然,法治也完全以形式合法性为前提,但仅此并不能含括法治的全部意义:如果一项法律赋予政府以按其意志行事的无限权力,那么在这个意义上讲,政府的所有行动在形式上就都是合法的,但是这一定不是法治原则下的合法。② 法治之法必然是以保障、促进人文——个人自由为核心之法。这显然也是拉兹、德沃金、罗尔斯、菲尼斯等人的观点,他们都无一例外地将人文精神的眷注、人类尊严和自由的崇尚作为了法治或法治现代化的核心要义和价值寻求。总之,构成现代法治品格也即法治现代化的关键因素就在于其保护自由,人身不可侵犯,最低限度的物质满足,以使个人得以发展其人格,并"促进人类价值的实现"的人的现代化。法治现代化的精髓和魂魄就在于人的现代化基础上的人的生活方式和生活样式的现代化——使每一个人都得到幸福康乐的生活,是以人文精神为核心要义的现代化。这就意味着:

第一,我们流俗(行)的法治现代化理论及其模式方面的的确确存在着工具性误读与曲解——内容有缺位,理解有偏失,法治现代化不应或至少主要不应只等同于法律制度的现代化或法治就是法律的法则(rule of law is a law of

---

① 公丕祥:《法制现代化的概念架构》,《法律科学》1998年第4期。
② [英]哈耶克:《自由秩序原理》(上),邓正来译,生活·读书·新知三联书店1997年版,第260—261页。

rules)的信念。① 恰恰相反,法治现代化的一项重要指标和参数是也应当是:人文精神的彰显与培育,人文情绪的聚练与型构,人文关怀的崇尚与展露。法治现代化的正统性终极依据应当是以人为中心的人文精神的现代化。事实上,也正如人们所公认的那样,这一点在已取得相当成果的西方法治现代化也即法治化过程那里是可以得到有力的证实和证成的,美国学者伯尔曼以反证的形式指出:西方法治卓有成效的原因在于其人文精神的深厚和充实,而西方法治的当代危机却正在于人文精神的整体失落所致;② 而另一美国学者昂格尔则据此得出结论地指出:法治的条件在于集团的多元主义,自然法理论及其超越性宗教的基础。③ 很明显,在这里,根据我们已有的研究,自然法理论正是所谓人文精神的载体和体现。

第二,引领法治现代化的可欲而又可行的方法论选择必然是多元的,它将打破传统与现代,西方与非西方等二元划分的困境和符咒。也就是说,在此过程中,传统也好,现代也好,只要它们对人之为人的幸福生活能力的增进有所助益,都将获得该当的肯定和名副其实的认同与尊重,他们都应在使人们能够真正生活于安全、正义和幸福的社会的业绩表上占有一席之地,尽管不可能绝对化得完全扯平。同样的道理,一个恰当得体而又运作有效的法治现代化过程也将不必于西方或非西方的简单模式中找寻其粗梗的答案和理由,它们都可获得人们的青睐和选择,只要它们能合乎逻辑地衍生出人之为人的主体性自决、自主、自觉地寻求生存的意义和价值的内在规律和本来逻辑所倡明的法律人文精神,合乎逻辑地导引出现代化的人文幸福的生活。这也就是说,两者并不是唯一的排他性存在,它们完全是相容相存的。事实上有很多理由认为,法治现代化或现代法治形成的一个重要原则和不争的事实就在于:作为一项艰巨而又伟大的结构变迁与秩序重建的社会实践性事业,它必须从传统与现代,本土化与西方化等时空维度上获取其需要的滋养或养分后,法治现代化才能为自己赢得充实的内容和动力,法治现代化的进程也才是可欲的。

进一步地说,不管是明言昭示也好,还是不言自喻也罢,法治现代化的真正黎明时刻就在于(尤其是非西方社会)传统与现代、西方化与本土化的精华

---

① 季卫东:《面向二十世纪的法与社会》,《中国社会科学》1996年第3期。
② [美]伯尔曼:《法律与革命——西方法律传统的形式》,贺卫方、高鸿钧、张志铭、夏勇译,中国大百科全书出版社1993年版,序言。
③ [美]昂格尔:《现代社会中的法律》,吴玉章、周汉华译,中国政法大学出版社1994年版,第2页。

在某一特定的人文生活场境下相容、相溶或互相转化,以催生出人文幸福生活之时——不必说,这样的人文主义的幸福生活是将人的价值和存在意义给予了一种不容置疑的肯认和确信的生活,即在这样的相容并相溶过程中,荷载着人之为人的主体意识及幸福生活的美好愿望,它是人之为人的最直接的澄明和注脚。"现代化的动力并不是用一套属性取代另一套属性,即不是以'现代性'取代'传统性',而是它们之间的相互渗透和相互转化"。① 我国台湾学者金耀基先生就此这样解说道:总之,据我们的观察,传统社会的"现代化"过程乃是一种"选择的变迁",在经验上,所有主张现代化的人自觉或不自觉地都是一综合主义者,亦即旨在将传统的文化与西方的文化特质变成一"运作的、功能的综合"。为此,他还特地为这种过程取了一个时髦的名字,叫作"新传统化过程"。② 这一点尤其为日本学者千叶正士和美国学者迪恩·C·蒂普斯等人所看重、所发展。千叶正士在"法律多元"的概念框架里认真讨论了传统与现代、西方法与非西方法与法治现代化的问题,并结论性地指出,在现代化(当然包括法治现代化)问题中,发源并根植于"西方种族中心主义之牢笼"的"传统与现代",这个经常被人们用来观察和分析在现代社会进行历史性转型的二分法的工具性概念并不能成为科学地分析作为文化或生活方式的法律的有效工具,亦即法治现代化的工具。

这是因为:第一,这种二分法所表达的观点从根本上说假定了西欧人和英语世界的民族所发展起来的生活方式是主导性的生活方式,它们所说的现代化其实是从西方的现代化中抽象出来的,因而它极有可能成为"法律帝国主义"的始作俑者,或者就是在按消极的种族中心主义行事而已;第二,从词汇的术语性质来看,现代化是一个至少表达了形式上的、内容上具体的和内容上一般的这样三个层次的含义,因此除非人们准确地勾勒出或设想出一些具体的含义,否则现代化一词除了干扰人们的准确观察和精确分析就再没有什么用处了;第三,从社会实证哲学的角度来看,非西方社会的情形总体上是杂乱无章的,这种划分法不足以精确地阐述与西方文化不同的非西方文化,因而它也不允许我们用这样简单的二分法来进行研究。据此,他言之成理地指出:"从方法论的观点看,法律(治)现代化或法律与发展研究正面临着一个关键性的问题,即重新概括目前使用的(传统与现代)的方法论,以便足以准确地观察和

---

① 谢立中、孙立平主编:《二十世纪西方现代化理论文选》,上海三联书店2002年版,第236页。
② 金耀基:《从传统到现代》,中国人民大学出版社1999年版,第115页。

精确地分析文化(西方与非西方法律文化)冲突中的法律"。为此他甚至主张，必须创设一套全新的工具概念体系，以取代传统与现代的二分法的分析工具，而且这一任务至少应达到这样两个目的：其一，设计一个适合的概念框架，以便准确地描述已经出现于人类社会(不局限于西方社会也不局限于现代社会)的所有不同类型的法律。其二，提出"第三世界国家在当代的历史转型"这一观点来取代"现代化"一词。① 与此同时，美国学者迪恩·C·蒂普斯等人也在同一立场上指出，立基于西方社会的经历而概括出来的以"传统与现代"这对截然对立的两极概念为核心的现代化理论模式，其实质就在于试图对非西方社会的分析强行纳入本迪克斯所说的"欧洲经历的普罗克卢斯特创"。然而，这样的现代化理念却一直没有提供一种满意的基础，为民族社会的形成与转变的多样性和趋同性形式中的因果关系进行系统的比较研究，因此，这种"现代化理论必然要被抛弃"，尽管这并不意味着现代化"这项任务本身就必须放弃"。

顺着这样的方向，人们将不难发现我们法治现代化人文模式自喻答案：迈向法治现代化绝不意味着西方化，西方化在我们的论点里是没有市场的，我们的法治现代化任何时候都是回应现实需要的，它最坚持的就是与现实生活的紧密结合，并通过这样的结合通达其本真的目标——使人幸福地生活，而对于西方，它最大限度地保持恭而远之的距离，"恭"的理由在于，作为人类历史上第一个实现现代化的文明，西方世界的的确确首先获得了具有现代性的文化形态。换句话说，西方的文化传统，是较易孕育出我们所辨识的现代特质的②，然而，无论是诉诸理论还是经验，现代化都是不应等同于西方化的，西方化也不会给现代化以幸福地解救与给养。恰恰相反，它却极有可能沦为奴役和暴政的滋补品甚或代名词。今天，这一点已为有力的反证所证实。③ 不必说，这也构成了我们的法治现代化主张对西方化"远"之的理由。

这样看来，还是美国学者 A·J·M·米尔恩最确切地表达了我们的观点，当他这样说时："西方对西方人来说可能是最好的，但以为它对人类的大多数来说也可能是最好的，则没有根据"。④ 现代化并不一定意味着西方化。非

---

① [日]千叶正士：《法律多元》，强世功、赵晓力等译，中国政法大学出版社 1997 年版，第 22、15—29 页。
② 谢立中、孙立平主编：《二十世纪西方现代化理论文选》，上海三联书店 2002 年版，第 694 页。
③ 见[日]千叶正士：《法律多元》，强世功、赵晓力等译，中国政法大学出版社 1997 年版，第 20—21 页。
④ A. J. M. Milne, *Human Rights and Human Diversity-An Essay in the Philosophy of Human Rights*. The Macmillan Press LTD, 1986, p. 3.

西方社会在没有放弃自己的文化和全盘采用西方价值、体制和实践的前提下，能够实现并已经实现了现代化。西方化确实几乎是不可能的，因为无论非西方化对现代化造成了什么障碍，与它们对西方化造成的障碍相比都相形见绌。总之，正如布罗代尔所说的，持下述看法"是幼稚的"：现代化或"单一"文明的胜利，将导致许多世纪以来体现在世界各伟大文明中的历史文化的多元性的终结。相反，现代化加强了那些文化，并减弱了西方的相对权力。世界正在从根本上变得更加现代化和更少西方化。①

当然，我们也毋需否认，甚至就最一般意义上的现代化（包括法治现代化）理念而言，在某个特定时期内，它也可能给予西方化以复调的魅力，因为"现代化"都是以工业化、都市化、世俗化、普遍参与等为内涵的，而这些又恰恰是西方现代化的特质，"现代型模"固不等于"西方型模"，但二者是非常接近，甚至几乎重合。然而，我们如果对这种情况进行理性地思考，我们便会发现这种状况也绝非西方化的完全翻版与承袭，这是因为我们有着一项理念意义上的保障措施，即必须站在现代人文主义中立立场上——既不是本土论的臣属，又不是西方论的附庸，而是人文向度上的历史解释方法——来看待这个问题，这就将使得我们不难得出结论说，"现代化"与"西方化"在某个时期的重合而非该当的间离，只是"历史的偶合"，决不代表历史发展的全部。换句话说，在这种情形下，"西方型模只有在历史的意义上说是西方的，但在社会学的意义上说，则是全球性的"，②具有现代的特质。对此，英国学者A·英克尔斯进行了这样出色而中肯的描述，我们所辨明的现代性特质在20世纪的欧洲广为盛行，尤其，在最近50—75年之间，世界上其他地区的许多个人，也逐渐转变成为所谓"心理上"的现代人，也许有些人会说这些个人变得"西化"，或者说是比较像西方人，但我宁愿认为他们已变得比较"现代"了。因为我发现现代性的特质，并不是任何一种文化传统下独有的产物；反之，这些特质却展现出一个普遍的模型，所表示的是人类潜能的一种形式，一种在特定社会情况下特定历史时间里，逐渐突出的形式。③

毫无疑问，这也就是我们法治现代化的人文模式的基本原理，为着这样的原理，所以我们特别赞赏布洛克先生的这样充满人文色彩的精妙断语，"通向

---

① [美]亨廷顿：《文明的冲突与世界秩序的重建》，周琪、刘绯、张立平、王圆译，新华出版社2002年版，第70—71页。
② D. Lerner, *The Passing of Traditional Society*, New York Free Press, 1958, p. 1.
③ 谢立中、孙立平主编：《二十世纪西方现代化理论文选》，上海三联书店2002年版，第694页。

第六章 认真对待人文主义

真理的路不止一条,其他文明不论是过去的还是现在的,不论是古希腊的,还是中国的、罗马的、法国的、印度的文明,它们所形成的道路都需认真对待,需要作出努力根据自身的条件来了解它们。① 这也等于说,在法治现代化的模式这个问题上,任何文明都不享有也不应享有赋予中心或例外的权利,恰恰相反,只要对人类幸福生活即现代化生活有所裨益,都是人类文明进步的有力铺陈,都是值得称道和旌扬的,至少不应厚此薄彼。

照此论之,进一步的研究将表明:我们的法治现代化也不是本土中心论者,尽管我们一贯强调法律应回应现实需要,本土资源必须得到充分的尊重和利用,然而现代化也绝不是本土化,它在打破西方化的牢笼的同时,也绝不为自己织就"本土化"的樊篱。因为无论西方化还是本土化说到底其实都是一种"种族中心论"的变体,尽管,谁都可能很难摆脱种族中心论的困局。正是在此意义上,我国台湾学者金耀基先生在谈到现代化问题时这样指出,中国的出路有且只有一条,就是中国的现代化,中国的出路不应再回到"传统的孤立"中去,也不应无主地倾向西方;更不应当日日夜夜在新、旧、中、西中打滚。中国要真正想走向现代化,就必须解除种族中心的困局和中体西用的廉价折中主义,总之,中国的知识分子必须在批判中去肯定传统,也必须在解除"种族中心的困局"中去认识世界。否则就可能导致"满怀希望的革命"即现代化,结果却产生"满怀挫伤的革命"。② 永远也不能现代化。

综上所述,很明显,我们的法治现代化在这一点是确定无疑的,即它是一个有机融合的两重真理的混合体,它既有本土法律文化的色彩,又有西方法律文化的某些特质,它们都既是法治现代化的发端又是法治现代化内容之一部分,而其条件是:它们本身都能衍生或可合乎逻辑地促进人的幸福生活和发展理想。正是在此意义上,美国学者庞德强烈主张,处在法治现代化过程的国家必须在以下两方面保持平衡:一方面是全面接受新法律以适应形势,另一方面是维持过时了的法律传统。③ 一个现代化了的法律体系应由两个因素构成,一个是传统或习惯的因素,另一个是制定法律或强制性的因素,前者是历史因素,后者是现代因素。④

---

① [英]布洛克:《西方人文主义传统》,董乐山译,生活·读书·新知三联书店 1997 年版,第 236 页。
② 金耀基:《从传统到现代》,中国人民大学出版社 1999 年版,第 12、113、146、152 页。
③ [美]K. Tuner,[中]高鸿钧、贺卫方:《美国学者论中国法律传统》,中国政法大学出版社 1994 版,导言第 4 页。
④ [美]庞德:《普通法的精神》,唐前宏、廖湘文、高雪原译,法律出版社 2001 年版,第 121—122 页。

至此,我们可以得出如下简明的结论,法治现代化即法治化包括法律制度的现代化和法律人文精神的现代化,而其中首要的则是其人文精神现代化,即以人为中心的,对具体的现实的个人给予人文的关怀和尊重,并创造条件,肯认人之为人的人格尊严和价值,确保充满存在意义和价值的人的自主、自决、自觉选择、追求自己的幸福生活。简言之,它"是同维护文明状态分不开的",它"必须与生活秩序密切相连在一起"。法治现代化的模式是也应当是人文的模式,它与人的人文主体性抉择息息相通。而在其生存论的土壤上,它既不是西方中心论的应声虫,也不是本土中心论者的附属品,而是人文场境论的有力捍卫者。不必说,这才是法治现代化的本真构想和自明真理,也才有真正的法治现代化,像可以期望的那样。

二、当前的难题——缺乏信誉担保的中国法治:以人文的名义

然而,不无遗憾的是,就是这样一种偏重人文精神现代化的法治现代化即法治化,在一段时间的中国自辟蹊径的独特演绎和看似自洽的逻辑支配下却幻化成了一种单纯的现世主义的工具景观[①]:一味偏好甚至乞灵于法律制度层次的现代化,大肆立法,强调法的形而上学的普遍性、至上性、自治性等形式方面的意义或合理性,以及相应的社会生活的规范化、制度化建设,而疏离甚至漠视其核心组成,即法律人文精神的现代化及其一脉相承的人文使命——人的关怀与尊重,人的人格价值尊严的确认与维护,人的追求幸福生活方式和生活模式的肯定和支持,呈现出浓重的国家(政府)中心主义色彩和形式化色彩。这不能不引起人的深思和疑惑。

的的确确,我们必须坦率地承认,对于一个如我们一样几乎没有法治传统,人治色彩浓厚、人治教训深重的国度来说,要真正践行以近代西方文明为契机和背景建立起来的现代法治,实在说来,就必须再现与最初产生这些观念的环境类似的条件。这就决定了中国法治的现代化首先是也应当是制度层面的现代化。因为正如我们大家所知道的:作为近代西方资本主义的文明进步的产物,法治最初产生于一套法律制度规则和官僚机构的现代化,也即韦伯所谓的形式合理性。这就使得现代法治显著地呈现出法律形式化、制度化特征,所以昂格尔就此指出,"在坚信法治理想的社会中,人们通常(是)依据法律制

[①] 笔者曾将之概括为方法论上的先期热情与神秘忠诚,价值上的求同证成与理性建构以及功能上的速效意识。见杜宴林:《现代化进程中的中国法治》,《法制与社会发展》2001年第6期。

度确实的相对普遍性和自治性这一信念行事(的)"。① 因此,"最好把法治理解为一种独特的机构体系而非一种抽象的理想,法治诞生于法律机构取得足够独立的权威以对政府权力的行使进行规范约束的时候"。② 这充分说明,法治现代化的一个醒目标志和典型印记在于:法律的形式化、制度化,它是制度规则的现代化情结的申说和澄明。因而对于任何要践行法治现代化(即法治化)并渴望有所成就的国家来说,也将势所必然地摆脱不了这种制度化或形式化情结,它也需要这种制度现代化的经验模式。

所以毫不奇怪的是,当我国学者罗荣渠先生在考证世界各国如何走向现代化的过程时,居然发现了一个令人乍惊乍奇的普适现象,那就是:受马克斯·韦伯的现代化即理性化思想的影响,在走向现代化的过程中,中国和世界各国一样,不约而同地选择了以宪法或立宪为核心的形式合理性的现代法律体系为发展模式。③ 这再次检证了法治现代化过程中对法律形式合理性或法律制度、规则的现代化的该当肯认和自明依重。而且不必说,基于相同的理由,这无疑也构成了我们敬重而非贬低法律形式化的重要意义的确切根据和理由。正如大多数人们所公认的那样,我们一样承认,法治现代化即法治化的基本标志就在于法的统治(Rule of law)也即法律规则制度的统治,任何人都只"服从法律的统治",这是区别于人治的法治现代化的功能性先决条件或最起码的要求,否则法治现代化就无异于无源之水,无根之木,成为画饼充饥的代名词。这无疑也是柏拉图思想的一部分,他不无英明地预言道,"如果一个国家的法律处于从属地位,没有法律权威,我敢说,这个国家一定要覆灭;然而,我们认为一个国度的法律如果在官吏之上,而这些官吏服从法律,这个国家就会获得诸神的保佑和赐福"。④ 而他的学生亚里士多德也留下了这样广为人知的亚氏经典,"法治应该包含两重意义,已成立的法律获得普遍的服从,而大家所服从的法律又应该本身是制订得良好的法律","公民们都应遵守一邦所定的生活规则,让各人的行为有所约束,法律不应该被看作奴役,法律毋宁是拯救"。⑤

---

① [美]昂格尔:《现代社会中的法律》,吴玉章、周汉华译,中国政法大学出版社1994年版,第50页。
② [美]诺内特、塞尔兹尼克:《转变中的法律与社会》,张志铭译,中国政法大学出版社1994年版,第59页。
③ 见罗荣渠:《现代化新论》(增订版),商务印书馆2009年版,第一编。
④ 转引自法学教材编辑部:《西方法律思想史资料选编》,北京大学出版社1983年版,第25页。
⑤ [古希腊]亚里士多德:《政治学》,吴寿彭译,商务印书馆1965年版,第199、276页。

尽管如此,然而我们也不能够因此就证明说,法治现代化就是一种制度层次的现代化或形式化,事实上,正如我们前文分析过的,作为人文幸福生活安排和选择的产物的法律,注定要以人文关怀为其一贯追寻的,它的现代化也是注定了要以人文关怀、人文精神的现代化为终极旨归的,它是以人为中心的现代化。

不仅如此,我们还必须清醒地看到,有光的地方总有阴影,就在法治现代化收获着法律制度形式化所带来的赐福的同时,它同时也收获了——不管愿意还是不愿意——相伴而生地自证其反的危险性契机。一方面,人们奋力于法律制度形式化,播种希望;另一方面,人们却又茫然失据,收获失望甚至绝望。一方面,少数人热情如斯;另一方面,大多数人却可能冷漠无欺。这无疑也偏离了法治现代化、形式化者们的原初旨趣,也乖离了法治的本真构想,一句话,希望与失望交织,热情与冷漠并举,法治现代化呈现出最大限度地缺乏信誉担保,总处于风雨飘摇之中,给人不踏实,难以寄托的感觉。这是因为:

第一,这样的法律形式化或制度现代化总携带着奴役的基因——由于它漠视甚至无视法律本身的人文主义价值理念和使命荷载,所以它也总把应该成为主角的人边缘化、间离化而作为局外人或旁观者视之——从而使得本来的(人)主—法(客)恰切的逻辑关系蜕变为(法)主—(人)客的主奴关系的尴尬倒置或异化逻辑之中。所谓异化,按照弗洛姆的理解,"主要是人作为与客体相分离的主体被动地、接受地体验世界和他自身"。在这种体验中,个人觉得自己是一个外人,甚至觉得世界、自然界、别人、他自己和他疏远起来,成为陌生的、已感觉不到自己和自己、自己和外在世界的密切联系。并且,在这种异化活动中,人没有体验到他是活动的主体,而只体验到他是活动的结果,某种与他脱离、超乎其之上或与之相对立的"彼岸"的东西。总之,异化使人在事实上不是他潜在地是的那个样子。或者,换句话说,人不是他应当成为的那个样子。①

第二,与此同时,这样一种法律形式化或现代化的最大危险就在于它极有可能跌入偏狭的形式万能主义织就的陷阱之中而不能自拔,从而使得为形式化而形式化的马基雅弗利主义的法律形式化或现代化观念和实践都盛极一时,缺乏生活方式的体验和现实境况的意义,法治现代化即法治化也就因此而只有理论的意义,而没有现实的意义。相应地,这种法律形式化也就只具有了

---

① 见张伟:《弗洛姆思想研究》,重庆出版社1996年版,第127页以下。

第六章　认真对待人文主义

条件的价值,而没有结果的向度,"于是,我们总是被迫面对这个至关重要的真理,生活(包括法律生活)必须借助于它自己相互连结的活动从自身内寻求它的可靠性,总是记得这种可靠性以(人的)精神生活的独立为前提"[①],而非其他。因为在这里,——恐怕没有人会否认,当这样的法律形式化或法律制度化大行其道的时候,它势必也导致法律万能主义的空前膨胀,一种包揽无遗而又战无不胜的法律理论和实践的神话:不容歧见,不得置疑,鼓励不加批判的接受,旌扬因循苟安的服从。不难想象,在这样一种偏狭不容的信念支配下,法律将不可避免地沦为了僵死的教条而非活的真理,极而言之,甚至沦为一种暴政的体系。正是在此意义上,韦伯指出,这样一种形式理性化的法律或法治现代化带来实体非理性化的后果,形成一个新的束缚人自身及殖民其生活世界的"束缚壳体"或"铁牢笼",因而有些西方学者称之为悲剧式的现代化。[②] 也正是在此意义上,美国学者菲利普·K·霍华德以《不可理喻:法律正在使美国窒息》为题,翔实而充分地对之进行了绝妙的诠释与证明:在美国,由于沉湎于法律形式万能的神话,其结果是:法律不再是一种有用的工具,而成了没有头脑的专制统治者。相应地,在它治下的社会也就自不待言是"一个彻头彻尾的十足的专制社会,只不过盗用法治的名义而已!"[③]

因此不必说,这样的法治现代化确确实实不是真正的现代化的,正像许多研究表明的,它与其说是现代化的,不如更准确地说是反现代化的,至少可以说是非现代化的!而同样不必说的是,这也是我们应予警醒和提防的地方。因为,正如我们前文所看到的,由于中国特有的法治现代化背景和时下流行的制度现代化的影响,当下的中国法治现代化正沿袭一种通过制度现代化的法治化,这无疑是文明生活向度上的可喜进步,它预示着我国的法治现代化从此将有一个坚实的基础和可靠的前提,而且事实上,它们在法治现代化进程方面助启了法治实践历程的驱动力并证实了其应有的一席之地。然而,我们也必须清醒地看到,法本人文,这就决定了法律现代化的关键与核心要义在于:命定人文化,确切地说是人文精神的现代化,这即意味着,任何无视或漠视人文精神的法律制度的现代化都实在是一种舍其本而逐其末的远离智慧的做法,自然免不了隔靴搔痒之饥,当然也免不了猜测、想当然或玄想的色彩。更为重

[①] [德]奥伊肯:《生活的意义与价值》,万以译,上海译文出版社1997年版,第109页。
[②] 王晨光:《韦伯的法律社会学思想》,《中外法学》1992年第3期。
[③] 姚建宗:《法律与发展研究导论》,吉林大学出版社1998年版,第402页。

要的是，由于它漠视甚至无视法律本身的人文主义价值荷载和难以割舍的人文情怀和人文情结，使得它将难以为继，也一样不得不面对法律形式化本身所结伴而来危险性的契机甚或暴政和奴役的威胁。长此下去，它也必定偏离现代化的轨道。我愿意设想，这绝对是中国法治现代化当前的第一个困境——失去目标和方向的困境。

面临这样的标准的张力，中国法治现代化的另一困境和相应结论也昭然若揭了：那就是，在这样的法律形式化为核心旨归的法治现代化，由于失去了其向来的人文性，它就逐渐沦为了贵族式理解和精英般的说教，不关注、确认普通人的生活，也就当然唤不起人的认同和依从，相应地，法治现代化也就自然失去了践行的力量或者说失去了进程的意义，从而导致其难有通时达变臻于实现的机缘。此即我们谓之的第二个困境：失去进程意义的困境。美国学者艾森斯塔特将之描述为，"现代化的挫折或现代化的受挫"。它指的是一个国家的现代化启动并取得相当的进展之后又夭折的过程和现象。基于此，所以学者们普遍认为，现代化成功与挫折的根本区别和界分，并不在于现代化过程中是否会出现各种各样的矛盾和冲突，而在于国家或社会中能否形成解决矛盾、问题与冲突的能力，更进一步说，能否形成一种促进、维持与控制变迁的能力。也正基于此，弗罗姆教导说，唯有当一种观念能迎合某一社会团体的心理需要时，它才会在历史上成为一有力的力量。[①]

这已显明地取得了普遍接受的地位，它表明：法治现代化在过程或进程的维度上既需要发达的法律制度建设的物质性支持，更需要人文主义精神的内在机制成就其核心的人文滋养，即它必须以现世的人的幸福生活为轴心标帜和极因依据。这也等于说，在这里，位极尊荣的应当是以人为中心的人文幸福生活方式而不是时下颇为流行甚或正统的制度决定论观点，它需要强有力的人文精神生活的检证以及相涉的人文精神的支持，法治现代化也才有了可以期望的理由。正是在此意义上，亚里士多德在批评古希腊斯巴达政治法律制度时，才严正地告诫人们，任何遗弃了"人类较美善的生活"的制度，对它的每一次赞扬和称誉都绝对是一种"鄙俗的观念"，因为在这种情形下，"法律无异于一些临时的合同"——或引用智者（诡辩派）吕哥弗隆的话语，法律只是"人们互不侵害对方权利的（临时）保证"而已，法律的实际意义却应该是促成

---

① ［美］弗罗姆：《逃避自由》，刘林海译，国际文化出版公司2002年版，第34页。

全邦人民都能进于正义和善德的"永久"制度。① 它寻求的是一种人生的意义和幸福生活;无独有偶,西塞罗也指出,"法律是为公民的安全,国家的生存,人类生活的宁静幸福而制定","各国的法律只有符合这一目的,才是真正的法律"。②

然而,对照说来,不无遗憾的是,中国法治现代化已初露端倪的却是:它正沿循和一再复萌的却正是制度决定论的简单化现代化模式,迷信制度的符咒,轻疏人文的关怀及相应的人文精神的嬗变,而走上了一条狭隘的制度建构主义的现代化道路,从不反躬自问,法治现代化真正尺寸和命脉之人文意蕴,身陷制度决定论的囹圄与窠臼而不能自拔——学者普遍认为这是一种"法律万能观"和"法律与规章狂热"的表现。总寄期望于或托庇于制度框架的创设与增添,总以为法治化就是法制化,法制齐了,法治现代化也就实现了,从不反思和诘问其本真的人文根据与理由,因而再自然不过的是,它也将失去其赖以维系的人文依托,失去其原有的丰富的人文内涵和情感特征,销蚀着法治现代化的根基和进一步前进的精神资源,从而使其失去民众的支持,拥护和情感认同。其命运也就不言而喻了,法治现代化乃有虚化的危险。道理很简单:"一种不可能唤起民众对法律不可动摇的忠诚的东西,怎么可能又有能力使民众愿意服从法律?"③而这对于任何一个准备或正在践行法治现代化进程的国度来说,无论如何可不是什么好的福音:正当性急剧流失,自毁前程,自掘坟墓,也就终究逃不过被遗弃出局的命运,期望中的法治并没有到来,不期而至的却是变形的法治,变味的法治,给人一种形似而神不似的感觉。因此,我们有足够的理由认为,在这里,法治现代化真真切切地遇到了麻烦:缺乏人文精神的关注和关怀的法治现代化始终存在着匮乏、萎缩甚至成为死胎的危险。正是在此意义上,英国学者加兰特以"法律的浩繁——北大西洋周围的法制化"为题,严正指出了这个世界已经法制化的隐忧。这不能不说是一件憾事,因为对法治来说,我们是赞赏的,因而再自然不过的是,我们都渴盼它的幸福临在,然而,这样法制化——诚如加兰特所说——尽管"法治"被称颂为一种美好和高尚事物,但这种法律过度的现象被认为产生了或至少是伴随有很多缺点④——

---

① [古希腊]亚里士多德:《政治学》,吴寿彭译,商务印书馆1965年版,第390—391、138页。
② 见丛日云:《西方政治文化传统》,大连出版社1996年版,第282页。
③ [美]伯尔曼:《法律与宗教》,梁治平译,生活·读书·新知三联书店1991年版,第43页。
④ [英]加兰特:《法律的浩繁——北大西洋周围的法制化》,周湘士译,《外国法译评》1993年第1期。

却给人们难以言说的茫然困惑与相形见绌,法治现代化很难达到人们所期望的门槛,也成为了一个与现代化挫折高度关联的一个重要现象与问题:它缺乏持续性分化与变迁的发展机制,也缺乏能够支撑具有战略意义的法治现代化变迁中处理各种问题的能力,可能蜕化为一场法治化的悲喜剧而已。正是在此意义上,埃尔曼告诫人们,"现代化是一个差不多等于社会变化的新词,在此应避免这样的错误,即像杰里米·边沁及其他改革者那样,对法律企求过多";①昂格尔也才智慧十足地一再警醒人们:在现代化进程中,总存在这样难以摆脱的经验性困惑:"在现代西方法律的历史上,有一个压倒一切并包容一切的问题,即法律中的形式问题,然而,形式问题从一开始就需要某些谨慎,在一定意义上而言,它仅仅表达了一种愿望而已"②,它并没有什么终极的取向性意义和价值。

这样看来,法治现代化的的确确只有在人文精神的温床上,才得以扎下它深深的根,并可能根深叶茂,繁花锦簇,并最终析出法治现代化的真谛与美妙乐章。否则,就极可能屈辱地匍匐于任性盲目与早夭的梦魇之中,或至少"总要处于不稳定的状态"中。法治现代化的主要特质是也应当是一种人文生活气氛或生活方式而不是其他,与它相因应,凸现法治现代化最美好的声名的东西也就在于,它把人的幸福生活证明为法治现代化的绝好的事情和目标追寻,从而将其与每个人的幸福生活的转译或阐释缠结在一起,并再自然不过的将其演化、生成和作用的方式与人文信仰,人文精神紧密无间地吻合在一起,法治现代化就成了每个人都尽心竭力地为自己做事情了,这样,颖脱而出的就不再仅仅是法治现代化的变迁模式,它成了一种人文互动和反应模式,一种旺盛和横溢人文"精神朝圣的旅程"!

不必说,对所有忽略人文精神的人们而言,这应当是个开明而又高明的发现。因为正是在此意义上,法治现代化也就获得了畅行无阻的发展和践行的坦途,成为人类活生生的社会进程,伯尔曼就此指出,"一旦把法律理解为积极的、活生生的人类进程,它也就包容了——正好比宗教包容了——人的全部存在,包括他的梦想,他的情感,他的终极关切"也"重新赋予(了)法律以活力的重要途径"③。正是在此意义上,亚里士多德强调指出,"即使是完善的法制,而

---

① [法]埃尔曼:《比较法律文化》,贺卫方、高鸿钧译,生活·读书·新知三联书店1990年版,第104页
② [美]昂格尔:《现代社会中的法律》,吴玉章、周汉华译,中国政法大学出版社1994年版,第190页。
③ [美]伯尔曼:《法律与宗教》,梁治平译,生活·读书·新知三联书店1991年版,第46、60页。

第六章 认真对待人文主义

且为全体公民所赞同,要是公民们的情操尚未经习俗和教化陶冶,而符合于政体的基本精神(宗旨)——要是城邦订立了平民法制,而公民却缺乏平民情绪,或城邦订立了寡头法制而公民却缺乏寡头情绪——这终究是不行的,……应该培养公民的言行,使他们在其中生活的政体,不论是平民政体或者是寡头政体,都能因为这类言行的普及于全邦而收到长治久安的效果"。① 简言之,制度与人文两者应当互相补足;也正是在此意义上,西方学者一再坚持认为:法治现代化得以实现,"法治理想得以巩固的主要时期,乃是 18 世纪上半叶,当时法治的理想正逐渐地渗透进人们的日常生活实践之中"。②

既如此,中国法治现代化的第三个困境也就呼之即出了,那就是,它面临着失去发展动力的危险,这一事实已经随着我们前文困境的分析掠过大家的视线。而理由也是可以证明的,因为按照我们的分析来说,"罗马不是一天建立起来的",法治现代化蜕变与新生的关键正在于人的社会生活方式及生存样式的现代向度的持续分化与变迁。而法(治)也正是以其天赋的人文气质和昂扬的人文精神开创了一种自由而活跃的人文关怀和个人幸福的生活和社会氛围,才证明这是法治现代化的优长和成就的。因此,法治现代化的每一历程都必须以关注人文精神为核心旨归,并以此为契机析出或吸引人文主体的法治现代化自觉、自主及热情参与和认同,也即民情的唤醒、民魂的点燃、民心的重铸。这才是法治现代化卓尔不群的特异性格和精神气质。这样,法治现代化也才获取了其生长、发展的经久不息的生机和活力,或者按哈特观点,成为了一种体现人本质要求的内在观点旗帜下的现代化进一步发展的引擎和内在机制,没有它,则意味着法治现代化源于事实需要,或应景工作,至多表现为光辉的一闪:思想的胚芽没有能发育成长,反而都萎缩下去甚至成为死胎。正是在此意义上,澳大利亚学者沃克指出:归根结底,法治的力量和它的健康发展并不依赖于专业法律人员,而是依赖于广大群众对待法律的态度。③ 伯尔曼也不止一次强调,"法律程序中更为广泛的公众参与,乃是重新赋予法律以活力的重要途径",它表明,"除非人们觉得,那是他们的法律,否则,就不会尊重法律",法治化也即法治现代化自然也就无从谈起,所以伯尔曼继续坚持和争辩道,如果"剥夺了法律的(这种人文)情感生命力,则法律将不可能幸存于

---

① [古希腊]亚里士多德:《政治学》,吴寿彭译,商务印书馆1965年版,第275页。
② [英]哈耶克:《自由秩序原理》(上),邓正来译,生活·读书·新知三联书店1997年版,第125页。
③ Walker G. *The Rule of law*, Melbourne University Press, 1980, pp. 41 - 42.

世。……如果我们希望法律继续有效,我们就不能重兴人们对于法律的献身激情(这种情感本质上是宗教的),正是此类激情,使法律具有了仪式、传统、权威和普遍性,正好比我们必须赋予宗教信仰中社会的,因此也是法律的因素以新的生命"。为此,在任何一个践行法治现代化的社会中,"法律(都)不应只图方便;它应当致力于培养所有有关人员——当事人、旁观者和公众——的法律情感"①,它应以一种不同于流行的现世主义和工具主义理论的方式,确立法的神圣性,这才是其现代化进程的核心动力,因为在这里,法治现代化真正实现了其所需要的辩证统一,即主体的法律化与法律的主体化这一种双向的改造与塑造过程:它将人塑造成新型的、真正的法治人;而将法改造成新型的、真正的良法,即体现人文精神的法,从而在更高程度上促使法治现代化进程生生不息,永不休止。也正是在此意义,日本法学家川岛武宜先生这样得出结论言说道,"只有法律的门外汉才常常觉得只要制订出法律,世上的一切全会发生变化。……可是即使制订出法律,若现实中不存在推行法律社会基础,现实中的法律则只能部分实行,或者完全行不通"。② 广而言之,将这种情形推广到国家,"只要有人谈到国家大事时说:这和我有什么相干? 我们可以料定国家就算完了",③卢梭也这样警示道。不必说,这也再次重申了前文埃利希的这样经典之意谓,法律发展的中心不在立法不在法学,也不在司法判断,而在社会本身。

然而,同样令我们不得不遗憾的是,中国式法治现代化进程一段时间里也曾带着它的特有形式即制度决定论以及相关的历史背景总表现出对法的制度现代化的盲目爱恋。于是我们总是发现,在这种现代化的模式里,"国家或政府劳顿忙碌的'身影',既要'为民作主',代替全体社会成员对于国家或政府制定的法律作出'良好'与否的价值判断,又要运用各种手段(可能主要是暴力与威胁的压制手段)保证这些法律得到全体社会成员的普遍遵守;而在其中,我们丝毫也看不见全体社会成员对于法律真诚而热情的拥戴,以及主动积极地自觉遵循。我们看见的恐怕只是社会公众的消极倦怠与冷漠麻木,加上极度的失望、萎靡与无奈!"④而不争的事实却在于,法治现代化必须建立在民众的

---

① [美]伯尔曼:《法律与宗教》,梁治平译,生活·读书·新知三联书店1991年版,第52、59、60页。
② [日]川岛武宜:《现代化与法》,王志安、渠涛、申政武、李旺译,中国政法大学出版社1994年版,第137—138页。
③ [法]卢梭:《社会契约论》,何兆武译,商务印书馆1980年版,第124—125页。
④ 姚建宗:《法律与发展研究导论》,吉林大学出版社1998年版,第404页。

第六章 认真对待人文主义

普遍认同和参与之中,这既是其当然之趋赴,也是其动力之所在。于是一个昭然若揭的结论在于,现行的法治现代化在其本身与其动力性因素即民众之间毋容置疑地树起了坚深的界限,它只具备作为条件的重要意义,并没有实质上的同等意义,其命运也就不言而喻了:百无聊赖,难以递嬗。所以科特威尔在其著作中不遗余力地表达了这样的思想,"违背民德的法律就好似一堆废纸"①。道理很简单,人的精神无所附骊和定向,总处在无家可归之中。"问题不是去研究人类的生活怎样服膺于规则——这简直是绝无仅有的,而是规则怎样适应于人类的生活",马林诺夫斯基在同一意义上这样说道。② 至此,我们还能说,法治现代化仅仅是制度决定的吗?! 答案显然是否定的。法治现代化要永久持续而不是稍纵即逝就必需有人文精神的拱卫,人文精神,人文关怀是其核心内容,否则,法治现代化就将收获其冷酷的注脚。毫不夸张地说,它为人文精神的一颦一笑所左右,也自然唯人文关怀马首是瞻或对其顶礼膜拜! 这才是其当然的品格与纯挚的天性。它的践行,它的趋赴以及其动力无不都以此为圭臬。

这样看来,我们探寻当代中国法治现代化过程曾经遇到的困难及其揭示,无疑并不是意味着我们一味贬低拒斥法律制度,按照我们一贯的立场来说,当代中国法治的预想版图既然准备于 20 世纪之交的时代,则不应完全重蹈西方法治之路,因而从一开始,就应与现代法治的发展合拍同步,同时它还应担负回归和重建近代法治的双重使命,也就是说,在有几千年封建人治传统盛行,法治(制)几近虚无的中国要实现现代法治,它所要面临的既有消解传统人治体系,建构法治体系的艰巨任务,又有自进化论角度为法治提供理论基础的双重任务,这无疑使得法的制度现代化成为了法治现代化的初始前提和时代课题,所以,当以张文显先生为代表的当代中国法学家们早在 20 世纪 90 年代围绕着制度现代化提出法治也即法治现代化的十大要素与机制及六大标志的设计或主张时③,今天回过头去看,我们的确难掩为他们文思犀利的担待意识和学者的使命感与社会责任感所感怀与叹服,我们也的确可以认为这是认真对待法治观念以及由此演绎的逻辑结论的哲学结果。所以,我们丝毫不加掩饰我们对制度现代化或形式合理性的认同与赞赏。然而我们也不得不予以警

---

① [美]科特威尔:《法律社会学导论》,潘大松、刘丽君、林燕萍、刘海善译,华夏出版社 1989 年版,第 23 页。
② [美]霍贝尔:《初民的法律》,周勇译,罗致平校,中国社会科学出版社 1993 年版,第 36 页。
③ 张文显:《法学基本范畴研究》,中国政法大学出版社 1993 年版,第 289—298 页。

醒,法治现代化并不等同制度现代化,更不是制度决定论,它必须关注人文精神的现代化。因此,如果真要完整地表达我们的思想的话,那就是:以制度现代化为前提,以人文精神的现代化为核心旨归,两者互相补足,就是法治现代化当然命题。所以在这里,受责的绝不是制度的现代化,而是制度现代化的不当夸大甚或神化。因为正如前文所述,当前法治现代化正初露端倪地显出唯(或主要是)制度现代化为核心的现代化,其结果也正面临着失去方向,失去进程,失去动力的危险,偏离法治现代化的自明理想,阻滞了法治现代化的纵深运行,而如果再结合到国人对其本真的向往与文明生活的期许——即对于法治化或法治现代化,我们的人民是由衷欢迎,而又认真的。这一点无论证诸历史背景还是证诸现实描述,恐怕没有人会对此有些许的存疑。因此,再自然不过的是,我们的国人对它也怀有深厚而持久的敬意,期望它所引发的变更和改革能深深地改变传统人治体系的魔咒而迈入文明进步的人文幸福生活或家园。——我们不得不得出结论说,这可真是一本正经的走了腔。我们的现行法治现代化的确代表了变更与改革,但至于是否代表进步恐怕人人都会有所存疑,因为正如前文一再证明过的,我们的法治现代化在专注于制度的现代化的光芒四射的价值的同时——除自己外另无它者,人文关怀、人文精神也在不经意间整体地缺位与失落了,而这本来应该是法治现代化的该当的核心追寻!于是,歉收的法治现代化就成了其最后的守望者和最好的诠释者。人文主义在轻疏与慢待之间无时无刻地作出了自己特有的冷酷的品性注脚。这样看来,"全是人文惹的祸",使得我们当前的法治现代化的美名——被很大程度上埋没在自己赢得的种种胜利的人文废墟之中。我们的国人,对它曾经怀有的原初深深的敬意和重视,但终究并不热爱和尊重,到最后竟逐渐沦为一种稀疏平常之物,甚而弃之若敝履了。道理很简单,"人们不会衷心拥戴一种政治制度和经济制度,更不用说一种哲学,除非对他们来说,这种制度或哲学代表着某种更高的、神圣的真理,如果在人们看来,有一种制度与他们信仰(用全部的生命去信仰,而不仅仅是在理智上认为如此)的某种超验实体相悖,他们就会抛却这种制度"[1],如果再结合到康德的经典教导——在这个世界上,没有任何东西可以像善良的意愿那样,能够没有限制地良好保持。我们谁都会承认,正如我们不止一次所强调的那样,这绝对是个法治现代化的遗憾,如果不能算作灾难的话。它缺乏足够的信誉担保,并浮游无根!

---

[1] [美]伯尔曼:《法律与宗教》,梁治平译,生活·读书·新知三联书店1991年版,第90页。

尽管如此，我们特别要指出的是，如同万事万物在出现病症的同时也产生了医治它的药物一样，当前中国法治现代化困境呈现的同时，也一样产生了其折服的解毒剂，那就是认真对待人文主义，将本来属于法治现代化的当然内容的人文精神重新还给法治现代化。这即是法治现代化法涅槃之所需的径直生存的酵素。

三、改造与拯救——中国法治现代化的现实关切与终极关怀

（一）对终极关怀与现实关切的简要说明

照通常意义上——也是本文的理解，终极关怀与现实关切是一对表征人文价值向度的哲学话语范畴。终极关怀从其表征内容上来看通常表征的是一种形而上的超验因素或载体，体现着至善至真至美等人文价值诉求。它"主要追索的是人生最深刻的意义和价值，寻求的是这种意义和价值的实现"；它"更多地被看作是一种至上、至本的精神感悟与洞察。它主要提升人们的精神境界，并通过这种提升帮助人们寻找自己的精神寄托与精神归属"，并进而铸就人之为人的精神家园或安身立命之寓所。而且，它与宗教所讲的建立在彼岸非人世界基础上的终极关怀不同，我们这里的终极关怀是"逻辑地、理性地探索的结果"，具有强烈的逻辑事实的意义；与此同时，它还区别于超凡脱俗且望尘莫及的纯先验哲学所讲的唯心主义抽象本体论向度上的终极关怀，它是现实生活滋养而升华的产物，现实生活是其坚实的土壤和后盾。简言之，它来源于现实生活，并超越于现实生活，以至无穷——自然，超越并非脱离之意，因此这里讲的终极关怀或终极存在，绝不是什么粗俗的形而上玄思与乌托邦构想之别名，因为它以现实为根，它"既不是已经给定了存在，也不是永远处在彼岸世界的，实现不了的抽象存在，而是由人们经过实践不断实现，又不断否定的理想中的存在"。[①] 它总是与人的幸福生活的理想和憧憬高度关联甚或熔为一体。因此，很明显，在这里，终极关怀是作为人的生活和行为的方法论而存在的，是一种"究元"意义上的终极眷注和关切，也是作为对人之为人的意义世界的澄明和解释的组成部分而存在的，体现着对世界和人本身的超越及人的理想极因的眷注。

与之相因应，作为与终极关怀相辅相成的现实关切，就必然深切地眷注于人的现实生活或其当下的境遇，并以此为出发点和落脚点而型构理性人的生

---

① 朱德生：《形而上学的召唤》，《江淮论坛》1995年第3期。

活——不必说,即人的幸福生活或理想生活,而这却正是终极关怀的晨曦,从"世俗的感性真实的地平线"上得以透出的地方。因此,一项现实关切的举措必然是一个意图、手段和结果三位一体的事实、逻辑过程。第一,它是个事实、逻辑过程。现实关切是一个此岸的人现实生活的主动关注和考察的过程,因而,不同时期、不同条件下现实生活的殊异性,也决定了现实关切的鲜活的本性。也就是说,它关切的不是彼岸的非人的世界,而是此岸的人的生活世界,它关切的也不是抽象虚幻的人的生活世界,而是特定时空场境下的活生生的现实的人、世俗人的生活世界,它有其基本规律可循,正是在此意义上,菲奇诺认为对现实的考查应避免三个错误:首先不应当把事物的发展,理解为一个永远循环往复、始终为一、无任何差别的过程;其次不应从事实中引出多种原则;最后,不能认为无限发展的过程是既无基础也无目的的。① 第二,它是一个有价值指向或意图的过程,也即现实关切是为终极关怀而进行的现实关注与考察的过程——在现实中发现问题并进行澄清,从而为终极关怀提供旨趣上的生长点和切入点。简言之,为关怀而关切。所以马克思经典作家这样说道:"哲学家们只是用不同的方式解释世界,而问题在于改变世界","问题就是公开的、无畏的,左右一切个人的时代声音。问题就是时代的口号,是它表现自己精神状态的最实际的呼声"②,"在社会历史领域内进行活动的,是具有意识的,经过思虑或凭激情冲动的,追求某种目的的人;任何事情的发生都不是没有自觉的意图,没有预期的目的的"。③ 第三,现实关切所采取的手段和工具还是一个以显影或朗现人的终极关怀气息为宗旨的手段或工具。也就是说,现实关切作为一种主动积极的行为概念或者行为过程,其基本含义是在终极关怀的烛引下依终极关怀办事。这使得现实关切在关切方式或者行为方式上必然是体现终极关怀向度上的行为方式,终极关怀为这种关切方式的选择进行了定性与定位,任何偏离这一定性与定位的方式自不待言也就不是现实关切的该当方式。第四,与之相关联,这就成了当然的结论,那就是现实关切在结果向度及维度上自然与终极关怀一线相通,尽管——由于终极关怀的无限性——两者永远不能吻合无间,但现实关切通过不懈的努力,是可以沿着这条道路前进并不断接近的,它们是内在的统一。也只有如此,现实关切才获得了

---

① [意]加林:《意大利人文主义》,李玉成译,生活·读书·新知三联书店1998年版,第94—95页。
② 《马克思恩格斯全集》(第40卷),人民出版社1979年版,第289—290页。
③ 《马克思恩格斯选集》(第4卷),人民出版社1972年版,第247页。

众望所归的理由,因为通过这样的现实关切,将势必促进现实生活的擢升与发展,并不断逼近终极关怀。黑格尔就此正确地解说道:"直到现实成熟了,理想的东西才会对实在的东西显现出来,并在把握了这同一个世界的实体之后,才把它建成为一个理智王国的形态"①,这就是终极关怀与现实关切的基本意蕴,如果要用通常术语进行较为妥切的译解的话,它接近或近似于日常用语中理想与现实的表达方式。而寻绎这样的理路,任何人都会很方便地发现二者的关系,那就是终极关怀的真实底蕴就在于它是一种超现实而非脱现实的理想寻求。它以现实为根,并融入人之为人的理想(性)的情怀,我国有学者称之为"虚灵的真实",它是人类文明的指路灯。现实关切则是在人的终极关怀的烛引下朗现现实(世)的境遇的不足或差距,并力图最大限度地弥合这个差距的过程,所以在这里,"现实关切的热忱为一种终极眷注所发动,现实关切的方式和向度为涵贯于其中的终极眷注所贞辩和导引"②,两者相辅相成、互为表里,共同推进人类文明生活方式和样式在幸福向度上的发展。

(二)对法治现代化的终极关怀与现实关切的刻画

如前所言,无论诉诸于理论证成还是历史逻辑,谁都应当承认,法治现代化的精神实质和核心构成从根本上说是一个人文主义逻辑现代化的转化过程,法治现代化不应或至少主要不应只等同于法律制度的现代化或法治就是法律的法则的信念。恰恰相反,法治现代化的一项重要指标和参数是也应当是人文精神的彰显与培育,人文关怀的铸就与崇尚。法治现代化的精神实质或正统性终极依据也就是理想的法制人格的型塑与确立,法治现代化所体现出来的价值或内涵也就是人文精神向度所体现出来的人文价值与内涵,法治现代化的尺度也就是人文关怀的尺度。它的根本指向性意义归根结底无疑也就在于对具体、真实的个人的人之为人的自主选择、安排、设计自己的幸福生活方式或样式的肯认和保障。它与人文精神有着艰深的亲缘关系。因此,对于任何一个正在或将要践行法治现代化进程并期望有所成效的国度来说,一个具有现实意义的结论就在于:它必须认真对待人文主义,以人为中心并给予其严肃认真的人文关怀,这既是理论纠偏的需要,也是法治现代化解困的需要。换言之,在法治现代化的终极关怀的维度上,它必须以人为中心,以人的幸福理想生活为核心寻求;而在现实关切的向度上,它必须在公权力和私权利

---

① [德]黑格尔:《法哲学原理》,范扬、张企泰译,商务印书馆1961年版,序言第14页。
② 黄克剑:《人韵》,东方出版社1996年版,第312、319页。

配置上也体现出这样的人文关切——即对公权力来说实行这样的义务推定，"凡是法律未明确规定或授权的，都是禁止的"，而对于私权利来说，"法律未明示禁止的，都是允许的"，并达致合理的平衡。也就是说，法治现代化的人文主义逻辑内在地要求，权利至上，以权利为本位型构公法与私法、公权力与私权利体系，以帮助人们确立人之生存意义、行为方式，理性信仰和精神追求等人文幸福生活模式，只有这样，法治现代化也才具有了不负众望或像可以期待的那样的机缘。所谓以权利本位原则——是指以对平等权利的确认和保护为宗旨去设定平等的义务。它的内在逻辑表现为义务来源于和服务于并从属于权利。换言之，它意味着立法的目的并不在于向公众施加普遍的义务约束和这些义务约束的合理性与必要性，而是由于它们构成了协调和促进普遍权利的手段——型构公法与私法、公权力及私权利的法律体系；意味着这样权力与权利模式设计：就公法而言，它主要应表现为努力寻求公共权力与公民权利的平衡，使之在各自的法定范围内必须相互尊重；而在私法上，则主要表现为给"私人自治"留下广阔的空间，使人们可以在法律所界定的空间内自主地处分自己的利益。①

不必说，这样以权利本位为原则型构公法（权力）私法（权利）的法律体系很明显是近代法治文明也即法治现代化的本质表现，川岛武宜先生就此指出，因为在这里，"国家对人民的要求并不是靠'权力'而是靠'权利'，同时人民对国家具有'权利'即'自由'，这一点不仅在条文上而且必须在现实生活中存在；国家对人民的义务也是主体人对主体人的义务，国家对人民负有义务这一点也不仅是在条文上的，而且必须用现实生活中的事实来保证。这么说是因为，所谓权利，是人和人之间力量上的紧张关系，是相互抑制的关系"。② 它也是近代民主与古代民主的一个基本区别，是其中流砥柱，这是因为，"近代民主与古代民主的一个基本区别，就在于近代民主以个人权利为基础，那种不尊重个人权利的民主（如卢梭的民主思想）甚至被许多西方人视为极权主义的一个类型"。③ 两相对照，不难看出，这样一种以权利本位为原则型构出的公、私体系必然包含有强调保护个人利益的蕴意（尽管它并不是个人利益至上），找回失落的个人权利。然而，按我们的一贯思路来说，我们更愿意设想，这是一种人

---

① 郑成良：《论法治模式的理念型》，《天津社会科学》1993年第5期。
② ［日］川岛武宜：《现代化与法》，王志安、渠涛、申政武、李旺译，中国政法大学出版社1994年版，第93页。
③ 丛日云：《西方政治文化传统》，大连出版社1996年版，第174页。

文初开的表现,米德指出:要求维护人的自由过程中形成了权利的现代概念(杜威同时也提请读者注意这一点)。① 而以此为契机建立起来的法律体系及相应的社会调控方式,必然也是法律现代化的自喻驿站和当然目标——把人当作前进的目标并以其永久的关怀为现代化的标尺与依据。

首先,在这里,权利本位模式设计下的公私权力(利)体系中,必然"引导人文精神的复归,使之成为现代法律精神的要素"②,如果按照我们一贯的人文精神的本质含义来理解的话——人文精神以弘扬人的主体性和价值性,对人的权利的平等尊重和关怀为特质;校正和克服立法中忽视人文价值的政策主义、工具主义、实用主义、技术主义等有碍法治现代化和社会全面进步的错误倾向。人文精神重新成为了其终极依据和真正源泉,法律成了人文理性的代名词。正是在此意义上,西塞罗不遗余力地表明:真正的"法律是为公民的安全,国家的生存,人类生活的宁静幸福而制定的"。与之形成对照的是,"许多强加于人的有害的和瘟疫般的法令是什么呢? 它们不配称为法律,而是匪盗团伙也可能通过的准则。一个无知和外行的人开出一剂膏药决不能称为医生的药方,任何国家的法令亦是如此。尽管一个国家不顾其毁灭性的恶果而接受了它",它仍然不配"真正的法律"的称号。③

其次,这样以权利本位为原则设计和型构出来的公私权力(利)体系,必然内在地关联于民主政治,从而将人置于了不可置疑的中心地位,人文主义得到普遍的旌扬。对此,我国学者张文显先生的分析显然相当恰当和中肯,在他看来,这种以权利本位为原则型构公、私权力(利)体系(他命之为权利本位范式)具有如下民主政治也就是人文向度的意义:即在权利与权力的关系中,"权力来源于权利、权力服务于权利、权力应以权利为界限,权力必须由权利制约";"主张权利本位,反对权力本位",意在把权利从权力的束缚或压抑中解放出来。④ 不必说,这正是民主政治与民主社会的根基所在。众所周知,民主政治的基本原理和核心要义,就在于人民主权,一切权力属于人民,并尊重人民的权利;民主社会的基本理念则在于公共事务官员最终都应当是社会的公仆而不是社会的主宰。对此,我国学者刘军宁先生也进行了如下正确而卓有成效的论述,他指出,"民主是一部分人相对于另一部分人的权力。民主是非个人

---

① [美]辛格:《实用主义、权利与民主》,王守昌等译,上海译文出版社2001年版,第150页。
② 张文显:《法哲学范畴研究》,中国政法大学出版社2001年版,第389页。
③ 转引自丛日云:《西方政治文化传统》,大连出版社1996年版,第282—283页。
④ 张文显:《法哲学范畴研究》,中国政法大学出版社2001年版,第396页以下。

的独裁,其原则是,谁也不能自封为统治者,谁也不能以个人名义握有不可让渡的权力。正是由于否定了个人独裁的正当性,民主立下了这样的准则,人对人的权力只能由他人授予,并且这种权力必须是可以让渡的权力。因此,统治者必须是从被统治者中自由选举产生"。① 美国著名政治学家乔·萨托利也这样说道,"只有当受治者同治者的关系遵循国家服务于公民而不是公民服务于国家,政府为人民而存在而不是相反这样的原则时,才有民主制度存在。"② 无疑,亚当·斯密的观点则更为坦直而精辟,他说:"民主政治是料理政务的权力属于全体人民。"③

而这样的民主政治在我们看来,却也很方便地衍生出人文的特征和观念:对人文主义的尊重与尊崇。历史地看,每当民主政治盛行之处,也必将是人文主义观念大行其道之处;民主政治式微之时,毫无二致都是人文精神隐晦不彰甚或致命亏空及衰竭之时——无论这种衰竭是由什么原因引起的。而这,却仅仅萌生于这样一种基本的事实,即民主政治之为民主政治,它永远都是理性人的衍生物,它永远都认定、确信人有足够的照看和统治自己的能力——人是自己幸福的主人和最好的裁判官。民主政治始终是一种用于证明或证成人之为人的自主、自觉、自决的理性能力,公民意识、人格观念等系列相涉观念及其正统性,并进而加以最大程度的尊重的装置。换句话说,民主政治诞生于人的足够而完整的人性能力、人格独立、人的价值、人的尊严等人之为人的基本条件得以尊重尊崇,并进而对政府权力的产生、行使进行有效规范约束的时候,民主政治的最终胜利之时也恰恰是这些人文理念得以昭彰之时,它们是民主政治的先决条件。如果这些条件都成为了问题,人们又要求民主政治,那么民主政治就有失却自身、搁置一旁的危险,那就是民主政治的敌人。因此必须把民主政治看作是在内容和结果上都是人文主义的东西,民主政治才有了冠冕堂皇、众望所归的理由。简言之,人文主义才是其核心意蕴和精神气质。所以自罗伯斯比尔以降,人们普遍认为:"只有在国家真正是它的一切国民的祖国,并且所有公民都是关心它的事业的保卫者的地方,才会有民主。这就是自由人民比其他一切人民优越的根源。"④ 而阿兰·图雷纳也以毋庸置疑的口吻这

---

① 刘军宁、王焱、贺卫方编:《市场社会与公共秩序》,生活·读书·新知三联书店1996年版,第33页。
② [美]萨托利:《民主新论》,冯克利、阎克文译,东方出版社1993年版,第38页。
③ [英]坎南编:《亚当·斯密关于法律、警察、岁入及军备的演讲》,陈福生、陈振华译,商务印书馆1962年版,第40页。
④ [法]罗伯斯比尔:《革命法制与审判》,赵涵舆译,商务印书馆1965年版,第172页。

样申说道:"民主并不仅仅是个竞争性的政治市场。它意味着每个人都有能力作为公民来行动,也就是说,有能力把个人的理想和利益的捍卫与法律和政治决策——这二者构成公众生活的基本框架——尽可能直接地联系起来。在公众生活中,公民如果不能充分表达并维护自己的要求与信念,就不可能有民主。民主的基础必须兼顾两个方面:一个是建立一个有能力保证社会的一体化,从而能够造就公民意识的政府,另一个是尊重多种多样的利益和舆论,Ex Plaribus Unum(合众为一)。"基于此,他把民主界定为对当政者的自由选择,这意味着民主的必须和必然逻辑在于:"第一,对公民的参与,作为合法的、制度化的秩序而十分重视;第二,对政治官员的代表性,亦即对那些在社会生活中积极活动的人的独立自主,同样十分重视。"①当然,值得指出的是,在这里,我们也无意认为——诚如美国学者达尔所言②,在民主政治的国家里,每一个公民都应当被塑造成理想的民主公民,即完美的人文主义适格的公民。但是,除非公民中,"倾向于民主以及民主政治制度而不是非民主制度,支持那些拥护民主实践的政治领袖的公民占据了实质多数",民主方能度过各种危机而延续和传承下去。

　　第三,最后,也许是最重要的,这种权利本位为原则型构出来的公私权利(力)体系必然唤醒或反哺出人们对法律的人文主义的理性自觉的情感认同以及参与热情。学者们反复澄明,"这种广大社会公众对于法律的信任、依恋、尊重和信仰,恰恰是法律之具有神圣性与有效性的重要原因和具体体现,也是法治社会的标志"③——当然也是法治现代化的基本标志。这是因为,在这里,正如我们业已证明的那样,权利本位内在地高度关联和致力于民主政治和权利尊重,这使得人们在社会生活中成了幸运儿甚或宠儿,因而不难想象,民主政治——诚如托克维尔所讲的,"在民主共和国,已经不是一部分人民去从事改善社会的状况,而是全体人民都以关切的心情承担起这项任务"④——必然而又合乎逻辑地伴生出人之为人的理性自主、自觉以及炙热的参与热情和主人意识——积极安排、设计、改善自己生活方式和样式的人文主体意识和自觉(也即个性),长期冬眠的人文主义就此得以苏醒并旌扬,理性人重新复归并必然成为了人文幸福生活的最有力推动者。这一点早已为密尔相当彻底的论证

---

① [法]图雷纳:《在当代,民主意味着什么?》,赵宝骅译,《国际社会科学杂志(中文版)》1992年第2期。
② [美]达尔:《论民主》,李相光、林猛译,冯克利校,商务印书馆1999年版,第166页。
③ 姚建宗:《法律与发展研究导论》,吉林大学出版社1998年版,第415—416页。
④ [法]托克维尔:《论美国的民主》(上),董果良译,商务印书馆1991年版,第277页。

所证实。① 换句话说,在这里,我们可看到"权利本位"型构出来公私权利体系的另一个侧面:民主政治以及相应的权利尊重,它鼓励坚持自己的权利和尊重的权利,并在此基础上,也鼓励探寻对公共事务、社会的批判与改善。在这里,没有逆来顺受的消极怠惰,也没有不加批判的苟安服从,每个人、每个团体或社会力量都积极而理智地维护和争取自己的权利,并以法律为据,尊重和尊崇他人和国家的合法性权利。总之,无论是公法、私法、公权力、私权利,个人权利始终是其分析和设计的出发点。因此,自不待言的是,在这里,公法(公权力)理所当然地受到了私法(私权利)的同化。所有法律规范都是"权利"规范的体系,而与此相关的是在国家政治制度上,民主政治也成为了自明之理。不必说,它当然泛灵着康德式的人文气息,是一种康德意义上"人是目的"之人文主义经典命题的一种现代权利转述。其长期效应必然是把一种变化的动力和活力注入法律秩序,形成一种有效的法律回应和认同模式即民主政治模式,而这却仅仅来源于这样的事实:人之为人,他们具有与兽类不同的理智。正是在此意义上,托克维尔别开生面地以民主的绩效的形式异曲同工地对权利本位人文主义进行了澄清:"在民主制度下,蔚为大观的壮举并不是由公家完成的,而是由私人自力完成的。民主(可能)并不给予人民以最精明能干的政府,但能提供最精明能干的政府往往不能创造出来的东西,使整个社会洋溢持久的积极性,具有充沛的活力,充满离开它就不能存在和不论环境如何不利都能创造出奇迹的精力。这就是民主的真正好处。"因此,他激情洋溢地这样吁求道:"假如你认为把人的智力活动和道德活动用于满足物质生活的需要和创造福利是有益的,假如你觉得理性的判断比天才更对人们有利;假如你的目的不是创造英勇的美德,而是建立温良的习惯;假如你喜欢看到弊端少造成一些罪孽,而且只要没有重大犯罪,你宁愿少见到一些高尚行为;假如你以在一个繁荣的社会里生活为满足,而不以一个富丽堂皇的社会里活动为得意;最后,假如在你看来政府的主要目的不在于使整个国家拥有尽量大的力量或尽量高的荣誉,而在于使国内的每一个人享有更多的福利和免遭涂炭;那么,你就得使人们的身分平等和建立民主政府。"②

这样看来,的的确确,只有以权利本位为原则型构公私法(公权利私权利)法律或权利体系才能使法律真正具有人文主义和人文向度,并进而孕育着法

---

① [英]密尔:《论自由》,程崇华译,商务印书馆1959年版,第三章"论个性为人类福祉的因素之一"。
② [法]托克维尔:《论美国的民主》(上),董果良译,商务印书馆1991年版,第280、281页。

治现代化进一步发展的胚胎和种子。当然,就我们的论点而论,这样的权利本位模式人文主义更多地只是一个功能和愿望的问题,而非一个具体逻辑或事实问题。道理很简单,任何抽象的东西——在这里即人文主义——并不可能完全决定一项具体的权利设计或一种具体的行为步骤,两者之间总有差距,但权利本位却可通过认真对待和关切权利而努力做到这一点。认真对待人文主义,法治现代化自然具有了内在的动力和发展的潜能——一种具有方向性的能量而非抽象的可能性。在这一点上,看来恐怕没有比德国哲学家尤尔根·哈贝马斯说得更好的了,他以现代法律为契机勇敢地断言道:"现代制宪得益于这样一种理性观念,即公民有权利自己决定组成一个共同体,其中,所有公民都是自由而平等的权利伙伴。……在此过程中,个体的主观法律概念和法律人格概念早已被设定为权利人(法人)概念。现代法律所保障的虽然是获得国家认可的主体间的承认关系,但是,由此产生的权利确保的却是永远处于个体状态的法律主体的完整性,说到底就是要维护个体的法律人格,亦即,使个体的完整性——在法律上并不比在道德中要弱——取决于相互承认关系的完整结构。"[①]

[①] 汪晖、陈燕谷主编:《文化与公共性》,生活·读书·新知三联书店1998年版,第338页。

第七章　法律人文主义的反思与迈向法律的新人文主义
——以实验法（理）学的兴起为中心的考察

如同万事万物都有两面性一样，尽管法律人文主义带来了对个体自由、权利、民主、人权的尊重，它标志着现代法治文明的诞生，自此以后，自由、民主、人权的思想得到了前所未有的重视、张扬和保护。这一点，就人类法治文明的进步而言，无论怎样的赞赏似乎都不为过。但这种人文主义建基于抽象的人之上，是名副其实的大写的人文主义，洋溢出形而上、思辨的色彩，强调人的主观性、理性是理解人类世界的一个根本要素，自然也与形而上、主观性的局限相伴随，并引发了对其的全盘反思、反省，这种反思或反省，在清晰揭示出现代法律人文主义的局限的同时，也为现代法律人文主义未来走向指明了方向，那就是走向新的人文主义。这既是对法律人文主义传统的赓续，也是新的时代人文主义因应冲击的必然反应。这之中，实验法学的兴起无疑具有标志性和启发性意义。

一、法律人文主义的全盘反思与新人文主义的价值意蕴

1. 法律人文主义全盘反思

虽然人文主义思想在今天的全球法律思潮中仍然根深蒂固，但是其式微也成为了肉眼可见的事情，不仅如此，甚至出现了反人文主义的倾向。这不得不引起人们的注意和反思，当然这种反思首先是建立在人文主义的全盘反思基础上的。英国人文主义研究者布洛克就对此进行了这样提纲挈领的描述：

"自从希腊人认识到批判理性的力量、系统思想的力量以来，理性在人文主义传统中的地位，就既具有中心重要性又引起众多争议。的确，人文主义的历史可以看成是一场常年的辩论，辩论的不是关于该词的含义，而是关于理性的范围和它的成就"[①]。而且他还信誓旦旦地断言，"这场辩

---

① ［英］布洛克：《西方人文主义传统》（中译本），生活·读书·新知三联书店1997年版，第239页。

第七章 法律人文主义的反思与迈向法律的新人文主义

论永远不会结束"①。

事实上,人们也一直没有放弃过对人文主义的理性反思和反省,并形成了各自富有特色的思想主张,比如以美国哈佛大学文学教授白璧德为代表的"新人文主义",布洛克为代表的"新的人文主义"、萨义德为核心的超越人文主义与后人文主义而形成的民主实践的批判人文主义,甚至帕森斯、福柯等为代表的结构主义者们的"反人文主义"的人文主义思想,……每种思潮中都有自身的主导中心,甚至还可能互相抵忤。尽管如此,他们都不自觉地共同解构和消解了人文主义的"人"超验想象和离身性假设,以澄清其实体化、本质化叙事的实质,并由此共同引导人文主义回归现实世界,将人的概念重新拉回到人的身体、物质现实和环境等要素来考察,进而与当下经验和历史语境相互契合,共生发展,因为只有这样,人文主义才有可能获得深厚的权威性、有效性和必然性的发展方向。这也意味着一种思考方式乃至学术范式的冉冉升起。

第一,传统人文主义的"人"是一种僵化的超验实体的代名词。其所倡导的"以人为中心",其实就是以抽象了的"人"为中心,即上帝被驱散之后,用所谓"理性的人"重新填补了其空缺。但这种抽象化,无疑就意味着一种对"人"的削足适履的一元化、理想化、离身化阐释。因为缺乏经验的"人的"具身性支撑,某种意义上也就沦为空洞的缺乏感染力的"人"的幻想和理解。事实上,现实生活中的具体的个人充其量不过是社会环境的产物,是复杂的社会生活里万事万物中的一环,并不占据着也不大可能占据着主体的中心地位,并因环境差异呈现出复杂性,多元性特质。这也就是说,必须将人的理解从理性的形而上学领地解放出来以更具体的方式深描人的生活方式和生活样式,那么我们将发现人的在世的存在方式,根本上是一种虚拟的创造物,它与技术物质性以及那些完全非人的形式共同进化(Wolf exxv)。这表明,先验的人类主体性、中心性,都被证明是一种话语或社会建构。人文主义需要摆脱一种假设,即它作为一个不可改变的实体存在,是一个静态的、易于定义的概念②。

第二,传统人文主义传统的"人"是一种自由人文主义代名词,曾被海登·

---

① [英]布洛克:《西方人文主义传统》(中译本),生活·读书·新知三联书店1997年版,第240页。
② Stephen Chatelier, Beyond The Humanism/Post humanism Debate: The Educational Implications of SAID'S Critical Humane Praxis, *Educational Theory*, Volume 67 Number 6 2017. p. 658.

怀特和威尔逊·库兹等人称之为"西方文明最重要的传统"①。其间的核心理念是,自由是理性人最爱的理想,也是人文主义传统最高价值的内容和最持久遗产②。不必说这种人的概念认知无疑根源于启蒙思想的基础主义(foundimentalism)和笛卡尔式的"我思"的理性哲学。"我思"理性哲学无疑是庞大的整体性哲学,笛卡尔、黑格尔等都给出了不同的解读,但不管怎样,它终究使得人类有别于动物,成为"我在"的依据和本质,理性也就此成为了自由人文主义的基石。当人们如此醉心于形而上的"我思"哲学,执念于用抽象而与历史无关主体视角看待世界并衍生与发散开来时,个人就容易变得越发自负,极度个人(中心)主义的出现也就不言自喻了,相应地,中心/边缘、主体/客体、人/物、人性/神性、人文/宗教、人文/科技、自我/他人等各种形式的二元论也随之不经意中生长了开来,并主导了现代人文社会科学的主流研究范式。当然改变的必要性也随之呼之欲出了:一方面,这种自由人文主义或历史上的人文主义由于发源于文艺复兴时期的欧洲,因而最终只发展成了一种文明化模式,该模式将欧洲的概念塑造成自我反思理性的普遍化力量。这个欧洲中心论的范式蕴含着自我和他者的辩证法,和分别作为普遍人文主义的文化逻辑和驱动力的身份与他异性之间的二元对立逻辑。这个普遍主义立场和二元逻辑的中心是作为歧视的差异概念③。这显然洋溢着落后的种族中心主义(白人)、性别中心主义(男人)、西方中心主义(欧洲)气息,一种贵族式冷漠和对粗鄙世俗的轻蔑未加掩饰地暴露了出来,即不能让所有人都同享"人"的应有的尊严自由和荣光,简言之,是一种白璧德笔下的傲慢的人文主义传统④,与特权和等级相连,因而没有理由不予以反对和拒斥,更重要的是,这种孤傲的人文主义理想随着时代的发展日益规范化并程式化了起来,曾经深刻的洞见也逐渐由此退化为了一种彬彬有礼的偏见,并带来了系列人文主义危机和挑战:人口爆炸、生态危机、科技异化、二次世界大战等等⑤,布拉依多蒂就此断言道,

---

① Willson H. Coates, Hayden V. White, J. Salwyn Schapiro. The Emergence of Liberal Humanism: An Intellectual History of Western Europe: Vol. 1. New York: McGraw-Hill, 1966. 序言 5
② [意]布拉依多蒂:《后人类》,宋根成译,河南大学出版社 2016 年,第 41 页。
③ [意]布拉依多蒂:《后人类》,宋根成译,河南大学出版社 2016 年,第 19—20 页。
④ [美]白璧德:《什么是人文主义》,张源译,载张源主编:《美国人文主义:传统与维新》,北京师范大学出版社 2017 年版,第 147 页。
⑤ 布洛克对此进行了如此出色的长篇论述,以至于人们都将信将疑地质疑人文主义还有前途吗?见[英]布洛克:《西方人文主义传统》,董乐山译,生活·读书·新知三联书店 1997 年版,第五章"人文主义还有前途吗?"。

第七章 法律人文主义的反思与迈向法律的新人文主义

"人文主义危机意味着现代人文主义的结构性他者在后现代时代卷土重来"①。

这表明,真正的人文主义,即使在其最矫揉造作地方,也从来不应该是极端化、非此即彼的,否则它将不免流于僵化和狭隘。坚持一个先验抽象的自由理性的个人概念,事实上也并不足以解释和改变什么(马克思语)。也正是在此意义上,白璧德的判断无疑才是权威性的:人也许是一种注定片面的造物,然而,人之成为人文的,就在于他能够战胜自身本性中的这个命定之事;他所达到的人文程度,完全取决于他调和自身相反德性的程度。基于此,在他看来,适度法则是人生最高法则。②

2. 新人文主义的价值意蕴

这也即说,在人文主义危机的尽头,我们需要真正另类的经验和话语,尽管传统人文主义已为人再熟悉不过。这个经验或话语也许有不同的解读,也就是说没有最后的结论,但无论如何,前述对人文主义全盘反思和因应新挑战而来的一切主张的合理因素,都是其该当组成,也就是说,它们如百衲衣布片一样,共同构造了一种新版本、新走向的人文主义,一个历史的概念,以区别于传统形而上、本质化、总体化概念,故可以新人文主义谓之,但侧重于人文实践的批判,因为失去了批判、怀疑的性质,人文理性主义很可能僵化为教条式的理性主义③,这也就是说,这里的新人文主义,既不是体系,也不是某种非人格化的力量,既不是一种用来巩固和确认"我们"一直知道和感受到的东西的方式,而毋宁是一种质问、颠覆和重新塑形的途径④,因而也可以看成是人文主义与时俱进的世俗性、开放性和包容性的体现,两者共享理性、自主性等系列一以贯之的逻辑,并不截然对立;区别于白璧德意义上的重申新精英主义、沙文主义的文学式的新人文主义,这里新人文主义承认人性乃至一切事物的双重性,并对所有阶级和背景的人开放,因而是一种民主意义上的人文主义。拒绝关于人的决定论和简化论观点,也可谓之为方法论意义上的健全性的人文主义。就本文的论述旨趣而言,我们认为实验哲学关于借助实验——包括思想实验计算实验与认知实验等的方法来开展哲学研究,其具体领域则主要包括自由意志、道德哲学、知识论、自我认知、意识问题、行为经济学、逻辑和语言

---

① [意]布拉伊多蒂:《后人类》,宋根成译,河南大学出版社2016年,第53页。
② [美]白璧德:《什么是人文主义》,张源译,载张源主编:《美国人文主义:传统与维新》,北京师范大学出版社2017年版,第154页。
③ [英]布洛克:《西方人文主义传统》,董乐山译,生活·读书·新知三联书店1997年版,第240页。
④ 萨义德:《人文主义与民主批评》,朱生坚译,新星出版社2006年版,第18、33页。

等——以走出狭隘的概念思辨,深化当代哲学研究,使哲学思考走向世俗生活的主张,是最接近于新版人文主义的思想和看法:科学与人文的调和,而非把任何一半降为其他一半。这无疑也是当下思想领域的最大挑战。当然,如果能实现这一点,那么就会为人文主义传统打开一个崭新的人类经验的前景,一个全新的人文主义范式。布洛克如此满怀期待而又信誓旦旦地申说到①。它是人文主义的当代形态。

为此,本书接下来重点考察实验哲学影响下的实验法(理)学的兴起,以及其蕴含的法(理)学新人文主义转向的全部内涵。这对于越来越难以索解、越来越让人迷茫、沮丧的当下人文主义思想而言②,无疑也可能是其复兴乃至新生的起点③。因为随着人工智能时代的到来,人们越来越相信,人文主义前途现在更多地取决于这一点,那就是,人文主义和自然科学的整合和融合。只有这样,才能既完成对人文主义进行旧的形而上学的批判,又完成克服其人类中心主义的伦理挑战,进而将自然主义的认识论的视角与全面改善人类生活状态的伦理—政治任务有效地结合在一起④。与此相辅相成,人文主义也可既在当代境域之下,同时又面向人类的未来时代而得到真切的理解和规定⑤。

二、现代法学的理性反思与实验研究的兴起——以法理学为重心的考察

众所周知,近二十年来,随着哲学研究的实验哲学转向,现代法学也随之兴起了用基于认知科学的实验方法来研究法律问题的尝试,并取得了不错的成果。作为一种新兴的法学研究动向,其主要旨趣就是用各种实验方法采集各种数据,探究异于法学专业人士直觉判断的大众日常直觉或经验反应,并试图对诸如意图、因果关系、伤害、责任和同意等法学核心概念以及相应的法理学命题予以新的阐释,以此为基础,呼吁法学理论和实践研究均应该祛除其精英主义人文价值取向,走向世俗人文生活,并最终为法学研究回归以自然主义

---

① 见[英]布洛克:《西方人文主义传统》,董乐山译,生活·读书·新知三联书店1997年版,第253页。
② 个中原因?还是布洛克一语中的地:因为我们这个世界已对人文主义传统的价值表现出十分凶残和冷漠,今天一想到这种价值观曾经代表的希望,只会引起怨愤的感觉。[英]布洛克:《西方人文主义传统》,董乐山译,生活·读书·新知三联书店1997年版,第266页。
③ 详细论述,请见甘绍平:《新人文主义及其启示》,《哲学研究》2011年第6期。
④ Schmidt-Salomon, Michael, 2006, *Manifest des evolutionaeren Humanismus*, Aschaffenburg. S., 169 - 170.
⑤ 韩水法:《人工智能时代的人文主义》,《中国社会科学》2019年第6期。

"硬"科学化传统[1]为核心、自然主义与人文主义融于一体的新人文主义打下坚实的基础。这显然是有其积极意义的,而对此进行系统解读以及相应的理论反思,以推动这一实验研究方法的理性认知和批判式运用,无疑也是有积极意义和必要的。鉴于法理学是阐述实在法的原则和法律关系的法律科学[2],是关于法律这种社会现象的最基本、最一般、最理论化的分析[3],法理学新人文主义转向无疑也就是其最集中表达,廓清其思想原理无疑既是把握法学新人文主义转向基本原理的可靠的知识主题,也是我们接下来值得重点关注的核心缘由。

1. 现代法理学的理性反思

如学界所广泛认识到的,法理学一般是建立在部门法基础上坐而论道或规范分析的"纯理论"学说[4]。因而,规范/价值分析一直是其核心,法理学自然也与人类真实生活失去了联系,尤其是随着传统分析法学日益抽象化、技术化发展,这种日益远离现实和人们生活的法学显然不能准确反映真实法律运作状况。尽管到20世纪中叶,在法社会学和现实主义法学的影响下,这种规范/价值分析逐渐为法律对社会影响的研究所取代并为人所瞩目,然而,这些法律对社会影响的研究既缺乏实验方法,也没有建立在遵循实验技术的科学基础上,仍然难以摆脱"纯理论"的局限。美国波斯纳将这种缺乏可控的实验和自然实验方法、检验可客观测定并可以不断测定的理论假说,视为法理学的重要

---

[1] 关于"硬科学"与"软科学"的详细解读,见 Peter Aldridge, "Forensic Science and Expert Evidence", *Journal of Law and Society*, Vol. 21, No. 1(Mar., 1994), pp. 136 – 150。社会科学领域中"硬科学"方法主张研究必须依靠"客观"的、不同观察者都会认可的数据,如同物理学、化学等所运用纯粹科学的研究方法一样。这种"硬科学"研究范式可在很多法学理论家的著述中找到痕迹,比如凯尔森在批判自然法学和实证法学基础上,提出了基于"科学的"-客观的,不含偏见的纯粹法学理论。参见[奥]凯尔森:《纯粹法理论》,张书友、吕世伦译,黑龙江大学出版社2013年版;兰德尔的法律理论——认为法律理论旨在寻求法律中的基本原则体系;与兰德尔相对的美国法律现实主义者甚至包括斯堪地那维亚现实主义者在内,则强调法学理论应当研究法官实际上的所作所为,以与法官们的职业誓言和他们声称正在从事的行为形成对照。当然,对此最著名的反对者毫无疑问是哈特,他认为无论科学方法如何具有优势,对于法律的理解,显然是不充分的,必须抛开观察者的视角,并试图理解该制度中参与者的看法,方能理解和把握人们的遵守规则的行为。Brian Bix, *Jurisprudence: Thiory And Context*, London, Sweet & Marxwell, 1996, chapter 5.

[2] Henry Campbell Black, M.A. *Black's Law Dictionary* (5th edition), West Publishing Company, 1979, p. 767.

[3] [美]波斯纳:《法理学问题》,苏力译,中国政法大学出版社2001年版,第82页.

[4] Thomas A. Cowan, "Experimental Jurisprudence and the 'Pure Theory of Law'", *Philosophy and Phenomenological Research*, Vol. 11, No. 2 (Dec., 1950), pp. 164 – 177.

缺陷。① 在这个意义上讲，法律实证主义作为第一大学派显然有其名副其实的核心理由：经验调查胜于形而上学（白纸黑字），科学性优于知识性②，而相对于用经验调查结果解决法学问题的实证法学，实验法理学无疑是其继承、发展，但又是更激进的法学研究范式：用实验方式验证法理学乃至法学的问题，增强其科学性，以期使法理学成为科学。

这表明，法理学要成为科学，一个可能的途径就是，必须从思辨法理学走向实验法理学（Experimental Jurisprudence）。相应地，法理学者也必须从"扶手椅上"坐而论道中站起来，深入生活实践，直接掌握第一手资料并进行研究，这才是法理学科学化的沧桑正道，如同其思想渊源的实验哲学对哲学家要求一样。这一思想至少可追溯至霍姆斯大法官，早在 1895 年，他就主张，"理想的法律制度应该从科学中提取其假设和立法依据"，他甚至认为至少物理学的技术有可能解决法律的最基本问题，"未来的法学家应当是统计学家"。同时，他还提出了"对科学的终极依赖"的理想，因为科学最终要尽可能确定我们不同社会目标的相对价值。③ 而实验经济学家弗里德曼则进一步断言，"一门学科在其先驱发展出处理相关变量的技术时就会走向实验化。"④法学概不例外，而在现代法理学研究者的工具箱里，"就那几把刷子"，这显然是不够的，的确需要扩展传统法理学的研究方法。如果说其主要的规范/价值分析"刷子"相当于法教义学研究的话，那么近年来兴起的社科法学思潮无疑可以视作为这种努力的初步成果，但实验方法，作为确定事物之间因果联系确定性的一种科学方法，则是需要掌握的新工具：通过直觉调查实验和自然实验直接掌握第一手资料进行研究，研究普通大众的对法律问题的反应，而非传统法理学那样建立在法学专家直觉之上，这样可提高法学研究的准确性和科学性。这也意味着法理学的科学化是其时代发展的应有之义，法理学也有必要进行这样的实验研究。显然，这样的法理学图景很可能并不美妙，但却更为客观、科学和完整。这种认知有利于将我们从传统法学研究形而上学中解放出来，认可实验结果对于人类法律行为的决定性作用，但这并不意味着人们应该听任这种

---

① ［美］波斯纳：《法理学问题》，苏力译，中国政法大学出版 2001 年版，第 88 页。
② 见［德］赫斯特：《法律实证主义辩护》，袁治杰译，《比较法研究》2009 年第 2 期，第 151—160 页。
③ Lee Loevinger, "Jurimetrics: The Methodology of Legal Inquiry", *Law and Contemporary Problems*, Vol. 28, No. 1(Jan., 1963), p. 6.
④ Daniel Friedman and Shyam Sunder, *Experimental methods: A primer for economists*, Cambridge University Press, 1994, p. 1.

实验所隐喻的自然规律的摆布,在法律人文关怀和伦理道德的建构上毫无作为。事实上,坦承实验研究数据的客观意义,只不过是充实了人们建构更符合常人关怀意义上的伦理性的社会法律规则的基本前提,核心关切的仍然是人的理智能力的优化和提升。在这个意义上,法律依然充满了人文关怀①。自然主义与人文主义相结合,是以一幅全新的不同于传统人文主义的世界图景和人类图景为出发点的,Schmidt-Salomon,Fink 等响亮的谓之为新人文主义②,相应的法学研究,自然也就可谓之为新人文主义法学研究。

2. 法理学实验研究/新人文兴起的智识支撑

当然,这样的兴起也需要知识支撑。首先,来自于实验哲学的智识支撑。如前所述,传统分析哲学是一种扶手椅上的学问,哲学家们习惯坐在扶手椅上,从自我直觉和未经考验的假设中推理出信仰的本质、人性的本质和人类的动机等传统人文主义主题的核心内涵及其功用,然而这样的推理和论证方法存在着重大的方法论上形而上局限性:一切智识问题均依赖于先验的、纸上谈兵的方法来解决的,缺乏适当的经验证成(包括阐释性证成),并事实上面临着"认识论上破产"的威胁:无法真实而有解释力地解释相关社会现象。实验哲学(简称为 X-phi)因此应时而生,其头面人物乔纳森·M·温伯格、肖恩·尼科尔斯和斯蒂芬·P 斯蒂克等人主张,一切哲学研究都应当基于实验研究的基础之上,即用真实的实验来检验那些凭直觉产生的主张。因为传统哲学家通过自己的认知直觉,并依赖这种认知直觉的知识,而得到的规范性结论,是存在问题的。恰恰相反,一切知识判断和结论首先应当是来源于借用自然科学的研究方法而得到的自然化知识,确切地说即大众化直觉知识,哲学研究也概不例外,因而哲学家应当使用实验方法来研究、阐明哲学问题。简言之,"数据无理论为空,理论无数据则盲"。

自此后,实验哲学逐渐风生水起,并不断促进了哲学研究向一种试图用实验方法来阐明哲学问题新思潮的新转向。其所有工作均"致力于使用受控和系统的实验来探索人们的直觉和概念用法,并检验这些实验的结果是如何影响传统哲学辩论的",在此基础上,着力解决如下几个耳熟能详的问题,首先,为什么人们的道德判断似乎会影响他们对看似非道德问题的直觉?第二,人

---

① 杜宴林:《法律的人文主义解释》,人民法院出版社 2005 年版。
② 甘绍平:《新人文主义及其启示》,《哲学研究》2011 年第 6 期。乔治·萨顿:《科学史和新人文主义》,陈恒六、刘兵、仲伟光译,上海交通大学出版社 2007 年版。

们是认为道德问题有客观的答案,还是认为道德在根本上是相对的?第三,人们相信自由意志吗,他们认为自由意志与决定论相容吗?第四,人们如何判断一个个体是否有意识?当然,随着理论研究的深入,实验哲学家已经从传统哲学的思想实验的直觉评估的实证研究,转向了更为广阔的哲学证据来源研究。也就是说,实验哲学虽然还以直觉调查为重心,但其研究主题日趋多元化,呈现出一片繁荣的景象。

在不到20年的发展中,实验哲学运动之所以能如此方兴未艾,广为人关注,自然也是有原因的。首先,实验哲学标新立异地将大众的认知直觉纳入哲学视野,击中了传统分析哲学的软肋——哲学家的扶手椅沉思是唯一检验哲学好坏的标准,并为哲学研究的方法库提供了新工具。事实上,这种扶手椅上的沉思的研究方式曾有辉煌的历史,但随着社会的复杂、多样化变迁,单凭有限的想象和推理已经很难把握外部世界的复杂性,因而也越来越远离现实生活,尤其是在分析哲学日渐细节化、技术化分析方向发展的今天,这种远离已严重影响了哲学的生存与发展。实验哲学的产生,无疑就是一剂纠偏的解药,并具有深刻的现实说服力和影响力,受其影响而生的实验经济学、实验法(理)学日渐繁荣无疑证成了这点。其次,这种实验研究的兴起也来自认知神经科学、人工智能和互联网技术在内的三重技术推动。近年来,新技术的进步发展使得相关认识发生了很大变化:一方面,以神经成像和测量反应时间的认知神经科学、人工智能等前沿尖端科技进步更新,已经为改变和继续改变法学研究方式打开了新的窗口,甚至围绕着前者形成了相对稳定的法和神经科学(law and neuroscience),亦称法神经学/精神法学(Neurolaw)的学术研究方向,而后者也已在法律数据以及文本挖掘方面得到了广泛应用。另一方面,廉价和方便的互联网参与者招募平台的出现,使个人和企业很方便地将流程和工作外包给分布式的对象,虚拟地执行相关实验调查的任务,同时还极大地降低了实验研究的门槛,这些都对法理学实验研究的兴起构成了积极意义。

三、法理学实验研究兴起的理论旨趣和演进脉络

但前述所有这些变迁无疑都将传统法律人文主义推进到了新的阶段,吸纳科学的实验精神和理性精神,促进人的意识觉醒和人的思想解放。最终使得法律人文精神与科学精神融于一体。正如我们所知道的,自霍布斯的"推理即计算"、莱布尼茨的法律可知和理性论产生以来,科学性一直为法律所追求,

第七章 法律人文主义的反思与迈向法律的新人文主义

并产生了德国民法典、法国民法典等法典创制的立法实践努力。但严格说来，两者的区别是显著的，科学家主要从事的是收集、分析、表述和解释实验数据的工作，这是一种基于数理逻辑的科学工作，而法学家则主要是对法律的规范/价值分析，最多是一种基于意义的阐释性科学工作。本文所涉的实验法理学无疑就是后者，即力求把法理学变成一门基于实验科学数据来进行研究的学问。事实上，这也为霍姆斯等一些著名法理学家所吁求：让法理成为科学的本意和初衷。实验法理学核心的理论旨趣就在于破除当代分析法哲学的概念分析的迷信，因为事实上它们"在认识论上已经破产"。法理学应该转而尝试超越概念和专家直觉的分析，追寻一种基于大众直觉分析的"自然主义"的法理学。当然，这里的"自然主义"是"一种关于我们应该如何对待哲学探究的方法论教义"，如前所述，根据这种方法论自然主义，……传统的哲学问题被认为是不能通过哲学家的先验的、纸上谈心的方法来解决的，相反，需要嵌入（或替换）适当的经验理论。一方面，绝对不能从概念分析找寻出法律本质真理，这样概念分析显然过于雄心勃勃，甚至是"不适度的"野心，也是不可能的，奎因无疑对此进行了很好的论证；另一方面，也不能将法理学演化为"……盖洛普民意测验变种的平庸的描述性社会学"和"美化的词典学"。事实上，这也是莱特等法理学家超越形而上分析法学而转向适度概念分析和大众直觉分析的表现。也正是在此意义上，莱特批评了以哈特以来为代表的牛津分析法哲学的不足：他们对法律概念和其他法律概念的直觉，很大程度上来源于牛津哲学家的空谈，而不是来自于试图验证相关人士即"普通人"的想法。也就是说，法理学亟需实验哲学知识的渗入和验证，以确保相关的法律研究工作得到正确的信息。这些信息实际上是那些生活在法律之下的普通人所持有的，具体体现为他们使用法律的概念以及其他相关的概念，去理解他们自身和所处的社会。不必说，这种理解无他，唯为了更有效地擘画和追求法律生来就荷载着的人文幸福生活。

最早发明实验法理学术语的是现实主义法学家杰罗姆·弗兰克，他认为，说现实主义法学是一个不幸的标签，是因为这个"现实主义"有太多的内涵。鉴于其与实验经济学的基本实验原理的一致性，他建议将现实主义法理学（reallstic jurisprudence）重新命名为"实验法理学"（Experimental Jurisprudence），而将进行这方面研究的人称为实验主义者。不仅如此，他也主张将心理学应用到法学中，强调运用科学方法进行法学研究。顺便说一句，这也是法律现实主义的主要理论优长：善于从外部吸纳研究方法，给自身发展以无尽的生命力。

当然,对实验法理学的早期开拓居功甚伟的是耶鲁大学法学院弗雷德里克·K·贝特尔教授。承袭法律现实主义的脉络,他认为法律规则是写在社会中的真实现象,而非只是纸上之法,法理学应该借鉴其他研究人类社会行为的学科知识来进行研究。在这个意义上,贝特尔教授可以说是一个现实主义法学家。不仅如此,贝特尔还进一步试图建立一种科学的实验法理学,使得法理学摆脱对价值的依赖,并最终发展为一种基于详细的事实观察和分析,或者基于与社会现象相关的法律数据,来建立和检验现代法律系列概念和直觉假设的法律科学的学问。贝特尔认为实验法理学是一种法律科学,其核心是严格应用科学方法来研究立法现象、法律对社会的影响以及法律在实现其产生目的方面的效率。贝特尔在专著《实验法学作为社会科学新分支的一些潜力》中,分了两部分来阐释其实验法理学思想,第一部分是对实验法理学的阐述,他认为应当运用自然科学的实验研究方法作为研究工具来研究立法和执法,进而实现其立法目的。第二部分主要是一份关于内布拉斯加州"坏账支票"法令的调查的法实施的研究报告来说明实验法理学方法的运用。

同时,贝特尔还在该书中对于实验法理学主要任务和科学方法应用于法理学的步骤进行了详细阐述。对于实验法理学主要任务,他认为应至少回答三个有关法律的问题:它在多大程度上满足了产生它的各种要求?是否符合立法者制定该法案的明确目的?它如何影响它所管辖的人民的需要?这些问题,都需要通过实验方法加以解决。为此,贝特尔还进一步列出了实验法理学的八个步骤:

1. 应该研究法律试图规制的现象的性质。尤其是,应该仔细地分门别类和审查具体法律所针对的社会问题。

2. 应当准确表述用于规制这种现象或旨在解决社会问题的法律规则或其他方法。

3. 应该观察和衡量采用这种规则对社会的影响。

4. 而后,应该建立一个假设,以期解释这种反应的原因。

5. 当这种描述被扩大到适用于其他类似情况时,则可被视为一种学理性法律,此学理性法律将描述或预测在对类似问题适用类似规制性法律时所发生的结果。

6. 如果分析表明该法律是无效的,那么就可以再提出新的方法,以实现最初期望之结果。

7. 可以颁布拟议的新法律,且这一过程可被重复。

8. 一系列此类新法律的采用及其结果的研究可能会对法律颁布背后的根本目标的有用性带来重要启示,从而可能影响到对这一目标的修改或放弃,或者长远来看,甚至会导致对我们目前的社会和政治伦理之标准的修订。

这么看来,在贝特尔的学术构想中,实验法理学被认为有助于国家和政府解决社会中的复杂法律问题,因此,实验法理学在某种意义上可被视为法社会学的发展结果。

自20世纪80年代中期以来,学界越来越认识到,实验作为一种研究方法应当运用于自然科学和社会科学研究中。在法律领域,这一思潮得到了广泛的遵行,法律学者越来越多地运用实验研究,特别是假设场景,来测试关于法律推理和行为的直觉。尤其是最近十余年来,随着认知科学的发展推动,实验法理学作为一种"最新自然科学的法学"日益成熟和完善。

如今实验法理学学术风头日盛,并产生了强劲的学术号召力、传播力。2017年10月,耶鲁法学院举办了一个研讨会,实验哲学的扛大旗者约书亚·诺布参与讨论如何将这种实验法理学方法应用于各种法律主题的探讨中,包括同意、因果关系、诉讼时效、道歉和刑事处罚。2018年6月,德国波尔图大学法律、行为与认知中心举办了首届关于法理学的实验与自然主义视角的会议,探讨了法理学的自然主义方法、法理学中哲学直觉与判断的实验、法理学和法哲学的道德和认知心理学研究的重要性、法理学实验博弈论研究的重要性等。一些实验法理学的新兴项目已经开始展开,如巴西学者伊瓦尔·汉尼卡宁(Ivar Hannikainen)领导的,旨在研究现有的实验法理学研究结果是否适用于不同的文化、语言和司法管辖区等等。当然,从实验法理学的研究中也能够捕捉到法律现实主义进而也是人文主义法学的影子,这是因为,实验法理学同样注重从外部视角来研究那些影响法律理论、法律判决与决策的因素。

综观实验法理学的演进脉络,我们可以清晰地窥见从贝特尔的1.0版实验法理学迈向诺布的2.0版实验法理学的演进,其未来繁荣完全可期。

四、法理学实验研究兴起的问题域及其主要方法

如前所述,法理学实验研究是指借鉴实验方法,以推动法理学领域的相关问题研究,确切地说,是一种将科学哲学、法律学和法律哲学这三个独立的学科结合起来进行研究的一种尝试①。由此，它汇聚了如下两大关键要素：传统上与法理学相关的问题和理论框架；现在与心理学和认知科学等相关的各种实验方法，目的是以经验数据的方式，解答法学问题，检验法学理论并提出新的法学问题。这里需要澄清的是，法理学实验是一种新颖的法理学研究的新方法，而实验法理学则是一种新的法学流派，但在实验法理学研究中主要是采用法理学实验方法。这里的"实验"，不是"思想实验"，而是自然科学意义上的实验。

在传统法理学领域，有一些著名而经典的思想实验，比如富勒虚构的洞穴奇案、电车难题、罗尔斯无知之幕和原初状态等。这些思想实验，主要是通过大脑中虚构场景来帮助法学家进行反思性的分析论证实践。思想实验，通过在思想或心智中建立一个特定的想象的实验场景②，使得我们有机会用思想的心眼（mind's eye）即直觉和想象力看到肉眼看不到的世界③，揭示其心灵运作的过程④，因而如同自然科学实验一样，也能够"提供关于世界的证据"⑤，但这种法学想象力的构建，一定程度上是淹没在法学家直觉（非大众直觉）中，即主要是"我认为"，而非"我发现"，缺乏实证和经验要素，不能视为严格意义的法理学实验，只能作为实验法理学的"实验材料"，提供场景诱发对被探查的直觉行为进行调查统计。真正意义上的实验法理学的主要研究方式是利用调查统计去测试大众关于某个法律现象或理论的直觉，由此实验法理学的问题域就大致包括了如下两个问题：统计方法问题和直觉考察问题，如同作为其思想渊源的实验哲学一样⑥。而通常意义上的法理学实验方法主要包括基于问卷的法律直觉考察方法、法律行为实验和数字实验方法等认知科学的方法⑦。不必说，这些方法相对于"扶手椅上的沉思"而言，能够更好地获得真的、可靠的

---

① Thomas A. Cowan, "Reflections On Experimental Jurisprudence", *Archiv für Rechts-und Sozialphilosophie*, Vol. 44, No. 4 (Jan., 1958), p. 465.
② James Brown, *The Laboratory of The Mind：Thought Experiments in the Natural Sciences*, Routledge, 1991, p. 1.
③ James Brown, *Thought Experiments*, In Edward zalta (ed.), the Stanford Encyclopedia of Philosophy (summer 2006)
④ [美]诺布、尼科尔斯编：《实验哲学》，厦门大学知识论与认知科学研究中心译，上海译文出版社2013年版，第14页。
⑤ James McAllister, "the Evidential Significance of Thought Experiment in Science", *Studies in History and Philosophy of Science*, Vol. 27, No. 2(1996), p. 233.
⑥ 梅剑华：《洞见还是偏见：实验哲学中的专家辩护问题》，《哲学研究》2018年第5期，第101页。
⑦ 其中直觉很容易出现分歧的现象导致了后两者的出现，这一点，下文我们将提及。

知识。而且,如同前述所言,所有这些方法的运用,都是对传统法学人文主义研究模式的推进和发展,法律科学精神和人文精神、事实和价值完全可以融合,也应当融合一体,共同推动法律审慎地建立在科学——人性化的科学——之上,即上文我们曾提及的新人文主义之上:它是人文主义的一种新形式,它包含了科学而不是把科学排斥在外,可以把它叫做科学的人文主义[1],从下文的分析中,我们可以看出,因为吸纳了科学固有的实证性、客观性、合理性等核心价值,使得这种新人文主义成为了一种优化版的人文主义。

对此,萨顿言简意赅地指出:"我们必须使科学人文主义化,最好是说明科学于人类其他活动的多种多样关系——科学与我们人类本性的关系。这不是贬低科学;相反地,科学仍然是人类进化的中心及其最高目标。使科学人文主义化不是使它不重要,而是使它更有意义、更为动人、更为亲切。""人文科学家的主要职责之一就是去说明各个时代,特别是当代科学的伦理意义和社会意义,在普通教育中把科学结合在内,一句话,把科学'人文主义化'。"[2]马斯洛则更是断言:"科学和知识重新人性化所做的努力(尤其是在心理学领域的努力)是整个社会和理性发展的一部分。毫无疑问,它与当前时代精神相吻合。"[3]

1. 基于问卷的法律直觉考察方法

长久以来,在启蒙理性的影响下,现代法学理性主义话语体系俨然排斥直觉、情感等在法律推理中的作用,情感、直觉等无处安放。近二十年来,实验哲学、认知神经科学和受其影响的法律与情感研究越来越表明,法律理性和法律情感之间并非存在不可逾越的鸿沟。事实上,情感、直觉等皆有助于司法公正[4]。遂此,直觉、情感在法律中的作用愈来愈激起学界的研究兴趣,尽管现实主义法学已经为此做出了卓越的贡献,但运用实验哲学的基于问卷调查和数据统计分析的法律直觉研究无疑是法学界新兴的关注点,是一种"令人兴奋的新的研究风格"[5]。

---

[1] [美]萨顿:《科学史和新人文主义》,陈恒六、刘兵等译,华夏出版社1989年版,第142页。
[2] [美]萨顿:《科学的生命》,刘珺珺译,商务印书馆1987年版,第51、147页。
[3] 马斯洛:《科学家与科学家的心理》,邵威等译,北京大学出版社1989年版,第3页。
[4] 相关国内有影响的研究可参见杜宴林:《司法公正与同理心正义》,《中国社会科学》2017年第6期。杜宴林、胡烯:《现代法律德性转向及其中国启示》,《法学》2018年第10期。王凌皞:《法律应当如何对待情感》,《法律与社会科学》2013年第12卷;李柏杨:《情感不再无处安放》,《环球法律评论》2016年第5期。
[5] May. J., "Review of Experimental Philosophy", *philosophical psychology*, Vol. 23, No. 5(2010), p. 711.

直言之,它破解了传统道义论法学和功利论法学所信奉的直觉——思辨为主的概念分析和思辨研究方法所伴随的远离现实生活,陷入公说公有理、婆说婆有理的思辨困境①,转而用数据说话,用经验事实论证,调查并分析普通民众甚至包括法学专家对法理学问题的法律直觉和挑战,从而为法理学问题的新解打开了另一扇门。比如,前述的伊瓦尔·汉尼卡宁与拉夫·多纳尔森(Raff Donelson)就是较早将实验技术应用于法理学问题研究的学者。他们通过调查普通人和法律专家对法律制度的直觉,来评估朗·富勒的程序自然法理论,即法律的内在道德问题。他们得出的实验结论是:无论是以普通民众的视角看,还是以法学专家的视角看,富勒所谓的法律的内在道德理论都值得怀疑,程序自然法理论的支持有限②。

事实上,司法文明史上的很多著名案件,很大程度上均可归功于这种实验法理学进路的贡献。比如,种族隔离案中的布里格斯诉艾略特一案之所以引起关注,并最终为布朗诉教育委员会中判决废除种族隔离制度提供了坚实的后盾,其根本原因就在于两位心理学家克拉克夫妇所进行的"娃娃实验研究"的证词③,由此督促法院裁决废除种族隔离但平等的制度;无独有偶,还有学者运用实验哲学中最有名的直觉实验即诺布效应④确证了法外因素的副作用对裁判的影响⑤。

---

① 曹剑波:《哲学实验方法的合理性论争》,《自然辩证法通讯》2018年第12期,第40页。

② Donelson, Raff and Hannikainen, Ivar, *Fuller and the Folk: The Inner Morality of Law Revisited*, https://papers.ssrn.com/sol3/papers.cfm?abstract_id=3283952,2019年10月10日访问

③ 他们的实验发现,假如给六岁黑人孩童选择的机会,全部十六名克拉伦登县黑人孩子都是能正确地识别白色和黑色的娃娃。但十个孩子选择了白色的娃娃作为他们希望的玩伴,十一个孩子说黑色娃娃看起来不友善,九个选择了白色的娃娃作为好孩子。这一结果与他在纽约、费城、波士顿和几个阿肯色社区所进行的类似测试密切相符,这说明,黑人和白人孩子强制隔离最大的危害是什么呢?实际上并不是损毁的书籍,也不是未经培训的教师,而是种族隔离给黑人孩子们带来的耻辱。学校可以买新的书,也可以为黑人孩子聘请更好的老师,但是他们无法根除黑人孩子们心中的自卑情绪。尽管有些地区,典型就是托皮卡的黑人和白人的学校在设施甚至质量上几乎是一样的,由此督促法院裁决废除种族隔离但平等的制度,并为后来的布朗诉教育委员会中彻底根除种族隔离但平等的制度提供了最有力/利的证词。Peter Irons, *A people's history of the Supreme Court: The men and women whose cases and decisions have shaped our Constitution*. Viking Penguin, 1999, pp. 386.

④ 诺布效应(又称副作用效应),是指副作用的道德效价影响行为意图判断的现象,即当副作用是好的时候,人们倾向于认为行为实施者是无意引发该副作用;但当副作用不好时,人们则倾向于认为行为实施者是有意引发该副作用。见[美]亚历山大:《实验哲学导论》,楼巍译,上海译文出版社2013年版,第69—73页。

⑤ 见李锋锋:《诺布效应视野下的陪审团公正性》,《天府新论》2013年第1期,第87—91页。

第七章　法律人文主义的反思与迈向法律的新人文主义

在我国,基于问卷的法律直觉研究,主要集中在法官行为或裁判方法领域的研究。比如,有学者通过对法官进行了公众意见影响法官决策的问卷调查实验,也得出了给人印象深刻的类似于"狐狸型"和"刺猬型"当下中国法官分类的结论①;也有学者曾通过问卷调查了认知流畅度对司法裁判的影响,发现高流畅度带来较轻的判决,低流畅度带来较重的判决。② 实际上,这方面的研究的基本原理主要是将与司法行为相关的内隐认知的三个方面偏见、情感和同理心,纳入司法研究中,研究结果常常会颠覆人们普遍认为的法官是理性的行动者,能够将偏见和情感放在一边,从而在法律和事实的基础上做出决定的迷信。③

这的确表明,直觉的问卷调查方法为法学的理论研究和实践带来了货真价实的新气象,甚至成为不少实证研究者们自觉的方法论追寻。同时,无论如何,谁都得承认,我们生活中也的确大量地依赖于直觉④。但也正如学者所言,受制于各方的个人体验,也很容易发生直觉分歧,甚至有学者从原则和操作层面论述了直觉调查和验证的不可能⑤。正因如此,在常规方法方面,这种法学实验研究又进一步开启了法律行为实验方法和数字实验方法,以图弥补直觉问卷调查方法的局限。

2. 法律行为实验方法

法律行为实验,是最新实验法理学的实验方法,包括面部表情编码、眼球追踪、神经影像学等,它们提升了实验法理学的实验技术和研究策略,特别是神经影像学领域的核磁共振成像(fMRI)技术,能尝试检测欺骗、说谎、偏见、疼痛,甚至能检测"犯罪倾向",从而实现对"思维的阅读"。由此,和前述的基于问卷的法律直觉研究方法一样,法律行为实验本质上也属于神经认知科学的运用,但前者主要基于问卷的调研,核心前提是法律直觉可以认知,而后者是更纯粹的自然实验方法上"机"实验(通常是在脑科学实验室进行脑电实

---

① 见陈林林:《公众意见影响法官决策的理论和实验分析》,《法学研究》2018 年第 1 期,第 18—35 页。
② 见李学尧、葛岩、何俊涛、秦裕林:《认知流畅度对司法裁判的影响》,《中国社会科学》2014 年第 5 期,第 148—162 页。
③ Anna Spain Bradley, "The Disruptive Neuroscience of Judicial Choice", *UC Irvine Law Review*, Vol. 9, 2018, pp. 1 - 28.
④ Ernest Sosa, "Experimental Philosophy and Philosophical Intuition", *Philosophical Studies: An International Journal for Philosophy in the Analytic Tradition*, Vol. 132, No. 1(Jan., 2007), pp. 99 - 107.
⑤ 见曹剑波:《哲学实验方法的合理性争论》,《自然辩证法通讯》2018 年第 12 期,第 36—38 页。

验),核心前提是法律行为是人的大脑思维的产物,而且人脑思维可"观测",因而与社会行为相关的心理和神经分析成为可能。事实上,近年来西方法学研究表明,这种认知研究,在理论方面,有效解释了公平、正义等基本概念的心理机制和神经基础,刻画了自动守规等亲社会行为的发生机理,也展示出认知偏见对涉法思维的影响以及冤假错案的产生在认知层面的原因。在工具方面,这种认知科学提供了一组如控制实验、核磁共振成像、事件相关电位测谎技术、群体行为模拟等的研究方法,为理解涉法行为的心理——神经过程、司法判断,以及长程制度效果评估带来新的可能,[①]由此也完善和丰富了法学研究数据/经验主义旨趣和向度[②]。也许正基于此,2013年诺贝尔经济学奖得主罗伯特·席乐观断言,神经科学一定会改变我们对于人类本性的认识,"研究神经"是跟大脑有关的领域,实际上应该是未来整个社会科学的一个核心。[③]

3. 数字实验方法

一般意义上,前述的法律行为实验可被定性为"虚拟实验",因为它主要靠使用计算机实验,而作为模拟数字模型与实验交织的数字实验方法,主要是通过统计学习、可视化技术、法律编码化实验、数据以及文本挖掘等,从数据提取有意义的信息,这也为法学实验研究由使用计算机实验向语料库[④]方面的拓展提供了坚实的基础。例如,有学者通过计算语言后分析得出,人权确实是全球性的语言[⑤]。还有学者对美国最高法院从1792年到2008年的所有案件的语料库进行了虚词频率测量,来定量分析最高法院法官书写风格,得出了同一时期的法官写作风格大致相同的结论,但随着书记员在法庭地位的提升,法官写

[①] 秦裕林、葛岩、林喜芬:《认知科学在法学研究中的应用述评》,《法律和社会科学》2017年第2期,第1页。

[②] 具体而言,这集中在(1)数据表明常识心理假设的法律规则是不正确的;(2)数据表明需要新的或改革的法律学说;(3)数据有助于判决一个个案;(4)数据有助于有效的一个刑事司法的审判或管理。See Morse SJ, "Criminal Law and Common Sense: An Essay on the Perils and Promise of Neuroscience", *Marquette Law Review*, Vol. 99, No. 1(Sep., 2015), pp. 39.

[③] 见张军:《顶级对话:理解变化中的经济世界》,上海人民出版社2017年版,第148页。

[④] Justin Sytsma, Roland Bluhm, Pascale Willemsen, and Kevin Reuter, "Causal Attributions and Corpus Analysis", In Eugen Fischer, *Methodological Advances in Experimental Philosophy*, Bloomsbury Press, 2019, pp. 209-237.

[⑤] David S. Law, "The Global Language of Human Rights: A Computational Linguistic Analysis", *The Law & Ethics of Human Rights*, Vol. 12, No. 1(Jun., 2018), pp. 111-150.

第七章　法律人文主义的反思与迈向法律的新人文主义

作风格开始不大一致。①

近年来,随着人工智能技术的发展,法律文本信息自动语义分析和机器学习方法已然成为数字实验的新方法②,并日渐广泛地运用于法学研究各领域之中,包括司法判决的自然语义分析③、法律编码化实验(算法实验)④、法律与情感的实验分析⑤、法律话语比如宪法话语的意识形态和党派结构分析⑥等,并得出了一些很有意义甚至令人讶异的实验数据,丰富了法学研究的既有的认知模式和思维方式。

综上,通过上述三种常见的实验方法,现代法学较好地解决了统计方法问题和直觉考察问题,并在此基础上成功地使得法学实验研究一步步走向繁荣。而这种实验研究的逐步兴起,在当代中国法学界,也已呈现出喜人的迹象和端倪。这一点,细心的读者是不难发现相关的例证的。一如前述,它们较好地消除了传统法律观念中人文与科学二元对立的误解以及相应的危害——科学的心理的害处是知识主义和缺乏对于它种经验的价值的鉴别和推重,过度看重行动而轻视存在和感觉。人文主义的心理容易陷入的害处是轻视慢而无误的归纳和实验方法,对于自然的事实和法则默然无知,不一步一步地工作而相信从幻想的捷径可以达到成功。⑦ 而要走向一种两者有机融合的新人文主义观念模式,这意味着必须在两个对立方面进行持续不断的斗争:一方面是反对破坏传统的技术专家和粗劣的唯物论者,另一方面是反对盲目、无益的唯心论

---

① Carlson K, Livermore M A, Rockmore D., "A Quantitative Analysis of Writing Style on the U. S. Supreme Court", *Washington University Law Review*, Vol. 93, No. 6(Oct., 2016), pp. 1461 - 1510.

② 维克森林大学霍尔教授和赖特教授将其中的内容自动化分析视为一种独特的法律经验方法论。See Mark A. Hall, and Ronald F. Wright, "Systematic Content Analysis of Judicial Opinions", *California Law Review*, Vol. 96, No. 1(Feb., 2008), pp. 122.

③ 见王禄生:《论刑事诉讼的象征性立法及其后果——基于303万判决书大数据的自然语义挖掘》,《清华法学》2018年第6期,第124—147页。

④ 见[美]谢伊、哈特佐格、尼尔森等:《机器人欢迎电子吗?》,载[美]卡洛、弗鲁姆金、克尔等:《人工智能与法律的对话》,陈吉栋、董惠敏、杭颖颖译,上海人民出版社2018年版,第274—305页。

⑤ Aylin Caliskan, Joanna J. Bryson, et al., "Semantics Derived Automatically from Language Corpora Contain Human-Like Biases", *Science*, Vol. 356, No. 6334(Apr., 2017), pp. 183 - 186.

⑥ Pozen D, Talley E L, Nyarko J., "A Computational Analysis of Constitutional Polarization", *Cornell Law Review*, 2019, https://scholarship.law.columbia.edu/cgi/viewcontent.cgi?article=3274&context=faculty_scholarship, August 6,2019.

⑦ [英]赫胥黎:《科学与行动及信仰》,杨丹声译,(台北)商务印书馆1978年版,第103页。

者和怯懦的旧式学院人文主义者①。

五、迈向新人文主义的中国法学

如同其思想渊源的实验哲学颇受争议一样,法理学实验研究兴起的过程,也始终伴随着争议或非议,甚至呈现出二元对立的分化的局面②。尽管如此,其借鉴社会科学、认知神经科学、人工智能科学的方法来研究法理学问题,将实验数据充盈于法学研究,为丰富法学方法论提供了新思路,拓宽了法学方法论的研究领域,引领了科学家型法学家的产生。与此同时,其关注常识甚或边缘化的知识和恢复其理据的能力来实现认识正义的理论旨趣,也必将有效地引领法理学研究的大众化、生活化、全面化发展。这一点,对正处于解构宏大叙事、同时又需要理论和理论化,尤其需要重新思考'法理'在新的时代何去何从、以复兴一种"法理的共同关注"的"后理论"时代③的当代中国法理学而言,无疑有机会在其适当的基础上确立自己的地位的。也就是说,法理学的更新必须首先基于认识论的更新,法理共同关注已有必要以认识论共同关注为前提之一。应当大力关注这种法学的实验研究,它正为法学研究和法律实践带来新的亮点和启迪,尽管近年来相关研究已经呈现出喜人的局面,但更值得期待的是,它很可能为中国法学迎来新人文主义的曙光:理智与情感、科技与人性有机结合与平衡,这不仅是科学家因应人工智能、大数据时代人的性质注定持续进化、变化而该当的理想和必然应对,也应当是二十一世纪法学家超越传统人文精神的共同理想和积极选择。因为这个时代的人文主义蕴涵了如下的自信和精神:人类本身的发展和进化在今天已开始呈现出文化的与物理的统一趋势,这正是人们应对人类前景的积极观点的根据所在④。

首先,法学这种实验研究推进了法律的科学化。众所周知,法律科学化是现代法律的基本诉求。然而,也正如考夫曼指出的那样:法律科学是否是一

---

① [美]萨顿:《科学史和新人文主义》,陈恒六、刘兵等译,华夏出版社1989年版,第122页。
② Arthur Nussbaum, "some Aspects of American 'Legal Realism'", *Journal of Legal Education*, Vol. 12, No. 2, 1959, pp. 188 - 189.
③ "后理论"是借用文学领域研究成果,因为"后理论"本身的作用并不在其批判性,而更在于其经验研究和理论分析,所以后理论时代的理论形态呈现出的一种"非政治性"特征。这自然也是我们这里借用的理由。相关分析国内文献可参见王宁:《论后理论的三种形态》,《广州大学学报》2019年第2期,国外文献可参见 Steve Redhead, *We Have Never Been Postmodern*, Edinburgh University Press, 2011, CHAPTER 9 Post-Theory.
④ 韩水法:《人工智能时代的人文主义》,《中国社会科学》2019年第9期,第44页。

第七章　法律人文主义的反思与迈向法律的新人文主义

门真正的科学,不仅取决于、而且十分根本地取决于,法学方法是否能满足科学的要求①。自然科学意义上的实验方法的介入,无疑有力地加强了对这一问题的肯定回答。一方面,如前所述,法学实验研究秉持法学自然化的道路,强调数据统计分析和经验理论介入当代法学研究的必然意义,这极大地消解了现代分析法学的主要形态比如概念分析、逻辑分析、语言分析——分析概念和诉诸直觉来确定概念的外延——所伴生的讨论纷争的困境②,推动了法学研究与现实世界的接触,有利于法学理论接受人文经验的检验:验证既有问题③,发现新问题④,从而保持了法学的人文开放性和内在活力。当然,这并不意味着传统的概念分析法学研究将为实验方法所完全取代。事实上,实验方法只是往法学家的工具箱里添加了另一种工具而已,一种认知科学的范畴,而且这种工具的进步意义主要体现在对于某个概念应用基础的人文内在心理进程的解释深度而非其精确度上,尽管其在精确度上有时也不遑多让,比如直觉考察中所得的数据⑤。

值得注意的是,尽管伴随着这种法学实验研究的不断发展,现代法学的科学化趋势也愈来愈明显,但也正如国际实验法学家托马斯·A·考恩所言,法律仍然坚持了其对道德和情感价值的传统偏好,这也意味着,这里所指的科学绝非是传统的物理科学,这里的科学必须采取重新考虑情感价值的形式——一种新人文主义意义上的科学精神。否则,如果我们接受一个仍然不同凡响的观点,即唯一值得称谓的科学是物理科学,那么很明显,一门实验性的法律科学是不可能的⑥。这样一门科学当然会发生变革,因为它必须符合高度个性

---

① [德]考夫曼:《法律获取的程序——一种理性的分析》,雷磊译,中国政法大学出版社 2015 年版,第 58 页。
② 正如我们所知,现代法学的主流趋势是法律概念和行为规则的形态描述,以及基于一致性的法律批判(分析法学),或用于对法律的分类方案(法律百科全书),而法律哲学则主要局限于努力恢复名声不大好的自然法传统,相应地,大多数法理学讨论都是在非常抽象的规则及相关概念层次上进行的,涉及到法律、正义、戒律、标准、规则、规范等术语,这些争论——如前文所述——很容易陷入公说公有理婆说婆有理的纷争之中,影响了法学科学性形象的确立。
③ 如前所述,这一点主要体现在,人的法律直觉判断、法律情感和法律认知等,这些曾被视为现代法学研究之外的论域,在实验方法介入验证后,都已然成为了当下法学研究的重点论域。
④ 这一点主要体现为,基于实验方法提供的丰富的证据,人们已然对诸如意图、因果关系、伤害、责任和同意等法学核心概念有了新的阐释。
⑤ 见[美]诺布·尼科尔斯编:《实验哲学》,厦门大学知识论与认知科学研究中心译,上海译文出版社 2013 年版,第 4 页。
⑥ Thomas A. Cowan, "Reflections On Experimental Jurisprudence", *Archiv für Rechts- und Sozialphilosophie*, Vol. 44, No. 4 (Jan., 1958), p. 472.

化的法律价值观。同样,法律也必须修改:它必须学会使用科学的方法,而不牺牲构成正义最核心的情感价值。①

这一点,显然对迈向现代化、科学化的中国法学和法理学而言②,显然具有警示和启迪的意义。长期以来,受近代以来"德先生""赛先生"以及相应的"救亡图存"和强烈的现代性诱惑的影响,中国法学从近代伊始就把科学化、现代化确立为法学发展一以贯之的核心主题。这也决定了当代中国法学科学性追寻中始终纠结于中心/边缘、东方/西方、传统/现代的二元对立中③,无视国人的人文心理、文化和信仰的差异,一味追寻法律科学的理性化、科学数学化,受此馈赠,其方法论上呈现出法治的先期热情和神秘忠诚、价值上的求同证成与理性建构以及功能上速效的使命负担④,其结果就可想而知了,中国法治俨然化约为西方版,法学研究自然可归类于"扶手椅上的沉思"的学问了:喜欢谈论一些抽象的概念或命题,而不是面对真实的生活世界⑤,甚至远离国人的社会生活和生活实际,其结果是:概念越来越多,这使得人们更注意定义,而不是实践,一如波斯纳吐槽的美国法理学一样⑥,法学研究自然也就难以具有该当的基于实践基础上的人文"自主性"或"主体性",还需要继续建设,如同我们"主权的中国"还需要进一步建设"主体性的中国"一样。⑦

实验法学的兴起,无疑为此注入了新活力⑧。一方面,正如学界所公认的,不同于西方人倾向于"在描述世界和归类事物方面更愿意关注因果性",着力关注因果性,而我们东方人更倾向于"在相似性的基础上做出范畴的判断"⑨,更关注相似性,这在表征中西方文化差异的同时,也预示着有关影响相似性判断的实验认知科学必然走向前台,法学研究也应当超越既有的埋头沉思的书

---

① Thomas A. Cowan, "Reflections On Experimental Jurisprudence", Archiv für Rechts- und Sozialphilosophie, Vol. 44, No. 4 (Jan., 1958), p. 473.
② 见张文显:《迈向科学化现代化的中国法学》,《法制与社会发展》2018年第6期,第5—25页。
③ 相关研究可参见[美]史书美:《现代的诱惑——书写半殖民地中国的现代主义(1917—1937)》,何恬译,江苏人民出版社2007年版。
④ 见杜宴林:《现代化进程中的中国法治——方法论的检讨与重整》,《法制与社会发展》2011年第6期,第35—38页。
⑤ 苏力:《是非与曲直——个案中的法理》,北京大学出版社2019年版,第1页。
⑥ [德]波斯纳:《各行其是:法学与司法》,苏力译,中国政法大学出版社2017年版,第76页注{26}。
⑦ 见邓正来:《中国法学向何处去》,商务印书馆2011年版。
⑧ 个中原理可参见[德]胡塞尔:《欧洲科学的危机与超越论的现象学》,王炳文译,商务印书馆2001年版,第一、二部分。
⑨ Weinberg, J. M., Nichols. S., Stich. S. P. Normativity and Epistemic Intuitions, In Knobe. J, Nichols, S. (ed.), *Experimental Philosophy*, Oxford University Press, 2008, pp. 28.

斋式学问，转而致力于人文经验数据的收集和科学观察的分析，以发展出一种真正基于真实世界的、面向中国的法学①。另一方面，这种实验研究对我们中国而言，并不陌生，某种意义上，它甚至可以说是我们的知识传统的发展。正如我们所知道的，早在"五四运动"时期，就形成了三种实验主义潮流，陈独秀所提倡的"赛先生"的科学实验主义、胡适倡导"大胆假设、小心求证"的杜威式哲学实验主义以及为当时的作家们所实践的文学实验主义，并为鲁迅等在三、四十年代传承和延续②，我们这里不过是复活了这种人文社会科学与认知科学之间的实质联系，并将之引入法学，确立法律和科学之间的实质联系。总之，是法学和实验科学相结合的时候了，尽管这种结合将必然更多关注人的新形而上学人性结构及其相应的社会规范和秩序的升级。③

其次，这种实验研究也必将极大地助力于审慎的新人文主义科学家型法学家的产生。一百多年前，美国著名法学家霍姆斯在其著名的《法律的道路》中预言："对理性的法律研究来说，在法律的故纸堆里皓首穷经之人（the blackletter man）或许眼下大行其道，运用统计学之人以及经济学的行家里手则引领未来"④。无独有偶，法国著名法学家勒内·达维也断言，那种"把法律条文本身当作研究对象的学问不是法学，法学真正被称为一门科学，是因为法律条文背后的东西和一个社会的政治、经济、文化、传统乃至生活方式结合在一起"。而哲学家石里克（Schlick）更是早在1967年就预言，未来的哲学家，何尝又不是一切人文社会科学的研究者必然得是科学家，因为他们必须拥有可以在其中工作的材料。⑤ 某种意义上，这与其说是对科学家型法学家的断言，不如说是对审慎的新人文主义科学家型法学家的期许和呼唤：法学研究应当少一点"我断言"，多一点"我发现"。实验法学的兴起无疑为此打开了方便之门。中国法学概不例外，一方面，在新兴科技挑战下，特别是大数据、人工智能、区块链、基因科学、纳米技术等发展推动下，法学将不再是一门难以精确的科学⑥成为了可能，与之相关的法律新问题、新现象必然不断涌现，这需要法学

---

① 见苏力：《面对中国的法学》，《法制与社会发展》2004年第3期，第3—12页。
② 见[美]史书美：《现代的诱惑——书写半殖民地中国的现代主义（1917—1937）》，何恬译，江苏人民出版社2007年版，第二章。
③ 韩水法：《人工智能时代的人文主义》，《中国社会科学》2019年第9期，第44页。
④ [美]霍姆斯：《法律之道》，姚远译，《厦门大学法律评论》2015年第2期，第166页。
⑤ Moritz Schlick：The Future of Philosophy, In Rorty, Richard(ed.), *The linguistic turn: Essays in philosophical method*. University of Chicago Press, 1992, p.52.
⑥ 左卫民：《一场新的范式革命？——解读中国法律实证研究》，《清华法学》2017年第3期，第45页。

和法理学予以面对和阐释。另一方面,也只有法学与科学相结合的实验法学的不断发展,才能将法律表述与现实之间的沟壑填平,法理学也才能成功超越形而上学、直面现实生活。由此,法律表述即能指与所指之间的惯常联系被挑战,取而代之的是不同语境下多种人文现实的可能性,由此有着浓重相对主义意蕴的"视角主义"(perspectivism)等也自然进入了法学领域[1],相应地,所有法学家所获得的认知都是人文经验观察和验证为基础的,而不是至少不仅仅是思辨性论证的知识。顺便说一句,这也意味着,这种实验主义是很难轻易脱离于其所处的历史语境的,由此也就很方便地与后现代法学的"语境论"和实践理性的分析勾连了起来[2]。

这一点对当代中国法学同样有着复调的意义。尽管多年来有识之士一直主张,法学研究应当迈向科学化、现代化,也的确取得了很大进步。但遗憾的是,法律中的科学技术,法律中的科学精神,法律对实证科学的关注以及对实证研究成果的采纳都远远不够,当然也包括对新世纪以来日趋发展的认知实验科学关注不够,人文经验性科学研究的缺失,如前所述,使得许多法律问题只能始终局限于没有结果的思辨论证或停留在原则的争论之中,很容易将社会的政治法律问题道德化,其结果也就不言而喻了,理论与操作脱节,永远无法推进对法律的了解和对实际问题的解决[3]。唯一破解之道也就不言自明了,那就是,认真对待法律中的科学精神。对此,波斯纳可谓深得个中三昧,他睿智地指出,如果我们有足够知识,许多道德上的两难就会消失,道理很简单,在一种不了解事实的情况下,道德辩论会进行得最激烈;因为当人们缺乏可以客观复制的知识时,他们就会退守,依赖扎根于个人心理和教养的直觉以及个人的经验。但这对法律没有多少抚慰,因为这种辩论对事实了解很少并且抵制科学精神[4]。

最后,法学研究也可以能够贡献更多的实验主义研究成果。这在某种意义上,可以说是成为其应该所是的状态。众所周知,法学作为一门世俗人的学问,与其他学科相比,天然就与大众生活息息相关,它必须始终关注现实,回答

---

[1] 相关论文可参见梁家荣:《施行主义、视角主义与尼采》,《哲学研究》2018年第3期。蔡海锋:《科学视角主义透视研究述评》,《哲学动态》2015年第5期。

[2] 相关分析可参见苏力:《语境论——一种法律制度研究的进路和方法》,《中外法学》2000年第1期,第40—59页。

[3] 苏力:《法律与科技问题的法理学重构》,《中国社会科学》1999年第5期,第71页。

[4] Richard A. Posner, *The Problems of Jurisprudence*, Harvard University Press, 1990, pp. 351 - 352.

现实生活中普通人关心的问题①,因而它本应该是一种大众式人文主义常识性学问,没有任何理由将之发展成为传统精英式人文主义的学问②。也基于此,所以马克思指出:"法的关系正像国家的形式一样,既不能从它们本身来理解,也不能从所谓人类精神的一般发展来理解,相反,它们更源于物质的生活关系"③,而社会法学家埃利希更是坦言:法的发展的重心既不在立法,也不在于法学或司法判决,而在于社会本身,因而法学的题中之义就在于应通过调查研究等实验主义方法,着重研究"实际运行并有效的法律"④。这也意味着,法学研究者的确应当在此问题上高度自觉,贡献出更多实验主义研究成果。

当然,有光的地方总有阴影,法学实验研究既非神秘,也非万能,这一点我们必须铭记。事实上,正如哲学家沃克迈斯特评价实验哲学时所指出的,仅仅真实的观察实验和数据收集是不够的,哲学家的眼睛是一个不可或缺的先决条件;这也意味着实验数据除非与一个思想体系联系起来,否则是毫无意义的⑤。而在文化和法律相对主义者看来,法律统计的数据往往是无用的、误导性的,或者简直是毫无意义的,企图把法律的机制和程序置于所谓"科学"的量化之下,这并不是令人鼓舞的尝试⑥。不仅如此,观察实验以及相应的数据收集往往还面临外在主义和内在主义争论的两大忧虑:通道忧虑和控制忧虑,前者即我们如何才能确保数据的来源是可靠而不是高度偏见的,后者即我们如何才能完全控制所有的数据,以获得整全的思想视角,这显然或者需要某种认知运气,或者根本就绝无可能⑦。而法律的本性无疑对此做了最严肃的注解:法律,既有规范的一面,又有事实的一面⑧,两者缺一不可。这也就是说,在未来的法学研究以及法治建设中,必须努力将"精神生活和对真理的纯知识

---

① 苏力:《制度是如何形成的》,中山大学出版社1999年版,第160页。
② 有关传统人文主义的精英主义倾向的分析,请参见孟建伟:《科学与人文主义》,《自然辩证法通讯》2005年第3期,第28页。
③ 《马克思恩格斯选集》(第2卷),人民出版社1995年版,第32页。
④ [奥]埃利希:《法社会学原理》,舒国滢译,中国大百科全书出版社2009年版,作者序。
⑤ [美]沃克迈斯特:《科学的哲学》,李德容等译,北京:商务印书馆1996年版,第27页。
⑥ [美]退宁:《全球化与法律理论》,钱向阳译,中国大百科全书出版社2009年版,第138页。
⑦ Ernest Sosa, "Experimental Philosophy and Philosophical Intuition", *Philosophical Studies: An International Journal for Philosophy in the Analytic Tradition*, Vol. 132, No. 1(Jan., 2007), pp. 99–107
⑧ [美]博登海默:《法理学 法律哲学与法律方法》,邓正来译,中国政法大学出版社1999年版,第238页。

性探索平衡起来",以"获得知识秩序对慈善秩序的服从"①,这是新时代中国法学该当的人文使命。

总之,法学实验研究正在产生深刻的影响,并给传统形而上法理学研究带来了深刻的挑战,也许最重要的是,它要求我们在认识论层面上重新认清分析法学的固有局限以及破解之道,并进一步反思任何有助益的实验法理学发展之道,可能有许多不同类型及其组合的探究可以产生关于这一问题的不同方面的知识。但无论如何,法理学研究有必要通过实验哲学的转向来调查关于法律的社会现实或"社会事实"的问题,法律所追求的理想的问题,以及法律由于其性质而可能具有的任何总体的新人文主义道德目的,如同著名法学家莱特近年来所极力主张的那样②。而对于"法理的共同关注",维系和复兴其合法的学科地位的当下中国法理学而言,这显然既是挑战,也是新生的希望,不然,"法理学的死亡还是再生"③可能还真是个问题。

---

① [法]帕朗-维亚尔:《自然科学的哲学》,张来举译,中南工业大学出版社1987年版,第230页。
② Julie Dickson, "On Naturalizing Jurisprudence: Some Comments On Brian Leiter's View Of What Jurisprudence Should Become", *Law and Philosophy*, Vol. 30, No. 4, Special Issue On Brian Leiter's Naturalizing Jurisprudence (Jul., 2011), p. 495.
③ 这个话题的详情可参见徐爱国:《论中国法理学的死亡》,《中国法律评论》2016年第2期,第189—197页。

结　语

经过上述详实而细致的研究，我们至少可得出如下简明的结论，那就是：法律的的确确是可以也应该从人文主义视域来观照和诠释的。这是因为，就法律的本真属性而言，它不仅仅是现世主义的工具，而且还是人的需求的产物。它以人为中心旨归，并具有浓厚的人文色彩。简言之，人文关怀是其永恒的主题。因此，任何对法律的正统性阐释和理解都应当也必须立基于发掘和倡扬法律的人文主义精神，发现法律的人文意蕴这一基本立场之上。这既是法律解释观的应有之义，也应当成为现代法律精神所倡扬的人文主义的法律概念及系列理念的正统性的理据和法源之所在。也就是说，法律与人文主义从来都是相伴而生，不曾分离，也不应分离。

然而，不无遗憾的是，尽管近代以来，——正如美国著名的法学家罗斯科·庞德先生在其《法律史解释》一书中所指出的那样——人们对法律科学的历史进行了多重与多方位的理解和诠释，比如：法律的伦理和宗教解释、政治学解释、人种学和生物学解释、经济学解释、著名法学家的解释，以及奠基于以他自己社会学法学思想为价值标准的社会工程学解释，并取得了突出的成就。然而，我们稍加考究就会发现，这些解释都或多或少是立足于一种法律工具观意义的解释模式，遵循的是一种把法律看作是定纷止争、冲突解决的、外在的社会控制的手段与工具的理解理路，其常见的情形是，人为地把法律当成统治阶级意志或主权者的命令来看待，它是为统治阶级利益服务的工具，带有浓重的工具主义或匠气色彩。正是在此意义上，我们耳畔总响起先哲们预言似的断言与告诫："法治是迄今为止人类治理国家的最好形式，法治应该包含两重含义，已成立的法律获得普遍的服从，而大家所服从的法律又应该本身是制定良好的法律"（亚里士多德语）。很明显，法律的工具意义在此得到了十足的张扬和阐释。当然，我们也从不简单地否认法治的工具意义，恰恰相反，我们一直主张法治应当是现代国家的治国之本、立国之源，可以说文明的现代国家的一个典型标志就是践行法治——依法治国，走法治之路。法治代表了社会进步和文明的发展方向，是衡量一个国家文明程度的功能性先决条件，尤其是像我国这样一个缺乏法治传统，人治色彩浓厚、人治教训深重的国家，法治的工具意义比别的国家来说更显得重要和迫切。然而，与此同时，我们也不能就此得出结论说，法律就是工具的化身。恰恰相反，一部人类崇尚和信奉法律的历史却一再表明，法律要取得自己的胜利，它更多应归功于法律本身的内在理据——无论这种内在依据是基于宗教、神学、人的理性、历史，还是庞德先生所谓的社会利益要求，把法律内化为内心生活的体验和要求，即从法律的内在价值角度来审视和理解法律，并进而以这种内在价值旨趣来提升法律，使法律真正满足人类的要求，从而使法真正成为人民自由的圣经（马克思语）、也即成为人性的圣经与宪章时，人们才得以产生出一种乡愁式的法律依恋——把法律当作生活的一部分，法律也才真正得以大行其道。毕竟法律的信奉和崇尚不仅涉及理性和意志，而且涉及感情、直觉和信仰，涉及整个社会的信奉（伯尔曼语）。

所以，同样不无遗憾的是，在这种完全世俗工具主义法治观的支配下，历史和现实也总让我们不无惊心地看到，怀着善良的法治愿望的人们总承受着"法治（制）"的煎熬，预期中的法治社会并没出现，取而代之的却常常是法治工具观支配下的暴政与独裁，"一个彻头彻尾的十足的专制社会，只不过盗用法治的名义而已！"它与法治对自由、平等、人权等本真的基本价值诉求与内在精神无疑是大异其趣的。这充分说明：法律工具意义只能是法律基本要义的一个方面，法律更多地体现为一种内在的精神蕴含——人文主义的价值荷载和理性追求。一句话，人文精神是其另一项重要指标与参数。对此，伯尔曼说得好："法律不仅是世俗政策的工具，而且还是生活的终极目的和意义的一部分"，是人性的基本要求；法律不仅具有工具性意义，法律更有其目的性价值诉求，它荷载着人性的需要、人文的承诺和信念——一种文明的社会生活的愿望和要求。也就是说，法律不是什么别的东西，它是人们基于共同的人性需求、人文关怀前提下大众认同及理性选择的结果，它的真正职能存在于人文需求的满足和发展中。正是在这种意义上，龙斯丹脱才断言：法律准则之产生，纯粹出于对社会秩序、社会安全和个人自我保存的需要。也正基于上述的认同与共识，所以现代法精神无一例外地都应把人文主义作为其核心内容，都应以人文主义为其根基和法源，并又以人文主义为其永恒的目标和追求。

这也等于说，人文主义对法律来说，既有描述的意义，又有规范的意义，人文主义诉求需要法律来确证,法律也应用人文主义的价值观念来观照与反思,法律与人文主义的和谐是文明事业的最高理想,对于任何一个人文主义者来说,这也应成为其坚定的信念组成。因而,弘扬人文精神,注重人文精神的培养,把人作为观念、行为和制度的主体并进而用人文旨趣来提升法律,使法律真正满足人类的要求,进而实现把人的世界和人的关系还给自己(马克思语),就已成为当下法律解释学问题的一个崭新的思路。不必说,这也正是本文选题的初衷和由来,并直接成就和塑造了本文的基本旋律和主要的学术价值。

新的时代,随着人文主义最为峻切地全盘反思时代的到来,主张超越人文主义与后人文主义二元争论的"新人文主义"逐渐兴起。作为人文主义的一种新形式,毫无疑问,如同其传统形式一样,对法律本体论的理解和诠释也产生了日益深刻的影响:在清晰揭示出现代法律人文主义的局限的同时,也为现代法律人文主义未来走向指明了方向,那就是走向新的法律人文主义。这既是对法律人文主义传统的赓续,也是新的时代法律人文主义因应冲击的必然反应。唯有如此,法律人文主义方能既在当代境域之下,同时又面向人类的未来时代而得到真切的理解和规定,并与时俱进获得深厚的权威性、有效性和必然性的发展方向。这之中,实验法学的兴起无疑具有标志性和启发性意义。它有力地引领了法学理论和实践研究祛除其精英主义人文价值取向,走向世俗人文生活,并最终为法学研究回归以自然主义"硬"科学化传统[①]为核心、自然主义与人文主义融于一体的新人文主义打下了坚实的基础。

当然,也正如我们在论证过程中一再显示过的,由于人文主义本身理念是从往昔,确切地说是从近代西方哲学继承、发展下来的,并且还处于一种随着时代推移而有机发展、自觉演变成长的态势中,这一点赋予了它某种杂乱无序

---

① 关于"硬科学"与"软科学"的详细解读,参见 Peter Aldridge, "Forensic Science and Expert Evidence", *Journal of Law and Society*, Vol. 21, No. 1(Mar., 1994), pp. 136 – 150。社会科学领域中"硬科学"方法主张研究必须依靠"客观"的、不同观察者都可以认可的数据,如同物理学、化学等所运用纯粹科学的研究方法一样。这种"硬科学"研究范式可在很多法学理论家的著述中找到痕迹,比如凯尔森在批判自然法学和实证法学基础上,提出了基于"科学的"-客观的,不含偏见的纯粹法学理论。参见凯尔森:《纯粹法理论》,张书友、吕世伦译,黑龙江大学出版社 2013 年版;兰德尔的法律理论——认为法律理论旨在寻求法律中的基本原则体系;与兰德尔相对的美国法律现实主义甚至包括斯堪地那维亚现实主义者在内,则强调法学理论应当研究法官实际上的所作所为,以与法官们的职业誓言和他们声称正在从事的行为形成对照。当然,对此最著名的反对者毫无疑问是哈特,他认为无论科学方法如何具有优势,对于法律的理解,显然是不充分的,必须抛开观察者的视角,并试图理解该制度中参与者的看法,方能理解和把握人们的遵守规则的行为。Brian Bix, *Jurisprudence: Thiory And Context*, London, Sweet & Marxwell, 1996, chapter 5.

的特征。这也使得本文在相当程度上缺乏一种一气呵成的逻辑美感或严密感。而就论证的广度和深度而言,由于自身理论的贫乏,知识的积累以及理论本身的前瞻性、全新性与资料的占有和收集不足等各方面的原因,也直接导致了本文研究方式、研究成果等诸多方面的问题。细心的读者是不难找到这方面的证据的。总之,这是一次尝新之作,但决非成功之作,而这,也构成了我们引以为憾的最真实理由!

然而,也正如我们一贯的学术立场所表明的,作为新一代的学人,在这个人文精神大行其道的今天,我们注定了应当成为时代的知识分子,将自己投身到那种时代精神的普遍取向的知识分子的典范中去,这绝不是媚俗的表现,这恰恰是现代知识分子应当践履的基本学术使命和社会人的使命。因而,我们别无选择。中国法学,总有些人文情怀应当坚守。

参考文献

一、马克思主义原著

1. 《马克思恩格斯选集》,1—4卷,人民出版社,1972年版。
2. 《马克思恩格斯全集》,1—4、7—8、21—23、25—27、30、40、42、45、46卷,人民出版社,1979年版。
3. 《马克思1844年经济学—哲学手稿》,人民出版社,1979年版。
4. 恩格斯:《自然辩证法》,人民出版社,1971年版。
5. 《资本论》(第1卷),人民出版社,1975年版。

二、中文原著

1. 高清海:《高清海哲学文存》,第1—6卷,吉林人民出版社,1997年版。
2. 孙正聿:《哲学通论》,辽宁人民出版社,1998年版。
3. 王平:《生的抉择》,商务印书馆,2000年版。
4. 袁华音:《西方社会思想史》,南开大学出版社,1988年版。
5. 袁贵仁主编:《人的哲学》,工人出版社,1988年版。
6. 于海:《西方社会思想史》,复旦大学出版社,1993年版。
7. 罗岗、倪文尖:《90年代思想文选》(第1卷),广西人民出版社,2000年版。
8. 郑永流:《法哲学与法社会学论丛》(第三卷),中国政法大学出版社,2000年版。
9. 韩震:《重建理性主义信念》,北京出版社,1998年版。
10. 李连科:《价值哲学引论》,商务印书馆,1998年版。
11. 李平晔:《人的发现》,四川人民出版社,1983年版。
12. 万俊人:《现代西方伦理学史》(上卷),北京大学出版社,1990年版。
13. 洪晓楠:《文化哲学思潮简论》,上海三联书店,2000年版。
14. 杨敬年:《人性谈》,南开大学出版社,1998年版。
15. 姚大志:《人的形象》,吉林教育出版社,1999年版。
16. 姜国柱、朱葵菊:《论人·人性》,海洋出版社,1988年版。
17. 贺麟:《文化与人生》,商务印书馆,1996年版。
18. 余潇枫:《哲学人格》,吉林教育出版社,1998年版。
19. 金耀基:《从传统到现代》,中国人民大学出版社,1999年版。
20. 金耀基:《大学之理念》,北京三联书店,2001年版。
21. 黄克剑:《人韵》,东方出版社,1996年版。

22. 法学教材编辑部：《西方法律思想史资料选编》，北京大学出版社,1983年版。
23. 邱兴隆：《关于惩罚的哲学》，法律出版社,2000年版。
24. 周辅成：《从文艺复兴到19世纪资产阶级哲学家政治思想家有关人道主义人性论言论选集》，商务印书馆,1966年版。
25. 张椿年：《从信仰到理性——意大利人文主义研究》，浙江人民出版社,1993年版。
26. 李强：《自由主义》，中国社会科学出版社,1998年版。
27. 张伟：《弗洛姆思想研究》，重庆出版社,1996年版。
28. 张文显：《法哲学范畴研究》，中国政法大学出版社,2001年版。
29. 张文显主编：《法理学》，高等教育出版社北京大学出版社,1999年版。
30. 张文显：《法学基本范畴研究》，中国政法大学出版社,1993年版。
31. 张文显：《二十世纪西方法哲学思潮研究》，法律出版社,1996年版。
32. 张文显主编：《政治与法治》，吉林大学出版社,1994年版。
33. 姚建宗：《法治的生态环境》，山东人民出版社,2003年版。
34. 姚建宗：《法律与发展研究导论》，吉林大学出版社,1998年版。
35. 武步云：《法与主体性原则的理论》，法律出版社,1995年版。
36. 万俊人：《现代西方伦理学史》（下卷），北京大学出版社,1992年版。
37. 李平晔：《宗教改革与西方近代社会思潮》，今日中国出版社,1992年版。
38. 沈宗灵：《现代西方法理学》，北京大学出版社,1992年版。
39. 李道军：《法的实然与应然》，山东人民出版社,2001年版。
40. 葛洪义：《法律与理性》，法律出版社,2001年版。
41. 张明楷：《刑法格言的展开》，法律出版社,1999年版。
42. 陈兴良：《刑法的价值构造》，中国人民大学出版社,1998年版。
43. 邱兴隆：《关于惩罚的哲学》，法律出版社,2000年版。
44. 储槐植：《美国刑法》，北京大学出版社,1996年版。
45. 尹田：《法国现代合同法》，法律出版社,1995年版。
46. 王泽鉴：《民法学说与判例研究》（第七卷），中国政法大学出版社,1997年版。
47. 董安生：《民事法律行为》，中国人民大学出版社,1994年版。
48. 梁慧星主编：《从近代民法到现代民法》，中国法制出版社,2000年版。
49. 曾世雄：《民法总则之现在与未来》，中国政法大学出版社,2001年版。
50. 夏勇：《人权概念起源》，中国政法大学出版社,1992年版。
51.《孟子·离娄篇》。
52.《郑观应集·盛世危言》，上海人民出版社,1982年版。
53. 朱景文：《现代西方法社会学》，法律出版社,1994年版。
54. 季卫东：《法治秩序的建构》，中国政法大学出版社,1999年版。
55. 信春鹰：《中国的法律制度及其改革》，法律出版社,1999年版。
56. 贺卫方：《具体法治》，法律出版社,2002年版。
57. 舒国滢：《在法律的边缘》，中国法制出版社,2000年版。
58. 王健：《中国近代的法律教育》，中国政法大学出版社,2001年版。
59. 孙晓楼：《法律教育》，中国政法大学出版社,1997年版。
60. 谢立中、孙立平主编：《二十世纪西方现代化理论文选》，上海三联书店,2002年版。

61. 丛日云：《西方政治文化传统》，大连出版社，1996年版。
62. 汪晖、陈燕谷主编：《文化与公共性》，三联书店，1998年版。
63. 《荀子·正名》《荀子·性恶》《荀子·礼论》。
64. 刘军宁、王焱、贺卫方编：《市场社会与公共秩序》，生活·读书·新知三联书店，1996年版。
65. 黄宗智：《中国的新型正义体系：实践与理论》，广西师范大学出版社，2020年版。
66. 张军：《顶级对话：理解变化中的经济世界》，上海人民出版社，2017年版。
67. 苏力：《制度是如何形成的》，中山大学出版社，1999年版。
68. 苏力：《是非与曲直——个案中的法理》，北京大学出版社，2019年版。
69. 邓正来：《中国法学向何处去》，商务印书馆，2011年版。
70. 杜宴林：《法律的人文主义解释》，人民法院出版社，2005年版。

三、中文译著

1. ［英］科特威尔：《法律社会学导论》，潘大松、刘丽君、林燕萍、刘海善译，华夏出版社，1989年版。
2. ［美］赞恩：《法律的故事》，刘昕、胡凝译，姜渭渔审校，江苏人民出版社，1998年版。
3. ［古希腊］亚里士多德：《政治学》，吴寿彭译，商务印书馆，1965年版。
4. ［美］庞德：《通过法律的社会控制　法律的任务》，沈宗灵、董世忠译，商务印书馆，1984年版。
5. ［英］阿蒂亚：《法律与现代社会》，范悦、全兆一、白厚洪、唐振家译，全兆一校，辽宁教育出版社　牛津大学出版社，1998年版。
6. ［英］哈耶克：《自由秩序原理》（上、下），邓正来译，生活·读书·新知三联书店，1997年版。
7. ［英］哈特：《法律的概念》，张文显、宋金娜、黄文艺、杜景义译，中国大百科全书出版社，1996年版。
8. ［意］贝卡利亚：《论犯罪与刑罚》，黄风译，中国大百科全书出版社，1993年版。
9. ［英］罗素：《西方哲学史》（上），何兆武、李约瑟译，商务印书馆，1963年版。
10. ［德］费希特：《论学者的使命　人的使命》，梁志学、沈真译，商务印书馆，1984年版。
11. ［瑞士］布克哈特：《意大利文艺复兴时期的文化》，何新译，马香雪校，商务印书馆，1992年版。
12. ［英］哈伊：《意大利文艺复兴的历史背景》，李玉成译，生活·读书·新知三联书店，1988年版。
13. ［意］加林：《意大利人文主义》，李玉成译，生活·读书·新知三联书店，1998年版。
14. ［法］富尔：《文艺复兴》，冯棠译，商务印书馆，1995年版。
15. ［美］房龙：《人类的故事》，刘缘子等译，生活·读书·新知三联书店，1988年版。
16. 《费尔巴哈哲学著作选集》（上、下卷），荣震华等译，生活·读书·新知三联书店，1959、1962年版。
17. 北京大学哲学系外国哲学史教研室编译：《西方哲学原著选读》（上、下），商务印书馆，1982年版。
18. 北京大学哲学系外国哲学史教研室编译：《十八世纪法国哲学》，商务印书馆，1963

年版。
19. [法]卢梭：《社会契约论》，何兆武译，商务印书馆，1980年版。
20. [美]格伦顿、戈登、奥萨魁：《比较法律传统》，米健、贺卫方、高鸿钧译，中国政法大学出版社，1993年版。
21. [美]萨拜因：《政治学说史》(上)，盛葵阳、崔妙因译，南木校，商务印书馆，1986年版。
22. [英]罗素：《伦理学与政治学中的人类社会》，肖巍译，中国社会科学出版社，1992年版。
23. [英]霍布斯：《利维坦》，黎思复、黎廷弼译，杨昌裕校，商务印书馆，1985年版。
24. [德]康德：《历史理性批判文集》，何兆武译，商务印书馆，1990年版。
25. [英]休谟：《人性论》(上、下)，关文运译，郑之骧校，商务印书馆，1980年版。
26. [英]休谟：《休谟政治论文选》，张若衡译，商务印书馆，1993年版。
27. [法]夏特莱：《理性史》，冀可平、钱翰译，北京大学出版社，2000年版。
28. [美]马斯洛等著：《人的潜能和价值》，林方主编，华夏出版社，1987年版。
29. [德]黑格尔：《法哲学原理》，范扬、张企泰译，商务印书馆，1961年版。
30. [俄]别尔嘉耶夫：《论人的使命》，张百春译，学林出版社，2000年版。
31. [德]费尔巴哈：《基督教的本质》，荣震华译，商务印书馆，1984年版。
32. [法]卢梭：《论人类不平等的起源和基础》，李常山译，东林校，商务印书馆，1962年版。
33. [德]弗兰克：《个体的不可消逝性》，先刚译，华夏出版社，2001年版。
34. [奥]阿德勒：《生命对你意味着什么》，周朗译，国际文化出版公司，2000年版。
35. [德]雅斯贝斯：《时代的精神状况》，王德峰译，上海译文出版社，1997年版。
36. [美]库利：《人类本性与社会秩序》，包凡一、王源译，华夏出版社，1999年版。
37. [德]卡西尔：《人论》，甘阳译，上海译文出版社，1985年版。
38. [德]奥伊肯：《生活的意义与价值》，万以译，上海译文出版社，1997年版。
39. [英]罗素：《社会改造原理》，张师竹译，上海人民出版社，1986年版。
40. [英]弗格森：《文明社会史论》，林本椿、王绍祥译，辽宁教育出版社，1999年版。
41. [英]梅因：《古代法》，沈景一译，商务印书馆，1959年版。
42. [美]弗里德里希：《超验正义》，周勇、王丽芝译，生活·读书·新知三联书店，1997年版。
43. [英]索珀：《人道主义与反人道主义》，廖申白、杨清荣译，华夏出版社，1999年版。
44. [法]基佐：《欧洲文明史》，程洪逵、沅芷译，商务印书馆，1998年版。
45. [日]福泽谕吉：《文明论概略》，北京编译社译，商务印书馆，1959年版。
46. [美]诺内特、塞尔兹尼克：《转变中的法律与社会》，张志铭译，中国政法大学出版社，1994年版。
47. [奥]弗洛伊德：《论文明》，徐洋、何桂全、张敦福译，国际文化出版公司，2000年版。
48. [美]米德：《心灵、自我与社会》，霍桂桓译，华夏出版社，1999年版。
49. [美]杜威：《人的问题》，傅统先、邱椿译，上海人民出版社，1965年版。
50. [奥]阿德勒：《理解人性》，陈太胜、陈文颖译，国际文化出版公司，2000年版。
51. [德]埃利亚斯：《文明的进程：文明的社会起源和心理起源的研究》(第二卷)：《社会变迁文明论纲》，袁志英译，生活·读书·新知三联书店，1999年版。
52. [美]布劳：《社会生活中的交换与权力》，孙非、张黎勤译，华夏出版社，1987年版。
53. [美]亨廷顿：《文明的冲突与世界秩序的重建》，周琪、刘绯、张立平、王圆译，新华出版社,2002年版。
54. [美]霍贝尔:《初民的法律》,周勇译,罗致平校,中国社会科学出版社,1993年版。
55. [美]斯坦,香德:《西方社会的法律价值》,王献平译,郑成思校,中国法制出版社,2004年版。
56. [加]泰勒《自我的根源:现代认同的形成》,韩震等译,译林出版社,2001年版。
57. [英]鲍桑葵:《关于国家的哲学理论》,汪淑钧译,商务印书馆,1995年版。
58. [美]辛格:《实用主义、权利和民主》,王守昌等译,上海译文出版社,2001年版。
59. [美]埃里克森:《无需法律的秩序》,苏力译,中国政法大学出版社2003年版。
60. [德]卡西勒:《启蒙哲学》,顾伟铭、杨光仲、郑楚宣译,山东人民出版社,1988年版。
61. [美]伯克富:《基督教教义史》,赵中辉译,宗教文化出版社,2000年版。
62. [德]文德尔班:《哲学史教程》(上、下),罗达仁译,商务印书馆,1987年版。
63. [德]拉德布鲁赫:《法学导论》,米健、朱林译,中国大百科全书出版社,1997年版。
64. [荷兰]斯宾诺莎:《神学政治论》,温锡增译,商务印书馆,1963年版。
65. [比]皮朗:《中世纪欧洲经济社会史》,乐文译,上海人民出版社,1986年版。
66. [美]梯利:《西方哲学史》,葛力译,商务印书馆,1995年版。
67. [美]伯尔曼:《法律与革命——西方法律传统的形成》,贺卫方、高鸿钧、张志铭、夏勇译,中国大百科全书出版社,1993年版。
68. [英]维尔:《宪政与分权》,苏力译,生活·读书·新知三联书店,1997年版。
69. [美]萨拜因:《政治学说史》(下),刘山译,南木校,商务印书馆,1986年版。
70. [美]伯尔曼:《法律与宗教》,梁治平译,生活·读书·新知三联书店,1991年版。
71. [德]卡西尔:《国家的神话》,范进、杨君游、柯锦华译,华夏出版社,1999年版。
72. [德]考夫曼:《当代法哲学与法律理论导论》,郑永流译,法律出版社,2001年版。
73. [德]韦伯:《新教伦理与资本主义精神》,黄晓京、彭强译,陕西师范大学出版社,2002年版。
74. [美]丹皮尔:《科学史》(上、下),李珩译,张今校,商务印书馆,1975年版。
75. [法]勒戈夫:《中世纪的知识分子》,张弘译,卫茂平校,商务印书馆,1996年版。
76. [美]诺思:《西方世界的兴起》,厉以平、蔡磊译,华夏出版社,1999年版。
77. [英]罗素:《西方的智慧》(上、下),崔权醴译,文化艺术出版社,1997年版。
78. [英]布洛克:《西方人文主义传统》,董乐山译,生活·读书·新知三联书店,1997年版。
79. [意]苏阿托妮:《从神性走向人性》,夏方林译,四川人民出版社,2000年版。
80. [美]汤普逊:《中世纪晚期欧洲经济社会史》,徐家玲等译,商务印书馆,1992年版。
81. [法]达维德:《当代主要法律体系》,漆竹生译,上海译文出版社,1984年版。
82. [法]涂尔干:《宗教生活的基本形式》,渠东、汲喆译,务印书馆,1999年版。
83. [美]施特劳斯、克罗波西主编:《政治哲学史》(上、下),李天然等译,河北人民出版社,1993年版。
84. [英]霍布毫斯:《自由主义》,朱曾汶译,商务印书馆,1996年版。
85. [德]加尔文:《基督教要义》(上、中、下),徐庆誉、谢秉德译,香港基督教辅侨出版社,1959年版。
86. [德]黑格尔:《哲学史讲演录》(第三卷),贺麟、王太庆译,商务印书馆,1959年版。
87. [意]登特列夫:《自然法——法律哲学导论》,李日章译,台湾联经出版事业公司,1984

年版。

88. ［美］考文：《美国宪法的"高级法"背景》，强世功译，生活·读书·新知三联书店，1996年版。
89. ［美］贝克尔：《18世纪哲学家的天城》，何兆武译，生活·读书·新知三联书店，2001年版。
90. ［法］霍尔巴赫：《自然政治论》，陈太先、眭茂译，商务印书馆，1994年版。
91. ［美］达尔：《论民主》，李相光、林猛译，冯克利校，商务印书馆，1999年版。
92. ［英］巴利：《古典自由主义与自由至上主义》，竺乾威译，上海人民出版社，1999年版。
93. ［葡］叶士朋：《欧洲法学史导论》，吕平义、苏健译，中国政法大学出版社，1998年版。
94. ［美］沃森：《民法法系演变及形成》，李静冰、姚新华译，中国政法大学出版社，1992年版。
95. ［法］雅卡尔，普拉内斯：《献给非哲学家的哲学》，周冉译，广西师范大学出版社，2001年版。
96. ［奥］菲尔德罗斯：《自然法》，黎晓译，杨磊校，西南政法学院法制史教研室，1987年印行。
97. ［英］熊彼特：《经济分析史》（第1卷），朱泱等译，商务印书馆，1996年版。
98. ［美］庞德：《普通法的精神》，唐前宏、廖湘文、高雪原译，夏登峻校，法律出版社，2001年版。
99. ［英］洛克：《政府论》（下），叶启芳、瞿秋农译，商务印书馆，1964年版。
100. ［美］康马杰：《美国精神》，南木等译，南木校，光明日报出版社，1988年。
110. ［日］高柳贤三：《英美法源理论》，黎晓、杨磊译，林向荣校，西南政法学院法制史教研室，1983年印行。
112. ［美］梅利曼：《大陆法系》，顾培东、禄正平译，西南政法学院法制史教研室，1983年印行。
113. ［瑞士］弗莱纳：《人权是什么？》，谢鹏程译，中国社会科学出版社，2000年版。
114. ［爱尔兰］凯利：《西方法律思想简史》，王笑红译，汪庆华校，法律出版社，2002年版。
115. ［英］沃拉斯：《政治中的人性》，朱曾汶译，商务印书馆，1995年版。
116. ［斯洛文尼亚］儒攀基奇：《刑法：刑罚理念批判》，何慧新译，中国政法大学出版社，2002年版。
117. ［美］胡萨克：《刑法哲学》，谢望原等译，谢望原、孙力校，中国人民公安大学出版社，1994年版。
118. ［英］哈特：《惩罚与责任》，王勇等译，华夏出版社，1989年版。
119. ［英］边沁：《道德与立法原理导论》，时殷弘译，商务印书馆，2000年版。
120. ［法］孟德斯鸠：《论法的精神》（上、下），张雁深译，商务印书馆，1961年版。
121. ［日］川岛武宜：《现代化与法》，王志安、渠涛、申政武、李旺译，中国政法大学出版社，1994年版。
122. ［德］梅迪库斯：《德国民法总论》，邵建东译，法律出版社，2000年版。
123. ［美］施瓦茨：《美国法律史》，王军、洪德、杨静辉译，潘华仿校，中国政法大学出版社，1990年版。
124. ［英］卢克斯：《个人主义》，阎克文译，江苏人民出版社，2001年版。

125. [美]罗尔斯:《正义论》,何怀宏、何包钢、廖申白译,中国社会科学出版社,1988年版。
126. 北京大学哲学系外国哲学史教研室编译:《古希腊罗马哲学》,商务印书馆,1961年版。
127. [英]哈耶克:《通往奴役之路》,王明毅、冯兴元等译,冯兴元统校,中国社会科学出版社,1997年版。
128. [英]哈耶克:《致命的自负》,冯克利、胡晋华等译,冯克利统校,中国社会科学出版社,2000年版。
129. [法]埃尔曼:《比较法律文化》,贺卫方、高鸿钧译,生活·读书·新知三联书店,1990年版。
130. [美]波斯纳:《法理学问题》,苏力译,中国政法大学出版社,1994年版。
131. [美]卡多佐:《司法过程的性质》,苏力译,商务印书馆,1998年版。
132. [日]棚濑孝雄:《纠纷的解决与审判制度》,王亚新译,中国政法大学出版社,1994年版。
133. [德]滕尼斯:《共同体与社会》,林荣远译,商务印书馆,1999年版。
134. [德]韦伯:《经济与社会》(上、下),林荣远译,商务印书馆,1994年版。
135. [英]雅赛:《重申自由主义》,陈茅、徐力源、刘春瑞等译,中国社会科学出版社,1997年版。
136. [德]茨威格特,克茨:《比较法总论》,潘汉典、米健、贺卫方、高鸿钧译,潘汉典校,贵州人民出版社,1991年版。
137. 殷陆君编译:《人的现代化》,四川人民出版社,1985年版。
138. [日]千叶正士:《法律多元》,强世功、赵晓力等译,中国政法大学出版社,1997年版。
139. [英]米尔恩:《人的权利与人的多样性》,夏勇、张志铭译,中国大百科全书出版社,1995年版。
140. [美]K. Tuner,[中]高鸿钧、贺卫方:《美国学者论中国法律传统》,中国政法大学出版社,1994年版。
141. [英]罗素:《西方哲学史》(下),马元德译,商务印书馆,1976年版。
142. [美]萨托利:《民主新论》,冯克利、阎克文译,东方出版社,1993年版。
143. [英]坎南编:《亚当·斯密关于法律、警察、岁入及军备的演讲》,陈福生、陈振华译,商务印书馆,1962年版。
144. [美]卡洛、弗鲁姆金、克尔等:《人工智能与法律的对话》,陈吉栋、董惠敏、杭颖颖译,上海人民出版社,2018年版。
145. [美]萨顿:《科学史和新人文主义》,陈恒六、刘兵等译,华夏出版社,1989年版。
146. [美]萨顿:《科学的生命》,刘珺珺译,商务印书馆,1987年版。
147. [奥]凯尔森:《纯粹法理论》,张书友、吕世伦译,黑龙江大学出版社,2013年版。
148. [美]美国人文杂志社编,三联书店编辑部:《人文主义:全盘反思》,多人译,生活·读书·新知三联书店,2003年版。
149. [美]亚历山大:《实验哲学导论》,楼巍译,上海译文出版社,2013年版。
150. [美]史书美:《现代的诱惑——书写半殖民地中国的现代主义(1917—1937)》,何恬译,江苏人民出版社,2007年版。
151. [美]马斯洛:《科学家与科学家的心理》,邵威等译,北京大学出版社,1989年版。
152. [美]伯格:《与社会学同游:人文主义的视角》,何道宽译,北京大学出版社,2014

年版.

153. [美]理查德·A. 波斯纳:《法理学问题》,苏力译,中国政法大学出版社,2001年版.
154. [德]胡塞尔:《欧洲科学的危机与超越论的现象学》,王炳文译,商务印书馆,2001年版.
155. [美]萨义德:《人文主义与民主批评》,朱生坚译,新星出版社,2006年版.
156. [英]赫胥黎:《科学与行动及信仰》,杨丹声译,(台北)商务印书馆,1978年版.
157. [意]布拉依多蒂:《后人类》,宋根成译,河南大学出版社,2016年版.
158. [美]诺布、尼科尔斯编:《实验哲学》,厦门大学知识论与认知科学研究中心译,上海译文出版社,2013年版.
159. [美]退宁:《全球化与法律理论》,钱向阳译,中国大百科全书出版社,2009年版.
160. [美]博登海默:《法理学 法律哲学与法律方法》,邓正来译,中国政法大学出版社,1999年版.
161. [美]白璧德:《什么是人文主义》,张源译,载张源主编:《美国人文主义:传统与维新》,北京师范大学出版社,2017年版.
162. [美]沃克迈斯特:《科学的哲学》,李德容等译,北京:商务印书馆,1996年版.
163. [德]考夫曼:《法律获取的程序——一种理性的分析》,雷磊译,中国政法大学出版社,2015年版.
164. [美]波斯纳:《各行其是:法学与司法》,苏力译,中国政法大学出版社,2017年版.
165. [奥]埃利希:《法社会学原理》,舒国滢译,中国大百科全书出版社,2009年版.
166. [法]帕朗-维亚尔:《自然科学的哲学》,张来举译,中南工业大学出版社,1987年版.
167. [美]昂格尔:《觉醒的自我:解放的实用主义》,谌洪果译,北京大学出版社,2012年版.
168. [美]白璧德:《法国现代批评大师》,孙宜学译,广西师范大学出版社,2002年版
169. [美]纳斯鲍母:《寻求有尊严的生活》,田雷译,中国人民大学出版社,2016年版.
170. [美]纳斯邦:《逃避人性》,商周出版社,2007年版.
171. [美]拉尔夫、勒纳、米查姆、伯恩斯:《世界文明史》(上卷),赵丰等译,商务印书馆,2001年版.
172. [美]纳斯鲍母:《培养人性》,上海三联书店,2013年版.
173. [日]大木雅夫:《比较法》,范愉译,法律出版社,1999年版.
174. [美]V·A·Grifith:《英美法总论》,姚淇清译,正中书局,1963年印行.
175. [美]戈尔丁:《法律哲学》,齐海滨译,生活·读书·新知三联书店,1987年版.
176. [英]密尔:《论自由》,程崇华译,商务印书馆,1959年版.
177. [德]康德:《法的形而上学原理》,沈叔平译,商务印书馆,1991年版.
178. [德]康德:《实践理性批判》,韩水法译,商务印书馆,1999年版.
179. [美]斯密:《欧洲法律发达史》,姚梅镇译,中国政法大学出版社,1999年版.
180. [美]戈布尔:《第三思潮:马思洛心理学》,吕明、陈红雯译,上海译文出版社,1987年版.
181. [美]弗罗姆:《逃避自由》,刘林海译,国际文化出版公司,2002年版.
182. [美]M·弗里德曼,R·弗里德曼:《自由选择》,胡骑、席学媛、安强译,商务印书馆,1982年版.

183. [奥]米瑟斯：《自由和繁荣的国度》，韩光明等译，中国社会科学出版社，1994年版。
184. [美]罗斯金：《政治科学》，林震等译，华夏出版社，2001年版。
185. [古希腊]柏拉图：《理想国》，郭斌和、张竹明译，商务印书馆，1986年版。
186. [法]托克维尔：《论美国的民主》（上），董果良译，商务印书馆，1988年版。
187. [美]昂格尔：《现代社会中的法律》，吴玉章、周汉华译，中国政法大学出版社，1994年版。
188. [美]坎默：《基督教伦理学》，王苏平译，中国社会科学出版社，1994年版。
189. [德]雅斯贝尔斯：《什么是教育》，邹进译，生活·读书·新知三联书店，1991年版。
190. [英]怀特海：《科学与近代世界》，何钦译，商务印书馆，1959年版。
191. [美]弗罗姆：《逃避自由》，刘林海译，国际文化出版公司，2002年版。
192. [法]罗伯斯比尔：《革命法制与审判》，赵涵舆译，商务印书馆，1965年版。

四、中文期刊

1. 孙正聿、冷东：《社会主义市场经济与中国当代社会思潮》，《汕头大学学报》1996年第1期。
2. 陈兴良：《科学性与人文性——刑法学研究的价值目标》，《政治法律》1995年第1期。
3. 彭小瑜：《中世纪西欧教会法对教会与国家的关系的理解和规范》，《历史研究》2000年第2期。
4. 苏彦新：《罗马法在中世纪西欧大陆的影响》，《外国法译评》1997年第4期。
5. 彭小瑜：《教会法与基督教之爱》，《北大法律评论》第4卷·第1辑。
6. 赵林：《人文主义与宗教改革》，《学习与探索》1994年第5期。
7. 王加丰：《法国文艺复兴与宗教改革》，《浙江师范大学学报》1995年第4期。
8. 韩庆祥、王勤：《从文艺复兴人的发现到现代人文精神的反思》，《北京大学学报》1999年第6期。
9. 尹虹：《略论欧洲文艺复兴的历史作用》，《广西社会科学》1999年第2期。
10. 冯天瑜：《略论中西人文精神》，《中国社会科学》1997年第1期。
11. 黑格尔：《论自然法的科学探讨方式》，《哲学译丛》1997年第4期。
12. 马克昌：《罪刑法定主义的比较研究》，《中外法学》1997年第2期。
13. 赤坂昭二：《罪刑法定主义》，《法学译丛》1981年第1期。
14. 苏力：《法律活动专门化的法律社会学思考》，《中国社会科学》1994年第6期。
15. 孙笑侠：《法律家的技能和伦理》，《法学研究》2001年第4期。
16. 黎国智等：《法治国家与法官文化》，《现代法学》1998年第6期。
17. 杜时忠：《论人文教育的价值》，《清华大学教育研究》1998年第2期。
18. 夏锦文：《论法制现代化的多样化模式》，《法学研究》1997年第6期。
19. 公丕祥：《法制现代化的概念架构》，《法律科学》1998年第4期。
20. 夏勇：《法治是什么》，《中国社会科学》1999年第4期。
21. 郭春涛：《法治模式中的宪政》，《当代法学》2000年第1期。
22. 王晨光：《韦伯的法律社会学思想》，《中外法学》1992年第3期。
23. 朱德生：《形而上学的召唤》，《江淮论坛》1995年第3期。
24. 郑成良：《论法治模式的理念型》，《天津社会科学》1993年第5期。
25. 郑成良：《论法治理念与法律思维》，《吉林大学社会科学学报》2000年第4期。

26. 江平、张礼洪:《市场经济与意思自治》,《法学研究》1993年第6期。
27. 苏力:《二十世纪中国的现代化与法治》,《法学研究》1998年第1期。
28. 霍华德:《不可理喻:法律正在使美国窒息》,《编译参考》1995年第6期。
29. 加兰特:《法律的浩繁——北大西洋周围的法制化》,《外国法译评》1993年第1期。
30. 苏力:《语境论——一种法律制度研究的进路和方法》,《中外法学》2000年第1期。
31. 梁家荣:《施行主义、视角主义与尼采》,《哲学研究》2018年第3期。
32. 李柏杨:《情感不再无处安放》,《环球法律评论》2016年第5期。
33. 甘绍平:《新人文主义及其启示》,《哲学研究》2011年第6期。
34. 杜宴林:《司法公正与同理心正义》,《中国社会科学》2017年第6期。
35. 杜宴林、胡烯:《现代法律德性转向及其中国启示》,《法学》2018年第10期。
36. 蔡海锋:《科学视角主义透视研究述评》,《哲学动态》2015年第5期。
37. [美]霍姆斯:《法律之道》,姚远译,《厦门大学法律评论》2015年第2期。
38. [德]赫斯特:《法律实证主义辩护》,袁治杰译,《比较法研究》2009年第2期。
39. 左卫民:《一场新的范式革命?——解读中国法律实证研究》,《清华法学》2017年第3期。
40. 这个话题的详情可见徐爱国:《论中国法理学的死亡》,《中国法律评论》2016年第2期。
41. 张文显:《迈向科学化现代化的中国法学》,《法制与社会发展》2018年第6期,第5-25页。
42. 王禄生:《论刑事诉讼的象征性立法及其后果——基于303万判决书大数据的自然语义挖掘》,《清华法学》2018年第6期,第124-147页。
43. 苏力:《面对中国的法学》,《法制与社会发展》2004年第3期,第3-12页。
44. 苏力:《法律与科技问题的法理学重构》,《中国社会科学》1999年第5期。
45. 秦裕林、葛岩、林喜芬:《认知科学在法学研究中的应用述评》,《法律和社会科学》2017年第2期。
46. 梅剑华:《洞见还是偏见:实验哲学中的专家辩护问题》,《哲学研究》2018年第5期。
47. 李学尧、葛岩、何俊涛、秦裕林:《认知流畅度对司法裁判的影响》,《中国社会科学》2014年第5期。
48. 李锋锋:《诺布效应视野下的陪审团公正性》,《天府新论》2013年第1期。
49. 韩水法:《人工智能时代的人文主义》,《中国社会科学》2019年第6期。
50. 甘绍平:《新人文主义及其启示》,《哲学研究》2011年第6期。
51. 杜宴林:《现代化进程中的中国法治——方法论的检讨与重整》,《法制与社会发展》2011年第6期。
52. 陈林林:《公众意见影响法官决策的理论和实验分析》,《法学研究》2018年第1期。
53. 曹剑波:《哲学实验方法的合理性争论》,《自然辩证法通讯》2018年第12期。
54. 孟建伟:《科学与人文主义》,《自然辩证法通讯》2005年第3期。
55. 李德顺:《价值独断主义的终结》,《哲学研究》2017年第3期。
56. 王凌皞:《法律应当如何对待情感》,《法律与社会科学》2013年第12卷。
57. [英]柏宁斯等:《英国的法官》,李浩译,《现代法学》1997年第2期。
58. [法]图雷纳:《在当代,民主意味着什么?》,赵宝骅译,《国际社会科学杂志(中文版)》1992年第2期。

59. 吴卫军等:《论法律共同体》,《当代法学》2001 年第 11 期。
60. 莫负春:《关于法科大学生素质教育与法学教育观念转变的思考》,《华东政法学院学报》2000 年第 3 期。
61. 张文显:《论中国式法治现代化新道路》,《中国法学》2022 年第 1 期。
62. 公丕祥:《中国式法治现代化新道路的内在逻辑》,《法学》2021 年第 10 期。
63. 季卫东:《面向二十世纪的法与社会》,《中国社会科学》1996 年第 3 期。

五、外文参考文献

1. Edited by William S. Haneyll and Peter Malekin, *Humanism and the Humanities in the twenty-first century*, Lewisburg, PA: Bucknell University Press; London: Associated University Presses, 2001.
2. Edited by Jill Kraye and M. W. F. Stone, *Humanism and early modern philosophy*, London; New York: Routledge, 2000.
3. Edited by Lucille Kekewich, *The impact of humanism*, London; New Haven, conn: Yale University press in association with The Open University, 2000.
4. D. D. Baniste, *New humanism: a revolutionary philosophy*, New Delh: New Age international Ltd., Pub., 1996.
5. Jeaneane Fowler, *Humanism: beliefs and practices*, Brighton [England]; Portland, or.: Sussex Academic Press, 1999.
6. Orfanella, Lou, *Living humanism*, XXXH Humanist, Vol. 57, No. 6, Nov/Dec97.
7. Battersby, Jamesl. *The inescapability of humanism*. XXXC College English, Vol. 58, No. 5, Sep 96.
8. Dority. Barara, *Humanism and evolutionary humility*, XXXH Humanist, Vol. 58, No. 3, May/Jun98.
9. Trebilcock, Michael. *The Limits of Freedom of Contract*. Cambridge: Harvard University Press, 1993.
10. P. S. Atiyah, *Law and Modern Society*. Oxford University Press, 1983.
11. J. G. Merquior, *Ciberalism: Old and New*, Boston: Twayne publishers, 1991.
12. Michel Foucault, 1984 "What is Enlightenment?" *The Foucault Reader*. Ed.: Paul Rabinow. Ny: Pantheon Books.
13. R. Pound, *Juriprudence*, volume 3, west publishing company, 1959,
14. J. Dabin, *General Theory of Law*, Harvard University Press, 1950.
15. C. Morris, *The Great Legal Philosophers-Selected Readings in Jurisprudence*, University of Pennsylvania Press, 1959.
16. C. H. Haskins, *The Renaissance of the Twelfth century*, Cambridge, U.S.A. 1927.
17. Philip Lee Ralph, *The Renaissance in Perspective*, G. Bell&Sons, London 1974.
18. E. R. Chamberlin, *The World of the Italian Renaissance*, Book Club Associates, London, 1982.
19. T·M·Lindsay, *A History of the Reformation* (vollune 2), Edinburgh, 1908.
20. Paul. Tillich, *A History of Christian Thought*, New York, 1968.

21. J. Bentham, *Collected works*, edited by J·Bowring, Russell and Russell, 1962.
22. I. Berlin, *Four Essays on Liberty*, Oxford University Press, 1969.
23. Eugen Ehrlich, *Fundamental Principles of the Sociology of Law*（English edition）, Harvard University Press, 1936.
24. D. Lerner, *The Passing of Traditional Society*, New York Free Press, 1958.
25. Walker G. *The Rule of law*, Melbourne University Press, 1980.
26. B. Barry, *The Liberal Theory of Justice*, Oxford University press, 1973.
27. J. Bentham, *An Introduction to the Principles of Morals and Legislation*, Clarendon Press, Oxford, 1892.
28. R. W. M. Dias, *Jurisprudence*, Butterworths (5th edition), 1985.
29. J. Finnis, *Natural Law and Natural Rights*, Oxford University Press, 1980.
30. M. P. Golding, *Philosophy of Law*, Prentice-Hall, Inc. 1975.
31. H. L. A. Hart, *The Concept of Law*, Oxford University Press, 1961.
32. ［日］牧野英一：《日本刑法》（上卷），有斐阁，1939年第64版。
33. ［日］大野義真：《罪刑法定主義》，世界思想社，1982年版。
34. ［日］北川善太郎：《民法总则》，有斐阁，1993年版。
35. Jean CARBONNIER, *Droit civil, t. IV, Les obligations*, 17e édition, par Press, universitaires de France, Paris, 1993.
36. Zweigert & kötz, *An Introduction to Comparative Law*, Noth-Holland Co, 1997.
37. Willson H. Coates, Hayden V. White, J. Salwyn Schapiro. *The Emergence of Liberal Humanism: An Intellectual History of Western Europe*: Vol. 1. New York: McGraw-Hill, 1966.
38. Peter Aldridge, "Forensic Science and Expert Evidence", *Journal of Law and Society*, Vol. 21, No. 1(Mar., 1994).
39. Morse SJ, "Criminal Law and Common Sense: An Essay on the Perils and Promise of Neuroscience", *Marquette Law Review*, Vol. 99, No. 1(Sep., 2015), pp. 39.
40. Mark A. Hall, and Ronald F. Wright, "Systematic Content Analysis of Judicial Opinions", *California Law Review*, Vol. 96, No. 1(Feb., 2008), pp. 122.
41. Brian Bix, *Jurisprudence: Thiory And Context*, London, Sweet & Marxwell, 1996, chapter 5.
42. Critical Humane Praxis, *Educational Theory*, Volume 67 Number 6 2017. p. 658.
43. Weinberg, J. M., Nichols. S., Stich. S. P. Normativity and Epistemic Intuitions, In Knobe. J, Nichols, S. (ed.), *Experimental Philosophy*, Oxford University Press, 2008, pp. 28.
44. Thomas A. Cowan, "Reflections On Experimental Jurisprudence", *Archiv für Rechts- und Sozialphilosophie*, Vol. 44, No. 4 (Jan., 1958), p. 465–473.
45. Stephen Chatelier, *Beyond the Humanism/Post humanism Debate: The Educational Implications of SAID'S*.
46. Thomas A. Cowan, "Experimental Jurisprudence and the 'Pure Theory of Law'", *Philosophy and Phenomenological Research*, Vol. 11, No. 2（Dec., 1950）, pp. 164

-177.

47. Pozen D, Talley E L, Nyarko J., "A Computational Analysis of Constitutional Polarization", *Cornell Law Review*, 2019, https：//scholarship.law.columbia.edu/cgi/viewcontent.cgi?article=3274&context=faculty_scholarship, August 6,2019.

48. Justin Sytsma, Roland Bluhm, Pascale Willemsen, and Kevin Reuter, "Causal Attributions and Corpus Analysis", *In Eugen Fischer, Methodological Advances in Experimental Philosophy*, Bloomsbury Press, 2019, pp. 209-237.

49. David S. Law, "The Global Language of Human Rights: A Computational Linguistic Analysis", *The Law & Ethics of Human Rights*, Vol. 12, No. 1(Jun., 2018), pp. 111-150.

50. Carlson K, Livermore M A, Rockmore D., "A Quantitative Analysis of Writing Style on the U.S. Supreme Court", *Washington University Law Review*, Vol. 93, No. 6 (Oct., 2016), pp. 1461-1510.

51. Aylin Caliskan, Joanna J. Bryson, et al., "Semantics Derived Automatically from Language Corpora Contain Human-Like Biases", *Science*, Vol. 356, No. 6334(Apr., 2017), pp. 183-186.

52. Schmidt-Salomon, Michael, 2006, *Manifest des evolutionaeren Humanismus*, Aschaffenburg. S. 169-170.

53. Richard A. Posner, *The Problems of Jurisprudence*, Harvard University Press, 1990, pp. 351-352.

54. Moritz Schlick, The Future of Philosophy, In Rorty, Richard(ed.), *The linguistic turn: Essays in philosophical method*. University of Chicago Press, 1992, p. 52.

55. May. J., "Review of Experimental Philosophy", *philosophical psychology*, Vol. 23, No. 5(2010), p. 711.

56. Lee Loevinger, "Jurimetrics: The Methodology of Legal Inquiry", *Law and Contemporary Problems*, Vol. 28, No. 1(Jan., 1963), p. 6.

57. Julie Dickson, "On Naturalizing Jurisprudence: Some Comments On Brian Leiter's View Of What Jurisprudence Should Become", *Law and Philosophy*, Vol. 30, No. 4, Special Issue On Brian Leiter's Naturalizing Jurisprudence (Jul., 2011), p. 495.

58. James McAllister, "the Evidential Significance of Thought Experiment in Science", *Studies in History and Philosophy of Science*, Vol. 27, No. 2(1996), p. 233.

59. James Brown, Thought Experiments, In Edward zalta (ed.), *The Stanford Encyclopedia of Philosophy* (summer 2006).

60. James Brown, *The Laboratory of The Mind: Thought Experiments in the Natural Sciences*, Routledge, 1991, p. 1.

61. Henry Campbell *Black*, *M. A. Black's Law Dictionary*(5th edition), West Publishing Company, 1979, p. 767.

62. Ernest Sosa, "Experimental Philosophy and Philosophical Intuition", *Philosophical Studies: An International Journal for Philosophy in the Analytic Tradition*, Vol. 132, No. 1(Jan., 2007), pp. 99-107.

63. Donelson, Raff and Hannikainen, Ivar, Fuller and the Folk: The Inner Morality of Law Revisited, https://papers.ssrn.com/sol3/papers.cfm?abstract_id=3283952, 2019 年 10 月 10 日访问。

64. Daniel Friedman and Shyam Sunder, *Experimental methods: A primer for economists*, Cambridge University Press, 1994, p.1.

65. Arthur Nussbaum, "some Aspects of American 'Legal Realism'", *Journal of Legal Education*, Vol.12, No.2, 1959, pp.188-189.

66. Anna Spain Bradley, "The Disruptive Neuroscience of Judicial Choice", *UC Irvine Law Review*, Vol.9, 2018, pp.1-28.

67. Stephen Chatelier. Beyond The Humanism/Posthumanism Debate: The Educational Implications Of SAID'S Critical, *Humane Praxis*, *Educational Theory* Volume 67 Number 6 2017, p.633.

68. [日]中山研一等编:《现代刑法讲座》(第一卷),日本成文堂出版社,1980 年版。

69. [日]中山研一:《刑法总论》,日本成文堂出版社,1989 年版。

70. [德]M·韦伯:《法社会学》,世良晃志郎译,创文社,1974 年版。

71. Herbert Spencer, *Social Statics*, London, Williams and Norgate, 1902.

72. O. W. Holmes, *The Common Law*, Boston, Little Brown Company, 1923.

73. John Dewey, *Human Nature and Conduct*, New York, Henry Holt and Company, 1922.

74. A. J. M. Milne, *Human Rights and Human Diversity—An Essay in the Philosophy of Human Rights*, The Macmillan Press LTD, 1986.

中国法学,总有些人文情怀应当坚守
(代后记)

　　如果说撤去几块关键的"砖头",中国法学的大厦必然随之坍塌而成为一盘散沙,那么我相信,人文主义无疑是其中最重要的砖头之一,它是灵魂,是核心,是拱顶石。这绝非惊人之语,如同本书以及当代中国法学所已经证成的,法律永远都是"人的法律"而非"物的法则",法律与人文主义向来都是同根共生,不应分离,也不能分离。也正因如此,20个世纪以来,觉醒了的中国法学界同仁逐渐注重从人文理念、人文关怀角度寻找法律和法学研究的真谛,法学界也充溢着持续而清新的人文气息,枝繁叶茂且硕果累累,深刻地影响了当代中国的立法、执法、司法和守法等法治实践,有力地推动了中国法学的观念变革、范式转换和思维样式的革新。

　　这无疑是时代进步的体现,也是中国法学进步的乐章,对此无论给予怎样的喝彩似乎都不为过。但是,随着人文主义研究的不断深入,人文主义也不可避免地迎来了全盘反思的时代。在这种反思与自觉中,甚嚣尘上的无疑有两种思维方式:反人文主义和后人文主义。尽管可能互相抵牾或攻讦,但它们都自觉不自觉地在解构传统人文主义作业后惊讶地发现,渊源于启蒙时代的自由人文主义,尽管在历史上曾发挥了很大的作用,但也有着天然的、根本的局限性:古意盎然,借助形而上的理论抽象,与历史语境脱离,充满了模糊性和不确定性,散发着昂扬的精英和贵族气质,它们倡导的以人为中心,往往局限于资产阶级—西方白种人—异性恋男人,而女人、黑人、无产阶级、第三世界、酷儿、动物、生态环境、机器等二元对立的另一方即"沉默的大多数"(福柯语)往往被忽略,因而,维护现状、拒斥变革的保守主义、沙文主义幽灵也若隐若现[1]……总之,正如萨义德所言,传统自由主义的人文主义深陷欧洲中心主义、

---

[1] [美]昂格尔:《觉醒的自我:解放的实用主义》,谌洪果译,北京大学出版社2012年版,第109—113页。

精英主义和本质主义观念而不能自拔,无缘于民主进程,道貌岸然且多愁善感,已远远不敷时用了,由此人文主义的全面式微或衰败也就不难理解了[①]。

与之相映成趣的是,在当下中国,近年来,受各色惊艳了学界的、前卫的后现代法学流派的熏染,法学界也不期然地出现了质疑、解构各种现代法学宏大叙事的热潮,现代法学的一系列重大问题也被揭露了出来,包括理性个人主义、本质主义、基础主义、形而上学等等,曾经风光无限、感召力极强的现代法学话语体系,在此解构作业中其局限也一览无遗,醒目地呈现在了学人面前,其合法性自然也引发了学人们的进一步追问,甚至遭到了毁灭性打击。可以说,现代法学在后现代解构作业面前,其荣光和尊严陡然黯淡了许多!人们也逐渐对之兴趣索然了起来。现代法学的人文精神概不例外。受此影响,在当下中国法学界,人文主义不说俨然是过眼云烟,但至少已成为了一种不受欢迎的话语或策略,尽显萎靡。尽管王利明、徐国栋等教授一再呼吁法律的人文关怀,并实质性影响了中国民法典的编撰,但仍有人不无异样地断言,人文主义只是顶大帽子!自然,大帽子表面的荣光及背后的孤独、寂寥乃至无用肉眼可见。

存在就有合理性,传统人文主义当下的萎靡不振的确有其自身难以克服痼疾的原因,但如就此或恶语相加,或污名化处理,使其声名狼藉,或弃之如敝履,一别两宽,则显然就将令人不安了。之所以令人不安,一是因为其内在逻辑并不像看起来那么自洽。如同万事万物皆有两面性一样,这本无可厚非,顶多让人们更为全面深刻地认识人文主义的整体面向,以获得或保持一清醒的认识。因而更为可取的做法无疑是,我们总应想有没有什么好的办法来克服这个局限性。而按批评者的逻辑,因为缺乏可靠的经验支撑,对所谓的"人文精神"的强调,对"人权""价值判断""正义"等重大词语,也即"价值理性"的关注,很容易使得许多法律问题始终局限于没有结果的思辨性论证,形而上的迷失就在所难免。尽管他们也一再强调当然不能忘记法律的"价值理性"。在他们看来,社会的变迁使得人们无法依赖传统的人文知识有效应对生活中的问题。需要更多的、实证的经验性的知识和研究方法,比如说统计分析和博弈论等才能予以证成或证伪,方能有效应对实践中的法律问题。正因为缺乏相关实证经验的验证以及解决实践问题的乏力,传统人文精神乃至人文科学就逐

---

① [美]萨义德:《人文主义与民主批评》,朱生坚译,上海三联书店2013年版。

渐江河日下,呈现无力和疲软的状态,自然离淘汰和抛弃也就不远了①。今天来看,这种论证的确有迷人乃至惊艳之处,但这种论证显然形同把洗澡水和婴儿一起倒掉一样,也把自己陷入到了一个非此即彼的逼仄的空间,同样有形而上思辨论证之嫌,基于同样的理由,也是站不住脚的。事实上,在现代化还是国人未竟事业的情况下,尊重人之为人的一切,推崇正义与平等、人权等的世俗人文理想,在当下的中国,毫无疑问仍然具有强烈的现实意义和鲜活的生命力。不仅如此,即使如批评者所言,应当有经验知识可以验证,才有可能解决社会生活中的法律问题,但即使这样,也不意味着就是法学该当的发展方向,"汝是如此则当如此"显然是个问题,这一点已为休谟所代表的经验主义怀疑论所雄辩地证成。

二是因为其背后的关切都是实用主义的,深蕴着醒目的乃至过度的功利/实用主义逻辑,事实上,也是其当前面临的最大敌人。毫不讳言,作为世间第一大哲学,功利/实用主义的确有其实至名归值得喝彩的理由。事实上,作为生活哲学的一部分,不管是否喝彩,功利/实用主义永远都在那里,此处恕不赘言。但其固有局限也不能无视:简单化、片面化,将不同价值简单粗暴地化约为单一价值,是一种肤浅的哲学。道理很简单,对于一个功利/实用主义者而言,如何行为以最大限度实现目标——通常表现为幸福、福利、效益、快乐等——才是最重要的,即目的正当性,其他包括动机与手段,甚至行为本身可能内蕴的恶性均可在所不问,因而追问某种情形下某人的行为/手段是否正当完全可以被视作是一个愚蠢的问题:既无必要也无意义。但事实却是,人们普遍承认,现代公共治理必须追求目的与手段的双重正当性,也即著名的双效原则,否则必将与现代法治相悖。进一步地,就功利/实用主义逻辑而言,试图从行为本身计算出结果也是荒谬的,因为根本不可能将某一行动归入到某条单一的效用原则里去,比如"福利""效益""快乐"等之下。这也就是说,功利/实用主义大师密尔们忽视了对功利内涵比如"福利""效益""快乐"这些概念本身的追问,犯了价值独断主义错误②。当然,以最大限度实现人的某种目标,让人丝毫不怀疑功利/实用主义的人文主义价值向度,但也如本书中所示,它也

---

① 这些委婉而直抵要害的质疑主要散见于苏力的系列文章中。参见苏力:《中国当代公共知识分子的建构》《社会学研究》2003 年第 2 期;《法律与科技问题的法理学重构》《中国社会科学》1999 年第 5 期;《社会转型中的中国学术传统》(序),《法律和社会科学》2006 年第 1 卷。
② 李德顺:《价值独断主义的终结》,《哲学研究》2017 年第 3 期。杜宴林、胡烯:《现代法律德性转向及其中国启示》,《法学》2018 年第 10 期。

容易置人性关怀于不顾,将人的标准退化为一种势利和浅薄的混合物。对此,席勒指出了其中的逻辑关系:我并不反对功利/实用主义者对经验和实际结果的追求,而是想和他们讨论一下这种做法失败的原因:因为他们对"一"的感觉不够充分,所以他们无法获得真正的标准来检验自己的经验,并分清什么是判断,什么只是一时的印象而已①。浮躁自然滋生,基于此,所以白璧德对功利实用主义盛行的19世纪生活观严正地警示到:整个19世纪的生活观都遗漏了某种东西,即现代人文精神,而这种东西就是这个时代的基石②。而昂格尔在他所处的功利/实用主义盛行的时代,则洞烛先机地勇敢断言到,功利/实用主义因没法反映和提升人们的人性,已不可避免地发展成为了老迈的哲学,尽管它仍然要装点成明智贤达的样子③。

这样看来,因应新的时代,中国法学既不能故步自封于传统人文主义价值理念——将人文主义视作为一种假设的、静态的、不可改变的实体存在而非该当的历史建构,我们的确是没法在其中寻找到所需要答案的,它需要重新认识和重构,才能直面中国法治实践,实现更复杂和创造性的回应;也不能弃之不顾而没有人文传统,没有人文传统正如余秋雨笔下的"没有皱纹的祖母"一样,是不可能的,也是隐患无穷的且又可怕的④。所以谁都承认,没有对人文精神的肯认,在中国的大地上,是不会产生期待中的中国式现代法治文明的。由此,糅合双方的优点,互补各自不足的第三条道路就极可能是当下中国法学的沧桑正道,那就是:超越人文主义与反人文主义和后人文主义争论,在加入中国的语境、时代的语境,赋予其中国意义、时代意义,充分考量可行性和正当性上走一条中国法学的新人文主义道路,以指导新时代中国的法学。这个新的时代,是一个百年未有之变局的时代,是一个人工智能、大数据、信息化飞速发展的时代,是一个观点迭出、亟需人文主义因应实践需要,探寻、指引人们持续进入美好生活之路的时代。一旦我们对人文主义的理解从本体论的领域转向实践的领域,对中国法学而言,无疑就意味着极大可能需要一种更为敏锐、足够灵活的法律人文主义;尊重人之为人的一切,尊重人的主体性,不断关心着

---

① [美]白璧德:《什么是人文主义》,张源译,载张源主编:《美国人文主义》,北京师范大学出版社2017年版,第156页。
② [美]白璧德:《法国现代批评大师》,孙宜学译,广西师范大学出版社2002年版,第126页。
③ [美]昂格尔:《觉醒的自我:解放的实用主义》,谌洪果译,北京大学出版社2012年版,第1—2页。
④ 这种可怕完全可从当下为全社会广泛关注的热点"铁链女"事件可窥见一斑。有敏感的学者甚至激情断言道人文尊严高于生存。参见郝铁川:《妇女被拐案的启示:人格权高于生存权》,《法学学术前沿》2022年2月12日。

它可以变更和改善国人命运的可能性,以致力于追求良法善治的法治中国建设。因而它既不是抽象的人文理论,也不是纯粹的哲学建构,而是一种人文实践、一种人文策略,甚至是一种人文干预①。也就是说,这种人文主义依然存在于人文主义的价值概念中,只不过放弃了其形而上学的追求,重新定义了人文主义的某些元素,并最终以一种变化了的中国形式出现:结合传统法律文化进行再造,神似而形离也许是其最好的表达。这表明,当下乃至未来的中国法学,需要的是更新而不是背弃人文主义:立足中国法治的人文语境,书写中国法治的独特而复杂的人文实践。这一点,结合民族文化自觉,以人文主义为精神底蕴,修正其绝对的个人至上、唯理主义等思维局限,而以人为本、以广大人民根本利益为本而再造的中国民法典的成功颁布,无疑给出了最恰切的示范。

既如此,中国法学,总有些人文情怀应当坚守,看来就既非酸腐,亦非矫情了,恰恰相反,这的确是也应当是中国法学大厦的该当基石。中国法学也正是行走于这种根基上,方能让人们真正体会和感知到面向中国的法学之所是及所在,中国法学也应该尽可能向新人文主义迈进。但在目前不仅缺乏共识性的人文敏感和人文洞察力,而且缺乏可以依赖并得到保障的机制下,留给学界的也许就是初心不改,一如既往、不厌其烦地鼓与呼!至少,失语是万万要不得的!也正是基于此种运思,在本书初版、先后两次印刷近20年之际,在各方鼓励和催促下,笔者才坚定了再出本书修订版的意愿,并因为完整性、与时俱进性的考虑,加上了人工智能时代,法学新人文主义面向的相关研究成果,并冠之以法律人文主义解释与新人文主义兴起,以求名副其实,但内在机理形同李泽厚先生所言:圆心未动,扩而充之而已。更为重要思虑的是,与其说是再版,不如更准确地说是给琳琅满目而又略显喧嚣的中国法学注入些许该当的人文情怀和根基提醒:中国法学,若要有意义,若要行稳致远,到底是谁? 又该是谁? 从何处来? 又该向何处去呢?

如果还有什么思虑和愿望的话,那么,我更愿意期望本书的出版,真能为学界带来些许人文涟漪甚或审美性人文觉醒,如同不少学界友人所鼓励和期待的那样!当然,成败身外事,自然不由我。即使最尖锐的批评,我也必笑脸相对!

---

① Stephen Chatelier. Beyond The Humanism/Posthumanism Debate:The Educational Implications Of SAID'S Critical,Humane Praxis,Educational Theory Volume 67 Number 6 2017. p. 633.

感谢所有帮助本书得以再版并第三次印刷的人们!你们真是"中国法学,总有些情怀应当坚守"的最好的诠释者和践行者,让人感动、令人感怀!有了你们,我坚信,中国法学,喧嚣终将散去,春暖一定花开,所有的美好都一定已在路上……

杜宴林

2022 年 3 月于长春

图书在版编目(CIP)数据

法律的人文主义解释与新人文主义兴起/杜宴林著.—上海：上海三联书店,2022.10
ISBN 978-7-5426-7816-4

Ⅰ.①法… Ⅱ.①杜… Ⅲ.①法学—研究 Ⅳ.①D90

中国版本图书馆CIP数据核字(2022)第153174号

法律的人文主义解释与新人文主义兴起

著　　者 / 杜宴林

责任编辑 / 郑秀艳
装帧设计 / 一本好书
监　　制 / 姚　军
责任校对 / 王凌霄

出版发行 / 上海三联书店
　　　　　(200030)中国上海市漕溪北路331号A座6楼
邮　　箱 / sdxsanlian@sina.com
邮购电话 / 021-22895540
印　　刷 / 上海颛辉印刷厂有限公司

版　　次 / 2022年10月第1版
印　　次 / 2022年10月第1次印刷
开　　本 / 710mm×1000mm　1/16
字　　数 / 320千字
印　　张 / 20.25
书　　号 / ISBN 978-7-5426-7816-4/D·547
定　　价 / 88.00元

敬启读者,如发现本书有印装质量问题,请与印刷厂联系 021-56152633